Die Bonus-Seite

Ihr Vorteil als Käufer dieses Buches

Auf der Bonus-Webseite zu diesem Buch finden Sie zusätzliche Informationen und Services. Dazu gehört auch ein kostenloser **Testzugang** zur Online-Fassung Ihres Buches. Und der besondere Vorteil: Wenn Sie Ihr **Online-Buch** auch weiterhin nutzen wollen, erhalten Sie den vollen Zugang zum **Vorzugspreis**.

So nutzen Sie Ihren Vorteil

Halten Sie den unten abgedruckten Zugangscode bereit und gehen Sie auf **www.sap-press.de**. Dort finden Sie den Kasten **Die Bonus-Seite für Buchkäufer**. Klicken Sie auf **Zur Bonus-Seite/ Buch registrieren**, und geben Sie Ihren **Zugangscode** ein. Schon stehen Ihnen die Bonus-Angebote zur Verfügung.

Ihr persönlicher
Zugangscode

2d86-4eza-3khu-pvyb

ABAP®-Programmierung für die SAP®-Finanzbuchhaltung –
Kundeneigene Erweiterungen

 **PRESS**

SAP-Spezialwissen für die Praxis

SAP PRESS ist eine gemeinschaftliche Initiative von SAP und Galileo Press. Ziel ist es, Anwendern qualifiziertes SAP-Wissen zur Verfügung zu stellen. SAP PRESS vereint das fachliche Know-how der SAP und die verlegerische Kompetenz von Galileo Press. Die Bücher bieten Expertenwissen zu technischen wie auch zu betriebswirtschaftlichen SAP-Themen.

Petra Hunger, Thomas Klein
ABAP-Programmierung für den Vertrieb mit SAP –
Kundeneigene Erweiterungen
2., korrigierte Auflage 2012, 276 S., geb.
ISBN 978-3-8362-1934-1

Jürgen Schwaninger
ABAP-Programmierung für die SAP-Materialwirtschaft –
User-Exits und BAdIs
2010, 266 S., geb.
ISBN 978-3-8362-1537-4

Dirk Herzog
ABAP-Programmierung für SAP NetWeaver BW –
Kundeneigene Erweiterungen
3., aktualisierte und erweiterte Auflage 2012, 276 S., geb.
ISBN 978-3-8362-1878-8

Heinz Forsthuber, Jörg Siebert
Praxishandbuch SAP-Finanzwesen
4., erweiterte Auflage 2010, 657 S., geb., mit Referenzkarte
ISBN 978-3-8362-1556-5

Aktuelle Angaben zum gesamten SAP PRESS-Programm finden Sie unter *www.sap-press.de*.

Michael Rohrbach

ABAP®-Programmierung für die SAP®-Finanzbuchhaltung – Kundeneigene Erweiterungen

Bonn • Boston

Liebe Leserin, lieber Leser,

vielen Dank, dass Sie sich für ein Buch von SAP PRESS entschieden haben.

ABAP-Programmierung ist kein Fremdwort für Sie. Aber wie können Sie zum Beispiel in der SAP-Finanzbuchhaltung zusätzliche Informationen zu Kreditoren speichern, in die Verarbeitung des Kontoauszugs eingreifen oder Daten in Buchhaltungsbelegen anreichern? Genau bei diesen Fragestellungen setzt dieses Buch an.

Unser Autor Michael Rohrbach präsentiert Ihnen Lösungsbeispiele für die häufigsten Kundenanforderungen und lässt Sie dabei von seiner umfangreichen Erfahrung durch zahlreiche FI-Einführungs- und Erweiterungsprojekte profitieren. Neben Workshops bietet Ihnen dieses Buch nicht zuletzt einen systematischen Zugang zu allen SAP-Erweiterungen, BAdIs und Business Transaction Events, die Sie für Ihre Erweiterungsprojekte einsetzen können. So werden Sie die ABAP-Programmierung in der SAP-Finanzbuchhaltung schon bald versiert handhaben.

Wir freuen uns stets über Lob, aber auch über kritische Anmerkungen, die uns helfen, unsere Bücher zu verbessern. Am Ende dieses Buches finden Sie daher eine Postkarte, mit der Sie uns Ihre Meinung mitteilen können. Als Dankeschön verlosen wir unter den Einsendern regelmäßig Gutscheine für SAP PRESS-Bücher.

Ihre Janina Schweitzer
Lektorat SAP PRESS

Galileo Press
Rheinwerkallee 4
53227 Bonn

janina.schweitzer@galileo-press.de
www.sap-press.de

Inhalt

A Übersicht der Erweiterungen in der SAP-Finanzbuchhaltung 287

B Der Autor 373

Einleitung

Die Finanzbuchhaltung als Teil des SAP ERP-Moduls Finanzwesen (FI) ist aufgrund der umfangreichen Customizing-Möglichkeiten auch ohne kundeneigene Erweiterungen sehr flexibel. Trotzdem gelangt man früher oder später an einen Punkt, an dem bloßes Customizing für die Umsetzung einer Anforderung nicht mehr ausreicht.

Bevor die verschiedenen SAP-Erweiterungstechniken eingeführt wurden, mussten in so einem Fall Standardprogramme modifiziert werden, was aufgrund des vollständig vorliegenden Quellcodes des SAP-Systems technisch auch kein Problem darstellte. Der Nachteil bei der Anpassung von Standardprogrammen bestand allerdings darin, dass solche Modifikationen zu Problemen bei Release-Wechseln führen konnten und SAP keine Verantwortung für das Verhalten von modifizierten Programmen übernimmt.

Um den Kunden trotzdem die Möglichkeit zu geben, die Verarbeitungslogik von Standardprogrammen anzupassen, ohne den Support-Anspruch zu verlieren, führte SAP nach und nach verschiedene Erweiterungstechniken ein. Seitdem ist es möglich, das SAP-System bei Bedarf an definierten Punkten modifikationsfrei zu erweitern und Daten über festgelegte Schnittstellen zu ändern oder sogar eigene Funktionen in den Programmablauf zu integrieren.

Zielsetzung

Dieses Buch vermittelt Ihnen zunächst die nötigen technischen Grundlagen für die Implementierung von kundeneigenen Erweiterungen. Anschließend sehen Sie verschiedene Anwendungsbeispiele für Erweiterungen von ausgewählten Stammdaten und Geschäftsvorfällen in der Finanzbuchhaltung. In detaillierten Schritt-für-Schritt-Anleitungen mit ABAP-Beispiel-Codings wird das Vorgehen zur Realisierung diverser Anforderungen gezeigt. Gegebenenfalls werden hier mehrere Alternativen vorgestellt. In Ergänzung zu diesen inhaltlich beschriebenen Erweiterungen finden Sie im Anhang eine vollständige Übersicht über alle Erweiterungsmöglichkeiten in der SAP-Finanzbuchhaltung.

Das Ziel dieses Buches ist dabei, Ihnen anhand der hier ausgewählten Beispiele aus der Hauptbuchhaltung sowie der Debitoren- und Kreditorenbuchhaltung eine systematische Herangehensweise an die Implementierung von Erweiterungen zu vermitteln. Gleichzeitig soll Ihnen das Buch als Nachschlagewerk für typische Erweiterungen in der Finanzbuchhaltung dienen.

Aufbau und Inhalt

Das Buch beginnt in **Kapitel 1**, »Allgemeines zu kundeneigenen Erweiterungen«, mit einer ausführlichen Einführung in die verschiedenen Arten von kundeneigenen Erweiterungen in der SAP-Finanzbuchhaltung. Anhand von einfachen Beispielen lernen Sie, wie Sie User-Exits, Business Transaction Events (BTE) und Business Add-Ins (BAdI) verwenden und aktivieren. Außerdem sehen Sie, wie Sie selbst Erweiterungspunkte im System finden können, sei es über das Infosystem oder auf technischem Weg über ein Debugging der betreffenden Programme. Das Kapitel wird ergänzt um die Beschreibung von impliziten Erweiterungen.

Die folgenden Ausführungen in **Teil 1**, »Kundeneigene Erweiterungen von Stammdaten«, behandeln kundeneigene Erweiterungen von Stammdaten in der Finanzbuchhaltung. In **Kapitel 2**, »Sachkontenstammdaten«, **Kapitel 3**, »Debitorenstammdaten«, und **Kapitel 4**, »Kreditorenstammdaten«, erfahren Sie zunächst, wie diese Stammdaten im SAP-System abgebildet und welche Transaktionen für die Pflege verwendet werden. Anschließend sehen Sie, wie die Stammdaten um kundeneigene Daten erweitert und die zugehörigen Pflegedialoge modifikationsfrei angepasst werden können. Außerdem wird beschrieben, wie Schnittstellen für Stammdaten in der Finanzbuchhaltung realisiert werden und welche Erweiterungsmöglichkeiten existieren.

Die in **Teil 2**, »Kundeneigene Erweiterungen von Geschäftsvorfällen«, folgenden Kapitel beinhalten kundeneigene Erweiterungen von wichtigen Geschäftsprozessen in der Finanzbuchhaltung. Zunächst werden in **Kapitel 5**, »Buchhaltungsbelege«, mögliche Erweiterungen von Buchhaltungsbelegen und in **Kapitel 6**, »Elektronischer Kontoauszug«, Erweiterungen zum elektronischen Kontoauszug beschrieben. Weitere Geschäftsprozess-Erweiterungsmöglichkeiten lernen Sie in **Kapitel 7**, »Mahnlauf«, und in **Kapitel 8**, »Zahllauf«, kennen. Exemplarisch für das Reporting werden in **Kapitel 9**, »Reporting – Einzelpostenliste«, mögliche Erweiterungen der Einzelpostenliste dargestellt. Zu jedem der Geschäftsvorfälle werden zunächst die technischen Grundlagen erläutert und darauf aufbauend Erweiterungen der Verarbeitungslogik bzw. der Dialoge anhand von Praxisbeispielen dargestellt. Die Coding-Beispiele sind dabei bewusst einfach gehalten, vermitteln Ihnen aber das nötige Wissen, um anschließend Ihre ganz individuellen Anforderungen selbst umsetzen zu können. Die Schwierigkeit einer Erweiterung liegt nämlich häufig nicht in der Implementierung selbst, sondern darin, das unterliegende Datenmodell bzw. die unterliegenden Prozesse zu verstehen.

Anhang A, »Übersicht der Erweiterungen in der SAP-Finanzbuchhaltung«, enthält schließlich eine Übersicht über alle User-Exits, Business Transaction Events und Business Add-Ins, die in der SAP-Finanzbuchhaltung am häufigsten zum Einsatz kommen. Zu jedem Erweiterungspunkt beinhaltet die Übersicht eine kurze Beschreibung der Funktion sowie die Komponenten und Aufrufstellen der entsprechenden Erweiterungsimplementierung, sodass Sie für Ihre eigenen Erweiterungsprojekte schnell die geeigneten Exits finden können.

Um Ihnen die Lektüre zu erleichtern, werden in diesem Buch die folgenden Symbole verwendet:

Dieses Symbol weist Sie auf Besonderheiten hin, die Sie beachten sollten. Es **[!]** warnt Sie außerdem vor häufig gemachten Fehlern oder Problemen, die auftreten können.

Mit diesem Symbol werden Tipps markiert, die Ihnen die Arbeit erleichtern **[+]** können. Auch Empfehlungen, die Ihnen z. B. dabei helfen, weiterführende Informationen zu dem besprochenen Thema zu finden, werden mit diesem Symbol hervorgehoben.

Wenn das besprochene Thema anhand von praktischen Beispielen erläutert **[zB]** und vertieft wird, werden Sie mit diesem Symbol darauf aufmerksam gemacht.

Zielgruppe

Dieses Buch richtet sich in erster Linie an ABAP-Entwickler, die einen Einstieg in die Erweiterungsmöglichkeiten der SAP-Finanzbuchhaltung suchen, ist aber auch für FI-Berater mit grundlegenden Programmierkenntnissen geeignet. Darüber hinaus können sich technische Projektleiter einen Überblick über die Erweiterungen verschaffen, ohne sich zu sehr in Implementierungsdetails vertiefen zu müssen.

Das Buch richtet sich daher an Leser mit unterschiedlichen fachlichen und technischen Kenntnissen und soll trotzdem jeder dieser Gruppen das nötige Wissen über Erweiterungsmöglichkeiten in der Finanzbuchhaltung vermitteln. Daher wird versucht, sowohl fachliche als auch technische Grundlagen, die für das Verständnis einer Erweiterung nötig sind, ausreichend detailliert zu erläutern. Das Hauptaugenmerk dieses Buch liegt aber – wie der Titel schon andeutet – auf der technischen Umsetzung der Erweiterungen. Die technische Umsetzung wird daher ausführlich beschrieben, während fachliche Zusammenhänge gegebenenfalls vereinfacht dargestellt werden.

Voraussetzungen

Für das Verständnis der Erweiterungsimplementierungen sind Grundkenntnisse in der ABAP-Programmierung erforderlich. Einige Erweiterungsmöglichkeiten sind außerdem objektorientiert umgesetzt, sodass entsprechende ABAP Objects-Kenntnisse von Vorteil sind. Diese sind allerdings keinesfalls ein Muss, da diese Erweiterungen durch die Benutzerführung im SAP-System auch implementiert werden können, ohne zu wissen, dass es sich im Kern um eine objektorientierte Umsetzung handelt.

Für alle Leser mit fachlichem Hintergrund, die sich nur einen Überblick über die Erweiterungsmöglichkeiten verschaffen möchten, sind die Kapitel außerdem so strukturiert, dass die Implementierungsdetails bei Bedarf auch übersprungen werden können.

Danksagung

Ich danke meinem Arbeitgeber, der ConVista Consulting AG, und hier speziell Oliver Kewes, für die entgegenkommende Arbeitszeitregelung, die dieses Buch überhaupt erst ermöglicht hat. Außerdem danke ich meinem Kollegen Samuel Gonzalez, der viele Stunden seiner Freizeit für Anregungen, Verbesserungsvorschläge und Korrekturen geopfert hat. Darüber hinaus möchte ich mich bei Janina Schweitzer und Stefan Proksch von Galileo Press für das Lektorat und die Unterstützung während der Manuskripterstellung bedanken.

Der größte Dank gilt allerdings meiner Frau, die mir besonders in den letzten Wochen privat jede erdenkliche Arbeit abgenommen hat und mir so die nötige Zeit verschafft hat, dieses Buch pünktlich fertigzustellen.

Michael Rohrbach

1 Allgemeines zu kundeneigenen Erweiterungen

Bevor die verschiedenen Erweiterungsmöglichkeiten der Finanzbuchhaltung in diesem Buch näher betrachtet werden, soll dieses erste Kapitel Ihnen die technischen Grundlagen zur Erweiterung eines SAP-Systems vermitteln.

In diesem Kapitel lernen Sie die verschiedenen Erweiterungstechniken kennen und sehen in Schritt-für-Schritt-Anleitungen, wie Sie die zugehörigen Erweiterungspunkte im System finden, ausprägen und aktivieren. Falls Ihnen die Verwendung von User-Exits (Abschnitt 1.1), Business Transaction Events (Abschnitt 1.2), Business Add-Ins (Abschnitte 1.3 und 1.4) und impliziten Erweiterungen (Abschnitt 1.5) bereits geläufig ist, können Sie dieses Kapitel auch überspringen und direkt mit den FI-spezifischen Erweiterungsmöglichkeiten fortfahren. Die Erfahrung zeigt allerdings, dass man auch aus grundlegenden Erläuterungen das eine oder andere Detail mitnehmen kann, das einem die Arbeit erleichtert.

1.1 Verwendung von SAP-Erweiterungen (SMOD/CMOD)

SAP-Erweiterungen oder einfach User-Exits stellen die älteste Erweiterungstechnik in SAP-Systemen dar, die auch heute noch in der Finanzbuchhaltung Verwendung findet.

Grundsätzlich kann eine SAP-Erweiterung aus vier Komponenten bestehen:

- **Funktions-Exits**
  Funktions-Exits werden verwendet, um kundeneigene Funktionen in die Standardverarbeitungslogik zu integrieren.

- **Menüerweiterungen**
  Mithilfe von Menüerweiterungen können neue Einträge in das Menü von Standardprogrammen aufgenommen werden.

▸ **Dynpro-Erweiterungen**

Dynpro-Erweiterungen erlauben die Anzeige kundeneigener Subscreens an definierten Stellen von Standard-Dynpros.

▸ **Tabellenerweiterungen (Includes)**

Tabellenerweiterungen bieten die Möglichkeit, kundeneigene Felder in Standardtabellen aufzunehmen.

Dabei werden in einer SAP-Erweiterung verschiedene Komponenten zusammengefasst, die gemeinsam einen bestimmten funktionalen Zweck erfüllen.

[zB] | **Komponenten in einer Stammdatenpflegetransaktion**

Als Beispiel für eine Kombination von Erweiterungskomponenten können Sie sich die Zusammenfassung der Erweiterungsmöglichkeiten einer Stammdatenpflegetransaktion vorstellen, die die Anpassungen der Oberfläche, die Verarbeitung zusätzlicher Funktionscodes und die Erweiterung von Datenbanktabellen enthält.

1.1.1 SAP-Erweiterungen anzeigen

Für die weiteren Erläuterungen wird die SAP-Erweiterung COOMKS01 als Beispiel verwendet, die verschiedene Erweiterungsmöglichkeiten für die Pflege von Kostenstellenstammdaten zusammenfasst. Diese Erweiterung kommt zwar aus dem Controlling und nicht aus der Finanzbuchhaltung, eignet sich aber gut als Beispiel, weil sie alle Arten von Komponenten enthält.

Um sich verschiedene Informationen zu SAP-Erweiterungen anzeigen zu lassen, gehen Sie wie folgt vor:

1. Starten Sie die Transaktion SMOD (WERKZEUGE · ABAP WORKBENCH · HILFSMITTEL · ERWEITERUNGEN · DEFINITION), und tragen Sie den Namen der Erweiterung COOMKS01 ein (siehe Abbildung 1.1).

2. Wählen Sie das Teilobjekt ATTRIBUTE aus, und klicken Sie auf ANZEIGEN, um verschiedene Verwaltungsinformationen zu der Erweiterung zu sehen, wie einen Kurztext oder den letzten Änderer.

3. Wenn Sie dagegen das Teilobjekt DOKUMENTATION auswählen, können Sie sich eine Dokumentation zur Erweiterung anzeigen lassen.

4. Lassen Sie sich nun die KOMPONENTEN der Erweiterung COOMKS01 anzeigen (siehe Abbildung 1.2). Es existieren folgende Komponenten:

   ▸ zwei Funktions-Exits für die Erweiterung der Logiken Process After Input (PAI) und Process Before Output (PBO) des Stammdatenpflegedialogs

SAP-Erweiterungen
Erweiterung
COOMKS01
Testen
Migrieren
Teilobjekte
Attribute
Komponenten
Dokumentation
Anzeigen
Ändern

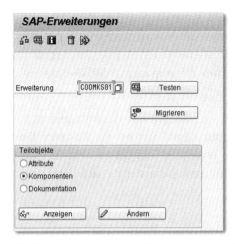

Abbildung 1.1 Anzeige von SAP-Erweiterungen in Transaktion SMOD

- ein zusätzlicher Funktionscode für eine Menüerweiterung
- ein Subscreen (Dynpro-Bereich) für die Anzeige von Zusatzfeldern
- ein Customizing-Include für die Erweiterung der Tabelle CSKS, die die Kostenstellenstammdaten enthält

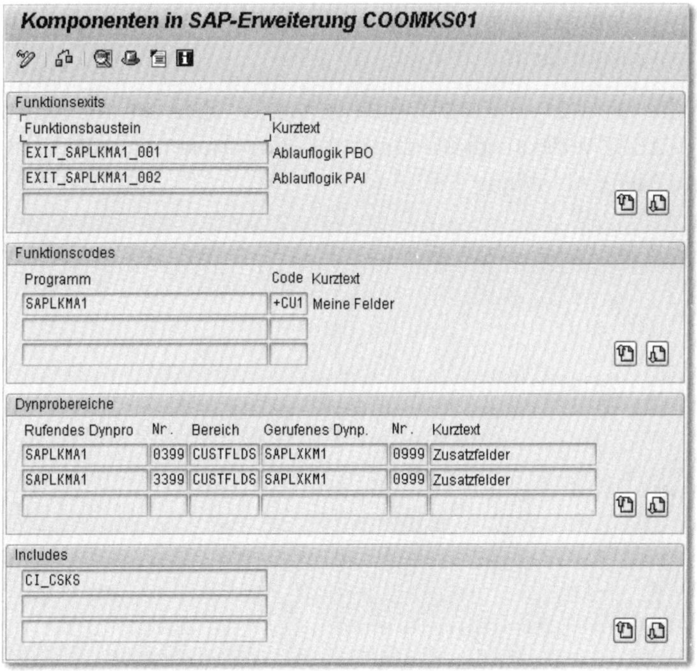

Komponenten in SAP-Erweiterung COOMKS01
Funktionsexits
Funktionsbaustein
Kurztext
EXIT_SAPLKMA1_001
Ablauflogik PBO
EXIT_SAPLKMA1_002
Ablauflogik PAI
Funktionscodes
Programm
Code
Kurztext
SAPLKMA1
+CU1
Meine Felder
Dynprobereiche
Rufendes Dynpro
Nr.
Bereich
Gerufenes Dynp.
Nr.
Kurztext
SAPLKMA1
0399
CUSTFLDS
SAPLXKM1
0999
Zusatzfelder
SAPLKMA1
3399
CUSTFLDS
SAPLXKM1
0999
Zusatzfelder
Includes
CI_CSKS

Abbildung 1.2 Komponenten der SAP-Erweiterung COOMKS01 in Transaktion SMOD

Im Folgenden werden nun die verschiedenen Komponenten der SAP-Erweiterung genauer betrachtet. Dabei werden die Komponenten in der Reihenfolge beschrieben, in der Sie diese implementieren würden: zunächst die Erweiterung der Datenbanktabelle, dann die Anpassung der Dynpros und des Menüs und zuletzt die Implementierung der Funktions-Exits.

Das Ziel dieses Erweiterungsbeispiels – und somit das Gesamtergebnis der Anwendung der verschiedenen Komponenten – ist es, die Kostenstellenstammdaten um ein eigenes Feld zu erweitern und dieses Feld in einem zusätzlichen Subscreen in der Pflegetransaktion anzeigen bzw. ändern zu können.

1.1.2 SAP-Erweiterungen implementieren

Die Ausprägung und Aktivierung von SAP-Erweiterungen erfolgen in sogenannten *Erweiterungsprojekten*, die auch mehrere SAP-Erweiterungen gleichzeitig enthalten können. Dabei ist es wichtig zu wissen, dass SAP-Erweiterungen im selben Erweiterungsprojekt stets gemeinsam aktiviert und deaktiviert werden. In Erweiterungsprojekten sollten Sie daher thematisch zusammenhängende SAP-Erweiterungen zusammenfassen.

Gehen Sie nun wie folgt vor, um ein Entwicklungsprojekt anzulegen und die SAP-Erweiterung zuzuordnen:

1. Starten Sie die Transaktion CMOD, oder gehen Sie über den Menüpfad WERKZEUGE • ABAP WORKBENCH • HILFSMITTEL • ERWEITERUNGEN • PROJEKTVERWALTUNG (siehe Abbildung 1.3).

Abbildung 1.3 Projektverwaltung von SAP-Erweiterungen in Transaktion CMOD

2. Vergeben Sie einen Namen für das Projekt (zum Beispiel ZCOOMKS1), klicken Sie auf ANLEGEN, und geben Sie einen Kurztext ein, der das Erweiterungsprojekt beschreibt.
3. Klicken Sie anschließend ZUORDNUNG ERWEITERUNGEN an, und bestätigen Sie, dass Sie das Projekt speichern möchten.
4. Im nachfolgenden Bildschirm können Sie Ihrem Entwicklungsprojekt SAP-Erweiterungen zuordnen. Geben Sie hier die Erweiterung `COOMKS01` ein, die in diesem Beispiel genutzt werden soll (siehe Abbildung 1.4).

SAP-Erweiterungen in Erweiterungsprojekt ZCOOMKS1
Erweiterung
Komponenten
Erweiterung
Kurztext
COOMKS01
Kostenstelle: kundeneigene Zusatzfelder im Stammsatz

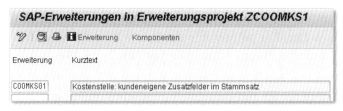

Abbildung 1.4 Zuordnung einer SAP-Erweiterung zum Erweiterungsprojekt

5. Sichern Sie das Projekt nun erneut, und wechseln Sie über ZURÜCK wieder zum Startbildschirm der Transaktion CMOD.
6. Wählen Sie das Teilobjekt KOMPONENTEN aus, und klicken Sie auf ÄNDERN, um eine Übersicht über die Komponenten der Erweiterung (diesmal in Transaktion CMOD) anzeigen zu lassen (siehe Abbildung 1.5). Von hier aus können Sie in die Anlage und Änderung der Komponenten springen.

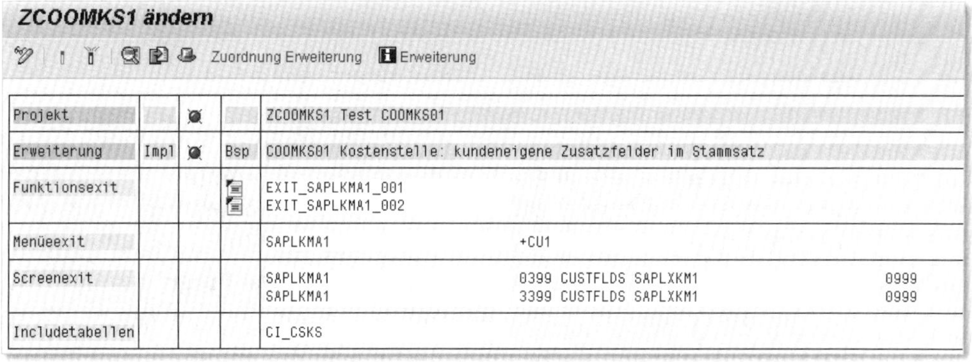

ZCOOMKS1 ändern
Zuordnung Erweiterung
Erweiterung
Projekt
ZCOOMKS1 Test COOMKS01
Erweiterung
Impl
Bsp
COOMKS01 Kostenstelle: kundeneigene Zusatzfelder im Stammsatz
Funktionsexit
EXIT_SAPLKMA1_001
EXIT_SAPLKMA1_002
Menüeexit
SAPLKMA1
+CU1
Screenexit
SAPLKMA1
0399 CUSTFLDS SAPLXKM1
0999
SAPLKMA1
3399 CUSTFLDS SAPLXKM1
0999
Includetabellen
CI_CSKS

Abbildung 1.5 Komponenten der SAP-Erweiterung COOMKS01 in Transaktion CMOD

Das Erweiterungsprojekt ist nun so weit vorbereitet, dass Sie mit der Implementierung der Komponenten der SAP-Erweiterung `COOMKS01` beginnen können.

Als Erstes muss die Datenbanktabelle CSKS, die die Kostenstellenstammdaten enthält, mithilfe des Customizing-Includes CI_CSKS um das gewünschte Zusatzfeld erweitert werden. Dazu gehen Sie wie folgt vor:

1. Klicken Sie doppelt auf CI_CSKS, und bestätigen Sie die Meldung, dass das Include angelegt wird.

2. Vergeben Sie einen Kurztext, und fügen Sie ein neues Feld ein. Dabei sollten Sie ein eigenes Datenelement mit einer eigenen Domäne verwenden, damit Sie bereits hier Feldbezeichnungen und einen Wertebereich definieren können. Abbildung 1.6 zeigt beispielhaft ein Feld ZZFELD1 mit einem Datenelement ZCICSKSFELD1 vom Typ CHAR der Länge 1. In der zugehörigen, gleichnamigen Domäne wurden für das Beispiel die Domänenfestwerte A (Kurzbeschreibung: Wert A) und B (Kurzbeschreibung: Wert B) hinterlegt.

3. Speichern und aktivieren Sie das Customizing-Include CI_CSKS, und kehren Sie zu den Komponenten der SAP-Erweiterung zurück.

Abbildung 1.6 Customizing-Include CI_CSKS mit kundeneigenem Feld

Als Nächstes erstellen Sie einen Subscreen, um das neue Feld aus der Struktur CI_CSKS anzuzeigen. In der Erweiterungsübersicht werden zwei Screen-Exits angezeigt, es handelt sich aber nur um einen Subscreen (Programm SAPLXKM1, Dynpro 0999), der in zwei Standard-Dynpros (Programm SAPLKMA1, Dynpros 0399 und 3399) angezeigt wird. Das Programm SAPLKMA1 ist dabei das Rahmenprogramm der Funktionsgruppe KMA1, in der die Pflege der Kostenstellenstammdaten implementiert ist. Mit diesem Screen-Exit ist es also möglich, einen eigenen Subscreen mit der Dynpro-Nummer 0999 im Programm SAPLXKM1 anzulegen, der im Standardpflegedialog für Kostenstellenstammdaten angezeigt wird:

1. Klicken Sie doppelt auf einen der Screen-Exits, und bestätigen Sie die Meldung, dass Dynpro 0999 im Programm SAPLXKM1 angelegt wird.

2. Vergeben Sie eine Kurzbezeichnung, und definieren Sie das Dynpro als Subscreen.

3. Anschließend platzieren Sie, wie in Abbildung 1.7 zu sehen ist, ein neues Feld auf dem Dynpro. Dafür öffnen Sie das Fenster für Dictionary- und Programmfelder (über das Icon 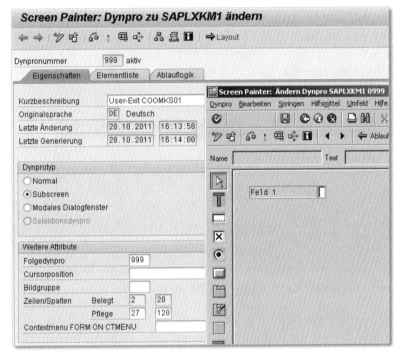 oder F6) und fügen das Feld ZZFELD1 aus dem Tabellenarbeitsbereich CSKS_CI ein. Das Feld wird demnach nicht direkt aus der Struktur CI_CSKS eingefügt, sondern aus einer globalen Variable des Programms SAPLXKM1 (siehe auch Dokumentation der Erweiterung COOMKS01), die damit immer den gleichen Wert besitzt, wie auf dem Dynpro im Feld angezeigt bzw. eingegeben wird.

Abbildung 1.7 Subscreen zur Anzeige des kundeneigenen Feldes

Wie Sie später sehen werden, wird genau dieser Tabellenarbeitsbereich CSKS_CI verwendet, um Daten zwischen dem kundeneigenen Dynpro und der Standardverarbeitungslogik des Dialogs für die Pflege der Kostenstellenstammdaten auszutauschen.

4. Speichern und aktivieren Sie das Dynpro, und kehren Sie zu den Komponenten der SAP-Erweiterung zurück.

Neben den Screen-Exits steht in der SAP-Erweiterung COOMKS01 noch ein Menü-Exit zur Erweiterung des Menüs des Pflegedialogs für Kostenstellenstammdaten zur Verfügung. Menüerweiterungen sind spezielle Funktionscodes, die in GUI-Status von verschiedenen Standardprogrammen existieren, aber nur dann sichtbar werden, wenn die zugehörige SAP-Erweiterung in einem Erweiterungsprojekt aktiviert wird. Diese Funktionscodes beginnen immer mit einem »+«, und üblicherweise wird die Verarbeitungslogik dieser Funktionscodes in einem Funktions-Exit in derselben SAP-Erweiterung implementiert.

Die Erweiterung COOMKS01 stellt allerdings eine Ausnahme dar, da der Funktionscode +CU1 bereits im Standardprogramm SAPLKMA1 verarbeitet wird. Bei dem Funktionscode handelt es sich um einen Menüeintrag unter SPRINGEN, der standardmäßig den Namen ZUSATZFELDER... trägt und auf den soeben angelegten Subscreen 0999 verzweigt. Obwohl die Verarbeitungslogik bereits definiert ist, lassen sich über einen Doppelklick auf den Menü-Exit die Texte bzw. das Symbol anpassen (siehe Abbildung 1.8). Für das Beispiel soll statt des Standardtextes ZUSATZFELDER... MEINE FELDER angezeigt werden.

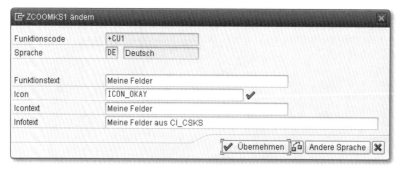

Abbildung 1.8 Menüerweiterung in der SAP-Erweiterung COOMKS01

Nun haben Sie die Anpassungen an der Datenbank und der Oberfläche abgeschlossen. Würden Sie das Erweiterungsprojekt nun aktivieren und die Pflegetransaktion für die Kostenstellenstammdaten starten, könnten Sie über das Menü in den neuen Subscreen springen und das neue Feld aus der Struktur CI_CSKS anzeigen lassen. Damit das Feld allerdings auch einen Wert anzeigt und der eingegebene Wert in die Datenbank zurückgeschrieben wird, muss noch eine passende Verarbeitungslogik in das PBO- bzw. PAI-Modul eingehängt werden.

Dazu existieren zwei Funktions-Exits: `EXIT_SAPLKMA1_001` wird im PBO-Modul der Dynpros `0399` und `3399` im Programm `SAPLKMA1` aufgerufen und verwendet, um kundeneigene Daten aus dem Include `CI_CSKS` für die Ausgabe aufzubereiten. `EXIT_SAPLKMA1_002` wird im PAI-Modul der Dynpros `0399` und `3399` aufgerufen, um Daten, die im Subscreen `0999` eingegeben wurden, zurück in die Felder des Includes `CI_CSKS` zu schreiben.

Ein Funktions-Exit ist technisch nichts anderes als ein Funktionsbaustein, der in Standardprogrammen in der Regel über den Befehl `CALL CUSTOMER-FUNCTION 'nnn'` aufgerufen wird, wobei `nnn` eine maximal dreistellige Zahl mit führenden Nullen ist. Dieser Befehl wird zur Laufzeit in einen normalen Aufruf des Funktionsbausteins `EXIT_<Programmname>_nnn` umgewandelt.

Entsprechend gibt es zum Beispiel in der PBO-Logik des Dynpros `0399` im Programm `SAPLKMA1` einen Aufruf `CALL CUSTOMER-FUNCTION '001'`, der zur Laufzeit in den Aufruf `CALL FUNCTION EXIT_SAPLKMA1_001` umgewandelt wird.

Wenn Sie in den Komponenten des Erweiterungsprojektes doppelt auf den ersten Funktions-Exit klicken, erreichen Sie die Definition genau dieses Funktionsbausteins (siehe Listing 1.1).

```
FUNCTION EXIT_SAPLKMA1_001.
*"----------------------------------------------------------
*"*"Lokale Schnittstelle:
*"  IMPORTING
*"    VALUE(USER_CSKS_CI) LIKE  CSKS_CI STRUCTURE  CSKS_CI
*"    VALUE(USER_CSKS_EX) LIKE  CSKS_EX STRUCTURE  CSKS_EX
*"    OPTIONAL
*"    VALUE(USER_MODE) DEFAULT 'S'
*"----------------------------------------------------------
INCLUDE ZXKM1U01 .
ENDFUNCTION.
```

Listing 1.1 Quellcode des Funktions-Exits EXIT_SAPLKMA1_001

An den Funktionsbaustein werden die Felder des Includes `CI_CSKS` in der Struktur `USER_CSKS_CI` und sämtliche Felder der Tabelle CSKS in der Struktur `USER_CSKS_EX` übergeben. Außerdem enthält die Variable `USER_MODE` Informationen darüber, ob gerade Kostenstellenstammdaten angelegt (I), geändert (U) oder angezeigt (S) werden. In diesem Beispiel ist nur die Struktur `USER_CSKS_CI` relevant, da daraus die Felder im kundeneigenen Subscreen gefüllt werden sollen. Der Bearbeitungsmodus soll nicht berücksichtigt werden.

Implementierung des Funktions-Exits

Die Implementierung eines Funktions-Exits erfolgt nicht direkt im Funktionsbaustein – der Quellcode des zugehörigen Funktionsbausteins besteht immer nur aus einem ZX*-Include, das zur Implementierung des Funktions-Exits angelegt werden muss. Anhand des Präfixes ZX erkennt der Compiler, dass es sich um ein Include handelt, das möglicherweise nicht existiert. Dadurch kommt es bei fehlendem Include nicht zu einem Syntaxfehler.

Um den Funktions-Exit auszuprägen und das Feld im soeben angelegten Subscreen zu füllen, sind die folgenden beiden Schritte nötig:

1. Klicken Sie im Quelltext doppelt auf das Include ZXKM1U01, um es anzulegen.

2. Fügen Sie den Quellcode aus Listing 1.2 ein, der nichts weiter bewirkt, als das Feld ZZFELD1 im Tabellenarbeitsbereich CSKS_CI mit dem zugehörigen Wert aus der übergebenen Struktur USER_CSKS_CI zu füllen. An dieser Stelle findet der Datenaustausch zwischen der Standardverarbeitungslogik und dem kundeneigenen Dynpro statt.

3. Sichern und aktivieren Sie das Include ZXKM1U01, und kehren Sie zu den Komponenten der SAP-Erweiterung zurück.

```
*&---------------------------------------------------------------*
*&  Include         ZXKM1U01
*&---------------------------------------------------------------*
* Kundeneigenes Feld aus Customizing-Include an Dynpro
* übergeben
  csks_ci-zzfeld1 = user_csks_ci-zzfeld1.
```

Listing 1.2 Füllen des neuen Feldes in Subscreen 0999

Für den zweiten Funktions-Exit gehen Sie analog vor:

1. Klicken Sie doppelt auf den Funktions-Exit EXIT_SAPLKMA1_002, dann doppelt auf das Include ZXKM1U02.

2. Fügen Sie den Quellcode aus Listing 1.3 ein. Diesmal ist der Datenfluss umgekehrt, der Wert des Feldes aus dem Tabellenarbeitsbereich CSKS_CI wird im Parameter USER_CSKS_CI zurück an die Standardverarbeitungslogik gegeben. Außerdem wird ein Flag gesetzt, dass die Daten geändert wurden. Um den Beispielcode so kurz wie möglich zu halten, wird hier keine Prüfung durchgeführt, ob der Wert tatsächlich geändert wurde oder nicht.

```
*&---------------------------------------------------------*
*&  Include           ZXKM1U02
*&---------------------------------------------------------*
* Wert aus Dynpro in Customizing-Include übernehmen
  user_csks_ci-zzfeld1 = csks_ci-zzfeld1.
* Aufrufendes Programm über Änderung der Daten informieren
  user_data_changed = 'X'.
```

Listing 1.3 Übernahme des Wertes des neuen Feldes in Subscreen 0999

3. Sichern und aktivieren Sie das Include ZXKM1U02, und kehren Sie zu den Komponenten der SAP-Erweiterung zurück.

1.1.3   SAP-Erweiterungen aktivieren und deaktivieren

Nachdem Sie nun alle Komponenten implementiert und aktiviert haben, sollten in der Übersicht alle Komponenten in der Spalte IMPLEMENTIERUNG mit einem grünen Haken versehen sein. Damit die SAP-Erweiterung aktiv wird, muss nun aber noch das Erweiterungsprojekt aktiviert werden. Dazu wählen Sie im Einstiegsbild der Transaktion CMOD im Menü PROJEKT • PROJEKT AKTIVIEREN oder klicken auf die entsprechende Schaltfläche. Die Aktivierung können Sie außerdem in der Anzeige der Komponenten über das Menü PROJEKT • AKTIVIEREN oder die entsprechende Schaltfläche durchführen. Hier können Sie dann auch in der dritten Spalte sehen, welche Komponenten aktiviert wurden (siehe Abbildung 1.9).

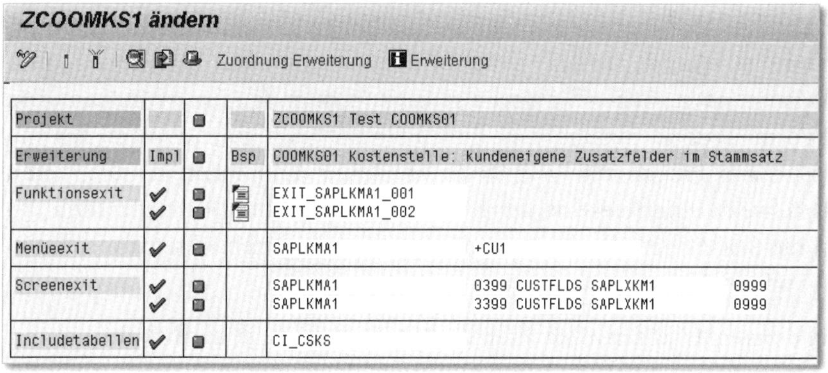

Abbildung 1.9 Erweiterungsprojekt mit aktivierten Komponenten

1.1.4   SAP-Erweiterungen testen

Um die Erweiterungen zu testen, starten Sie die Transaktion KS02 (RECHNUNGSWESEN • CONTROLLING • KOSTENSTELLENRECHNUNG • STAMMDATEN •

KOSTENSTELLE • EINZELBEARBEITUNG • ÄNDERN) und wählen eine beliebige Kostenstelle aus. Wie Sie in Abbildung 1.10 sehen können, wird im Menü unter SPRINGEN nun ein neuer Menüpunkt MEINE FELDER angezeigt, über den Sie in den neu angelegten Subscreen auf dem Karteireiter ZUSATZFELDER springen können. Dort wird das neu angelegte Feld angezeigt, und Sie können einen Wert pflegen und speichern.

Abbildung 1.10 Test der SAP-Erweiterung COOMKS01

1.1.5 SAP-Erweiterungen finden

Grundsätzlich finden Sie SAP-Erweiterungen über das Informationssystem in der Suchhilfe der Transaktion SMOD. Falls Ihnen das betreffende Programm bekannt ist, können Sie das Feld KOMPONENTENNAME der erweiterten Suchhilfe verwenden. Geben Sie dort als Suchkriterium den Programmnamen in der Form *Programmname* ein, finden Sie alle SAP-Erweiterungen des entsprechenden Programms. Wie Sie in Abbildung 1.11 sehen können, liefert beispielsweise eine Selektion der Exits zum Programm SAPLKMA1 unter anderem die SAP-Erweiterung, die in den vorangegangenen Abschnitten ausgeprägt wurde.

Funktions-Exits können Sie alternativ zum Infosystem auch finden, indem Sie die betreffende Funktion im SAP-System debuggen. Wie bereits beschrieben, erfolgt der Aufruf eines Funktions-Exits im Allgemeinen über den Befehl CALL CUSTOMER-FUNCTION. In manchen Fällen werden Funktions-Exits aber auch direkt über CALL FUNCTION aufgerufen. In diesen Fällen wird allerdings vorher der Funktionsbaustein MODX_FUNCTION_ACTIVE_CHECK verwendet, um zu prüfen, ob der zugehörige Funktions-Exit überhaupt aktiv ist.

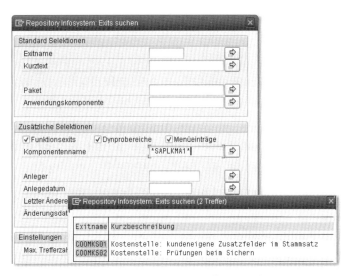

Abbildung 1.11 SAP-Erweiterungen über Infosystem finden

Diese Aufrufe können Sie nutzen, um Funktions-Exits über Debugging zu finden:

1. Starten Sie zunächst die Transaktion, für die Sie Funktions-Exits suchen, und geben Sie »/H« in das Kommandofeld ein, um den Debugging-Modus zu aktivieren.

2. Im Debugger wählen Sie anschließend BREAKPOINTS • BREAKPOINTS BEI • BREAKPOINT BEI ANWEISUNG bzw. BREAKPOINTS • BREAKPOINTS BEI • BREAKPOINT BEI FUNKTIONSBAUSTEIN und setzen einen Breakpoint für die Anweisung `CALL CUSTOMER-FUNCTION` bzw. den Funktionsbaustein `MODX_FUNCTION_ACTIVE_CHECK`.

3. Führen Sie anschließend die Transaktion weiter aus, um zu prüfen, ob einer der Breakpoints getroffen wird.

Haben Sie einen entsprechenden Funktionsbaustein gefunden, können Sie wieder über das Infosystem herausfinden, in welcher SAP-Erweiterung der Funktions-Exit ausgeprägt werden muss. Dazu verwenden Sie erneut die erweiterte Suchhilfe, geben aber unter KOMPONENTENNAME statt eines Programmnamens den Namen des Funktionsbausteins an.

1.2 Verwendung von Business Transaction Events

Business Transaction Events (BTE) wurden ursprünglich für die Erweiterung von FI-Applikationen entwickelt, weshalb diese Erweiterungstechnik häufig auch als *Open FI* bezeichnet wird. Heutzutage werden BTEs aber auch in anderen Modulen eingesetzt.

Mit BTEs können lediglich Erweiterungen der Verarbeitungslogik von Programmen realisiert werden, Erweiterungen von Oberflächenelementen wie bei SAP-Erweiterungen oder Business Add-Ins sind nicht direkt möglich.

Technisch basiert diese Erweiterungstechnik, ähnlich wie bei Funktions-Exits in SAP-Erweiterungen, auf Funktionsbausteinen mit festgelegten Schnittstellen, die aus SAP-Standardprogrammen aufgerufen werden.

Dabei wird grundsätzlich zwischen zwei Arten von BTEs unterschieden:

▶ **Publish&Subscribe-Schnittstellen**
Die sogenannten Publish&Subscribe-Schnittstellen (P&S-Schnittstellen) werden von SAP-Standardprogrammen angesprochen, wenn bestimmte Ereignisse in der Verarbeitung stattgefunden haben. Sie werden deshalb auch *informierende Schnittstellen* genannt und benachrichtigen definierte Funktionsbausteine beispielsweise über Ereignisse wie »Beleg wurde erfasst« oder »Stammsatz wurde geändert«. P&S-Schnittstellen sollen dazu verwendet werden, weitere Verarbeitungen anzustoßen, nicht aber, um Daten des Standardprogramms zu verändern. Technisch lassen diese Schnittstellen aber oft auch Datenmanipulationen zu.

▶ **Prozessschnittstellen**
Im Gegensatz zu P&S-Schnittstellen können Prozessschnittstellen dazu verwendet werden, Daten des aufrufenden Standardprogramms zu verändern und damit die Verarbeitungslogik zu beeinflussen oder sogar zu ersetzen. Natürlich können auch diese Schnittstellen genutzt werden, um lediglich zusätzlich Verarbeitungen zu starten.

Die Konfiguration von BTEs erfolgt über die Transaktion FIBF (IMG-Pfad FINANZWESEN • GRUNDEINSTELLUNGEN FINANZWESEN • WERKZEUGE • KUNDEN-ERWEITERUNGEN • BUSINESS TRANSACTION EVENTS). Sämtliche Einstellungen werden über das Menü EINSTELLUNGEN durchgeführt.

1.2.1 Verwendung und Gruppierung

Auf den ersten Blick sind die Einstellungen etwas unübersichtlich, da sie auf zwei unterschiedlichen Ebenen durchgeführt werden.

Die erste Ebene unterteilt die Konfiguration von Business Transaction Events abhängig von ihrer Verwendung in die drei Bereiche SAP-Anwendungen,

Partner und Kunde. Auf einer zweiten Ebene können diese drei Bereiche weiter unterteilt werden, um Gruppen von BTEs zu bilden, die gemeinsam aktiviert und deaktiviert werden können. Dabei sind die möglichen Gruppierungen abhängig von der ersten Ebene.

▶ **SAP-Anwendungen**

SAP verwendet BTEs selbst, um Funktionen länderspezifisch oder applikationsspezifisch auszusteuern. Einstellungen zu SAP-Anwendungen sollten nicht verändert werden.

BTEs im Bereich der SAP-Anwendungen werden ausschließlich über ein Applikationskennzeichen gruppiert, wie zum Beispiel Standard-FI (FI-FI) oder Bankbuchhaltung (FI-BA).

Die Pflege erfolgt über EINSTELLUNGEN • IDENTIFIKATION • SAP-ANWENDUNGEN. In der angezeigten Tabelle können ganze Anwendungen aktiviert und deaktiviert werden. Ist ein BTE aus dem Bereich der SAP-Anwendungen einem Applikationskennzeichen zugeordnet, ist es nur dann aktiv, wenn auch die Applikation aktiv ist.

▶ **Partner**

Die Konfiguration im Bereich PARTNER kann, wie der Name schon sagt, von Partnern der SAP verwendet werden, die eigene Anwendungskomponenten in Form von Add-on-Produkten entwickeln.

BTEs im Bereich PARTNER können folgendermaßen gruppiert werden:

- ▹ über Applikationskennzeichen
- ▹ über eine Partneridentifikation
- ▹ über Produkte

Über EINSTELLUNGEN • IDENTIFIKATION • PARTNER werden die Bezeichnungen für Partner definiert, unter EINSTELLUNGEN • PRODUKTE • EINES PARTNERS • BEARBEITEN die Produkte.

Für jedes Produkt kann außerdem eine RFC-Destination hinterlegt werden, was dazu führt, dass alle zugeordneten BTEs auf einem Remote-System ausgeführt werden.

Produkte werden über EINSTELLUNGEN • PRODUKTE • EINES PARTNERS • AKTIVIEREN aktiviert. Enthält die Tabelle einen Eintrag für die Kombination von Partner und Produkt ist das Produkt aktiv.

Ist ein BTE aus dem Bereich der Partner einem Applikationskennzeichen und einem Produkt zugeordnet, ist es nur dann aktiv, wenn die Applikation und das Produkt des Partners aktiv sind.

▶ **Kunde**

Der dritte Bereich ist für kundeneigene Erweiterungen vorgesehen und damit der Bereich, in dem Sie sich wahrscheinlich hauptsächlich bewegen werden.

BTEs eines Kunden können Sie folgendermaßen gruppieren:

- ▶ nach Applikationen
- ▶ nach Produkten

Die Pflege erfolgt über EINSTELLUNGEN • PRODUKTE • ...EINES KUNDEN. Auch hier kann eine RFC-Destination angegeben werden, wenn sämtliche BTEs, die einem Produkt zugeordnet sind, auf einem Remote-System ausgeführt werden sollen. Die Aktivierung eines Produktes eines Kunden erfolgt direkt über das Aktivierungs-Flag in der Pflegetabelle der Produkte.

Ein BTE aus dem Bereich eines Kunden, das einem Applikationskennzeichen und einem Produkt zugeordnet ist, ist nur dann aktiv, wenn die Applikation und das Produkt des Kunden aktiv sind.

Da Sie sich bei kundenindividuellen Erweiterungen über BTEs so gut wie immer im Bereich der Kunden-BTEs bewegen werden, sehen Sie im Folgenden beispielhaft eine solche Erweiterung. Die Erweiterung im Bereich von SAP-Anwendungen bzw. Partnern unterscheidet sich davon nur durch die zusätzlichen bzw. unterschiedlichen Gruppierungs- und damit Aktivierungsmöglichkeiten. Außerdem wird lediglich die Ausprägung einer P&S-Schnittstelle gezeigt, die Anzeige und Konfiguration von Prozessschnittstellen erfolgen nahezu identisch und die Unterschiede sind selbsterklärend.

1.2.2 Business Transaction Events anzeigen

Neben dem Einstellungsmenü enthält die Transaktion FIBF im Menü UMFELD auch ein Infosystem für P&S- bzw. Prozessschnittstellen. In Abbildung 1.12 sehen Sie den Selektionsbildschirm des Infosystems für P&S-Schnittstellen.

Business Transaction Events werden durch einen achtstelligen alphanumerischen Wert identifiziert. Für das Beispiel selektieren Sie das BTE 00001650. Als Ergebnis erhalten Sie eine Liste, die nur das gewünschte BTE enthält. An der Beschreibung sehen Sie, dass Sie mithilfe dieses BTEs Daten in Zeilen der Einzelpostenanzeige ergänzen können. Klicken Sie doppelt auf das Event, und Sie gelangen in die Anzeige des BTEs 00001650, wie in Abbildung 1.13 dargestellt.

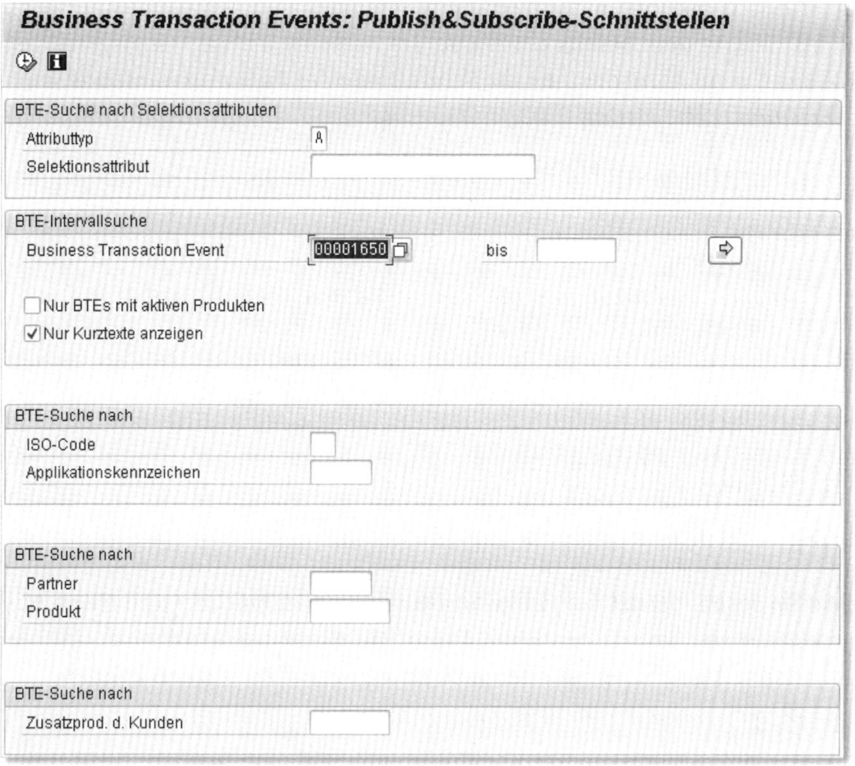

Business Transaction Events: Publish&Subscribe-Schnittstellen

BTE-Suche nach Selektionsattributen

Attributtyp   A

Selektionsattribut

BTE-Intervallsuche

Business Transaction Event   00001650   bis

☐ Nur BTEs mit aktiven Produkten
☑ Nur Kurztexte anzeigen

BTE-Suche nach

ISO-Code

Applikationskennzeichen

BTE-Suche nach

Partner

Produkt

BTE-Suche nach

Zusatzprod. d. Kunden

Abbildung 1.12 Infosystem für P&S-Schnittstellen

Business Transaction Events: Publish&Subscribe-Schnittstellen

∞Akt. Komp.   Musterfunktionsbaustein   Schnittstelle   Dokumentation

Detail zur Schnittstelle 00001650
Musterfunktionsbaustein SAMPLE_INTERFACE_00001650
BTE-Bezeichnung
EINZELPOSTENANZEIGE: Daten pro Zeile ergänzen

Abbildung 1.13 P&S-Schnittstelle 00001650

Über die Drucktasten am oberen Bildrand erhalten Sie nähere Informationen zum BTE. Unter Aĸt. Koмp. sehen Sie, für welche Applikationskennzeichen, Partner- bzw. Kundenprodukte dieses BTE aktiv ist. Außerdem können Sie sich eine Dokumentation anzeigen lassen, die in der Regel eine kurze Beschreibung enthält, an welcher Stelle die Schnittstelle aufgerufen und wie sie verwendet wird.

Zu jedem BTE existiert ein Musterfunktionsbaustein mit dem Namen `SAMPLE_INTERFACE_[BTE]` (bzw. `SAMPLE_PROCESS_[BTE]`), der als Vorlage für eine eigene Implementierung der Schnittstelle dient. Mit einem Klick auf den Musterfunktionsbaustein springen Sie in den Function Builder (Transaktion SE37), in dem bereits der Name des Musterbausteins vorausgefüllt ist. Klicken Sie auf ANZEIGEN, um die Schnittstelle des Funktionsbausteins sehen zu können (siehe Listing 1.4).

```
FUNCTION SAMPLE_INTERFACE_00001650.
*"----------------------------------------------------------
*"*"Lokale Schnittstelle:
*"      IMPORTING
*"             VALUE(I_POSTAB) LIKE  RFPOS STRUCTURE  RFPOS
*"      EXPORTING
*"             VALUE(E_POSTAB) LIKE  RFPOS STRUCTURE  RFPOS
*"----------------------------------------------------------
*----- Initialize Output by using the following line ----
* E_POSTAB = I_POSTAB.
ENDFUNCTION.
```

Listing 1.4 Musterfunktionsbaustein zu BTE 00001650

Wie Sie sehen, besitzt der Funktionsbaustein einen Eingabe- und einen Ausgabeparameter vom Typ RFPOS. Diese P&S-Schnittstelle ist also eine der genannten Ausnahmen, mit der auch Daten verändert werden können.

1.2.3 Business Transaction Events implementieren

Als Beispiel soll nun die Struktur RFPOS um ein eigenes Feld erweitert und mithilfe der P&S-Schnittstelle in der Einzelpostenliste mit einem Wert gefüllt werden.

Um die Struktur RFPOS zu erweitern, gehen Sie wie folgt vor:

1. Wechseln Sie in die Transaktion SE11 (WERKZEUGE • ABAP WORKBENCH • ENTWICKLUNG • DICTIONARY), wählen Sie den Datentyp RFPOS, und klicken Sie auf ANZEIGEN.

2. Legen Sie eine neue Append-Struktur an, indem Sie im Menü SPRINGEN • APPEND-STRUKTUR… auswählen und im anschließenden Dialog das Symbol für APPEND ANLEGEN anklicken.

3. Vergeben Sie einen Namen für die Append-Struktur, und fügen Sie ein neues Feld zu dieser Struktur hinzu, wie in Abbildung 1.14 zu sehen ist.

   Verwenden Sie ein eigenes Datenelement, um darin eine Überschrift zu definieren.

4. Erweitern Sie auf dem gleichen Weg auch die Struktur RFPOSX um das gleiche Feld.

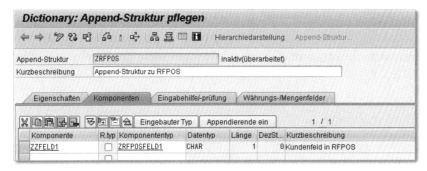

Abbildung 1.14 Append-Struktur zu Struktur RFPOS

5. Aktivieren Sie beide Append-Strukturen, und kehren Sie zur Anzeige des BTEs 00001650 zurück.

Nun kann der Funktionsbaustein implementiert werden, um das zusätzliche Feld zu füllen:

1. Klicken Sie in der Anzeige des BTEs 00001650 erneut auf MUSTERFUNKTIONSBAUSTEIN, um in den Function Builder zu wechseln.

2. Kopieren Sie den Musterbaustein, indem Sie auf das Symbol für KOPIEREN klicken. Wählen Sie als neuen Namen Z_SAMPLE_INTERFACE_00001650, und speichern Sie den Baustein in einer Funktionsgruppe Ihrer Wahl.

3. Tragen Sie nun den neuen Namen des Funktionsbausteins ein, klicken Sie auf ÄNDERN, und fügen Sie den Quellcode aus Listing 1.5 ein.

   Um auch hier den Quellcode so einfach wie möglich zu halten, wird das neue Feld lediglich mit der Konstante A gefüllt.

```
FUNCTION z_sample_interface_00001650.
*"----------------------------------------------------------
*"*"Lokale Schnittstelle:
*"  IMPORTING
*"     VALUE(I_POSTAB) LIKE  RFPOS STRUCTURE  RFPOS
*"  EXPORTING
*"     VALUE(E_POSTAB) LIKE  RFPOS STRUCTURE  RFPOS
*"----------------------------------------------------------
*----- Initialize Output by using the following line -----
  e_postab = i_postab.
* Wert des kundeneigenen Feldes setzen
  e_postab-zzfeld1 = 'A'.
ENDFUNCTION.
```

Listing 1.5 Füllung des kundeneigenen Feldes in P&S-Schnittstelle 00001650

1.2.4 Business Transaction Events konfigurieren

Als letzter Schritt muss nun noch der gerade implementierte Baustein der P&S-Schnittstelle zugeordnet werden. Dies geschieht im Bereich der Kunden-BTEs.

Wie bereits erwähnt, wird für Kunden-BTEs das Produkt als Gruppierungskriterium verwendet.

1. Legen Sie zuerst in der Transaktion FIBF über EINSTELLUNGEN • PRODUKTE • …EINES KUNDEN, wie in Abbildung 1.15 zu sehen ist, ein eigenes Produkt ZPROD1 an, unter dem Sie die P&S-Schnittstelle ausprägen können. Neben dem Produkt selbst können Sie einen beschreibenden Text hinzufügen. Die RFC-Destination bleibt in diesem Beispiel leer, weil die zugehörigen Business Transaction Events im selben System ausgeführt werden sollen. Über das Flag in der letzten Spalte können Sie alle BTEs zu diesem Produkt aktivieren und deaktivieren.

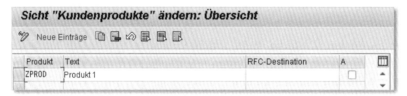

Abbildung 1.15 Produkt eines Kunden

2. Ordnen Sie anschließend den Funktionsbaustein der P&S-Schnittstelle dem angelegten Produkt zu. Wählen Sie dazu EINSTELLUNGEN • P/S-BAU-STEINE • …EINES KUNDEN, und erstellen Sie, wie in Abbildung 1.16 zu sehen ist, eine neue Zeile für Event 00001650, Produkt ZPROD1 und Funktionsbaustein Z_SAMPLE_INTERFACE_00001650.

Abbildung 1.16 P&S-Baustein eines Kunden

Hier können Sie das Event auch einer Applikation zuordnen für den Fall, dass es nur aktiv sein soll, wenn auch die zugehörige Applikation aktiv ist. Ist das Feld nicht gefüllt, ist das Event aktiv, sobald das Produkt aktiv ist.

Entsprechend verhält es sich auch bei der Konfiguration aller Prozess-schnittstellen bzw. der P&S-Schnittstellen aus den Bereichen der SAP-Anwendungen und Partner. Das Event ist nur dann aktiv, wenn auch die zugeordneten Objekte aktiv sind.

Darüber hinaus können BTEs länderspezifisch aktiviert und deaktiviert werden. In der Regel bleibt dieses Feld aber leer, und das Event ist länder-übergreifend aktiv.

3. Falls Sie bei der Anlage des Produktes das Aktivierungs-Flag noch nicht gesetzt haben, holen Sie das nun nach, um die Erweiterung abzuschließen.

1.2.5 Business Transaction Events testen

Um die Erweiterung zu testen, verwenden Sie beispielsweise die Transaktion FBL1N (RECHNUNGSWESEN • FINANZWESEN • KREDITOREN • KONTO • POSTEN ANZEIGEN/ÄNDERN) und lassen sich die Posten von einem beliebigen Kreditor anzeigen. Genau wie in Abbildung 1.17 wird in jeder Position im Feld 1 nun der Wert A angezeigt.

Abbildung 1.17 Anzeige des neuen Feldes in Kreditoren-Einzelpostenliste

---

Erweiterung testen [+]

Falls das neue Feld in der Einzelpostenliste nicht unter den verfügbaren Feldern im Layout angezeigt wird, müssen Sie gegebenenfalls die Struktur RFPOSXEXT neu generieren, die für die Anzeige verwendet wird. Dazu können Sie das Generie-rungsprogramm RFPOSXEXTEND verwenden. Beachten Sie dabei die Informationen in der Programmdokumentation.

Möchten Sie die Struktur nicht neu generieren, die Erweiterung aber trotzdem tes-ten, können Sie im Quellcode des Funktionsbausteins auch einfach den Wert eines anderen Feldes verändern, wie z. B. den Positionstext (SGTXT).

1.2.6 Technische Details zu Business Transaction Events

Die vollständige Liste von P&S- bzw. Prozessschnittstellen wird in den Tabellen TBE01 bzw. TPS01 gespeichert. Diese Tabellen enthalten Informationen, die im Infosystem nicht zu sehen sind.

Wie Sie in Abschnitt 1.2.4, »Business Transaction Events konfigurieren«, sehen konnten, können Sie jedes Business Transaction Event einem Land und einer Applikation zuordnen, um es nur in einem bestimmten Kontext zu aktivieren. In Wirklichkeit ist diese Zuordnung aber nur in Abhängigkeit der Flags XLBSE und XNASE in den Tabellen TBE01 und TPS01 überhaupt relevant. Das Flag XLBSE aktiviert die Auswahl eines BTEs in Abhängigkeit von Land und Applikation, das Flag XNASE deaktiviert die Applikationsabhängigkeit wieder. Durch die Kombination dieser Flags kann ein BTE demnach länder- und applikationsspezifisch oder nur länderspezifisch sein.

Eine weitere wichtige Information enthält das Feld PRTYP für Prozessschnittstellen in der Tabelle TPS01. Hat dieses Feld den Wert A, werden für den Prozess gegebenenfalls mehrere Funktionsbausteine durchlaufen:

▸ alle Funktionsbausteine aus dem Bereich der SAP-Anwendungen

▸ der erstbeste Funktionsbaustein aus dem Bereich der Partner

▸ der erstbeste Funktionsbaustein aus dem Bereich der Kunden

Mit erstbestem Funktionsbaustein ist dabei der Funktionsbaustein gemeint, der bei einem SELECT auf die entsprechende Customizing-Tabelle zuerst gefunden wird. Funktionsbausteine aus dem Bereich der SAP-Anwendungen sind dabei in Tabelle TPS31 abgelegt, Funktionsbausteine aus dem Bereich der Partner in Tabelle TPS32 und für Kunden in der Tabelle TPS34.

Ist das Feld PRTYP leer, werden zunächst auch alle aktiven Funktionsbausteine – wie beschrieben – gesucht, dann aber wird geprüft, ob nur genau ein Funktionsbaustein gefunden wurde. Wurden mehrere Funktionsbausteine gefunden, wird eine Fehlermeldung ausgegeben.

1.2.7 Business Transaction Events finden

Sie haben bereits die Möglichkeit kennengelernt, Business Transaction Events über das Infosystem in der Transaktion FIBF zu finden. Über UMFELD • INFOSYSTEM (P/S) erreichen Sie einen Selektionsbildschirm für P&S-Schnittstellen und über UMFELD • INFOSYSTEM (PROZESSE) einen für Prozessschnittstellen. Den Selektionsbildschirm kennen Sie ebenfalls schon aus dem Beispiel, er ist für beide Arten von Selektionsbildschirmen gleich.

Business Transaction Events: Publish&Subscribe-Schnittstellen

| 🔍 👁️ Akt. Komp. | 🎛️ Musterfunktionsbaustein | 🕲 Schnittstelle | 🗎 Dokumentation | 🖨️ 🕿 🕿 | 🗐 🖧 🗐 🕿 | 🎛️ |

Selektierte BTEs

Event	Text	
00001040	RÜCKNAHME AUSGLEICH:	Nach Standardverbuchung
00001041	RÜCKNAHME AUSGLEICH:	Mit Storno Ausgleichsbeleg
00001050	BUCHEN BELEG:	RW-Schnittstelle
00001060	BUCHEN BELEG:	Rechnungsprüfung
00001070	BUCHEN BELEG:	CUA-Aufruf Ebene Belegzeile
00001080	BUCHEN BELEG:	Tastentexte
00001085	BUCHEN BELEG:	Funktionen für Belegzeile
00001110	ÄNDERN BELEG:	Sichern der Standard-Daten
00001120	ÄNDERN BELEG:	CUA-Aufruf Ebene Belegzeile
00001130	ÄNDERN BELEG:	Tastentexte
00001135	ÄNDERN BELEG:	Funktionen für Belegzeile aus
00001136	ÄNDERN BELEG:	Feldänderungen ausschliessen
00001140	BUCHEN BELEG:	OK-Codes ausschl. (Enjoy)
00001210	DEBITORENSALDEN:	Aufruf über CUA Menu

Abbildung 1.18 Auswahl von P&S-Schnittstellen im Infosystem

Wie Sie in Abbildung 1.18 beispielhaft sehen können, erkennen Sie in der Regel bereits am Text eines BTEs, wann die Schnittstelle aufgerufen wird. In der Dokumentation finden Sie dann weitere Informationen zur Funktionsweise der Schnittstelle, und Sie können anhand der Definition des Musterfunktionsbausteins erkennen, welche Daten zwischen aufrufendem Programm und BTE ausgetauscht werden. In Einzelfällen kann es allerdings vorkommen, dass zum BTE keine Dokumentation existiert oder der Musterfunktionsbaustein veraltet ist und damit nicht mehr zum Aufruf passt. Dann muss das aufrufende Programm analysiert werden, um die Funktionsweise der Schnittstelle zu verstehen.

In Standardprogrammen werden die Funktionsbausteine BF_FUNCTIONS_READ (für P&S-Schnittstellen) bzw. PC_FUNCTIONS_READ (für Prozessschnittstellen) aufgerufen, um alle aktiven BTEs für einen Aufruf zu ermitteln. Im Quellcode dieser Funktionsbausteine können Sie auch sehen, wie die Flags XLBSE und XNASE aus den Tabellen TBE01 und TPS01 verwendet werden (siehe Abschnitt 1.2.6, »Technische Details zu Business Transaction Events«).

Diese Funktionsbausteine können ebenfalls verwendet werden, um BTEs in Standardprogrammen zu finden. Entweder suchen Sie im Quellcode nach den beiden genannten Funktionsbausteinen, oder Sie setzen Breakpoints auf die Funktionsbausteine im Debugging:

1. Starten Sie die Transaktion, für die Sie BTEs suchen, und geben Sie »/H« in das Kommandofeld ein, um den Debugging-Modus zu aktivieren.

2. Im Debugger wählen Sie BREAKPOINTS • BREAKPOINTS BEI • BREAKPOINT BEI FUNKTIONSBAUSTEIN und setzen einen Breakpoint für die Funktionsbausteine `BF_FUNCTIONS_READ` und `PC_FUNCTIONS_READ`.

3. Führen Sie anschließend die Transaktion weiter aus, um zu prüfen, ob einer der Breakpoints getroffen wird. Das BTE wird im Parameter `I_EVENT` an den Funktionsbaustein übergeben.

Weitere Informationen zu der Schnittstelle können Sie dann wieder über das Infosystem finden.

1.3 Verwendung von klassischen Business Add-Ins

Klassische Business Add-Ins (BAdIs) existieren seit SAP-Release 4.6 und wurden zusammen mit ABAP Objects als objektorientierte Erweiterungsmöglichkeit eingeführt, um die bisherigen Funktionsbaustein-Exits in SAP-Erweiterungen bzw. Business Transaction Events abzulösen. Seit Einführung des Enhancement Frameworks in Release 7.0 existieren außerdem sogenannte *neue* oder *kernelbasierte Business Add-Ins*, die in Abschnitt 1.4, »Verwendung von neuen Business Add-Ins«, beschrieben werden.

Man unterscheidet zwischen der Definition und der Implementierung eines BAdIs. Die *Definition* eines BAdIs legt die Schnittstelle für den Aufruf der Erweiterung fest. Technisch handelt es sich dabei um ein objektorientiertes Interface mit einer oder mehreren Methoden, die an festgelegten Stellen in Standardprogrammen aufgerufen werden. Mithilfe einer *BAdI-Implementierung* kann die Erweiterung kundenspezifisch ausgeprägt werden. Sie besteht technisch aus einer Klasse, die das definierte BAdI-Interface implementiert. Zur Laufzeit wird geprüft, ob eine aktivierte Erweiterungsimplementierung zum entsprechenden BAdI existiert, dann wird die zugehörige Klasse instanziert und die implementierte Methode aufgerufen.

Im Gegensatz zu Business Transaction Events ist es mit Business Add-Ins nicht nur möglich, die Ablauflogik von Standardprogrammen zu beeinflussen, sondern auch Oberflächenerweiterungen durchzuführen. Die Erweiterung durch Subscreens und Funktionscodes erfolgt allerdings nicht objektorientiert, sondern analog zu SAP-Erweiterungen. Das aufrufende Programm muss also die Oberflächenelemente an passenden Stellen einbinden bzw. zusätzliche Funktionscodes verarbeiten.

In diesem Abschnitt wird als Beispiel das BAdI `FAGL_ITEMS_MENUE01` verwendet, um Menüerweiterungen in der Einzelpostenliste durchzuführen und eigene Funktionen auszuführen.

Alternative Verwendung des BAdIs FI_ITEMS_MENUE01   [+]

Das BAdI `FAGL_ITEMS_MENUE01` wird verwendet, um die Einzelpostenliste des neuen Hauptbuches (New General Ledger, New GL) anzupassen. Ist das neue Hauptbuch in Ihrem System nicht aktiv, können Sie auch das BAdI `FI_ITEMS_MENUE01` verwenden, das die gleichen Erweiterungsmöglichkeiten für das klassische Hauptbuch bereitstellt.

1.3.1   Klassische Business Add-Ins anzeigen

Mithilfe der Transaktion SE18 (Werkzeuge • ABAP Workbench • Hilfsmittel • Business Add-Ins • Definition) können Sie sich die Definition eines BAdIs anzeigen lassen. Sie haben die Wahl zwischen Erweiterungsspot und BAdI-Name. Unter Erweiterungsspot können Sie Definitionen von neuen BAdIs aus dem Enhancement Framework anzeigen lassen. Da zunächst ein klassisches BAdI implementiert werden soll, geben Sie unter BAdI-Name `FAGL_ITEMS_MENUE01` ein und klicken auf Anzeigen.

In den Eigenschaften des BAdIs können Sie sich über die entsprechende Drucktaste eine Dokumentation zum BAdI ansehen. Außerdem sehen Sie neben einigen allgemeinen Daten die beiden Flags Mehrfach nutzbar und filterabhängig (siehe Abbildung 1.19):

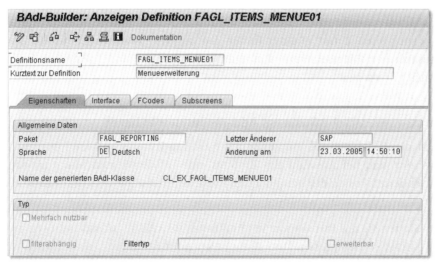

Abbildung 1.19 Eigenschaften eines klassischen BAdIs

▶ Ist ein BAdI *mehrfach nutzbar*, können mehrere Implementierungen angelegt werden, die nacheinander durchlaufen werden. Die Reihenfolge ist dabei aber nicht vorhersehbar und darf deshalb für die Implementierungen keine Rolle spielen. Ein Beispiel hierfür ist die Durchführung mehrerer kundenindividueller Prüfungen vor dem Speichern eines Datensatzes. Sind diese Prüfungen jeweils in eigenen Implementierungen realisiert, können sie auch einzeln aktiviert und deaktiviert werden.

▶ Ist ein BAdI *filterabhängig*, können Implementierungen abhängig von bestimmten Werten des unter FILTERTYP angegebenen Datenelementes angelegt werden. Das heißt, das BAdI wird nur durchlaufen, wenn der Filterwert zur Laufzeit mit dem Wert in der Implementierung übereinstimmt. Außerdem besitzt jede Methode automatisch einen Parameter mit dem Namen FLT_VAL, der beim Aufruf den Filterwert enthält.

Auf dem nächsten Karteireiter INTERFACE sehen Sie eine Liste von Methoden, die im BAdI implementiert werden können. Mit dem BAdI FAGL_ITEMS_ MENUE01 können bis zu vier eigene Menüeinträge unter ZUSÄTZE im Menü eingeblendet werden. Entsprechend existieren vier Methoden LIST_ITEMS01 bis LIST_ITEMS04, die jeweils nach der Auswahl eines Menüeintrags ausgeführt werden. Außerdem kann die Methode SHOW_BUTTONS verwendet werden, um bestimmte Funktionscodes auszublenden. Mit einem Doppelklick auf den Methodennamen gelangen Sie jeweils zur Signatur der ausgewählten Methode und können sehen, welche Daten zwischen aufrufendem Programm und Erweiterungsimplementierung ausgetauscht werden.

Auf den Karteireitern FCODES und SUBSCREENS sehen Sie, welche Oberflächenerweiterungen mit zusätzlichen Funktionscodes und eigenen Dynpros möglich sind. Unter FCODES finden Sie die vier Funktionscodes für die zusätzlichen Menüeinträge. Zusätzliche Subscreens sind in diesem BAdI nicht vorgesehen.

1.3.2 Klassische Business Add-Ins implementieren

Für dieses Beispiel soll ein zusätzlicher Eintrag DETAILS im Menü angezeigt werden und bei Auswahl des Eintrags eine Informationsmeldung zu den selektierten Posten erscheinen. Dazu implementieren Sie das klassische BAdI FAGL_ITEMS_MENUE01 wie folgt:

1. Starten Sie die Transaktion SE19 (WERKZEUGE • ABAP WORKBENCH • HILFSMITTEL • BUSINESS ADD-INS • IMPLEMENTIERUNG).

2. Wählen Sie im unteren Bereich KLASSISCHES BADI, geben Sie den Namen FAGL_ITEMS_MENUE01 ein, und klicken Sie auf IMPL. ANLEGEN (siehe Abbildung 1.20).

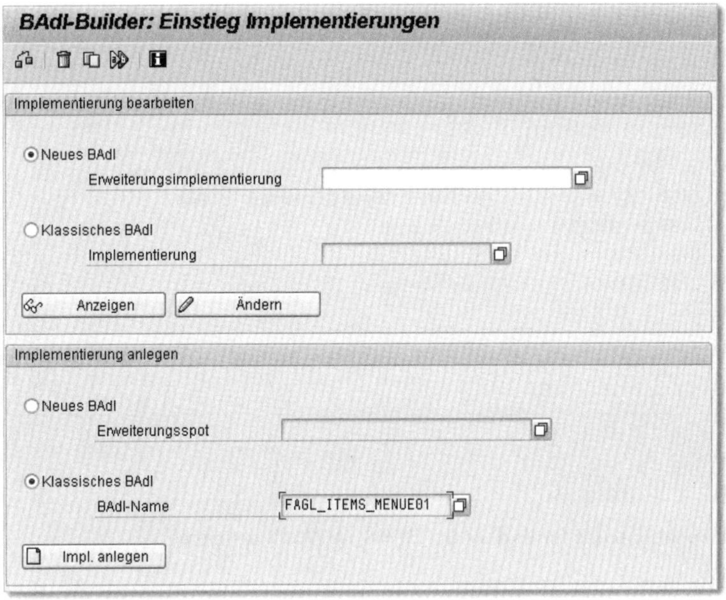

BAdI-Builder: Einstieg Implementierungen

Implementierung bearbeiten

◉ Neues BAdI
　　Erweiterungsimplementierung

◯ Klassisches BAdI
　　Implementierung

　Anzeigen　　　Ändern

Implementierung anlegen

◯ Neues BAdI
　　Erweiterungsspot

◉ Klassisches BAdI
　　BAdI-Name　　　FAGL_ITEMS_MENUE01

　Impl. anlegen

Abbildung 1.20 Klassisches BAdI FAGL_ITEMS_MENU01 anlegen

3. Vergeben Sie den Namen ZFAGL_ITEMS_MENUE01 für Ihre Erweiterungsimplementierung, und geben Sie einen Kurztext ein. Nachdem Sie die Implementierung gespeichert haben, kann die eigentliche Erweiterung ausgeprägt werden.

4. Wechseln Sie dazu auf den Karteireiter FCODES, und geben Sie den Funktionstext DETAILS ein, wie in Abbildung 1.21 zu sehen ist. Mit dem Button TEXTE können Sie außerdem noch ein Symbol bzw. einen Infotext definieren.

Sobald Sie in einer Erweiterungsimplementierung einen Funktionstext angeben, wird das zugehörige Oberflächenelement sichtbar. Wie Sie in der Beschreibung des ersten Funktionscodes sehen können, wird neben dem Menüeintrag auch eine Drucktaste eingeblendet.

5. Nachdem Sie den zusätzlichen Funktionscode eingeblendet haben, müssen Sie nun noch die zugehörige Methode des BAdIs implementieren, damit der Funktionscode auch sinnvoll verarbeitet wird.

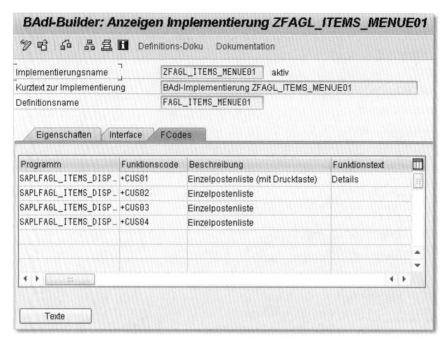

Abbildung 1.21 Funktionscode für BAdI FAGL_ITEMS_MENU01 definieren

Wechseln Sie dazu auf den Karteireiter INTERFACE, und klicken Sie doppelt auf die Methode LIST_ITEMS01. Diesmal springen Sie im Bearbeitungsmodus in die Methode. Über den Button SIGNATUR können Sie die Parameter der Methode ein- und ausblenden, um zu sehen, welche Daten zur Verfügung stehen (siehe Abbildung 1.22). Fügen Sie den Quellcode aus Listing 1.6 ein.

```
method IF_EX_FAGL_ITEMS_MENUE01~LIST_ITEMS01.
  DESCRIBE TABLE it_items LINES sy-dbcnt.
  MESSAGE i024(msitem) WITH sy-dbcnt.
endmethod.
```

Listing 1.6 Methode LIST_ITEMS01 zu BAdI FAGL_ITEMS_MENU01

Im Quellcode wird zunächst die Anzahl der Zeilen in der übergebenen Tabelle mit Einzelposten bestimmt und dann eine Informationsmeldung mit dieser Anzahl ausgegeben. Die Meldung ist die gleiche, die auch direkt nach der Selektion in der Statusleiste angezeigt wird.

6. Sichern und aktivieren Sie die Methode LIST_ITEMS01.

Abbildung 1.22 Methode LIST_ITEMS01 zu BAdI FAGL_ITEMS_MENU01

1.3.3 Klassische Business Add-Ins aktivieren und deaktivieren

Kehren Sie nun zurück in die Anzeige der Implementierung. Wenn Sie sich im Änderungsmodus befinden, können Sie über Implementierung • Aktivieren oder den zugehörigen Button die Implementierung aktivieren. Dadurch wechseln Sie automatisch in den Anzeigemodus zurück, da aktive Implementierungen nicht geändert werden können. Entsprechend erhalten Sie auch eine Fehlermeldung, wenn Sie bei aktiver Implementierung in den Änderungsmodus wechseln möchten.

Möchten Sie die Implementierung wieder deaktivieren, um das Standardverhalten der Einzelpostenliste wiederherzustellen oder um weitere Änderungen durchzuführen, wählen Sie Implementierung • Deaktivieren, oder klicken Sie auf den entsprechenden Button.

1.3.4 Klassische Business Add-Ins testen

Um die Erweiterung zu testen, starten Sie die Transaktion FAGLL03 (Rechnungswesen • Finanzwesen • Hauptbuch • Konto • Posten anzeigen/ändern (neu)) und selektieren ein beliebiges Konto mit Posten. Im Menü Zusätze finden Sie bei aktivem BAdI den zusätzlichen Menüeintrag Details sowie eine gleichnamige Drucktaste über der Einzelpostenliste. Wenn Sie den Menüeintrag auswählen oder auf die Drucktaste drücken, wird eine Informationsmeldung wie in Abbildung 1.23 ausgegeben.

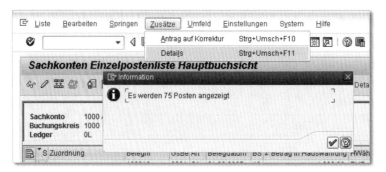

Abbildung 1.23 Informationsmeldung aus BAdI FAGL_ITEMS_MENU01

1.3.5 Klassische Business Add-Ins finden

Auch klassische BAdIs können Sie neben dem Weg über das Infosystem im Quellcode von Programmen bzw. über Debugging finden.

In Standardprogrammen wird für jeden Aufruf eines BAdIs zunächst die Methode GET_INSTANCE der Klasse CL_EXITHANDLER verwendet, um eine Verwaltungsklasse zum entsprechenden BAdI zu instanzieren. Diese Verwaltungsklasse kapselt die gesamte BAdI-Verarbeitung, wie z. B. die Verwaltung mehrerer Implementierungen zu einem BAdI oder den filterabhängigen Aufruf von BAdIs.

Diese Methode können Sie also verwenden, um Aufrufstellen von klassischen BAdIs in Standardprogrammen zu finden. Entweder suchen Sie im Quellcode nach der genannten Klasse, oder Sie setzen einen Breakpoint auf die Methode im Debugging:

1. Starten Sie die Transaktion, für die Sie klassische BAdIs suchen, und geben Sie »/H« in das Kommandofeld ein, um den Debugging-Modus zu aktivieren.

2. Im Debugger wählen Sie BREAKPOINTS • BREAKPOINTS BEI • BREAKPOINT BEI METHODE und setzen einen Breakpoint für die Methode GET_INSTANCE der Klasse CL_EXITHANDLER.

3. Führen Sie anschließend die Transaktion weiter aus, um zu prüfen, ob einer der Breakpoints getroffen wird. Der BAdI-Name wird im Parameter EXIT_NAME an die Methode übergeben.

Weitere Informationen zum BAdI können Sie dann wieder über das Infosystem finden.

1.4 Verwendung von neuen Business Add-Ins

Im Rahmen der Einführung des SAP Enhancement Frameworks in Release 7.0 wurde eine neue Art von Business Add-Ins eingeführt. Der Hauptunterschied zu klassischen Business Add-Ins liegt im Aufruf aus dem Standardprogramm. Während klassische BAdIs über Standardmittel aus ABAP Objects aufgerufen werden, werden die neuen BAdIs über spezielle ABAP-Befehle aufgerufen. Aus diesem Grund werden sie auch als *kernelbasierte BAdIs* bezeichnet.

Das Enhancement Framework soll langfristig alle bisher existierenden Erweiterungsmöglichkeiten wie SAP-Erweiterungen, Business Transaction Events und klassische BAdIs ablösen. Solange aber noch nicht alle Erweiterungspunkte in das Enhancement Framework migriert sind, existieren alle Erweiterungstechniken parallel.

Im Enhancement Framework existieren sowohl implizite als auch explizite Erweiterungspunkte. *Implizite Erweiterungspunkte* sind bestimmte Programmstellen, die immer erweitert werden können. In Abschnitt 1.5 erfahren Sie mehr zu diesen impliziten Erweiterungspunkten und deren Verwendung. Darüber hinaus können Entwickler *explizite Erweiterungspunkte* in Programmen definieren, zu denen auch der Aufruf von neuen BAdIs zählt. Einer oder mehrere dieser expliziten Erweiterungspunkte werden zu sogenannten *Erweiterungsspots* zusammengefasst.

Da die Verwendung von neuen und klassischen BAdIs fast identisch ist, wird in diesem Abschnitt nur auf die Unterschiede zwischen beiden eingegangen. Als Beispiel wird dazu das BAdI VENDOR_ADD_DATA im gleichnamigen Erweiterungsspot verwendet, das zur Erweiterung von Kreditorenstammdaten genutzt werden kann.

1.4.1 Neue Business Add-Ins anzeigen

Die Definition von neuen BAdIs können Sie sich ebenfalls in der Transaktion SE18 (WERKZEUGE · ABAP WORKBENCH · HILFSMITTEL · BUSINESS ADD-INS · DEFINITION) anzeigen lassen. Diesmal wählen Sie allerdings ERWEITERUNGSSPOT, geben VENDOR_ADD_DATA ein und klicken auf ANZEIGEN.

Wie Sie in Abbildung 1.24 sehen können, ist der Dialog zwar etwas anders aufgebaut als der für klassische BAdIs, grundsätzlich finden Sie aber die gleichen Informationen. Da in einem Erweiterungsspot mehrere BAdIs zusammengefasst werden können, finden Sie im linken Teil des Dialogs eine Liste von BAdI-Definitionen, die im Fall des Erweiterungsspots VENDOR_ADD_DATA nur die eine, gleichnamige BAdI-Definition enthält. Wenn Sie im rechten Teil des Dialogs den Button 🔲 neben dem Namen der BAdI-Definition anklicken, erhalten Sie eine Dokumentation zu diesem BAdI.

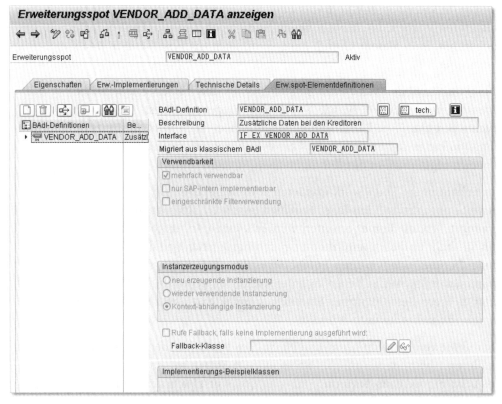

Abbildung 1.24 Erweiterungsspot bzw. neues BAdI VENDOR_ADD_DATA

Klappen Sie nun die BAdI-Definition im linken Teil des Fensters auf, und klicken Sie doppelt auf INTERFACE, um sich die Liste der Methoden anzeigen zu lassen, die in dieses BAdI implementiert werden können. Enthält eine BAdI-Definition Menü- oder Screen-Erweiterungen, werden diese ebenfalls im linken Teil des Fensters angezeigt. Bei einem Doppelklick auf diese Erweiterungen erscheint jeweils rechts eine Liste von Funktionscodes bzw. eine Liste von Subscreens.

Mit einem Doppelklick auf eine der Methoden springen Sie in den Class Builder und können sich dort die Parameter der Methoden anschauen.

1.4.2 Neue Business Add-Ins implementieren

Die Implementierung der neuen BAdIs erfolgt analog zu klassischen BAdIs:

1. Starten Sie die Transaktion SE19 (WERKZEUGE • ABAP WORKBENCH • HILFS-MITTEL • BUSINESS ADD-INS • IMPLEMENTIERUNG).

2. Wählen Sie im unteren Bereich ERWEITERUNGSSPOT, geben Sie den Namen VENDER_ADD_DATA ein, und klicken Sie auf IMPL. ANLEGEN.

3. Geben Sie im nachfolgenden Dialog einen Namen und einen Kurztext für Ihre Erweiterungsimplementierung ein (siehe Abbildung 1.25).

   Sie haben hier auch die Möglichkeit, Ihre Erweiterungsimplementierung einer zusammengesetzten Erweiterungsimplementierung zuzuordnen und damit logisch zusammengehörende Implementierungen zu gruppieren. Die zusammengesetzte Erweiterungsimplementierung ist dabei eigentlich nur ein Name mit einem Kurztext, der auch direkt aus diesem Dialog heraus angelegt werden kann.

Abbildung 1.25 Erweiterungsimplementierung eines neuen BAdIs anlegen

4. Nachdem Sie die Anlage der Erweiterungsimplementierung bestätigt haben, gelangen Sie in einen weiteren Dialog, in dem Sie die zu implementierenden BAdIs auswählen können. Da Sie die Implementierung zu einem Erweiterungsspot anlegen, der prinzipiell aus mehreren BAdIs bestehen kann, können Sie hier auch mehrere BAdIs gleichzeitig implementieren.

   Da der Dialog allerdings keine Werthilfen enthält und die BAdIs auch später noch zugeordnet werden können, verlassen Sie das Fenster über ABBRECHEN.

5. Nun sehen Sie auf der linken Seite eine leere Liste von BAdI-Implementierungen. Klicken Sie oberhalb der Liste auf BADI-IMPLEMENTIERUNG ANLEGEN, um den Dialog aus Abbildung 1.26 zu öffnen.

   In diesem Dialog besitzt das Feld BADI-DEFINITION eine Wertehilfe, über die Sie die einzige BAdI-Definition zu diesem Erweiterungsspot auswählen können. Außerdem müssen Sie noch einen Namen für die BAdI-Implementierung, die implementierende Klasse und einen Kurztext vergeben.

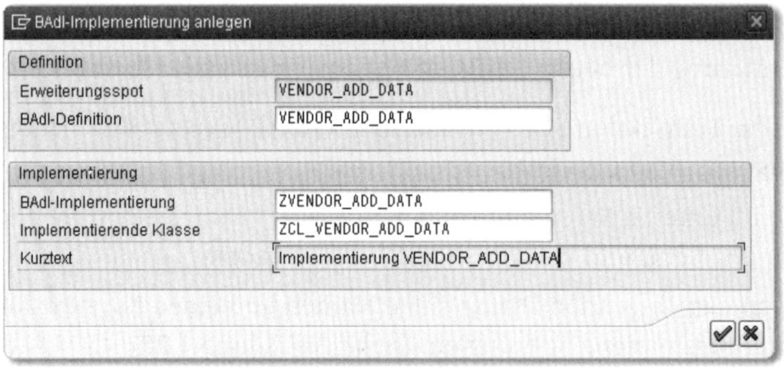

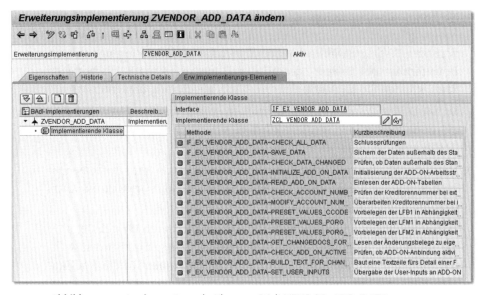

Abbildung 1.26 BAdI-Implementierung anlegen

Die implementierende Klasse ist dabei die Klasse, die das Interface aus der BAdI-Definition implementiert.

Übernehmen Sie hier jeweils die Einstellungen aus Abbildung 1.26.

6. Bestätigen Sie Ihre Eingaben mit dem grünen Haken, und klicken Sie im nachfolgenden Dialog auf Ja, um die implementierende Klasse direkt anzulegen.

7. Klappen Sie anschließend Ihre BAdI-Implementierung in der Liste links auf, und klicken Sie doppelt auf Implementierende Klasse. Auf der rechten Seite wird nun, wie in Abbildung 1.27 zu sehen ist, die Klasse mit ihren Methoden angezeigt. Von hier aus können Sie nun mittels Vorwärtsnavigation die Klasse bzw. die Methoden implementieren.

Abbildung 1.27 Implementierende Klasse zu BAdI VENDOR_ADD_DATA

Die weitere Implementierung verläuft von hier aus genauso wie bei klassischen BAdIs und wird deshalb nicht erneut dargestellt. Das BAdI `VENDOR_ADD_DATA` wird aber in Kapitel 4 über die Erweiterung von Kreditorenstammdaten noch einmal ausführlich behandelt. Darüber hinaus wird die Verwendung von Filtern für den Fall neuer BAdIs in Kapitel 3 über die Erweiterung von Debitorenstammdaten näher betrachtet.

1.4.3 Neue Business Add-Ins aktivieren und deaktivieren

Da die Implementierung neuer BAdIs aus einer Erweiterungsimplementierung und der BAdI-Implementierung selbst besteht, müssen diese auch beide aktiviert werden, damit das BAdI ausgeführt wird.

Die BAdI-Implementierung aktivieren Sie, indem Sie zunächst links doppelt auf die BAdI-Implementierung klicken und dann rechts IMPLEMENTIERUNG IST AKTIV markieren. Umgekehrt wird die BAdI-Implementierung durch Löschen der Markierung deaktiviert. Die Erweiterungsimplementierung wird entweder über ERWEITERUNGSIMPLEMENTIERUNG • AKTIVIEREN im Menü oder den entsprechenden Button aktiviert.

1.4.4 Neue Business Add-Ins finden

Im Vergleich zu klassischen BAdIs unterscheidet sich nur der Weg, um neue BAdIs über das Debugging zu finden, da sie über eigene ABAP-Anweisungen aufgerufen werden. Anstatt den Breakpoint auf die Methode einer Klasse zu setzen, muss hier der Breakpoint im Debugger über BREAKPOINTS • BREAKPOINTS BEI • BREAKPOINT BEI ANWEISUNG auf den ABAP-Befehl `GET BADI` gesetzt werden.

1.5 Verwendung von impliziten Erweiterungen

Auch implizite Erweiterungen wurden im Rahmen des SAP Enhancement Frameworks mit Release 7.0 eingeführt. Implizite Erweiterungen sind Quellcode-Erweiterungen ohne Modifikationsschlüssel, die in allen Programmen möglich sind. Diese Erweiterungen sind allerdings nur an folgenden Stellen innerhalb von Programmen zugelassen (siehe SAP-Hilfe zu impliziten Erweiterungen):

▶ am Ende eines Includes, nicht jedoch am Ende eines Methoden-Includes
▶ am Ende einer `PUBLIC-`, `PROTECTED-`, `PRIVATE-SECTION` einer Klasse

▶ am Ende des Implementierungsteils einer Klasse (vor der Anweisung ENDCLASS, die zu CLASS ... IMPLEMENTATION gehört)

▶ am Ende einer Interface-Definition (vor ENDINTERFACE)

▶ am Ende einer Strukturdefinition (vor TYPES END OF, DATA END OF, CONSTANTS END OF und STATICS END OF)

▶ am Anfang und am Ende einer Prozedur (FORM, FUNCTION, METHOD), das heißt nach den Befehlen FORM, FUNCTION und METHOD und vor den Anweisungen ENDFORM, ENDFUNCTION und ENDMETHOD

▶ am Ende der CHANGING-, IMPORTING-, EXPORTING-Parameterliste einer Methode (Diese Erweiterungsoptionen stehen in der Mitte einer Anweisung.)

Im ABAP Editor können Sie die Stellen für implizite Erweiterungen über BEARBEITEN • ERWEITERUNGSOPERATIONEN • IMPLIZITE ERW.-OPTIONEN EINBLENDEN anzeigen lassen.

[!] **Standardprogramme modifizieren**

Wie Sie sehen, können implizite Erweiterungen prinzipiell verwendet werden, um Standardprogramme beliebig zu erweitern. Beachten Sie aber: Obwohl Sie keinen Modifikationsschlüssel für implizite Erweiterungen benötigen, handelt es sich formal trotzdem um eine Modifikation. Das heißt, SAP übernimmt keine Verantwortung mehr für die korrekte Funktionsweise des Standardprogramms. Implizite Erweiterungen sollten daher nur dann verwendet werden, wenn alle anderen Erweiterungsmöglichkeiten ausgeschöpft sind.

1.6 Zusammenfassung

In diesem Kapitel wurden die verschiedenen Erweiterungstechniken vorgestellt, die in der Finanzbuchhaltung Verwendung finden. Sie haben den Umgang mit SAP-Erweiterungen, Business Transaction Events, klassischen und neue Business Add-Ins kennengelernt. Damit wurde der Grundstein für das Verständnis der Erweiterungsimplementierungen in den nächsten Kapiteln gelegt.

Teil I
Kundeneigene Erweiterungen von Stammdaten

Der erste Hauptteil dieses Buches zeigt Ihnen anhand von Beispielen, wie die wichtigsten Stammdaten in der SAP-Finanzbuchhaltung erweitert werden können. Sie erfahren in den einzelnen Kapiteln, wie Sachkonten- (Kapitel 2), Debitoren- (Kapitel 3) und Kreditorenstammdaten (Kapitel 4) technisch im SAP-System abgebildet werden und welche Transaktionen für die Stammdatenpflege verwendet werden können. Anschließend lernen Sie, wie Sie die Stammdaten um kundeneigene Daten und die zugehörigen Pflegedialoge für die Pflege zusätzlicher Daten erweitern. Außerdem wird die Realisierung kundeneigener Prüfungen beim Speichern von Sachkonten-, Debitoren- und Kreditorenstammdaten erläutert.

Für Debitoren- und Kreditorenstammdaten sehen Sie ferner, wie Sie z. B. für die Implementierung von Schnittstellen kundeneigene Felder bei der automatischen Anlage von Stammdaten in der SAP-Finanzbuchhaltung berücksichtigen.

2   Sachkontenstammdaten

Das Sachkonto ist zwar das zentrale Stammdatenobjekt in der Finanzbuchhaltung, im Vergleich zu Debitoren- und Kreditorenstammdaten werden Sachkontenstammdaten allerdings weniger häufig erweitert. Besteht jedoch die Anforderung, zusätzliche Informationen in die Sachkontenstammdaten aufzunehmen, stellt man schnell fest, dass die Erweiterung von Sachkontenstammdaten in der SAP-Finanzbuchhaltung sehr schlecht unterstützt und dokumentiert ist. Dennoch gibt es Wege, Sachkontenstammdaten und die zugehörigen Pflegedialoge modifikationsfrei um Zusatzfelder zu erweitern.

Dieses Kapitel zeigt Ihnen in diesem Zusammenhang zunächst, wie Sachkontenstammdaten technisch im SAP-System abgelegt sind und welche Transaktionen für die Pflege verwendet werden. Anschließend sehen Sie, wie Sie eigene Felder in Sachkontenstammsätzen ergänzen und die zugehörigen Pflegetransaktionen anpassen können.

2.1   Technische Details und Transaktionen

Wie in der Finanzbuchhaltung üblich unterscheidet man auch bei Sachkontenstammdaten zwischen einem buchungskreisübergreifenden Teil (A-Segment) und einem buchungskreisspezifischen Teil (B-Segment).

Die Tabelle SKA1 mit der Texttabelle SKAT enthält alle buchungskreisübergreifenden Einstellungen zu Sachkonten wie die Kontenbezeichnung oder die Unterscheidung nach Bestands- und Erfolgskonto. Einstellungen in der Tabelle SKA1 sind außer vom Sachkonto noch von einem Kontenplan abhängig, man spricht deshalb auch von *kontenplanbezogenen Einstellungen*. Im SAP-System können mehrere Kontenpläne definiert werden, z. B. um die Bilanzierung nach unterschiedlichen rechtlichen Vorschriften zu ermöglichen. Kontenpläne sind technisch in Tabelle T004 abgelegt. Jedem Buchungskreis ist ein Kontenplan zugeordnet, wodurch definiert wird, welche Sachkonten aus dem A-Segment grundsätzlich im Buchungskreis angelegt werden können. Alle buchungskreisspezifischen Einstellungen sind in Tabelle SKB1 abgelegt. Darüber hinaus werden in der Tabelle T077S Kontengruppen definiert. Kontengruppen können unter anderem dazu verwendet werden, Intervallen von Sachkonten einen bestimmten Feldstatus zuzuordnen, das heißt festzulegen, welche Felder in den Sachkontenstammdaten gepflegt werden können oder müssen.

Die Pflege von Sachkontenstammdaten erfolgt grundsätzlich über drei Transaktionen:

▸ **Transaktion FSP0**

In Transaktion FSP0 werden buchungskreisübergreifende Einstellungen pro Sachkonto und Kontenplan durchgeführt.

▸ **Transaktion FS00**

Transaktion FS00 erlaubt die Pflege von buchungskreisübergreifenden und buchungskreisspezifischen Einstellungen pro Buchungskreis und Sachkonto.

▸ **Transaktion FSS0**

In Transaktion FSS0 können ausschließlich buchungskreisspezifische Einstellungen pro Buchungskreis und Sachkonto gepflegt werden.

Wenn Sie sich die Definition der Transaktionen anschauen, sehen Sie, dass jeweils das Programm SAPGL_ACCOUNT_MASTER_START gestartet wird. In Abbildung 2.1 sehen Sie beispielhaft Transaktion FS00.

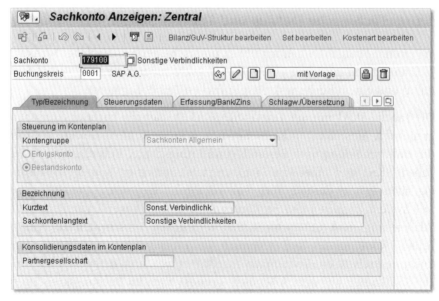

Abbildung 2.1 Transaktion FS00

Je nachdem, mit welchem Transaktionscode das Programm SAPGL_ACCOUNT_ MASTER_START gestartet wurde, wird im oberen Bereich entweder die Selektion nach Sachkonto und Kontenplan oder nach Sachkonto und Buchungskreis eingeblendet. Außerdem werden im unteren Bereich Reiter mit den Einstellungen aus A- und B-Segment ein- oder ausgeblendet. Die eigentliche Logik zur Pflege von Sachkontenstammdaten ist dabei im Funktionsbaustein GL_ACCT_MASTER_MAINTAIN implementiert.

2.2 Ziel der Erweiterung der Sachkontenstammdaten

Das Ziel für die in diesem Kapitel gezeigte Erweiterung der Sachkontenstammdaten ist es, ein zusätzliches Feld in den buchungskreisspezifischen Teil der Stammdaten aufzunehmen, das über den Standardpflegedialog gepflegt werden soll. Außerdem soll eine zusätzliche Prüfung des Zusatzfeldes beim Speichern der Stammdaten durchgeführt werden. Das Beispielfeld wird verwendet, um Sachkonten eines Buchungskreises verschiedenen Gruppen zuzuordnen, die an anderer Stelle (nicht Teil dieser Erweiterung) unterschiedlich verarbeitet werden können. Die Zuordnung zu einer Gruppe soll dabei nur für Bestandskonten möglich sein.

Gruppenzuordnung von Bestandskonten	[zB]
Als Anwendungsfall für die hier gezeigte Beispielerweiterung in der Praxis können Sie sich vorstellen, dass für bestimmte Gruppen von Bestandskonten nur bestimmte Buchungen zugelassen werden sollen. Die Zuordnung zur Gruppe kann dann in den Sachkontenstammdaten gepflegt und die zulässigen Buchungen zum Beispiel in einer Validierung geprüft werden.	

Es ist relativ einfach, die Tabellen für Sachkontenstammdaten mit Append-Strukturen zu erweitern und zusätzliche Felder über Kundenprogramme zu pflegen. Die Erweiterung der Standardpflegedialoge für die Verarbeitung dieser zusätzlichen Felder ist hingegen eine wesentlich schwierigere Aufgabe. Einzig die zusätzliche Prüfung beim Speichern der Sachkontenstammdaten ist über eine SAP-Erweiterung realisierbar. Um zusätzliche Felder in die Standardpflegedialoge aufzunehmen, existieren derzeit allerdings für Sachkontenstammdaten keine SAP-Erweiterungen, Business Transaction Events (BTE) oder Business Add-Ins. Stattdessen muss eine spezielle Erweiterungstechnik für Stammdatenpflegedialoge verwendet werden, die allerdings wenig dokumentiert ist und daher eine tief gehende Analyse des Quellcodes für die Stammdatenpflege erfordert.

In diesem Kapitel wird neben der eigentlichen Einrichtung der Erweiterung an einigen Stellen außerdem gezeigt, wie Sie die angesprochene Erweiterungsmöglichkeit anhand des Quellcodes analysieren können. Dieses Wissen kann Ihnen zukünftig helfen, versteckte Erweiterungsmöglichkeiten auch in anderen Standardprogrammen zu finden. Für die Anwendung der Erweiterung selbst ist diese Analyse natürlich nicht notwendig, da Sie das Ergebnis hier nachlesen können. Die entsprechenden Stellen können Sie bei fehlendem technischen Hintergrundwissen daher auch überspringen.

2.3 Erweiterung der Datenbanktabellen und Strukturen

Für die geplante Erweiterung müssen Sie als Erstes die Datenbanktabellen um das zusätzliche Feld erweitern. Da das zusätzliche Feld Teil der buchungskreisabhängigen Daten sein soll, muss es in Tabelle SKB1 aufgenommen werden. Um das Beispiel etwas praxisnäher zu gestalten, soll kein Freitextfeld hinzugefügt werden, sondern ein Feld, dessen Werte aus einer Drop-down-Liste ausgewählt werden können. Diese Werte sollen dabei inklusive Text in einer eigenen Stammdatentabelle gepflegt werden können. Neben der Datenbanktabelle für die persistente Speicherung des Zusatzfeldes müssen auch Strukturen angepasst werden, die während der Bearbeitung der Sachkontenstammdaten in den Standardpflegedialogen verwendet werden.

Die folgenden Abschnitte 2.3.1 bis 2.3.4 beschreiben die Anlage des Datenelementes, der Domäne und der Wertetabelle inklusive Texttabelle und Pflege-View für das Zusatzfeld. Falls Ihnen die erforderlichen Tätigkeiten im ABAP Dictionary bekannt sind, können Sie auch direkt mit Abschnitt 2.3.5, »Erweiterung der Tabelle SKB1«, fortfahren.

2.3.1 Datenelement und Domäne für das Zusatzfeld

Für das Zusatzfeld benötigen Sie in dem gewählten Beispiel auf jeden Fall eine Domäne, um mögliche Feldwerte zu definieren, und ein Datenelement, das dem Zusatzfeld zugeordnet wird und die Domäne verwendet. Im Allgemeinen sollten Sie aber immer, wenn Sie ein Zusatzfeld hinzufügen auch ein eigenes Datenelement und eine eigene Domäne anlegen, um Eigenschaften wie Bezeichner oder eben mögliche Feldwerte zentral definieren zu können.

Legen Sie nun zuerst das Datenelement für das Zusatzfeld an.

1. Starten Sie dazu die Transaktion SE11 (WERKZEUGE • ABAP WORKBENCH • ENTWICKLUNG • DICTIONARY), und legen Sie ein Datenelement mit dem Namen ZSKB1_GRUPPE an (siehe Abbildung 2.2).

Abbildung 2.2 Datenelement für Zusatzfeld

2. Vergeben Sie die Kurzbeschreibung »Kundeneigene Kontengruppierung«, und geben Sie als Domäne ebenfalls ZSKB1_GRUPPE ein.

3. Auf dem Karteireiter ZUSATZEIGENSCHAFTEN markieren Sie ÄNDERUNGS-BELEG, damit Änderungen an diesem Feld protokolliert werden.

4. Wechseln Sie auf den Karteireiter FELDBEZEICHNER, und geben Sie »Gruppe« für die Kurzbezeichnung und »Kontengruppe« für die Mittel- und Langbezeichnung an.

5. Sichern Sie das Datenelement.

Als Nächstes müssen Sie die gerade verwendete Domäne ZSKB1_GRUPPE mit den Einstellungen zur Wertetabelle anlegen.

1. Wechseln Sie in der Bearbeitung des Datenelementes zurück auf den Karteireiter DATENTYP, klicken Sie doppelt auf die Domäne, und bestätigen Sie die Meldung mit JA.

2. Als Kurzbezeichnung geben Sie »Domäne kundeneigene Kontengruppierung« ein und wählen den Datentyp CHAR mit der Länge 1 (siehe Abbildung 2.3 unter ZAHL DER STELLEN).

3. Wechseln Sie auf den Karteireiter WERTEBEREICH, und geben Sie unter WERTETABELLE ZTSKB1_GRUPPE ein.

4. Sichern Sie auch die Domäne.

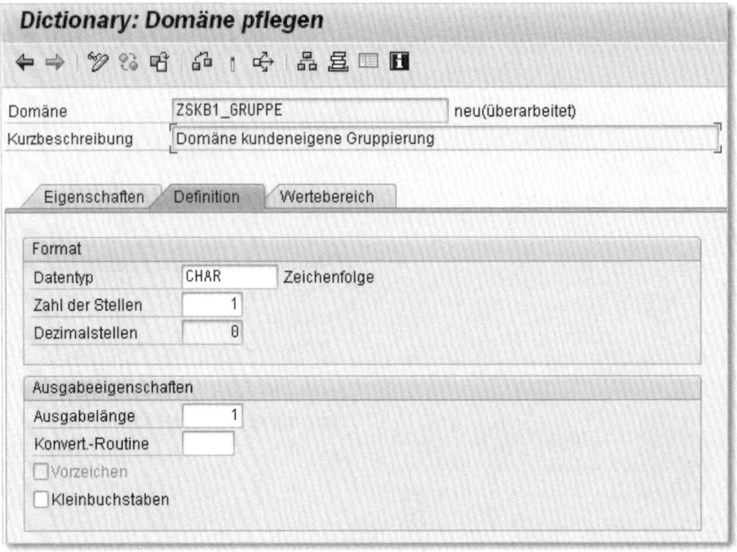

Abbildung 2.3 Domäne für Zusatzfeld

2.3.2 Wertetabelle für das Zusatzfeld

Im Wertebereich der Domäne haben Sie die Tabelle ZTSKB1_GRUPPE als Wertetabelle hinterlegt, diese müssen Sie nun noch anlegen. Analog zum Datentyp der Domäne muss diese Tabelle Werte vom Typ CHAR der Länge 1 enthalten. Außerdem soll die Tabelle als Stammdatentabelle angelegt werden und erfordert deshalb zusätzlich noch ein Feld für den Mandanten. Damit kann die Tabelle direkt in jedem System gepflegt und muss nicht im Entwicklungssystem gepflegt und transportiert werden.

Legen Sie die Tabelle daher wie folgt an:

1. Klicken Sie auf dem Karteireiter WERTEBEREICH der Domäne ZSKB1_GRUPPE doppelt auf die Wertetabelle ZTSKB1_GRUPPE, und bestätigen Sie die folgende Meldung mit JA, um die Tabelle anzulegen (siehe Abbildung 2.4).

2. Vergeben Sie die Kurzbeschreibung »Wertetabelle kundeneigene Kontengruppierung«, und wählen Sie die AUSLIEFERUNGSKLASSE »A«, um die Tabelle als Stammdatentabelle zu definieren.

3. Wechseln Sie auf den Karteireiter FELDER, und legen Sie die Felder MANDT und GRUPPE an, die in Abbildung 2.5 zu sehen sind.

4. Sichern Sie die Tabelle, und klicken Sie auf TECHNISCHE EINSTELLUNGEN in der Drucktastenleiste.

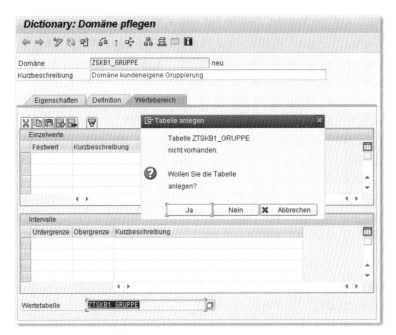

Abbildung 2.4 Anlegen der Wertetabelle für die Domäne des Zusatzfeldes

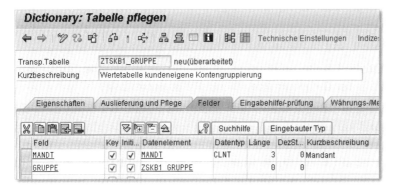

Abbildung 2.5 Wertetabelle für Zusatzfeld

5. Geben Sie dort »APPL2« als Datenart und »0« als Grössenkategorie ein, sichern Sie die Einstellungen, und kehren Sie zur Pflege der Tabelle zurück. Im Wesentlichen legen Sie damit fest, in welchem Bereich der Datenbank die Daten der Tabelle abgelegt werden und wie viel Platz hierfür reserviert wird. Die Bedeutung der Einstellungen können Sie auch in der ⌐F1⌐-Hilfe zu Datenart und Grössenkategorie nachlesen.

6. Aktivieren Sie nun die Tabelle, das Datenelement und die Domäne über den Button ⎍ oder, indem Sie im jeweiligen Menü (Tabelle, Datenelement oder Domäne) Aktivieren auswählen.

2.3.3 Langtexte zu Wertetabelle für das Zusatzfeld

Eigentlich würde die gerade angelegte Wertetabelle ausreichen, um eine Drop-down-Liste zur Auswahl des Feldwertes anzuzeigen. Diese Liste enthielte aber nur die einstelligen Kennzeichen aus Tabelle ZTSKB1_GRUPPE zur Auswahl. Um die Benutzung für den Anwender zu erleichtern, sollen zusätzlich Langtexte in der Wertehilfe angezeigt werden.

Dazu wird eine Texttabelle ZTSKB1_GRUPPET angelegt, die sprachabhängige Langtexte zu den Einträgen in Tabelle ZTSKB1_GRUPPE enthält und über eine Fremdschlüsselbeziehung mit dieser verknüpft ist, die die zulässigen Werte für Tabelle ZTSKB1_GRUPPET einschränkt. Die Tabelle ZTSKB1_GRUPPET darf aus diesem Grund nur Texte zu Gruppierungen enthalten, die in Tabelle ZTSKB1_GRUPPE definiert sind.

Legen Sie die Tabelle ZTSKB1_GRUPPET wie folgt an:

1. Starten Sie Transaktion SE11, und legen Sie eine Datenbanktabelle mit dem Namen ZTSKB1_GRUPPET an.

2. Vergeben Sie die Kurzbeschreibung »Texttabelle zu Wertetabelle kundeneigene Kontengruppierung«, und wählen Sie analog zur Wertetabelle die Auslieferungsklasse »A«.

3. Wechseln Sie auf den Karteireiter FELDER, und legen Sie die Felder MANDT, SPRAS, GRUPPE und TXT50 an, die in Abbildung 2.6 zu sehen sind.

4. Sichern Sie die Tabelle, und pflegen Sie wieder die technischen Einstellungen »APPL2« für DATENART und »0« für GRÖSSENKATEGORIE.

5. Stellen Sie den Cursor, wie in Abbildung 2.6 zu sehen ist, auf das Feld GRUPPE, und klicken Sie auf den Button für den Fremdschlüssel (⬚). Es erscheint eine Meldung, dass noch kein Fremdschlüssel vorhanden ist, mit der Frage, ob ein Vorschlag mit der Wertetabelle ZTSKB1_GRUPPE erstellt werden soll. Beantworten Sie die Frage mit JA, damit die Wertetabelle automatisch als Prüftabelle verwendet wird und gemeinsame Felder in Wertetabelle und Texttabelle als Fremdschlüsselfelder definiert werden.

   Nachdem der Vorschlag für die Fremdschlüsselbeziehung erstellt wurde, wählen Sie im unteren Bereich des Dialogs SCHLÜSSELFELDER EINER TEXTTABELLE und klicken auf ÜBERNEHMEN (siehe Abbildung 2.7). Dadurch wird festgelegt, dass Tabelle ZTSKB1_GRUPPET sprachabhängige Texte zu den Einträgen in Tabelle ZTSKB1_GRUPPE enthält.

6. Speichern und aktivieren Sie die Texttabelle.

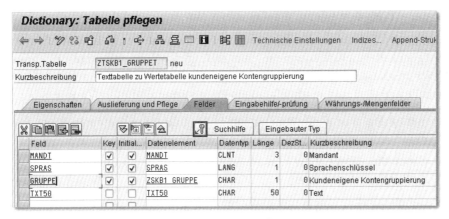

Abbildung 2.6 Texttabelle zur Wertetabelle für Zusatzfeld

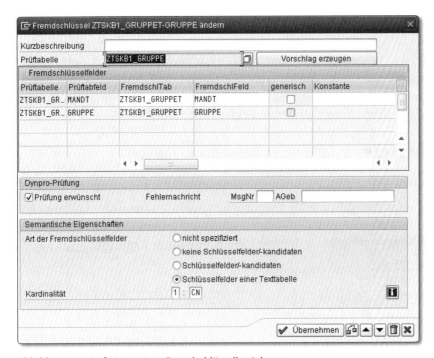

Abbildung 2.7 Definition einer Fremdschlüsselbeziehung

Nun ist die Tabelle ZTSKB1_GRUPPET als Texttabelle für die Wertetabelle ZTSKB1_GRUPPE definiert. Sie können die Verknüpfung testen, indem Sie die Wertetabelle in Transaktion SE11 öffnen und im Menü SPRINGEN • TEXT-TABELLE wählen. Wird anschließend die Tabelle ZTSKB1_GRUPPET angezeigt, ist die Fremdschlüsselbeziehung korrekt definiert.

2.3.4 Pflege-View zu Wertetabelle für das Zusatzfeld

Als letzten Schritt zur Vorbereitung des Zusatzfeldes muss nun noch eine Möglichkeit geschaffen werden, die zulässigen Werte inklusive der Langtexte zu erfassen. Hierfür wird ein View mit der Wertetabelle und der Texttabelle definiert und anschließend ein Pflegedialog zu diesem View angelegt:

1. Starten Sie erneut die Transaktion SE11, und legen Sie einen View mit dem Namen ZVSKB1_GRUPPE an. Als Typ wählen Sie PFLEGE-VIEW.

2. Geben Sie »Pflege-View Wertetabelle kundeneigene Kontengruppierung« als Kurzbeschreibung ein.

3. Geben Sie den Tabellennamen ZTSKB1_GRUPPE der Wertetabelle unter TABELLEN ein, und klicken Sie auf BEZIEHUNGEN, um abhängige Tabellen hinzuzufügen.

4. Da die Texttabelle über eine Fremdschlüsselbeziehung mit der Wertetabelle verknüpft ist, wird diese im folgenden Dialog angezeigt. Wählen Sie die Tabelle ZTSKB1_GRUPPET, und klicken Sie auf ÜBERNEHMEN. Anschließend sollte der View die Werte- und die Texttabelle wie in Abbildung 2.8 enthalten. Die beiden Tabellen sind dabei über die in der Fremdschlüsselbeziehung definierten Felder verknüpft.

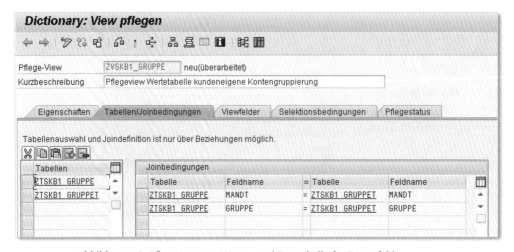

Abbildung 2.8 Pflege-View zu Werte- und Texttabelle für Zusatzfeld

5. Wechseln Sie auf den Karteireiter VIEWFELDER, um festzulegen, welche Felder in den View aufgenommen werden. Zunächst werden hier nur die Felder der Tabelle ZTSKB1_GRUPPE angezeigt.

6. Klicken Sie auf Tabellenfelder und im anschließenden Dialog doppelt auf Tabelle ZSKB1_GRUPPET. Setzen Sie dann einen Haken vor den Feldnamen TXT50, und klicken Sie auf ÜBERNEHMEN. Der View besteht nun aus den Feldern Mandant, Kontengruppierung und Langtext.

7. Speichern und aktivieren Sie den View.

Der gerade definierte View bildet die Grundlage für den Pflegedialog, der nun erstellt wird:

1. Wählen Sie in der Pflege des Views ZVSKB1_GRUPPE im Menü HILFSMITTEL • TABELLENPFLEGEGENERATOR.

2. Wählen Sie als Berechtigungsgruppe »&NC&«, als Funktionsgruppe ZVSKB1_GRUPPE, den Pflegetyp EINSTUFIG und das Übersichtsbild 0100 (siehe Abbildung 2.9).

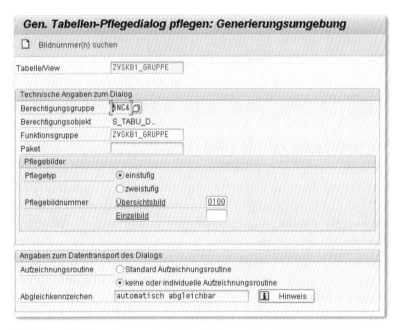

Abbildung 2.9 Generierung eines Pflegedialogs zu View ZVSKB1_GRUPPE

3. Klicken Sie auf den Button ANLEGEN, oder wählen Sie im Menü GENERIERTE OBJEKTE • ANLEGEN.

Dadurch wird ein Pflegedialog in der Funktionsgruppe ZVSKB1_GRUPPE mit der Dynpro-Nummer 0100 generiert. Da der Pflegedialog keinen erweiterten Berechtigungsschutz benötigt, reicht die Berechtigungsgruppe &NC& aus.

Nun können Sie mithilfe des gerade generierten Pflege-Views die zulässigen Werte für das neue Zusatzfeld pflegen:

1. Starten Sie die Transaktion SM30, geben Sie den View-Namen ZVSKB1_ GRUPPE ein, und klicken Sie auf PFLEGEN.

2. Als Beispielwerte fügen Sie die Einträge Kontengruppe 1 und 2 aus Abbildung 2.10 hinzu.

3. Speichern Sie die Einträge.

Abbildung 2.10 Beispieleinträge zu Wertetabelle für Zusatzfeld

Damit ist das Zusatzfeld für die Verwendung in den Tabellen und die Bearbeitung in den Dialogen für die Sachkontenstammdatenpflege vorbereitet.

2.3.5 Erweiterung der Tabelle SKB1

In Kapitel 1, »Allgemeines zu kundeneigenen Erweiterungen«, haben Sie bei der SAP-Erweiterung der Kostenstellenstammdaten gesehen, dass die Datenbanktabelle CSKS ein Customizing-Include CI_CSKS für die Erweiterung um Zusatzfelder enthält. Customizing-Includes sind immer dann in Standardtabellen oder -strukturen enthalten, wenn schon im Standard vorgesehen ist, diese um Kundenfelder zu erweitern. In so einem Fall existieren in der Regel auch entsprechende Erweiterungspunkte, um Zusatzfelder in einer eigenen Programmlogik zu verarbeiten.

Wie bereits erwähnt, ist die Erweiterung der Sachkontenstammdaten von SAP schlecht unterstützt, deshalb existiert zu Tabelle SKB1 auch kein Customizing-Include, sondern die Erweiterung der Tabelle muss über eine Append-Struktur erfolgen.

1. Starten Sie dazu die Transaktion SE11, und öffnen Sie die Tabelle SKB1 im Anzeigemodus.

2. Wählen Sie im Menü SPRINGEN • APPEND-STRUKTUR. Falls noch keine Append-Struktur zur Tabelle existiert, wird eine Hinweismeldung ange-

zeigt, und Sie können einen Namen für eine neue Append-Struktur angeben. Gibt es bereits Append-Strukturen, öffnet sich ein Dialog, in dem Sie den Button APPEND ANLEGEN anklicken, um ebenfalls zur Eingabe eines Namens für eine neue Append-Struktur zu gelangen.

3. Geben Sie ZSKB1 als Namen für die neue Append-Struktur ein.

4. Vergeben Sie die Kurzbeschreibung »Append-Struktur SKB1«, und fügen Sie unter KOMPONENTE das Zusatzfeld ZZGRUPPE hinzu, wie in Abbildung 2.11 zu sehen ist. Felder in Append-Strukturen sollten immer mit ZZ oder YY beginnen, um nicht mit Standardfeldern zu kollidieren.

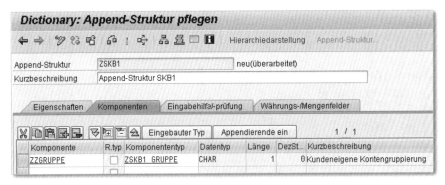

Abbildung 2.11 Append-Struktur zu Tabelle SKB1

5. Wechseln Sie auf den Karteireiter EINGABEHILFE/-PRÜFUNG, und definieren Sie eine Fremdschlüsselbeziehung mit der Prüftabelle ZTSKB1_GRUPPE.

6. Sichern und aktivieren Sie die Append-Struktur. Anschließend sollte das neue Feld auch in der Tabelle SKB1 angezeigt werden.

2.3.6 Erweiterung der Verarbeitungsstrukturen

Durch die Erweiterung der Tabelle SKB1 kann das Zusatzfeld bereits persistent in der Datenbank gespeichert werden. Die Verarbeitung der Sachkontenstammdaten in den Standardpflegedialogen erfolgt allerdings nicht direkt in der Struktur der Tabellen SKA1 und SKB1. Stattdessen lesen die zugehörigen Programme die Tabellen SKA1 und SKB1 und speichern die Daten in einer temporären Struktur, die für die weitere Verarbeitung verwendet wird. Beim Speichern der Sachkontenstammdaten, werden die Einstellungen dann wieder von der temporären Struktur in die Datenbanktabellen geschrieben. Damit das Zusatzfeld bei dieser Vorgehensweise nicht verloren geht, müssen Sie daher auch die genannte temporäre Struktur erweitern.

Um die richtige Struktur für die Erweiterung zu finden, müssen Sie den Quellcode des Pflegedialogs analysieren. Wie bereits erwähnt, verwenden alle Pflegetransaktionen im Kern den Funktionsbaustein GL_ACCT_MASTER_ MAINTAIN in der Funktionsgruppe GL_ACCOUNT_MASTER_MAINTAIN. Da die besagte temporäre Struktur unter anderem beim Laden der Daten aus den Datenbanktabellen verwendet wird, ist es sehr wahrscheinlich, dass sie in der Nähe einer SELECT-Anweisung auf die Tabellen SKA1 und SKB1 verwendet wird. Gehen Sie wie folgt vor, um die Struktur zu finden:

1. Starten Sie die Transaktion SE37 (WERKZEUGE • ABAP WORKBENCH • ENTWICKLUNG • FUNCTION BUILDER), geben Sie den Funktionsbaustein GL_ACCT_MASTER_MAINTAIN ein, und klicken Sie auf ANZEIGEN (siehe Abbildung 2.12).

Abbildung 2.12 Funktionsbaustein GL_ACCT_MASTER_MAINTAIN anzeigen

2. Wählen Sie im Menü SPRINGEN • RAHMENPROGRAMM, um im gesamten Quellcode der Funktionsgruppe suchen zu können.

3. Klicken Sie in der Menüleiste auf das Fernglas, oder wählen Sie BEARBEITEN • SUCHEN, und suchen Sie nach SELECT. Sie erhalten die Trefferliste, die in Abbildung 2.13 zu sehen ist.

Wie Sie sehen, wird in Zeile 90 des Includes LGL_ACCOUNT_MASTER_ MAINTAINFFR die Tabelle SKB1 gelesen. Wenn Sie an der entsprechenden Stelle in den Quellcode springen, sehen Sie außerdem, dass sich die SELECT-Anweisung in der Form ACCOUNT_READ befindet. Darin werden nacheinander die relevanten Datenbanktabellen für Sachkontenstammdaten eingelesen. Der Quellcode für die Tabelle SKB1 ist in Listing 2.1 zu sehen.

```
* Company code depending data
  IF NOT acc_hd-ccode IS INITIAL.
*   Company code
    SELECT SINGLE * FROM skb1 INTO iskb1
                    WHERE bukrs = acc_hd-ccode
                    AND   saknr = acc_hd-accno.
```

```
IF sy-subrc <> 0.
  returncode = 1.
  EXIT.
ENDIF.
MOVE-CORRESPONDING iskb1 TO account-ccode_data.
MOVE-CORRESPONDING iskb1 TO account-ccode_info.
ENDIF.
```

Listing 2.1 Selektion der buchungskreisspezifischen Sachkontenstammdaten

Programm / Erweiterung		Fundstellen/Kurzbeschreibung
🔲 LGL_ACCOUNT_MASTER_MAINTAINFEN	137	SELECT SINGLE vstxt INTO buffer-text FROM t011t WHERE versn = version AND spras = sy-langu.
🔲 LGL_ACCOUNT_MASTER_MAINTAINFF4	18	SELECT SINGLE kalsm INTO kalsm FROM t005 WHERE land1 = land.
🔲 LGL_ACCOUNT_MASTER_MAINTAINFFR	41	SELECT SINGLE * FROM ska1 INTO iska1 WHERE ktopl = acc_hd-choacc AND saknr = acc_hd-accno.
	52	SELECT SINGLE dspra FROM t004 INTO account-langu_ml WHERE ktopl = acc_hd-choacc.
	56	SELECT * FROM skat INTO TABLE iskat_tab WHERE ktopl = acc_hd-choacc AND saknr = acc_hd-accno.
	72	SELECT * FROM skas INTO TABLE iskas_tab WHERE ktopl = acc_hd-choacc AND saknr = acc_hd-accno.
	90	SELECT SINGLE * FROM skb1 INTO iskb1 WHERE bukrs = acc_hd-ccode AND saknr = acc_hd-accno.
	326	SELECT SINGLE waers INTO currency_ref FROM t001 WHERE bukrs = hd-ref-ccode.
	329	SELECT SINGLE waers FROM t001 INTO ac_ref-ccode_data-waers WHERE bukrs = hd-screen-ccode.
	447	SELECT SINGLE dspra FROM t004 INTO ac_new-langu_ml WHERE ktopl = acc_hd-choacc.
	452	SELECT SINGLE waers FROM t001 INTO ac_new-ccode_data-waers WHERE bukrs = hd-screen-ccode.
	1111	SELECT SINGLE begru INTO auth_group FROM skb1 WHERE bukrs = hd-screen-ccode AND saknr = hd-screen-accno

Abbildung 2.13 Trefferliste für SELECT-Anweisung

Nach der Selektion aus der Tabelle SKB1 werden die Daten über eine MOVE-
CORRESPONDING-Anweisung in die Variable ACCOUNT übertragen. Die Definition des gleichnamigen Typs der Variablen ACCOUNT zeigt, dass die Komponente CCODE_DATA bzw. die Dictionary-Struktur GLACCOUNT_CCODE_DATA sämtliche buchungskreisspezifischen Sachkontenstammdaten enthält. Wenn Sie
sich die weitere Verarbeitung der Daten anschauen, sehen Sie, dass diese
Dictionary-Struktur GLACCOUNT_CCODE_DATA durchgängig verwendet wird, bis
die Daten schließlich in der Form ACCOUNT_CHECK_AND_SAVE bzw. den Funktionsbaustein GL_ACCT_MASTER_SAVE wieder per MOVE-CORRESPONDING-Anweisung in die Struktur SKB1 geschrieben und gespeichert werden. Diese Dictionary-Struktur ist genau die temporäre Struktur, die neben der
Datenbanktabelle SKB1 ebenfalls um das Zusatzfeld erweitert werden muss.

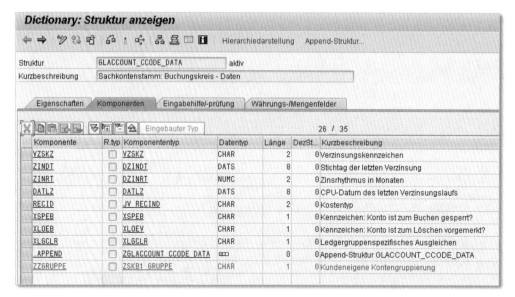

Abbildung 2.14 Erweiterung der Struktur GLACCOUNT_CCODE_DATA

Fügen Sie also auch in die Struktur GLACCOUNT_CCODE_DATA eine Append-Struktur mit dem Zusatzfeld ein. Damit die Verarbeitungslogik mit der MOVE-CORRESPONDING-Anweisung funktioniert, muss das Feld natürlich den gleichen Namen haben wie in der Append-Struktur der Tabelle SKB1. Nach der Erweiterung sollte die Struktur GLACCOUNT_CCODE_DATA wie in Abbildung 2.14 aussehen.

2.4 Dialogerweiterung in der Sachkontenstamm-datenpflege

In Abschnitt 2.3, »Erweiterung der Datenbanktabellen und Strukturen«, wurden die Tabelle SKB1 und die Dictionary-Struktur GLACCOUNT_CCODE_DATA um ein Zusatzfeld erweitert, um dieses in der Datenbank zu speichern bzw. die Verarbeitung in den Standardpflegedialogen zu ermöglichen. Im nächsten Schritt muss nun die Oberfläche der Pflegedialoge um das Zusatzfeld erweitert werden. Dafür wird ein kundeneigener Subscreen mit dem Zusatzfeld erstellt und als eigener Karteireiter in den Pflegedialog integriert. Anschließend wird eine Verarbeitungslogik implementiert, die Feldinhalte zwischen Pflegedialog und Subscreen austauscht und das Zusatzfeld abhängig vom Bearbeitungsmodus änderbar macht.

2.4.1 Subscreen für das Zusatzfeld anlegen

Im Gegensatz zur Erweiterung der Kostenstellenstammdaten, die Sie in Kapitel 1, »Allgemeines zu kundeneigenen Erweiterungen«, gesehen haben, existiert für Sachkontenstammdaten keine SAP-Erweiterung, um einen Subscreen in den Standardpflegedialog einzubinden. Daher müssen Sie zunächst ein eigenes Dynpro mit dem Zusatzfeld erstellen, das später in den Pflegedialog integriert wird:

1. Starten Sie die Transaktion SE80 (WERKZEUGE • ABAP WORKBENCH • ÜBERSICHT • OBJECT NAVIGATOR), und legen Sie das Programm ZSK_ERWEITERUNG an. Es wird kein TOP-Include benötigt. Als TYP wählen Sie MODULPOOL (siehe Abbildung 2.15).

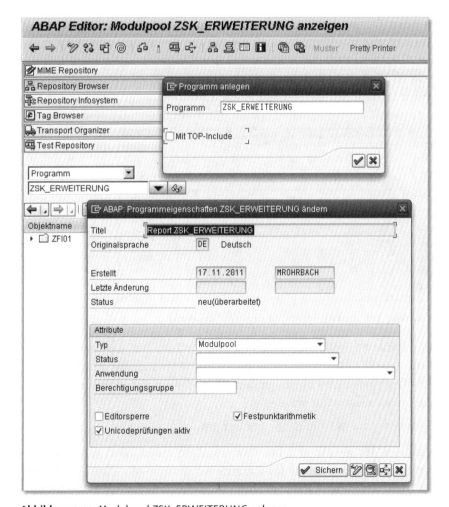

Abbildung 2.15 Modulpool ZSK_ERWEITERUNG anlegen

2. Fügen Sie die Anweisung TABLES: skb1. in das Programm ein, um einen Tabellenarbeitsbereich für den Austausch von Daten zwischen Programm und Dynpro zu deklarieren. Das Programm besteht daher für den Augenblick nur aus der REPORT- und der TABLES-Anweisung.

3. Aktivieren Sie das Programm.

4. Legen Sie ein neues Dynpro an, indem Sie mit der rechten Maustaste im Repository Browser auf das Programm klicken, ANLEGEN • DYNPRO auswählen und die Nummer 0100 eingeben.

5. Geben Sie eine Kurzbeschreibung ein, wählen Sie SUBSCREEN als DYNPROTYP, und starten Sie den Layout-Editor (SPRINGEN • LAYOUT).

6. Erstellen Sie einen Rahmen, und platzieren Sie das Zusatzfeld mit einer Beschreibung auf dem Dynpro, wie in Abbildung 2.16 zu sehen ist. Verwenden Sie dazu den Dialog DICT-/PROGRAMMFELDER (siehe Markierung in Abbildung 2.16), klicken Sie auf HOLEN AUS PROGRAMM, und wählen Sie das Feld SKB1-ZZGRUPPE1, um es auf dem Dynpro zu platzieren. Um das Feld als Listbox zu definieren, klicken Sie doppelt auf das Zusatzfeld und wählen in den Attributen DROPDOWN: LISTBOX.

Abbildung 2.16 Kundeneigener Subscreen mit Zusatzfeld

Durch die Auswahl des Feldes im Fenster DICT-/PROGRAMMFELDER aus dem Tabellenarbeitsbereich SKB1 hat die Komponente ZZGRUPPE1 des Tabellenarbeitsbereichs immer den Wert, der auf dem Dynpro angezeigt wird bzw. ausgewählt wurde.

7. Speichern und aktivieren Sie das Dynpro.

Sie können das gerade erstellte Dynpro allein testen, und wenn Sie alle Schritte für die Definition des Zusatzfeldes korrekt durchgeführt haben, sollte (siehe Abbildung 2.17) im Drop-down-Feld ein Liste mit den gepflegten Werten angezeigt werden.

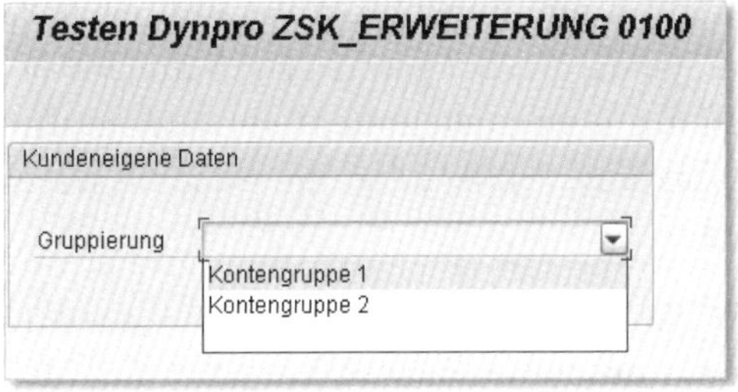

Abbildung 2.17 Test des kundeneigenen Subscreens

2.4.2 Integration des Subscreens für das Zusatzfeld

Da es keine SAP-Erweiterung bzw. kein BAdI gibt, um das eigene Dynpro in den Standardpflegedialog einzubinden, muss ein anderer Weg gewählt werden. Dazu ist erneut eine Analyse des Quellcodes des Pflegedialogs notwendig. Wenn Sie sich den Quellcode des bereits erwähnten Funktionsbausteins GL_ACCT_MASTER_MAINTAIN für die Pflege der Sachkontenstammdaten anschauen, finden Sie am Ende einen vielversprechenden Kommentar * Set tabstrip layout (siehe Listing 2.2).

```
...
* Set tabstrip layout
  CASE trans_para-def_ok_code.
  WHEN ok_code_acc_blck.
    PERFORM set_layout USING layout_blck.
  WHEN ok_code_acc_del.
    PERFORM set_layout USING layout_del.
  WHEN OTHERS.
    PERFORM set_layout_from_account USING hd-screen.
  ENDCASE.
* Maintenance
  CALL SCREEN 2001.
```

Listing 2.2 Ausschnitt aus dem Quellcode des Funktionsbausteins GL_ACCT_MASTER_ MAINTAIN

Bevor das Dynpro 2001 für die Pflege der Sachkontenstammdaten aufgerufen wird, wird offensichtlich abhängig vom OK-Code ein Layout gesetzt. Die OK-Codes OK_CODE_ACC_BLOCK und OK_CODE_ACC_DEL werden verwendet, um Konten zu sperren bzw. Löschvormerkungen zu setzen, und sind an dieser Stelle weniger interessant. Wenn Sie allerdings in die Form SET_LAYOUT_ FROM_ACCOUNT navigieren, sehen Sie, dass dort ein Layout vom Typ TAMLAYO- LAYOUT bestimmt wird. Zunächst wird versucht, in Tabelle T077S ein Layout zur Kontengruppe des Sachkontos zu finden. Ist dort kein Layout definiert, wird in Tabelle T004 nach einem Layout zum Kontenplan gesucht. Ist auch dort kein Layout definiert, wird ein Standardlayout gesetzt. Das Standardlayout ist dabei davon abhängig, ob die Stammdatenpflege im Kontenplan (Transaktion FSP0), zentral (Transaktion FS00) oder im Buchungskreis (Transaktion FSS0) aufgerufen wurde.

Was es mit diesem Layout auf sich hat, sehen Sie in der Form SET_LAYOUT. Am Ende der Form wird der Funktionsbaustein TABSTRIP_INIT mit der Applikation GL_MASTER und dem vorher bestimmten Layout aufgerufen. Der Funktionsbaustein TABSTRIP_INIT ist Teil der Funktionsgruppe ATAB. Diese Funktionsgruppe mit der Beschreibung »Tabstrips in Stammdaten« wird in verschiedenen Stammdatenpflegetransaktionen genutzt, um dynamisch mehrseitige Bildschirmobjekte (Tabstrips) zu erzeugen. Beim Aufruf des Funktionsbausteins TABSTRIP_INIT werden dabei mit dem Parameter I_LAYOUT die Karteireiteranzahl, die Karteireiterbezeichnung sowie die Subscreens für die Karteireiter bestimmt.

Die möglichen Layouts sind in einer Reihe von Steuertabellen definiert, deren Verwendung Sie im Funktionsbaustein TABSTRIP_LAYOUT_READ sehen können, der aus dem Funktionsbaustein TABSTRIP_INIT aufgerufen wird:

▶ **Tabelle TAMLAYA**
In Tabelle TAMLAYA werden Applikationen (wie GL_MASTER) definiert, die die flexiblen Tabstrips verwenden. In dieser Tabelle wird auch festgelegt, wie viele Karteireiter insgesamt verwenden werden können und wie viele Subscreens es pro Karteireiter geben darf. Außerdem finden Sie hier den Namen der Pflegetransaktion für die Layouts.

▶ **Tabelle TAMLAYB**
Die Tabelle TAMLAYB enthält alle Subscreens (Gruppenrahmen), die in einer Applikation verwendet werden.

▶ **Tabellen TAMLAY0, TAMLAY1 und TAMLAY2**
In den Tabellen TAMLAY0, TAMLAY1 und TAMLAY2 werden Layouts definiert sowie Karteireiter zu Layouts und Subscreens zu Karteireitern zugeordnet.

Wie Sie in Tabelle TAMLAYA sehen können, erfolgt die Pflege der Layouts zur Applikation GL_MASTER über die Transaktion OB_GLACC21. Die Transaktion startet einen View-Cluster, in dem Sie allerdings keine eigenen Subscreens (Gruppenrahmen), das heißt Einträge in der Tabelle TAMLAYB, definieren können. Für diese Tabellen existiert aber ein zweiter Pflege-View VC_TAMLAYA_00, den Sie in der Transaktion SM30 über Pflegedialog suchen mit der Tabelle TAMLAYB finden können.

In diesem Pflegedialog müssen Sie nun Ihren soeben erstellten Subscreen für die Applikation GL_MASTER hinzufügen:

1. Starten Sie die Transaktion SM30, tragen Sie die Tabelle VC_TAMLAYA_00 ein, und klicken Sie auf PFLEGEN. Bestätigen Sie die Meldung, dass die Tabelle mandantenunabhängig ist. Anschließend erscheint eine Meldung »Bitte keine Änderungen (Daten gehören SAP)«, die Sie ebenfalls bestätigen. Ursache für die zweite Meldung ist, dass die Tabellen TAMLAYA und TAMLAYB die Auslieferungsklasse »S« besitzen und damit Änderungen an der Tabelle wie eine Modifikation zu sehen sind. Da Sie allerdings nur Einträge hinzufügen und keine bestehenden Einträge und damit die Standardlogik ändern möchten, können Sie die Meldung ignorieren.

2. Wählen Sie die Applikation GL_MASTER, und klicken Sie doppelt auf GRUPPENRAHMEN.

3. Fügen Sie einen neuen Eintrag hinzu, wie in Abbildung 2.18 zu sehen ist. Verwenden Sie die Nummer 901 für den Rahmen, um Konflikte mit SAP-Einträgen zu vermeiden. Durch den Eintrag wird die Verwendung des soeben erstellten Subscreens 0100 im Programm ZSK_ERWEITERUNG in einem Layout der Applikation GL_MASTER ermöglicht.

4. Sichern Sie die Tabelle, und verlassen Sie den Pflege-View.

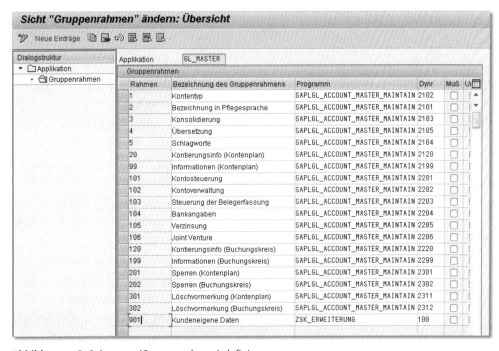

Abbildung 2.18 Subscreen (Gruppenrahmen) definieren

Im nächsten Schritt müssen Sie ein Layout erstellen, das neben den Standardreitern einen zusätzlichen Reiter mit dem kundeneigenen Subscreen (Gruppenrahmen) 901 enthält. Die Definition der Reiter erfolgt in den Tabellen TAMLAY0, TAMLAY1 und TAMLAY2, die über die Transaktion OB_GLACC21 gepflegt werden können. Da die Tabellen die Auslieferungsklasse »E« haben, dürfen bestehende Einträge nicht verändert werden, es können aber eigene Layouts angelegt werden, die mit X oder Y beginnen. Da das Zusatzfeld Teil der buchungskreisspezifischen Sachkontenstammdaten ist, verwenden Sie das Standardlayout für die Stammdatenpflege im Buchungskreis als Vorlage für das kundeneigene Layout.

1. Starten Sie die Transaktion OB_GLACC21 (IMG-Pfad FINANZWESEN (NEU) • HAUPTBUCHHALTUNG (NEU) • SACHKONTEN • VORARBEITEN • ZUSÄTZLICHE AKTIVITÄTEN • LAYOUTS FÜR EINZELBEARBEITUNG • LAYOUT DEFINIEREN, siehe Abbildung 2.19).

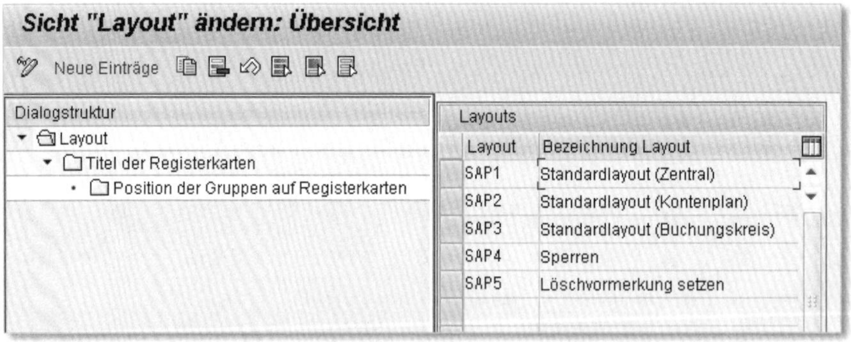

Abbildung 2.19 Transaktion OB_GLACC21

2. Wählen Sie das Layout SAP3, und klicken Sie auf KOPIEREN ALS..., oder wählen Sie im Menü BEARBEITEN • KOPIEREN ALS.

3. Geben Sie ZSAP als neuen Namen ein, und bestätigen Sie die Abfrage, damit alle abhängigen Einträge kopiert werden.

4. Wählen Sie den Eintrag ZSAP aus, und klicken Sie doppelt auf TITEL DER REGISTERKARTEN. Fügen Sie einen neuen Eintrag mit der nächsten freien Nummer und dem Titel »Kundeneigene Daten« hinzu.

5. Wählen Sie den Eintrag »Kundeneigene Daten« aus, und klicken Sie doppelt auf POSITION DER GRUPPE AUF REGISTERKARTEN. Fügen Sie einen neuen Eintrag mit der Position 1 und dem Subscreen (Gruppenrahmen) S0901 hinzu. Das Präfix »S« wird bei der Anlage eines Subscreens automatisch

hinzugefügt, demnach handelt es sich bei S0901 um den soeben erstellten Gruppenrahmen.

6. Speichern Sie die Einträge, und verlassen Sie den Pflege-View.

Das kundeneigene Layout ist zwar nun erstellt, im Standardpflegedialog wird aber noch das Standardlayout verwendet. Aufgrund der eingangs beschriebenen Arbeitsweise des Funktionsbausteins GL_ACCT_MASTER_ MAINTAIN zur Auswahl des Layouts kann das kundeneigene Layout entweder an einer Kontengruppe in Tabelle T077S oder an einem Kontenplan in Tabelle T004 hinterlegt werden. Für das Beispiel wird das Layout für alle Konten des Kontenplans INT verwendet.

1. Starten Sie die Transaktion SM30, geben Sie V_T004_B ein, und klicken Sie auf PFLEGEN (FINANZWESEN (NEU) • HAUPTBUCHHALTUNG (NEU) • SACH-KONTEN • VORARBEITEN • ZUSÄTZLICHE AKTIVITÄTEN • LAYOUTS FÜR EINZEL-BEARBEITUNG • LAYOUT DEM KONTENPLAN ZUORDNEN).

2. Klicken Sie doppelt auf den Kontenplan INT, und wählen Sie bei LAYOUT BUCHUNGSKREIS das soeben angelegte kundeneigene Layout aus (siehe Abbildung 2.20).

3. Speichern Sie den Eintrag, und verlassen Sie den Pflege-View.

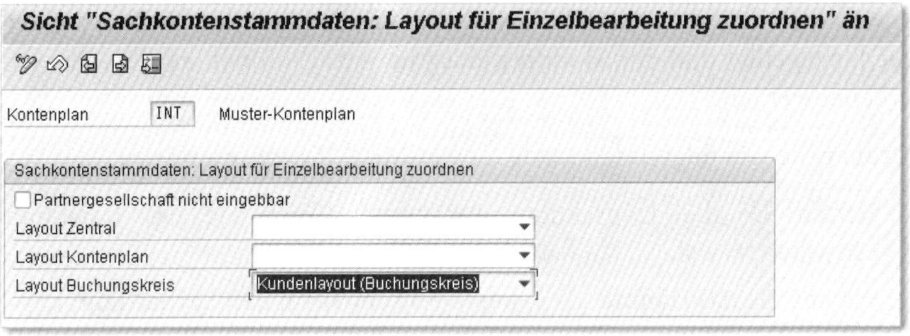

Abbildung 2.20 Kundeneigenes Layout dem Kontenplan zuordnen

Wenn Sie nun die Transaktion FSS0 für die Sachkontenstammdatenpflege im Buchungskreis starten, wird der kundeneigene Reiter mit dem Zusatzfeld angezeigt. Wie Sie in Abbildung 2.21 sehen können, ist das Feld aber z. B. auch im Anzeigemodus änderbar. Darüber hinaus werden Änderungen an dem Feld noch nicht in der Datenbank gespeichert, sodass noch eine Verarbeitungslogik für das Zusatzfeld implementiert werden muss.

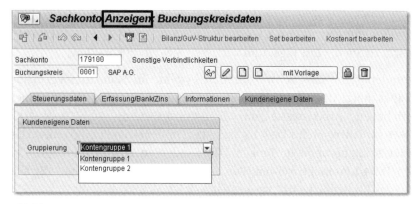

Abbildung 2.21 Karteireiter mit kundeneigenen Daten in Standardpflegedialog

2.4.3 Definition der Verarbeitungslogik für das Zusatzfeld

Die Verarbeitungslogik für das Zusatzfeld wird im Modulpool ZSK_ERWEITE-RUNG implementiert. Zunächst soll das Zusatzfeld abhängig vom Bearbeitungsmodus der Stammdaten eingabebereit bzw. nicht eingabebereit gemacht werden. Dies erfolgt, wie in ABAP-Programmen üblich, im PBO-Modul des Dynpros. Anstatt das Zusatzfeld im PBO-Modul direkt über den Namen zu identifizieren, soll der Weg über eine Modifikationsgruppe gewählt werden. Dies hat den Vorteil, dass auch alle weiteren Zusatzfelder, die hinzugefügt und der Modifikationsgruppe zugeordnet werden, mit verarbeitet werden.

Ordnen Sie wie folgt das Zusatzfeld einer Modifikationsgruppe zu:

1. Starten Sie die Transaktion SE80, und öffnen Sie das Programm ZSK_ERWEITERUNG.

2. Wählen Sie das Dynpro 0100, und wechseln Sie in den Layout-Editor.

3. Klicken Sie im Änderungsmodus doppelt auf das Zusatzfeld im Dynpro, um die Attribute des Feldes anzeigen zu lassen.

4. Geben Sie für die erste Modifikationsgruppe den Wert Z01 ein (siehe Abbildung 2.22).

5. Speichern und aktivieren Sie das Dynpro, und verlassen den Layout-Editor.

Um die Eingabebereitschaft abhängig vom Bearbeitungsmodus steuern zu können, müssen Sie als Nächstes wissen, anhand welcher Kriterien der Bearbeitungsmodus bestimmt werden kann. Im Fall der Sachkontenstammdaten werden die Anzeige, Neuanlage und Änderung durch ein und dieselbe Transaktion durchgeführt. Der Name der Transaktion kann daher nicht als Entscheidungskriterium verwendet werden. An dieser Stelle ist erneut ein Blick in die Verarbeitungslogik des Standarddialogs erforderlich, denn auch dort werden Felder abhängig vom Bearbeitungsmodus eingabebereit gemacht.

Abbildung 2.22 Modifikationsgruppe Z01 für Zusatzfeld

Beispielhaft können Sie sich das Dynpro 2201 in der Funktionsgruppe GL_ACCOUNT_MASTER_MAINTAIN anschauen, das für die Pflege der Kontensteuerung im Buchungskreis verwendet wird (vergleiche Abbildung 2.18). Eine Analyse der Ablauflogik des Dynpros zeigt, dass im PBO-Modul ATTR_MODIFY_SCREEN die Form ATTR_SET_FIELD_STATUS aufgerufen wird, um Felder unter anderem abhängig vom Bearbeitungsmodus eingabebereit zu machen. Der Bearbeitungsmodus wird dabei mithilfe der Komponente ACTIVITY der Variablen STATUS bestimmt. Die Komponente ACTIVITY kann dabei die Werte annehmen, die in Listing 2.3 zu sehen sind.

```
CONSTANTS:
    ACTIVITY_SHOW      TYPE ACTIVITY      VALUE '1',
    ACTIVITY_MODIFY    TYPE ACTIVITY      VALUE '2',
    ACTIVITY_CREATE    TYPE ACTIVITY      VALUE '3',
    ACTIVITY_BLOCK     TYPE ACTIVITY      VALUE '4',
    ACTIVITY_DELETE    TYPE ACTIVITY      VALUE '5'.
```

Listing 2.3 Mögliche Werte der Komponente ACITIVITY

Wie Sie sehen, gibt es unterschiedliche Werte für die Anzeige, Änderung, Anlage, Sperrung bzw. Löschung eines Sachkontos. Die Variable STATUS ist im TOP-Include der Funktionsgruppe GL_ACCOUNT_MASTER_MAINTAIN definiert. Auf die Variable kann daher aus allen Standard-Dynpros zugegriffen werden, die in dieser Funktionsgruppe definiert sind. Das Dynpro mit dem

Zusatzfeld ist allerdings in einem eigenen Modulpool definiert und hat daher keinen direkten Zugriff auf die Variable STATUS. Um die Variable dennoch auslesen zu können, muss ein sogenannter *Dirty-Assign* verwendet werden. Die Zugriffsart wird Dirty-Assign genannt, weil Sie damit praktisch auf jede Variable zugreifen können, die sich in der aktuellen Transaktion im Speicher befindet, auch wenn sie zu einem anderen Programm gehört und eigentlich nicht sichtbar ist.

Definieren Sie dazu wie folgt eine PBO-Logik für das Dynpro:

1. Fügen Sie in der Ablauflogik des Dynpros 0100 im Programm ZSK_ERWEI-TERUNG unter PROCESS BEFORE OUTPUT ein neues Modul mit der Anweisung MODULE MODIFY_SCREEN. hinzu.

2. Klicken Sie doppelt auf das Modul, um es anzulegen, und fügen Sie den Quellcode aus Listing 2.4 ein.

3. Speichern und aktivieren Sie das Dynpro.

```
FIELD-SYMBOLS: <activity> TYPE c.
ASSIGN ('(SAPLGL_ACCOUNT_MASTER_MAINTAIN)STATUS-
  ACTIVITY') TO <activity> CASTING.
CHECK <activity> IS ASSIGNED.
LOOP AT SCREEN.
  IF screen-group1 EQ 'Z01'.
    screen-input = '0'.
    IF <activity> EQ '2' OR <activity> EQ '3'.
      screen-input = '1'.
    ENDIF.
  ENDIF.
  MODIFY SCREEN.
ENDLOOP.
```

Listing 2.4 Eingabebereitschaft abhängig vom Bearbeitungsmodus setzen

Der erste Teil des Codings bildet den Dirty-Assign. Dem Feldsymbol <activity> wird der Speicherbereich der Komponente ACTIVITY der Variablen STATUS im Programm SAPLGL_ACCOUNT_MASTER_MAINTAIN zugeordnet, dem Rahmenprogramm der Funktionsgruppe GL_ACCOUNT_MASTER_MAINTAIN. Nach der Prüfung, ob die Zuweisung erfolgreich war, werden alle Bildschirmelemente des Dynpros durchlaufen und Felder mit der Modifikationsgruppe Z01 für die Bearbeitungsmodi Änderung und Anlage eingabebereit gemacht.

Wenn Sie nun die Transaktion FSS0 starten, sehen Sie, dass das Zusatzfeld nur noch bei Änderungen bzw. Neuanlagen eingabebereit ist, die eingegebenen Werte werden allerdings noch nicht in der Datenbanktabelle SKB1 gespeichert bzw. daraus gelesen. Wie in Abschnitt 2.3.6, »Erweiterung der Verarbeitungsstrukturen«, beschrieben, werden die Sachkontenstammdaten während der Bearbeitung in einer temporären Struktur vorgehalten, die aus den Stammdatentabellen gefüllt bzw. beim Speichern in diese zurückgeschrieben werden. Für die Pflege des Zusatzfeldes muss daher im PBO-Modul des eigenen Subscreens der Wert des Zusatzfeldes aus der temporären Struktur in das Dynpro-Feld geschrieben werden und im PAI-Modul umgekehrt vom Dynpro-Feld wieder zurück in die temporäre Struktur. Diese Logik wird ebenfalls von den Standard-Dynpros verwendet.

Wiederum beispielhaft finden Sie in der Ablauflogik des Dynpros 2201 in der Funktionsgruppe GL_ACCOUNT_MASTER_MAINTAIN die Forms ATTR_MOVE_TO_SCREEN_2201 und ATTR_MOVE_FROM_SCREEN_2201, in denen Feldwerte zwischen der Variablen AC_NEW und den Dynpro-Feldern ausgetauscht werden. Die Variable AC_NEW mit dem Typ ACCOUNT beinhaltet dabei für die buchungskreisspezifischen Sachkontenstammdaten die Komponente CCODE_DATA von dem Typ, den Sie in Abschnitt 2.3.6 erweitert haben. Analog muss nun im eigenen Subscreen der Wert des Zusatzfeldes in der Variablen AC_NEW mit dem Feld auf dem Dynpro ausgetauscht werden. Da auch die Variable AC_NEW im TOP-Include der Funktionsgruppe GL_ACCOUNT_MASTER_MAINTAIN definiert ist, muss der Zugriff im eigenen Dynpro erneut über eine ASSIGN-Anweisung erfolgen.

1. Fügen Sie in der Ablauflogik des Dynpros 0100 im Programm ZSK_ERWEITERUNG unter PROCESS BEFORE OUTPUT ein neues Modul mit der Anweisung MODULE MOVE_TO_SCREEN. hinzu.

2. Klicken Sie doppelt auf das Modul, um es anzulegen, und fügen Sie den Quellcode aus Listing 2.5 ein.

```
FIELD-SYMBOLS: <zzgruppe>.
ASSIGN ('(SAPLGL_ACCOUNT_MASTER_MAINTAIN)AC_NEW-CCODE_DATA-
    ZZGRUPPE') TO <zzgruppe>.
CHECK <zzgruppe> IS ASSIGNED.
skb1-zzgruppe = <zzgruppe>.
```

Listing 2.5 Füllen des Zusatzfeldes auf Dynpro aus temporärer Struktur

3. Fügen Sie in der Ablauflogik des Dynpros 0100 im Programm ZSK_ERWEITERUNG unter PROCESS AFTER INPUT eine neues Modul mit der Anweisung MODULE MOVE_FROM_SCREEN. hinzu.

4. Klicken Sie doppelt auf das Modul, um es anzulegen, und fügen Sie den Quellcode aus Listing 2.6 ein.

5. Speichern und aktivieren Sie das Dynpro.

```
ASSIGN ('(SAPLGL_ACCOUNT_MASTER_MAINTAIN)AC_NEW-CCODE_DATA-
  ZZGRUPPE') TO <zzgruppe>.
CHECK <zzgruppe> IS ASSIGNED.
<zzgruppe> = skb1-zzgruppe.
```

Listing 2.6 Füllen des Zusatzfeldes in temporärer Struktur aus Dynpro

Der Datenaustausch zwischen temporärer Struktur und Dynpro-Feld im PBO- bzw. PAI-Modul ist denkbar einfach. Zunächst wird jeweils dem Feldsymbol <zzgruppe> der Speicherbereich der Komponente CCODE_DATA-ZZGRUPPE der Variablen AC_NEW im Programm SAPLGL_ACCOUNT_MASTER_MAINTAIN zugewiesen. Anschließend wird der Feldwert aus dem Feldsymbol in das entsprechende Feld des Tabellenarbeitsbereichs SKB1 übernommen bzw. umgekehrt. Da bei der Anlage des Dynpros in Abschnitt 2.4.1, »Subscreen für das Zusatzfeld anlegen«, das Zusatzfeld über HOLEN AUS PROGRAMM auf dem Dynpro platziert wurde, entspricht der Wert des Zusatzfeldes im Tabellenarbeitsbereich SKB1 immer dem Wert des Dynpro-Feldes.

Damit ist die Verknüpfung zwischen Dynpro und temporärer Struktur sowie im Anschluss daran den Stammdatentabellen hergestellt. Wenn Sie die Transaktion FSS0 nun erneut ausführen, sehen Sie, dass der Wert des Zusatzfeldes tatsächlich in der Datenbank abgelegt und später wieder angezeigt wird. Darüber hinaus werden Änderungen des Feldes in den Änderungsbelegen fortgeschrieben.

2.5 Zusätzliche Prüfungen für Sachkontenstammdaten

Abschließend soll im Rahmen der Erweiterung von Sachkontenstammdaten eine zusätzliche Prüfung des Zusatzfeldes vor dem Speichern im Standardpflegedialog realisiert werden. Wie in Abschnitt 2.2, »Ziel der Erweiterung der Sachkontenstammdaten«, beschrieben, soll das Zusatzfeld nur für Bestandskonten gefüllt werden dürfen. Vor dem Speichern muss daher geprüft werden, ob für das betreffende Konto im A-Segment das Kennzeichen »Konto ist Bestandskonto?« (XBILK) gesetzt ist. Ist es gesetzt, darf das Zusatzfeld gefüllt werden, anderenfalls soll eine Fehlermeldung ausgegeben werden.

Für erweiterte Prüfungen vor dem Speichern von Sachkontenstammdaten existieren eine SAP-Erweiterung, ein Business Transaction Event und ein Business Add-In. Letzteres ist als SAP-intern gekennzeichnet und darf daher nicht für Kundenerweiterungen verwendet werden. Von den verbleibenden zwei Erweiterungsmöglichkeiten soll hier beispielhaft das BTE zum Einsatz kommen.

Wie in Abschnitt 1.2.7, »Business Transaction Events finden«, beschrieben, können Sie die Aufrufstelle des BTEs finden, indem Sie beim Speichern im Stammdatenpflegedialog einen Breakpoint auf die Funktionsbausteine `BF_FUNCTIONS_READ` und `PC_FUNCTIONS_READ` setzen. Im Debugger sehen Sie dann, dass der Breakpoint beim Funktionsbaustein `BF_FUNCTIONS_READ` getroffen wird und der Parameter `I_EVENT` den Wert `00002310` hat, es handelt sich demnach um die P&S-Schnittstelle `00002310`. Schauen Sie sich diese Schnittstelle im Infosystem für BTEs an:

1. Starten Sie die Transaktion FIBF, und wählen Sie im Menü UMFELD • INFO-SYSTEM (P&S).
2. Geben Sie unter BUSINESS TRANSACTION EVENT `00002310` ein, und führen Sie die Selektion aus.
3. Klicken Sie doppelt auf das einzige selektierte Event STAMMSATZ SACH-KONTO: SICHERN.

Wenn Sie sich die Dokumentation und die Schnittstelle des BTEs anschauen, sehen Sie, dass Zeilen der Stammdatentabellen SKA1 und SKB1 zur Prüfung an den Funktionsbaustein übergeben werden. Meldungen aus der Prüfung werden in einer Return-Struktur vom Typ `BAPIRET2` zurückgegeben. Darüber hinaus gibt es noch einen nicht dokumentierten Parameter `MODE`. Ausgehend von der Aufrufstelle des Funktionsbausteins `BF_FUNCTIONS_READ`, zeigt eine Analyse des Quellcodes, dass die P&S-Schnittstelle im Funktionsbaustein `GL_ACCT_MASTER_SAVE` zweimal aufgerufen wird:

▶ Nach der Ausführung aller internen Prüfungen, beim Speichern oder Prüfen der Sachkontenstammdaten. In diesem Fall hat der Parameter `MODE` den Wert `C` (= Check).

▶ Direkt vor der Aktualisierung der Datenbanktabellen. In diesem Fall hat der Parameter `MODE` den Wert `U` (= Update).

Für die Implementierung der Prüfung gehen Sie wie folgt vor:

1. Klicken Sie in der Drucktastenleiste auf MUSTERFUNKTIONSBAUSTEIN.
2. Legen Sie im Function Builder den Funktionsbaustein `Z_SAMPLE_INTERFACE_00002310` als Kopie des Funktionsbausteins `SAMPLE_INTERFACE_00002310` an, und bearbeiten Sie den neuen Funktionsbaustein.

3. Fügen Sie den Quellcode aus Listing 2.7 ein.

4. Speichern und aktivieren Sie den Funktionsbaustein.

```
* Prüfung: Zusatzfeld nur bei Bestandskonten gefüllt
  IF i_ska1-xbilk IS INITIAL
     AND i_skb1-zzgruppe IS NOT INITIAL.
     return-type = 'A'.
     return-id = 'OK'.
     return-number = '000'.
     return-message_v1 =
        'Gruppierung nur bei Bestandskonten erlaubt!'.
     APPEND return.
  ENDIF.
```

Listing 2.7 Zusätzliche Prüfung für Sachkontenstammdaten

Im Quellcode wird eine Fehlermeldung im Parameter RETURN zurückgegeben, wenn die Gruppierung nicht leer ist, obwohl es sich nicht um ein Bestandskonto handelt. Für das Beispiel wurde der Einfachheit halber eine beliebige Meldung mit dem Text »& & & &« verwendet und der Meldungstext als Variable übergeben. In einer echten Implementierung sollten Sie eine eigene Nachricht gegebenenfalls mit einem ausführlicheren Langtext definieren.

Um die zusätzliche Prüfung zu aktivieren, muss nun noch Customizing in der Transaktion FIBF durchgeführt werden (siehe Abschnitt 1.2.4, »Business Transaction Events konfigurieren«):

1. Starten Sie die Transaktion FIBF, und wählen Sie im Menü EINSTELLUNGEN • PRODUKTE • …EINES KUNDEN.

2. Legen Sie das Kundenprodukt ZGLCHECK an, wie in Abbildung 2.23 zu sehen ist, und aktivieren Sie es.

Abbildung 2.23 Kundenprodukt für P&S-Schnittstelle 00002310

3. Kehren Sie zum Hauptbild der Transaktion FIBF zurück, und wählen Sie im Menü EINSTELLUNGEN • P/S-BAUSTEINE • …EINES KUNDEN.

4. Fügen Sie dem Kundenprojekt ZGLCHECK das Event 00002310 mit dem soeben angelegten Funktionsbaustein hinzu (siehe Abbildung 2.24).

Abbildung 2.24 P&S-Schnittstelle 00002310 mit implementiertem Funktionsbaustein

Anschließend ist die erweiterte Prüfung der Sachkontenstammdaten testbereit. Wenn Sie versuchen, für ein Erfolgskonto eine Gruppierung zu pflegen, erhalten Sie beim Speichern oder Prüfen der Änderungen die Fehlermeldung aus Abbildung 2.25.

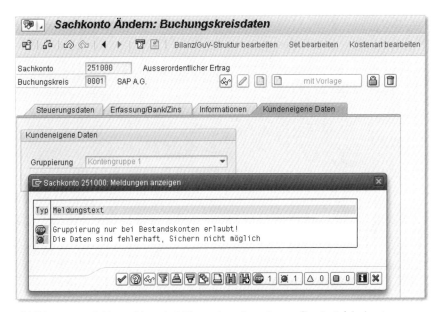

Abbildung 2.25 Fehlermeldung bei Pflege einer Gruppierung für ein Erfolgskonto

2.6 Schnittstellen für Sachkontenstammdaten

Im Gegensatz zu den Erweiterungsmöglichkeiten von Batch-Input-Programmen für Debitoren- und Kreditorenstammdaten, die in den Abschnitten 3.6, »Schnittstellen für Debitorenstammdaten«, und 4.5, »Zusätzliche Prüfungen für Kreditorenstammdaten«, vorgestellt werden, kann das Programm RFBISA00 für Sachkontenstammdaten nicht für die Verarbeitung von kundeneigenen Feldern erweitert werden. Hierfür bleibt nur die Möglichkeit, das Programm zu kopieren und anzupassen, was allerdings im Rahmen dieses Buches nicht näher betrachtet werden soll.

2.7   Zusammenfassung

Dieses Kapitel hat gezeigt, dass Sachkontenstammdaten modifikationsfrei um kundeneigene Zusatzfelder erweitert werden können, obwohl die entsprechenden Pflegedialoge keine offiziellen Erweiterungspunkte in Form von SAP-Erweiterungen, Business Transaction Events oder BAdIs zur Verfügung stellen. Hierfür war teilweise eine detaillierte Analyse der Standardverarbeitungslogik erforderlich, um die zu erweiternden Objekte zu finden.

Außerdem wurde erläutert, wie Sie zusätzliche, kundeneigene Prüfungen beim Speichern von Sachkontenstammdaten realisieren können.

3 Debitorenstammdaten

In Kapitel 2, »Sachkontenstammdaten«, haben Sie gesehen, dass die Erweiterung von Sachkontenstammdaten teilweise tief gehende Analysen des Quellcodes erfordert, wenn zusätzliche Daten über die Standardpflegedialoge bearbeitet werden sollen. Im Gegensatz dazu wird die Erweiterung von Debitorenstammdaten deutlich besser durch vorhandene Exits unterstützt. Dies ist nicht zuletzt darauf zurückzuführen, dass Erweiterungen von Debitoren- und auch Kreditorenstammdaten wesentlich verbreiteter sind.

Der Aufbau dieses Kapitels ist der gleiche wie der von Kapitel 2: Zunächst wird gezeigt, wie Debitorenstammdaten im SAP-System abgelegt sind und welche Transaktionen für die Pflege verwendet werden. Danach wird die Erweiterung der Stammdaten um ein zusätzliches Feld erläutert, und schließlich sehen Sie, wie kundeneigene Felder in Schnittstellen berücksichtigt werden können.

3.1 Technische Details und Transaktionen

Im Gegensatz zu Sachkontenstammdaten, die im Grunde in zwei Datenbanktabellen abgelegt sind, werden für die Speicherung von Debitorenstammdaten wesentlich mehr Tabellen verwendet. Einen Eindruck von der Vielzahl der relevanten Tabellen erhalten Sie, wenn Sie sich im System alle Tabellen mit dem Präfix KN für Kunde anschauen. Beinahe all diese Tabellen werden für Debitorenstammdaten verwendet, wobei sich die Beschreibung in diesem Kapitel auf die wichtigsten Tabellen beschränkt, die in der Finanzbuchhaltung verwendet werden.

Wie bei Stammdaten üblich gibt es eine Unterscheidung zwischen A- und B-Segment:

- Die Tabelle KNA1 enthält *buchungskreisübergreifende Einstellungen* wie Name, Adresse oder Kontengruppe des Debitors. Hinzu kommt die ebenfalls übergreifende Tabelle KNBK mit Bankverbindungen.

- Die Tabelle KNB1 enthält *buchungskreisspezifische Einstellungen* wie das Abstimmkonto, Zahlwege oder Zahlungsbedingungen.

- Die Einstellungen in der Tabelle KNB5 bilden schließlich die Grundlage für die Mahnung von Debitoren.

Für die Pflege von Debitorenstammdaten existieren grundsätzlich drei Arten von vierstelligen Transaktionen:

▶ Transaktionen mit dem Präfix FD für die Pflege der Buchhaltungssicht

▶ Transaktionen mit dem Präfix VD für die Vertriebssicht

▶ Transaktion mit dem Präfix XD für die kombinierte Pflege der Buchhaltungs- und Vertriebssicht eines Debitors

All diese Transaktionen rufen ein Dynpro im Programm SAPMF02D auf, in dem die Stammdatenpflege implementiert ist. Die dritte und vierte Stelle des Transaktionsnamens bestimmen die Art der Pflege: zum Beispiel 01 für Neuanlage, 02 für Änderung und 03 für Anzeige. Für die Pflege von Debitorenstammdaten für die Finanzbuchhaltung sind demnach die Transaktionen FD01 bis FD03 relevant.

3.2 Ziel der Erweiterung der Debitorenstammdaten

Genau wie bei den Sachkontenstammdaten, die in Kapitel 2 behandelt wurden, ist es das Ziel der Erweiterung in diesem Kapitel, ein zusätzliches Feld in den buchungskreisspezifischen Teil der Debitorenstammdaten aufzunehmen, über den Standardpflegedialog pflegen zu können und eine Prüfung des zusätzlichen Feldes beim Speichern der Stammdaten durchzuführen. Im Fall von Debitorenstammdaten werden für die Erweiterung um ein Zusatzfeld allerdings Business Add-Ins und für die zusätzliche Prüfung eine SAP-Erweiterung verwendet. Wie Sie in Abbildung 3.1 sehen können, finden Sie die Erweiterungsmöglichkeiten für Debitorenstammdaten auch im Einführungsleitfaden.

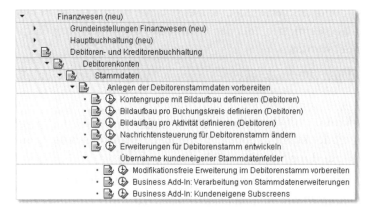

Abbildung 3.1 Erweiterung von Debitorenstammdaten im Einführungsleitfaden

Hinter dem Punkt Erweiterungen für Debitorenstammdaten entwickeln verbirgt sich die SAP-Erweiterung für zusätzliche Stammdatenprüfungen. Über die Menüpunkte unterhalb des Punktes Übernahme kundeneigener Stammdatenfelder registrieren Sie eigene Subscreens und implementieren die Verarbeitungslogik für Zusatzfelder in zwei Business Add-Ins.

3.3 Erweiterung der Datenbanktabellen und Strukturen

Die Definition des Zusatzfeldes mit eigener Wertetabelle für die Darstellung als Drop-down-Liste erfolgt analog zur Erweiterung der Sachkontenstammdaten in den Abschnitten 2.3.1, »Datenelement und Domäne für das Zusatzfeld«, bis 2.3.4, »Pflege-View zu Wertetabelle für das Zusatzfeld«, und wird an dieser Stelle nicht noch einmal wiederholt. Im folgenden Beispiel wird das gleiche Zusatzfeld verwendet wie für Sachkontenstammdaten.

Die Erweiterungstechnik für Debitorenstammdaten erlaubt zwei Wege, um zusätzliche Daten in Datenbanktabellen abzulegen. Entweder verwenden Sie eine Append-Struktur in einer der Standardtabellen, oder Sie legen eigene Tabellen für die Zusatzdaten an. Bei der Verwendung einer Append-Struktur werden Zusatzfelder datenbanktechnisch automatisch durch die Standard-verarbeitungslogik mit verarbeitet, da sie Teil der Tabellenzeilen sind, die ohnehin geladen bzw. gespeichert werden. Die Verwendung eigener Datenbanktabellen für Zusatzdaten hingegen ist natürlich flexibler, dafür müssen Sie aber auch die Datenbankzugriffe oder z. B. die Fortschreibung von Änderungsbelegen in bestimmten Methoden eines BAdIs selbst implementieren. Da in diesem Beispiel nur ein einzelnes Feld in die Debitorenstammdaten aufgenommen werden soll, reicht die Erweiterungsmöglichkeit über eine Append-Struktur aus.

Gehen Sie wie folgt vor, um das Zusatzfeld in die buchungskreisspezifischen Debitorenstammdaten aufzunehmen:

1. Starten Sie die Transaktion SE11, und öffnen Sie die Tabelle KNB1.

2. Wählen Sie Springen • Append-Struktur..., und legen Sie eine Append-Struktur mit dem Feld ZZGRUPPE und dem Datenelement ZSKB1_GRUPPE an.

3. Definieren Sie eine Fremdschlüsselbeziehung mit der Prüftabelle ZTSKB1_GRUPPE.

4. Sichern und aktivieren Sie die Append-Struktur. Anschließend sollte Tabelle KNB1 wie in Abbildung 3.2 aussehen.

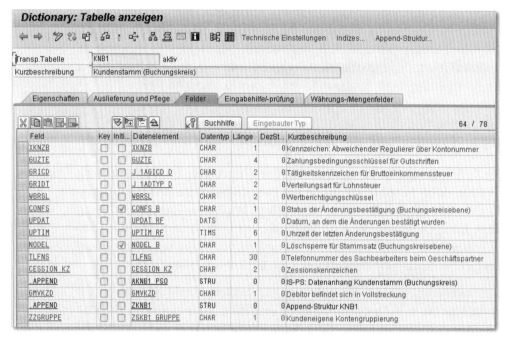

Abbildung 3.2 Append-Struktur in Tabelle KNB1

Da die Debitorenstammdaten auch während der Verarbeitung nur in Variablen vorgehalten werden, die vom gleichen Typ sind wie die Stammdatentabellen, brauchen keine weiteren Strukturen um das Zusatzfeld erweitert werden.

3.4 Dialogerweiterung in der Debitorenstammdatenpflege

Genau wie bei der Erweiterung der Sachkontenstammdaten muss für die Erweiterung des Pflegedialogs zunächst ein eigener Subscreen definiert werden, in dem das Zusatzfeld angezeigt wird. Anschließend wird eine sogenannte *Bildgruppe* für die Verwendung des Subscreens im Pflegedialog definiert und über die Implementierung eines BAdIs aktiviert. Für die richtige Berücksichtigung des Bearbeitungsmodus und den Datenaustausch zwischen Standardverarbeitungslogik und eigenem Subscreen muss abschließend ein weiteres BAdI implementiert werden.

3.4.1 Subscreen für das Zusatzfeld anlegen

Der Subscreen für das Zusatzfeld wird wiederum in einem eigenen Modulpool angelegt. Gehen Sie dazu wie folgt vor:

1. Starten Sie die Transaktion SE80 (Werkzeuge • ABAP Workbench • Übersicht • Object Navigator), und legen Sie das Programm ZKN_ERWEITERUNG an. Es wird kein TOP-Include benötigt. Als Typ wählen Sie Modulpool.

2. Fügen Sie den Quellcode aus Listing 3.1 in das Programm ein. Der Tabellenarbeitsbereich KNB1 wird für den Austausch von Daten zwischen Programm und Dynpro verwendet. Die Variable GS_KNB1_ORG wird benötigt, um später bei der Bearbeitung der Stammdaten entscheiden zu können, ob sich der Inhalt des Zusatzfeldes geändert hat.

```
PROGRAM  zkn_erweiterung.
TABLES: knb1.
DATA: gs_knb1_org TYPE knb1.
```

Listing 3.1 Modulpool ZKN_ERWEITERUNG für Subscreen

3. Aktivieren Sie das Programm.

4. Legen Sie ein neues Dynpro an, indem Sie mit der rechten Maustaste im Repository Browser auf das Programm klicken, Anlegen • Dynpro auswählen und die Nummer 0100 eingeben.

5. Geben Sie eine Kurzbeschreibung ein, wählen Sie Subscreen als Dynprotyp aus, und starten Sie den Layout-Editor (Springen • Layout).

6. Erstellen Sie einen Rahmen, und platzieren Sie das Zusatzfeld mit einer Beschreibung auf dem Dynpro, wie in Abbildung 3.3 zu sehen ist.

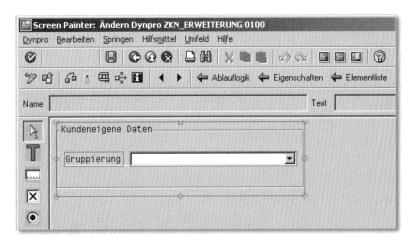

Abbildung 3.3 Kundeneigener Subscreen für Zusatzfeld

Verwenden Sie dazu wie in Abschnitt 2.4.1, »Subscreen für das Zusatzfeld anlegen«, den Dialog Dict/Programmfelder-Fenster, klicken Sie auf Holen aus Programm, und wählen Sie das Feld KNB1-ZZGRUPPE1, um es auf dem Dynpro zu platzieren. Um das Feld als Listbox zu definieren, klicken Sie doppelt auf das Zusatzfeld und wählen in den Attributen Drop-down: Listbox.

7. Speichern und aktivieren Sie das Dynpro.

Damit haben Sie den Subscreen mit dem Zusatzfeld für die Verwendung im Standardpflegedialog vorbereitet.

3.4.2 Bildgruppe zu Subscreen definieren

Im nächsten Schritt muss der kundeneigene Subscreen für die Verwendung im Standardpflegedialog registriert werden. Dazu wird eine sogenannte *Bildgruppe mit Reitern* definiert. Wird die entsprechende Bildgruppe über ein BAdI aktiviert, erscheint eine zusätzliche Drucktaste im Pflegedialog. Betätigen Sie die Drucktaste, werden im unteren Teil des Pflegedialogs die definierten Reiter der Bildgruppe angezeigt. Über ein weiteres BAdI können den Reitern dann eigene Subscreens zugewiesen werden.

Definieren Sie zunächst die Bildgruppe und einen Karteireiter für den kundeneigenen Subscreen:

1. Wählen Sie im Einführungsleitfaden Finanzwesen (neu) • Debitoren- und Kreditorenbuchhaltung • Debitorenkonten • Stammdaten • Anlegen der Debitorenstammdaten vorbereiten • Übernahme kundeneigener Stammdatenfelder • Modifikationsfreie Erweiterung im Debitoren-stamm vorbereiten (siehe Abbildung 3.1).

2. Legen Sie nun eine neue Bildgruppe Z0 Zusätzliche Daten wie in Abbildung 3.4 an.

Abbildung 3.4 Bildgruppe »Zusätzliche Daten«

3. Markieren Sie dann die neue Bildgruppe, und klicken Sie doppelt auf Registerkarten beschriften.

4. Anschließend definieren Sie zwei Karteireiter ZUSÄTZLICHER REITER 1 und ZUSÄTZLICHER REITER 2 zur Bildgruppe ZUSÄTZLICHE DATEN. Die nötigen Einstellungen sehen Sie in Abbildung 3.5.

Abbildung 3.5 Karteireiter zur Bildgruppe »Zusätzliche Daten«

5. Speichern Sie Ihre Änderungen, und kehren Sie zum Einführungsleitfaden zurück.

Sie haben nun eine Bildgruppe für zusätzliche Daten mit zwei Karteireitern angelegt. Für das Beispiel wird natürlich nur ein Karteireiter benötigt, da auch nur ein Subscreen angezeigt werden soll. Sie haben bei der Definition von Karteireitern die Möglichkeit, neben dem Namen auch ein Icon zu definieren, das dann zusätzlich in der Karteireiterbezeichnung angezeigt wird. Wie Sie später sehen werden, werden die eingegebenen Funktionscodes benötigt, um bei der Verarbeitung der Daten der Bildgruppe die beiden Karteireiter unterscheiden zu können.

3.4.3 Bildgruppe aktivieren und Subscreen zuordnen

Damit der kundeneigene Subscreen im Standardpflegedialog angezeigt werden kann, müssen noch zwei BAdIs implementiert werden. Mithilfe des BAdIs `CUSTOMER_ADD_DATA` aktivieren Sie die gerade angelegte Bildgruppe. Anschließend verwenden Sie das BAdI `CUSTOMER_ADD_DATA_CS`, um den Subscreen einem der Karteireiter der Bildgruppe zuzuordnen. Die Implementierung der BAdIs können Sie wiederum aus dem Einführungsleitfaden heraus vornehmen:

1. Wählen Sie im Einführungsleitfaden FINANZWESEN (NEU) • DEBITOREN- UND KREDITORENBUCHHALTUNG • DEBITORENKONTEN • STAMMDATEN • ANLEGEN DER DEBITORENSTAMMDATEN VORBEREITEN • ÜBERNAHME KUNDENEIGENER STAMMDATENFELDER • BUSINESS ADD-IN: VERARBEITUNG VON STAMMDATENERWEITERUNGEN (siehe Abbildung 3.1).

2. Falls bereits Implementierungen zum BAdI existieren, werden diese in einer Liste angezeigt, und Sie müssen unter der Liste ANLEGEN IMPLEMENTIERUNG anklicken. Anderenfalls erhalten Sie sofort eine Meldung, dass die BAdI-Implementierung angelegt wird.

3. Bestätigen Sie die Meldung, dass eine BAdI-Implementierung zu BAdI CUSTOMER_ADD_DATA aus dem Erweiterungsspot CUSTOMER_ADD_DATA angelegt wird.

   Beachten Sie hierbei, dass abhängig vom Release in die Anlage eines klassischen BAdIs verzweigt wird. Dann sollten Sie die Implementierung nicht aus dem Einführungsleitfaden heraus, sondern direkt in Transaktion SE19 durchführen (siehe Abschnitt 1.4, »Verwendung von neuen Business Add-Ins«).

4. Geben Sie den Namen ZCUSTOMER_ADD_DATA für die Erweiterungsimplementierung ein, vergeben Sie einen Kurztext, und klicken Sie auf ÜBERNEHMEN.

5. Verlassen Sie den folgenden Dialog für die Anlage einer BAdI-Implementierung, und klicken Sie stattdessen auf den Button NEU über der noch leeren Liste von BAdI-Implementierungen. Wie in Abschnitt 1.4 beschrieben, bietet diese Vorgehensweise den Vorteil, dass die BAdI-Definition per F4-Suchhilfe ausgewählt werden kann.

6. Legen Sie eine BAdI-Implementierung mit den Einstellungen aus Abbildung 3.6 an, und bestätigen Sie die Meldung, dass auch die zugehörige Klasse angelegt wird.

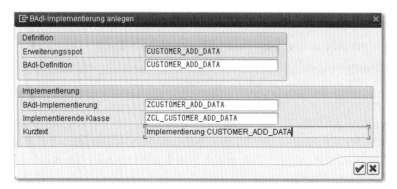

Abbildung 3.6 BAdI-Implementierung CUSTOMER_ADD_DATA

7. Klappen Sie nun die BAdI-Implementierung auf, klicken Sie doppelt auf IMPLEMENTIERENDE KLASSE und anschließend doppelt auf die Methode CHECK_ADD_ON_ACTIVE. Bestätigen Sie die Meldungen, dass eine Implementierung der Methode angelegt und die Erweiterungsimplementierung gesichert wird.

8. Fügen Sie in die Methode CHECK_ADD_ON_ACTIVE den Quellcode aus Listing 3.2 ein, und speichern und aktivieren Sie anschließend die Klasse ZCL_CUSTOMER_ADD_DATA.

```
METHOD if_ex_customer_add_data~check_add_on_active.
  IF i_screen_group EQ 'Z0'.
    e_add_on_active = 'X'.
  ENDIF.
ENDMETHOD.
```

Listing 3.2 Methode CHECK_ADD_ON_ACTIVE

Im Quellcode wird das aufrufende Programm lediglich über den Parameter E_ADD_ON_ACTIVE darüber informiert, dass die im Parameter I_SCREEN_GROUP übergebene Bildgruppe aktiviert werden soll.

9. Kehren Sie zurück zur Erweiterungsimplementierung ZCUSTOMER_ADD_DATA, und prüfen Sie, dass unter LAUFZEITVERHALTEN der BAdI-Implementierung die Option IMPLEMENTIERUNG IST AKTIV gesetzt ist.

10. Aktivieren Sie die Erweiterungsimplementierung ZCUSTOMER_ADD_DATA.

Wenn Sie nun die Debitorenstammdatenpflege starten, sehen Sie eine zusätzliche Drucktaste ZUSÄTZLICHE DATEN bzw. einen neuen Menüpunkt SPRINGEN • ERWEITERUNGEN • ZUSÄTZLICHE DATEN. Wenn Sie auf die Drucktaste klicken, wechseln Sie in die soeben angelegte Bildgruppe und sehen die beiden definierten Karteireiter, einen mit und einen ohne Symbol.

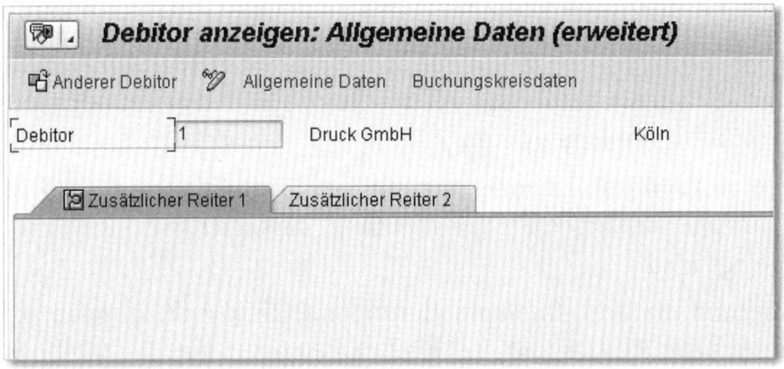

Abbildung 3.7 Bildgruppe »Zusätzliche Daten« ohne Subscreen (Allgemeine Sicht)

Wie Sie in Abbildung 3.7 sehen können, werden noch keine Daten auf den Reitern angezeigt und über den Reitern wird ausschließlich die Debitorennummer angezeigt, daraus können Sie schließen, dass der Dialog sich im Modus für die Pflege von buchungskreisunabhängigen Daten befindet. Als Nächstes muss also noch der Subscreen in die Bildgruppe eingebunden und die Verarbeitungslogik darüber informiert werden, dass in der Bildgruppe buchungskreisabhängige Daten angezeigt werden.

Dazu wird das BAdI `CUSTOMER_ADD_DATA_CS` implementiert:

1. Wählen Sie im Einführungsleitfaden FINANZWESEN (NEU) • DEBITOREN- UND KREDITORENBUCHHALTUNG • DEBITORENKONTEN • STAMMDATEN • ANLEGEN DER DEBITORENSTAMMDATEN VORBEREITEN • ÜBERNAHME KUNDENEIGENER STAMMDATENFELDER • BUSINESS ADD-IN: KUNDENEIGENE SUBSCREENS (siehe Abbildung 3.1).

2. Falls bereits Implementierungen zum BAdI existieren, werden diese in einer Liste angezeigt, und Sie müssen unter der Liste ANLEGEN IMPLEMENTIERUNG anklicken. Anderenfalls erhalten Sie sofort eine Meldung, dass die BAdI-Implementierung angelegt wird.

3. Bestätigen Sie die Meldung, dass eine BAdI-Implementierung zu BAdI `CUSTOMER_ADD_DATA_CS` aus dem Erweiterungsspot `CUSTOMER_ADD_DATA_CS` angelegt wird.

   Beachten Sie hierbei, dass abhängig vom Release in die Anlage eines klassischen BAdIs verzweigt wird. Dann sollten Sie die Implementierung nicht aus dem Einführungsleitfaden heraus, sondern direkt in Transaktion SE19 durchführen (siehe Abschnitt 1.4, »Verwendung von neuen Business Add-Ins«).

4. Geben Sie den Namen `ZCUSTOMER_ADD_DATA_CS` für die Erweiterungsimplementierung ein, vergeben Sie einen Kurztext, und klicken Sie auf ÜBERNEHMEN.

5. Verlassen Sie den folgenden Dialog für die Anlage einer BAdI-Implementierung, und klicken Sie stattdessen auf den Button NEU über der noch leeren Liste von BAdI-Implementierungen.

6. Legen Sie eine BAdI-Implementierung mit den Einstellungen aus Abbildung 3.8 an, und bestätigen Sie die Meldung, dass auch die zugehörige Klasse angelegt wird.

7. Klappen Sie nun die BAdI-Implementierung auf, klicken Sie doppelt auf IMPLEMENTIERENDE KLASSE und anschließend doppelt auf die Methode `GET_TAXI_SCREEN`. Bestätigen Sie die Meldungen, dass eine Implementierung der Methode angelegt und die Erweiterungsimplementierung gesichert wird.

8. Fügen Sie in die Methode `GET_TAXI_SCREEN` den Quellcode aus Listing 3.3 ein, und speichern und aktivieren Sie die Klasse `ZCL_CUSTOMER_ADD_DATA_CS`.

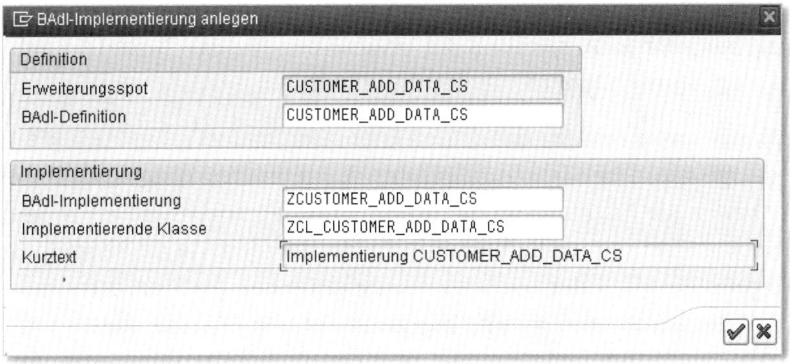

Abbildung 3.8 BAdI-Implementierung CUSTOMER_ADD_DATA_CS

9. Kehren Sie zurück zur Erweiterungsimplementierung ZCUSTOMER_ADD_DATA_CS, und prüfen Sie, dass unter LAUFZEITVERHALTEN der BAdI-Implementierung die Option IMPLEMENTIERUNG IST AKTIV gesetzt ist.

10. Aktivieren Sie die Erweiterungsimplementierung ZCUSTOMER_ADD_DATA_CS.

```
METHOD if_ex_customer_add_data_cs~get_taxi_screen.
  IF flt_val EQ 'Z0'.
    e_headerscreen_layout = 'B'.
    e_program = 'ZKN_ERWEITERUNG'.
    CASE i_taxi_fcode.
      WHEN 'Z0100'.
        e_screen = '0100'.
      WHEN OTHERS.
    ENDCASE.
  ENDIF.
ENDMETHOD.
```

Listing 3.3 Methode GET_TAXI_SCREEN

Wie Sie an der Signatur der Methode GET_TAXI_SCREEN sehen können, gibt es zwei Importparameter FLT_VAL und I_TAXI_CODE. Der erste Parameter enthält die aktuelle Bildgruppe und der zweite Parameter den Funktionscode des aktuellen Karteireiters. Bei der Ausführung des Pflegedialogs wird zunächst mit der Methode CHECK_ADD_ON_ACTIVE im BAdI CUSTOMER_ADD_DATA geprüft, ob eine Bildgruppe aktiviert ist. Ist sie aktiviert, wird für jeden Karteireiter der Bildgruppe die Methode GET_TAXI_SCREEN des BAdIs CUSTOMER_ADD_DATA_CS aufgerufen, um den Subscreen zu bestimmen, der auf dem Karteireiter angezeigt werden soll. Dabei wird der Karteireiter neben der Bildgruppe durch den Funktionscode identifiziert, den Sie bei der Definition der Reiter angegeben haben. In diesem Beispiel wird für den Reiter mit Funktionscode Z0100 genau der Subscreen in den Exportparametern E_PROGRAM und E_SCREEN zurückgegeben, der in Abschnitt 3.4.1, »Subscreen für das Zusatzfeld anlegen«, angelegt wurde: Dynpro 0100 im Programm ZKN_ERWEITERUNG.

Darüber hinaus wird mithilfe des dritten Exportparameters E_HEADERSCREEN_ LAYOUT die gewünschte Sicht der Debitorenstammdaten festgelegt. Dabei kann entweder die Buchungskreissicht ('B'), die Vertriebssicht ('V') oder die allgemeine Sicht (' ' (initial)) zurückgegeben werden. Da im Beispiel das kundeneigene Feld Teil der buchungskreisspezifischen Debitorenstammdaten ist, soll die Buchungskreissicht angezeigt werden. Es ist an dieser Stelle aber auch möglich, pro Funktionscode eine andere Sicht zu verwenden. Das führt allerdings dazu, dass beim Hin- und Herschalten zwischen den Karteireitern auch die Anzeige über den Karteireitern ständig wechselt. Angelehnt an den Standard, sollten Sie daher, falls zusätzliche Daten zu verschiedenen Sichten gehören, auch mehrere Bildgruppen definieren, deren Karteireiter jeweils zu genau einer Sicht gehören.

Wenn Sie nun erneut die Debitorenstammdatenpflege starten und in die zusätzlichen Daten wechseln, sehen Sie, dass der kundeneigene Subscreen nun auf dem ersten Reiter angezeigt wird (siehe Abbildung 3.9). Da die Methode GET_TAXI_SCREEN für den zweiten Reiter kein Programm bzw. keine Dynpro-Nummer zurückgibt, ist dieser weiterhin leer.

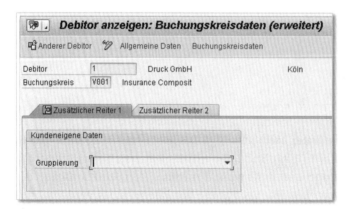

Abbildung 3.9 Bildgruppe »Zusätzliche Daten« mit kundeneigenem Subscreen (Buchungskreissicht)

Wie Ihnen vielleicht bei der Implementierung aufgefallen ist, ist das BAdI ZCUSTOMER_ADD_DATA_CS filterabhängig, und als Filterwert kann eine Bildgruppe verwendet werden. Dies führt dazu, dass die Methoden des BAdIs nicht für alle Bildgruppen ausgeführt werden. Es ist also entweder möglich, bereits für die Implementierung einen Filter auf die selbst erstellte Bildgruppe zu setzen, oder, wie in Listing 3.3 geschehen, im Quellcode selbst auf die Bildgruppe abzufragen. Sie können wie folgt vorgehen, um einen Filter für die BAdI-Implementierung zu definieren:

1. Wählen Sie in der Erweiterungsimplementierung ZCUSTOMER_ADD_DATA_CS den Karteireiter ERW.IMPLEMENTIERUNGS-ELEMENTE.

2. Klappen Sie die BAdI-Implementierung ZCUSTOMER_ADD_DATA_CS auf, und klicken Sie doppelt auf FILTERWERTE.

3. Legen Sie eine neue Kombination an, und klicken Sie anschließend doppelt auf die Zeile für die Filterwerte unterhalb der angelegten Kombination.

4. Wählen Sie als KOMPARATOR 1 das Gleichheitszeichen aus, tragen Sie als WERT 1 die Bildgruppe Z0 ein, und bestätigen Sie Ihre Änderungen.

5. Speichern und aktivieren Sie die Erweiterungsimplementierung ZCUSTOMER_ADD_DATA_CS.

Damit sind die Erweiterungen der Benutzeroberfläche abgeschlossen. Damit das angezeigte Zusatzfeld wirklich für die Pflege des zugehörigen Stammdatenfeldes verwendet werden kann, muss allerdings noch eine entsprechende Verarbeitungslogik implementiert werden.

3.4.4 Definition der Verarbeitungslogik für das Zusatzfeld

Der Standardpflegedialog lädt bei der Bearbeitung von Debitorenstammdaten zunächst alle relevanten Datenbanktabellen in temporäre Strukturen des gleichen Typs, in denen die Bearbeitung der Stammdaten erfolgt. Beim Speichern der Stammdaten werden dann die temporären Strukturen zurück in die zugehörigen Datenbanktabellen geschrieben.

Da das Zusatzfeld in einer Append-Struktur zu Tabelle KNB1 angelegt wurde und damit einfach ein zusätzliches Feld in einer Zeile dieser Tabelle darstellt, wird es bereits automatisch durch die Standardlogik des Pflegedialogs aus der Datenbank geladen bzw. in die Datenbank geschrieben. Es gibt allerdings noch keine Verknüpfung zwischen dem Wert des Zusatzfeldes in der temporären Struktur zu Tabelle KNB1 und dem Dynpro-Feld im eingebundenen Subscreen. Es muss also eine adäquate Logik implementiert werden, die den Wert des Feldes aus der Standardlogik entgegennimmt und dem Dynpro-Feld zuweist. Umgekehrt muss eine Änderung des Dynpro-Feldes an die Standardlogik zurückgegeben werden.

Hierfür gibt es verschiedene Methoden in den bereits implementierten BAdIs CUSTOMER_ADD_DATA und CUSTOMER_ADD_DATA_CS:

▶ **Methode SET_DATA**

Mithilfe der Methode SET_DATA übergibt der Pflegedialog die aktuell bearbeiteten Debitorenstammdaten an die BAdI-Implementierung. In dieser Methode kann das Feld im kundeneigenen Subscreen aus der temporären Struktur zu Tabelle KNB1 gefüllt werden. Außerdem wird der Bearbeitungsmodus übergeben, und die Eingabebereitschaft des Zusatzfeldes kann entsprechend gesteuert werden.

▶ **Methode GET_DATA**

In der Methode GET_DATA werden umgekehrt Daten aus der BAdI-Implementierung an die Standardlogik zurückgegeben. Hier muss der Wert des Dynpro-Feldes in die temporäre Struktur zurückgeschrieben werden.

▶ **Methode GET_DATA_CHANGED**

Die Methode GET_DATA_CHANGED wird aufgerufen, um zu prüfen, ob innerhalb der BAdI-Implementierung Stammdaten geändert wurden. Zusammen mit dem Änderungsstatus aus dem Standardteil des Pflegedialogs wird dann beim Speichern entschieden, ob die temporären Daten wieder in die zugehörigen Datenbanktabellen zurückgeschrieben werden müssen. Immer dann, wenn der Wert des Dynpro-Feldes geändert wird, muss demnach die Standardlogik über diese Änderung informiert werden. Anderenfalls wird die Änderung gegebenenfalls nicht gespeichert.

Als Erstes soll nun das Zusatzfeld mit den Daten aus der temporären Bearbeitungsstruktur zu Tabelle KNB1 gefüllt und das Feld abhängig vom Bearbeitungsmodus eingabebereit gemacht werden. Wenn Sie sich den aktuellen Stand der Erweiterung anschauen, besteht sie prinzipiell aus drei Komponenten:

▶ dem Standarddialog, implementiert in Programm SAPMF02D

▶ zwei Klassen mit der Implementierung der beiden BAdIs

▶ einem Modulpool mit dem Subscreen

Die Verarbeitungslogik des Subscreens hat dabei keinen direkten Zugriff auf die Daten im Standarddialog, denn die Methoden der BAdI-Implementierung werden immer nur aus Richtung des Standarddialogs aufgerufen. Alle Daten, die vom Subscreen benötigt werden, aber nur zu definierten Zeitpunkten vom Standarddialog über den Aufruf von BAdIs übergeben werden, müssen so zwischengespeichert werden, dass sie im Zugriff der Verarbeitungslogik des Subscreens sind. Dazu zählen der Bearbeitungsmodus, die Debitorenstammdaten vor dem letzten Speichern und die Information, ob die aktuellen Änderungen in der Datenbank gespeichert wurden.

Für diese Daten eignen sich globale Variablen im Modulpool des Subscreens, die aus den Methoden der BAdIs heraus gesetzt werden und von der Verarbeitungslogik des Subscreens gelesen werden können. Neben der Variable GS_KNB1_ORG für den aktuellen Stand der Debitorenstammdaten fügen Sie die Variablen GV_AKTYP und GV_UNSAVED ein, wie in Listing 3.4 zu sehen ist.

```
PROGRAM   zkn_erweiterung.
TABLES: knb1.
DATA: gs_knb1_org TYPE knb1.
DATA: gv_aktyp TYPE aktyp.
DATA: gv_unsaved TYPE flag.
```

Listing 3.4 Modulpool ZKN_ERWEITERUNG mit globalen Variablen

Die Variable GV_AKTYP enthält den aktuellen Bearbeitungsmodus und kann in der PBO-Logik des Subscreens verwendet werden, um die Eingabebereitschaft des Zusatzfeldes zu steuern. Die Variable GS_KNB1_ORG soll den aktuellen Stand der Debitorenstammdaten in der Datenbank enthalten, damit Sie vor dem Speichern berücksichtigen können, ob sich die Daten des Zusatzfeldes geändert haben. Das Flag GV_UNSAVED wird dabei verwendet, um zu entscheiden, ob die Variable GS_KNB1_ORG neu gesetzt werden muss. Der Hintergrund ist, dass die Methode SET_DATA des BAdIs CUSTOMER_ADD_DATA_CS jedes Mal ausgeführt wird, wenn der Benutzer zu dem Subscreen mit dem Zusatzfeld wechselt. Dabei enthält die übergebene Struktur zu Tabelle KNB1 immer den bearbeiteten Stand der Debitorenstammdaten. Das heißt, nur beim ersten Aufruf entsprechen die Daten in der Struktur den Daten in der Datenbank. In diesem Fall wird die Variable GS_KNB1_ORG überschrieben und das Flag GV_UNSAVED gesetzt. Bei nachfolgenden Aufrufen wird das Flag geprüft und die Variable GS_KNB1_ORG nicht erneut überschrieben.

Die beschriebenen globalen Variablen müssen nun durch den Aufruf der Methode SET_DATA gesetzt werden. Dazu wird eine Form im Modulpool definiert und aus der BAdI-Implementierung heraus aufgerufen. Der Code in der Methode SET_DATA beschränkt sich, wie in Listing 3.5 zu sehen ist, auf die Übergabe aller benötigten Daten an die Form des Modulpools.

```
METHOD if_ex_customer_add_data_cs~set_data.
* Übergabe Bearbeitungsmodus/Stammdaten an Modulpool
  PERFORM set_data_knb1 IN PROGRAM zkn_erweiterung
                    USING i_activity s_knb1.
ENDMETHOD.
```

Listing 3.5 Methode SET_DATA in BAdI CUSTOMER_ADD_DATA_CS

Der Parameter I_ACTIVITY gibt an, ob der Debitor angezeigt (A), bearbeitet (V) oder angelegt (H) wird. Der Parameter S_KNB1 enthält, wie bereits erwähnt, den aktuellen Stand der bearbeiteten Stammdaten. Die Form im Modulpool ZKN_ERWEITERUNG wird implementiert, wie in Listing 3.6 zu sehen ist.

```
*&---------------------------------------------------------*
*&      Form  SET_DATA_KNB1
*&---------------------------------------------------------*
FORM set_data_knb1
  USING
    iv_aktyp TYPE aktyp
    is_knb1 TYPE knb1.

* Bearbeitungsmodus zwischenspeichern
  gv_aktyp = iv_aktyp.
  IF gv_unsaved IS INITIAL.

*    Unbearbeitete Stammdaten zwischenspeichern
    gs_knb1_org = is_knb1.
    gv_unsaved = 'X'.
  ENDIF.

* Stammdaten für Anzeige übernehmen
  knb1 = is_knb1.
ENDFORM.                    "SET_DATA_KNB1
```

Listing 3.6 Form SET_DATA_KNB1 in Modulpool ZKN_ERWEITERUNG

Zunächst wird der Bearbeitungsmodus für die Verarbeitung im PBO-Modul des kundeneigenen Subscreens zwischengespeichert. Anschließend wird, wie beschrieben, abhängig von der Variablen GV_UNSAVED die Variable GS_KNB1_ORG gefüllt. Abschließend werden die übergebenen Stammdaten in den Tabellenarbeitsbereich KNB1 übernommen, aus dem das Zusatzfeld auf dem Dynpro gefüllt wird. Für die korrekte Anzeige muss nun noch die PBO-Logik für den Subscreen implementiert werden (siehe Listing 3.7).

```
*&---------------------------------------------------------*
*&      Module  STATUS_0100  OUTPUT
*&---------------------------------------------------------*
MODULE status_0100 OUTPUT.
  LOOP AT SCREEN.
    screen-input = 1.
    IF gv_aktyp EQ 'A'.
      screen-input = 0.
```

```
       ENDIF.
       MODIFY SCREEN.
     ENDLOOP.
   ENDMODULE.                    " STATUS_0100  OUTPUT
```

Listing 3.7 PBO-Logik für kundeneigenen Subscreen

In der PBO-Logik werden die Felder des Subscreens standardmäßig eingabebereit gemacht. Hat die globale Variable GV_AKTYP, die den Bearbeitungsmodus enthält, allerdings den Wert A für Anzeige, wird die Eingabebereitschaft deaktiviert.

Damit zeigt das Zusatzfeld den Wert aus Tabelle KNB1, und die Eingabebereitschaft wird abhängig vom Bearbeitungsmodus gesteuert. Der bearbeitete
Wert wird allerdings noch nicht an die Standardlogik zurückgegeben. Hierfür
muss die Methode GET_DATA des BAdIs CUSTOMER_ADD_DATA_CS implementiert
werden. Dabei wird aus der Methode wiederum eine Form im Modulpool
ZKN_ERWEITERUNG aufgerufen. Der Aufruf ist in Listing 3.8 zu sehen, die Form
in Listing 3.9.

```
METHOD if_ex_customer_add_data_cs~get_data.
  PERFORM get_data_knb1 IN PROGRAM zkn_erweiterung
                    CHANGING s_knb1.
ENDMETHOD.
```

Listing 3.8 Methode GET_DATA in BAdI CUSTOMER_ADD_DATA_CS

```
*&---------------------------------------------------------*
*&      Form  GET_DATA_KNB1
*&---------------------------------------------------------*
FORM get_data_knb1
  CHANGING
    ios_knb1 TYPE knb1.

* Bearbeitete Stammdaten zurückgeben
  ios_knb1 = knb1.
ENDFORM.                    "GET_DATA_KNB1
```

Listing 3.9 Form GET_DATA_KNB1 in Modulpool ZKN_ERWEITERUNG

Die Methode GET_DATA wird jedes Mal aufgerufen, wenn der Benutzer den
kundeneigenen Subscreen verlässt, und erfordert im Parameter S_KNB1 die
Eingabe der bearbeiteten Debitorenstammdaten. Diese werden in der Form
GET_DATA_KNB1 aus dem Tabellenarbeitsbereich KNB1 gefüllt, der unter anderem den bearbeiteten Wert des Zusatzfeldes im Subscreen enthält. Die Werte

aller anderen Felder sind gegenüber dem Aufruf der Methode SET_DATA unverändert.

Abschließend muss noch die Methode CHECK_DATA_CHANGED des BAdIs CUSTOMER_ADD_DATA implementiert werden, um die Standardlogik darüber zu informieren, dass Änderungen am kundeneigenen Teil der Stammdaten vorgenommen wurden und die Daten entsprechend wieder in der Datenbank gespeichert werden müssen. Erneut wird aus der BAdI-Methode (siehe Listing 3.10) eine Form im Modulpool aufgerufen (siehe Listing 3.11).

```
METHOD if_ex_customer_add_data~check_data_changed.
  PERFORM check_data_changed_knb1
    IN PROGRAM zkn_erweiterung
    CHANGING e_changed.
ENDMETHOD.
```

Listing 3.10 Methode CHECK_DATA_CHANGED in BAdI CUSTOMER_ADD_DATA

```
*&---------------------------------------------------------------------*
*&      Form  CHECK_DATA_CHANGED_KNB1
*&---------------------------------------------------------------------*
FORM check_data_changed_knb1
  CHANGING
    iov_changed TYPE flag.

* Bearbeitete und unbearbeitete Stammdaten vergleichen
  IF knb1-zzgruppe NE gs_knb1_org-zzgruppe.
    iov_changed = 'X'.
  ENDIF.
ENDFORM.                    "CHECK_DATA_CHANGED_KNB1
```

Listing 3.11 Form CHECK_DATA_CHANGED_KNB1 in Modulpool ZKN_ERWEITERUNG

Die Methode CHECK_DATA_CHANGED erwartet, dass der Parameter E_CHANGED gesetzt wird, wenn sich die Daten gegenüber dem Stand in der Datenbank geändert haben. Dazu wird in der Form CHECK_DATA_CHANGED_KNB1 der zwischengespeicherte Stand der unbearbeiteten Debitorenstammdaten mit den bearbeiteten Daten verglichen und das Flag entsprechend zurückgegeben. Wurde der kundeneigene Subscreen vor dem Speichern nicht angezeigt, ist sowohl der Tabellenarbeitsbereich KNB1 als auch die Variable GS_KNB1_ORG im Modulpool ZKN_ERWEITERUNG initial und das Flag wird leer zurückgegeben.

Wenn Sie nun erneut die Transaktion für die Pflege von Debitorenstammdaten aufrufen, sehen Sie, dass auch Änderungen an dem Feld in der Datenbank gespeichert werden. Außerdem werden automatisch Änderungsbelege für das Zusatzfeld fortgeschrieben. Damit ist die Erweiterung der Debitorenstammdaten um ein Zusatzfeld abgeschlossen und das Zusatzfeld ist, abgesehen von der Platzierung auf einem anderen Karteireiter, nicht mehr von einem Standardfeld zu unterscheiden.

3.5 Zusätzliche Prüfungen für Debitorenstammdaten

Für die Integration von eigenen Prüfungen, wie z. B. für Zusatzfelder, stehen für Debitorenstammdaten eine SAP-Erweiterung, ein Business Transaction Event (BTE) und ein Business Add-In zur Verfügung. Beispielhaft soll hier die SAP-Erweiterung verwendet werden. Die Implementierung des BTEs erfolgt analog zur Prüfung von Sachkontenstammdaten in Kapitel 2, die Implementierung des BAdIs wird für den Fall von Kreditorenstammdaten in Kapitel 4 erläutert.

Die SAP-Erweiterung SAPMF02D besitzt als einzige Komponente einen Funktions-Exit EXIT_SAPMF02D_001, der kurz vor dem Schreiben der Datenbanktabellen aufgerufen wird und dem sämtliche Tabelleninhalte zur Prüfung übergeben werden. Wird in der Prüfung eine fehlerhafte Datenkonstellation festgestellt, muss eine entsprechende Warn- oder Fehlermeldung mithilfe der MESSAGE-Anweisung ausgegeben werden.

In diesem Beispiel soll der Wert des Zusatzfeldes gegen das Land des Debitors geprüft werden: Das Zusatzfeld darf nur für deutsche Debitoren gefüllt sein. Für die Implementierung dieser Prüfung gehen Sie wie folgt vor:

1. Starten Sie die Transaktion CMOD (WERKZEUGE • ABAP WORKBENCH • HILFSMITTEL • ERWEITERUNGEN • PROJEKTVERWALTUNG), oder wählen Sie im Einführungsleitfaden FINANZWESEN (NEU) • DEBITOREN- UND KREDITOREN-BUCHHALTUNG • DEBITORENKONTEN • STAMMDATEN • ANLEGEN DER DEBITO-RENSTAMMDATEN VORBEREITEN • ERWEITERUNGEN FÜR DEBITORENSTAMM ENTWICKELN (siehe Abbildung 3.1).

2. Legen Sie das Projekt ZSAPMF2D an, vergeben Sie einen Kurztext, und speichern Sie das Projekt.

3. Klicken Sie auf ZUORDNUNG ERWEITERUNG, geben Sie unter Erweiterung SAPMF02D ein, und speichern Sie die Zuordnung.

4. Klicken Sie nun auf KOMPONENTEN und anschließend doppelt auf den EXIT_SAPMF02D_001.

5. Anschließend klicken Sie doppelt auf das ZX*-Include, um es anzulegen und die SAP-Erweiterung zu implementieren.

6. Fügen Sie den Quellcode aus Listing 3.12 ein, und speichern und aktivieren Sie das Include.

7. Kehren Sie in die Anzeige der Komponenten der SAP-Erweiterung zurück, und aktivieren Sie das Erweiterungsprojekt.

```
* Prüfung: Zusatzfeld nur bei deutschen Debitoren gefüllt
IF i_knal-land1 NE 'DE'
  AND i_knb1-zzgruppe IS NOT INITIAL.
  MESSAGE e000(OK) WITH
    'Gruppierung nur bei deutschen Debitoren erlaubt!'.
ENDIF.
```

Listing 3.12 Zusätzliche Prüfung für Debitorenstammdaten

In der zusätzlichen Prüfung wird eine Fehlermeldung ausgegeben, falls das Land des Debitors nicht Deutschland ist und das Zusatzfeld trotzdem gefüllt wurde. Für das Beispiel wurde der Einfachheit halber eine beliebige Meldung mit dem Text »& & & &« verwendet und der Meldungstext als Variable übergeben. In einer echten Implementierung sollte natürlich eine eigene Nachricht gegebenenfalls mit einem ausführlicheren Langtext definiert werden.

Wenn Sie nun einen ausländischen Debitor bearbeiten und versuchen, den Debitor mit einer gesetzten Gruppierung zu speichern, erhalten Sie eine Fehlermeldung, und das Speichern ist nicht möglich.

[+] Warnmeldung ausgeben

In der Prüfung ist es ebenfalls erlaubt, mit dem Nachrichtentyp W nur eine Warnmeldung auszugeben, sodass die Debitorenstammdaten trotz der Meldung gespeichert werden.

3.6 Schnittstellen für Debitorenstammdaten

Sowohl während des Aufbaus als auch im Produktivbetrieb einer SAP-Finanzbuchhaltung besteht häufig die Anforderung, Stammdaten automatisiert anzulegen bzw. zu verändern. Initial wird in der Regel eine Migration von Stammdaten aus einem Altsystem durchgeführt, und laufende Schnittstellen können verwendet werden, um Stammdaten zwischen mehreren SAP-Systemen und/oder Fremdsystemen zu synchronisieren.

Für die automatisierte Anlage und Bearbeitung von Stammdaten existieren verschiedene Möglichkeiten, von denen hier das *Batch-Input-Verfahren* näher betrachtet werden soll. Hier soll jedoch keine vollständige Einführung gegeben werden, sondern der Fokus wird lediglich auf die Erweiterungsmöglichkeiten gelegt. Da diese Erweiterungen für Debitoren- und Kreditorenstammdaten grundsätzlich die gleichen sind, werden sie in diesem Abschnitt am Beispiel von Debitorenstammdaten ausführlich beschrieben, und im folgenden Kapitel nur noch auf die Unterschiede für Kreditorenstammdaten eingegangen.

Beim Batch-Input-Verfahren werden SAP-Transaktionen automatisiert durchlaufen und dabei Benutzereingaben vom System ohne Interaktion simuliert. Den Batch-Input-Ablauf können Sie sich daher als eine Art Makro vorstellen, das nacheinander verschiedene Aktionen ausführt, die eigentlich durch einen Benutzer erfolgen würden. Bis auf wenige Ausnahmen können alle Daten, die manuell über SAP-Transaktionen erfasst werden, auch automatisiert per Batch-Input übernommen werden. Das Batch-Input-Verfahren ist daher eine der wichtigsten Methoden zur Übertragung von Daten in ein SAP-System.

Das Batch-Input-Verfahren besitzt zwei verschiedene Varianten:

▸ Im CALL TRANSACTION-Modus werden die Batch-Input-Anweisungen direkt aus einem Programm heraus ausgeführt.

▸ Alternativ kann eine Batch-Input-Mappe mit den Anweisungen erstellt werden, die später über die Transaktion SM35 abgespielt werden kann.

Es gibt verschiedene Wege, um Daten für die Verarbeitung mittels Batch-Input aufzubereiten. So ist es z. B. möglich, Benutzereingaben aufzuzeichnen und später wieder abzuspielen oder ein kundeneigenes Programm zu entwickeln, das eine Folge von Batch-Input-Anweisungen erzeugt und im CALL TRANSACTION-Modus ausführt oder eine Batch-Input-Mappe erstellt. Für viele Anwendungsfälle existieren allerdings auch Standardprogramme, die eine sequenzielle Datei einlesen und daraus eine Batch-Input-Mappe erstellen.

Für die Anlage und Bearbeitung von Debitorenstammdaten existiert ein solches Batch-Input-Programm mit dem Namen RFBIDE00. In der sequenziellen Datei, die vom Programm eingelesen wird, können Daten zu sämtlichen Standardtabellen in zugehörigen Batch-Input-Strukturen übergeben werden. Diese Strukturen haben dabei die gleichen Namen wie die Standardtabellen mit dem Präfix B, das heißt BKNA1 für Daten in Tabelle KNA1, BKNB1 für Daten in Tabelle KNB1 etc. Darüber hinaus gibt es die Struktur BGR00 mit

Informationen zur erzeugten Batch-Input-Mappe sowie die Struktur BKN00 mit Informationen zur auszuführenden Transaktion. Jede Zeile der Datei hat jeweils den Typ genau dieser Strukturen.

Wenn Sie sich die Batch-Input-Strukturen anschauen, sehen Sie, dass sie immer mit dem Feld STYPE (Satztyp) beginnen. Der Satztyp kann einen von drei Werten annehmen:

▶ **Wert 0:**
Der Satztyp 0 markiert den Beginn einer neuen Batch-Input-Mappe und wird in der Struktur BGR00 verwendet.

▶ **Wert 1:**
Der Satztyp 1 markiert den Beginn eines neuen Debitors und wird in der Struktur BKN00 verwendet.

▶ **Wert 2:**
Der Satztyp 2 wird für die Batch-Input-Strukturen mit den eigentlichen Daten wie BKNA1 und BKNB1 verwendet. Zusätzlich muss bei diesen Strukturen im Feld TBNAM der Name der Batch-Input-Struktur übergeben werden, damit das Programm RFBIDE00 den richtigen Datentyp zum Einlesen der Zeile verwendet.

In Abbildung 3.10 sehen Sie einen Ausschnitt aus einer typischen Quelldatei für den Report RFBIDE00. Die erste Zeile der Datei enthält unter anderem den Namen der zu erzeugenden Batch-Input-Mappe in der Struktur BGR00. Die zweite Zeile enthält die auszuführende Transaktion, die Debitorennummer, den Buchungskreis und die Kontengruppe in der Struktur BKN00. In den weiteren Zeilen folgen dann die Daten des Debitors in den Strukturen BKNA1, BKNBK und BKNB1. Felder ohne Wert enthalten das NODATA-Kennzeichen (standardmäßig »/«), damit das Batch-Input-Programm unterscheiden kann, ob das Feld nicht verändert (Feld enthält NODATA-Kennzeichen) oder geleert (Feld ist leer) werden soll.

```
ORFBIDE00     100MROHRBACH    00000000X/
1XD01                         0000000001V001/   / / 0001/
2BKNA1                                           Druck GmbH
2BKNBK                        DE 10020200           123454567
2BKNB1                        0000144500
```

Abbildung 3.10 Ausschnitt aus Quelldatei für Programm RFBIDE10

Eine Beispieldatei können Sie auch mit dem Programm RFBIDE10 erstellen. Das Programm kann entweder dazu verwendet werden, bestehende Debitorenstammsätze in einem anderen Buchungskreis anzulegen oder die Stammdaten in eine sequenzielle Datei zu schreiben. Wie Sie der Dokumentation zum Feld DATEINAME entnehmen können, wird diese Datei unter einem logischen Dateinamen gespeichert.

Im Standard verarbeitet das Programm RFBIDE00 natürlich nur Standardfelder, das kundeneigene Feld im buchungskreisspezifischen Teil der Stammdaten, das in Abschnitt 3.3, »Erweiterung der Datenbanktabellen und Strukturen«, hinzugefügt wurde, wird zunächst nicht mit verarbeitet. Zum einen ist es nicht in der Batch-Input-Struktur BKNB1 enthalten, zum anderen werden keine Anweisungen in die Batch-Input-Mappe eingefügt, um auf den zusätzlichen Karteireiter in der zusätzlichen Bildgruppe zu springen und das kundeneigene Feld zu füllen. Im Folgenden sollen daher die Batch-Input-Struktur sowie das Programm RFBIDE00 erweitert werden, sodass das Zusatzfeld verarbeitet wird.

3.6.1 Erweiterung der Batch-Input-Struktur

Für die Erweiterung der Batch-Input-Struktur bestehen zwei Möglichkeiten: Entweder wird die Standardstruktur mit einem Customizing-Include erweitert, oder es wird eine eigene Batch-Input-Struktur definiert. Da in Abschnitt 3.3, »Erweiterung der Datenbanktabellen und Strukturen«, das kundeneigene Feld direkt in eine Append-Struktur der Tabelle KNB1 aufgenommen wurde, wird auch hier der Weg über das Customizing-Include zur Struktur BKNB1 gewählt.

Gehen Sie wie folgt vor, um die Struktur BKNB1 um das kundeneigene Feld zu erweitern:

1. Starten Sie die Transaktion SE11, und bearbeiten Sie die Struktur BKNB1.
2. Klicken Sie doppelt auf das Customizing-Include CI_BKNB1, und legen Sie es an.
3. Fügen Sie das Feld ZZGRUPPE mit dem Typ ZSKB1_GRUPPE in das Customizing-Include ein.
4. Speichern und aktivieren Sie das Customizing-Include.

Im Ergebnis sollte die Struktur BKNB1 so aussehen wie in Abbildung 3.11.

Komponente	R.typ	Komponententyp	Datentyp	Länge	DezSt...	Kurzbeschreibung
.INCLUDE	☐	CI_BKNB1	▭▭▭	0	0	Customizing-Include BKNB1
ZZGRUPPE	☐	ZSKB1_GRUPPE	CHAR	1	0	Kundeneigene Kontengruppierung
SENDE	☐	SENDE_BI	CHAR	1	0	Satzendekennzeichen für Batch-Input-Schnittstelle

Abbildung 3.11 Erweiterung der Batch-Input-Struktur über Customizing-Include

Wenn Sie anschließend einen Export von Debitorenstammdaten mithilfe des Programms RFBIDE10 durchführen, sehen Sie, dass auch das Feld ZZGRUPPE in der Zeile zur Struktur BKNB1 gefüllt wird.

3.6.2 Erweiterung des Batch-Input-Programms

Im nächsten Schritt muss das Batch-Input-Programm RFBIDE00 so erweitert werden, dass das kundeneigene Feld mit den Daten aus der Batch-Input-Struktur gefüllt wird. Hierfür müssen zusätzliche Anweisungen in die Batch-Input-Mappe aufgenommen werden, um die folgenden beiden Schritte durchzuführen:

1. Wechsel zur kundeneigenen Bildgruppe

2. Füllen des kundeneigenen Feldes

Im Allgemeinen bietet sich der Batch-Input-Recorder (Transaktion SHDB) an, um die nötigen zusätzlichen Batch-Input-Anweisungen für die genannten Schritte herauszufinden. Der Batch-Input-Recorder ermöglicht die Aufzeichnung von Benutzereingaben für eine bestimmte Transaktion und zeigt anschließend die resultierenden Batch-Input-Anweisungen an. Da der Fokus dieses Kapitels, wie bereits erwähnt, nicht auf der Erklärung des Batch-Input-Verfahrens liegt und die nötigen Anweisungen relativ einfach sind, wird hier nicht näher auf die Verwendung des Batch-Input-Recorders eingegangen. In Abbildung 3.12 sehen Sie stattdessen direkt die resultierenden Batch-Input-Anweisungen, wenn Sie dem Pfad SPRINGEN • ERWEITERUNGEN • ZUSÄTZLICHE DATEN im Menü der Transaktion XD02 folgen und anschließend das kundeneigene Feld füllen und den Stammsatz speichern.

Programm	Dynpro	Startkennzeichen	Feldname	Feldwert
SAPMF02D	0110	X		
			BDC_OKCODE	=AO01
SAPMF02D	4000	X		
			BDC_OKCODE	=UPDA
			BDC_CURSOR	KNB1-ZZGRUPPE
			KNB1-ZZGRUPPE	2

Abbildung 3.12 Batch-Input-Anweisungen für kundeneigenes Feld

Wie Sie sehen, wird zunächst auf dem Dynpro 0110 im Programm SAPMF02D der Funktionscode AO01 ausgeführt, um in die kundeneigene Bildgruppe zu wechseln. Anschließend wird der Cursor auf das Feld KNB1-ZZGRUPPE gesetzt, das Feld mit dem Wert 2 gefüllt und der Funktionscode UPDA zum Speichern des Stammsatzes ausgeführt. Diese Anweisungen müssen nun vom Programm RFBIDE00 in die Batch-Input-Mappe aufgenommen werden.

Hierfür kann die Methode `FILL_FT_TABLE_USING_DATA_ROWS` des BAdIs `CUSTOMER_ADD_DATA_BI` verwendet werden. Genau wie das BAdI `CUSTOMER_ADD_DATA_CS` wird auch dieses BAdI nur durchlaufen, wenn die Methode `CHECK_ADD_ON_ACTIVE` des BAdIs `CUSTOMER_ADD_DATA` entsprechend implementiert ist (Abschnitt 3.4.3, »Bildgruppe aktivieren und Subscreen zuordnen«). In Abbildung 3.13 sehen Sie die Signatur der Methode. Die Methode wird nach der Verarbeitung aller Standardfelder zu Batch-Input-Anweisungen pro verarbeitetem Debitor aufgerufen und erhält im Parameter `IT_DATA_ROWS` alle Daten aus den Batch-Input-Strukturen (außer `BGR00` und `BKN00`), im Parameter `I_BKN00` die Daten aus der Batch-Input-Struktur `BKN00` und im Parameter `I_NODATA` das NODATA-Kennzeichen. Der Tabellenparameter `ET_FT` enthält alle bereits erzeugten Batch-Input-Anweisungen.

Art	Parameter	Typisierung	Beschreibung
▷◁	IT_DATA_ROWS	TYPE BDIFIBIWA_T	Übergabestruktur Debitor/Kreditor-Batch-Input (Tabellentyp)
▷◁	VALUE(I_BKN00)	TYPE BKN00	Debitorenstamm Transaktionsdaten für Batch-Input
▷◁	VALUE(I_NODATA)	TYPE NODATA_BI	Das Zeichen für NODATA
▷◁▷	ET_FT	TYPE BDCDATA_TAB	Tabellentyp für BDCDATA

Abbildung 3.13 Signatur der Methode FILL_FT_TABLE_USING_DATA_ROWS

Gehen Sie nun wie folgt vor, um das Programm `RFBIDE00` zu erweitern:

1. Legen Sie eine Erweiterungsimplementierung zum Erweiterungsspot `CUSTOMER_ADD_DATA_BI` an.

2. Legen Sie eine BAdI-Implementierung zur BAdI-Definition `CUSTOMER_ADD_DATA_BI` an.

3. Implementieren Sie die Methode `FILL_FT_TABLE_USING_DATA_ROWS` mit dem Quellcode aus Listing 3.13.

```
METHOD if_ex_customer_add_data_bi~fill_ft_table_using_data_rows.
  DATA: ls_ft LIKE LINE OF et_ft.
  FIELD-SYMBOLS: <bknb1> TYPE bknb1.
  LOOP AT it_data_rows ASSIGNING <bknb1> CASTING.
    CHECK <bknb1>-stype = '2'
      AND <bknb1>-tbnam = 'BKNB1'.

*   Funktionscode für Wechsel zu kundeneigener Bildgruppe
    CLEAR ls_ft.
    ls_ft-fnam = 'BDC_OKCODE'.
    ls_ft-fval = '=AO01'.
    APPEND ls_ft TO et_ft.

*   Angaben zu neuem Dynpro
    CLEAR ls_ft.
```

```
        ls_ft-program = 'SAPMF02D'.
        ls_ft-dynpro = '4000'.
        ls_ft-dynbegin = 'X'.
        APPEND ls_ft TO et_ft.

*       Kundeneigenes Feld setzen
        CLEAR ls_ft.
        ls_ft-fnam = 'KNB1-ZZGRUPPE'.
        ls_ft-fval = <bknb1>-zzgruppe.
        APPEND ls_ft TO et_ft.
      ENDLOOP.
    ENDMETHOD.
```

Listing 3.13 Zusätzliche Batch-Input-Anweisungen einfügen

Im Quellcode wird die Tabelle IT_DATA_ROWS durchlaufen, bis die Daten zur Batch-Input-Struktur BKNB1 gefunden werden. Damit werden die Batch-Input-Daten analog zur Aufzeichnung aus Abbildung 3.12 ergänzt. Die Angabe des Dynpros 0110 im Programm SAPMF02D wird dabei nicht benötigt, weil der Funktionscode aus dem Dynpro aufgerufen werden soll, das zuletzt aktiv ist. Auch den Cursor müssen Sie nicht setzen, da auch ohne diese Anweisung das kundeneigene Feld korrekt gefüllt wird. Schließlich wird auch der Funktionscode UPDA nicht als Batch-Input-Anweisung aufgenommen, falls noch weitere BAdI-Implementierungen aktiv sind, die ihrerseits weitere Anweisungen einfügen müssen. Der Funktionscode zum Sichern der Daten wird ohnehin automatisch am Ende der Transaktion vom Standardprogramm hinzugefügt.

4. Speichern und aktivieren Sie die Implementierung.

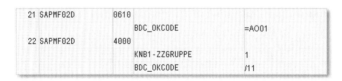

Abbildung 3.14 Zusätzliche Anweisungen in Batch-Input-Mappe

Wie Sie in Abbildung 3.14 sehen können, werden nach Aktivierung der BAdI-Implementierung die gewünschten Anweisungen in die Batch-Input-Mappe aufgenommen.

3.7   Zusammenfassung

Nach der Lektüre dieses Kapitels wissen Sie, dass die Erweiterung der Debitorenstammdaten um kundeneigene Zusatzfelder wesentlich besser unterstützt wird als für Sachkontenstammdaten. Das Zusatzfeld wurde hier in einer Append-Struktur zu einer Standardtabelle angelegt und damit alle Datenbankoperationen inklusive der Fortschreibung von Änderungsbelegen durch die Standardverarbeitungslogik übernommen. In der Erweiterung musste so nur der Datenaustausch zwischen der Standardverarbeitungslogik und dem kundeneigenen Subscreen für die Pflege des Zusatzfeldes realisiert werden.

Darüber hinaus haben Sie in diesem Kapitel gelernt, wie Sie kundeneigene Prüfungen beim Speichern von Debitorenstammdaten realisieren und welche Erweiterungen im Batch-Input zur Berücksichtigung eines Zusatzfeldes erforderlich sind.

4   Kreditorenstammdaten

Die Datenmodelle für Debitoren- und Kreditorenstammdaten sind im SAP-System grundsätzlich gleich aufgebaut. Es gibt lediglich kleine Abweichungen, die auf die unterschiedliche Verwendung von Debitoren und Kreditoren in der Finanzbuchhaltung hinsichtlich der Leistungserbringung und der Geldflüsse zurückzuführen sind. Während Debitoren in der Regel Leistungen erhalten und Geldeingänge verursachen, erbringen Kreditoren Leistungen und verursachen Geldausgänge. Entsprechend existiert zu Kreditoren statt einer Vertriebssicht eine Einkaufssicht, und innerhalb der Kreditorenstammdaten liegt der Fokus eher auf Einstellungen zu Zahlläufen als zu Mahnläufen.

Aufgrund dieser nur kleinen Abweichungen erfolgt die Erweiterung der Kreditorenstammdaten im Grunde ganz genauso wie die Erweiterung der Debitorenstammdaten. Sie können daher die Erweiterungstechnik aus Kapitel 3, »Debitorenstammdaten«, unverändert auch auf Kreditorenstammdaten übertragen. In diesem Kapitel soll Ihnen nun aber noch eine alternative Erweiterungsmöglichkeit gezeigt werden, bei der nicht wie im vorherigen Kapitel eine Standardtabelle erweitert, sondern eine eigene Stammdatentabelle verwendet wird. Das Ergebnis der hier gezeigten Beispielerweiterung soll aber das Gleiche sein: die Erweiterung der Kreditorenstammdaten um ein zusätzliches Feld, das sich genauso verhält wie ein Standardfeld.

Verwendung einer eigenen Stammdatentabelle   [+]

Bei der Verwendung einer eigenen Stammdatentabelle sind mehr Funktionen selbst zu implementieren, die bei der Erweiterung einer Standardtabelle bereits durch die Verarbeitungslogik des Standardpflegedialogs abgedeckt werden. Dafür sind Sie durch die individuelle Implementierung z. B. der Datenbankzugriffe aber wesentlich flexibler als mit der bisher vorgestellten Technik.

Wie auch in den vorhergehenden Kapiteln erfahren Sie zum Einstieg, welche Stammdatentabellen im SAP-System für Kreditoren verwendet werden und welche Pflegetransaktionen es gibt. In den anschließenden Erläuterungen zur Erweiterung der Kreditorenstammdaten um ein Zusatzfeld werden Sie dann sehen, welche Auswirkungen die Verwendung einer eigenen Stammdatentabelle hat. Außerdem werden die daraus resultierenden Unterschiede für Stammdatenschnittstellen im Vergleich zur Erweiterung einer Standardtabelle dargestellt.

4.1 Technische Details und Transaktionen

Analog zu Debitorenstammdaten erhalten Sie einen Überblick über die meisten relevanten Tabellen, wenn Sie sich alle Tabellen mit dem Präfix LF für »Lieferant« anschauen. Dabei wird Ihnen auffallen, dass es weniger Tabellen zu Kreditorenstammdaten als zu Debitorenstammdaten gibt. Dies ist auf die Tatsache zurückzuführen, dass Unternehmen in der Regel mehr Informationen über Geschäftspartner benötigen, die Erträge einbringen, als über jene, die Aufwände verursachen. Trotz der immer noch großen Anzahl von Tabellen können Sie sich für die Arbeit mit Kreditorenstammdaten in der Regel wieder auf wenige Tabellen beschränken:

▶ Die Tabellen LFA1 und LFBK enthalten buchungskreisübergreifende Einstellungen und Bankverbindungen.

▶ Die Tabelle LFB1 enthält buchungskreisspezifische Einstellungen sowie die meisten Einstellungen zum Zahlungsverkehr.

▶ Die Tabelle LFM1 enthält die Einkaufssicht eines Lieferanten (im Zusammenhang mit der Materialwirtschaft).

Auch die Pflegetransaktionen für Kreditorenstammdaten unterscheiden sich nur aufgrund der fehlenden Vertriebssicht bzw. der zusätzlichen Einkaufssicht von den Pflegetransaktionen für Debitorenstammdaten. Auch hier gibt es vierstellige Transaktionen mit dem Präfix FK für die Pflege der Buchhaltungssicht, mit dem Präfix MK für die Einkaufssicht und mit dem Präfix XK für die kombinierte Pflege der Buchhaltungs- und Einkaufssicht eines Kreditors. Diese Transaktionen rufen ein bestimmtes Dynpro im Programm SAPMF02K auf. Die dritte und die vierte Stelle im Transaktionsnamen bestimmen wiederum die Art der Pflege: zum Beispiel 01 für Neuanlage, 02 für Änderung und 03 für Anzeige. Für die Pflege von Kreditorenstammdaten für die Finanzbuchhaltung sind demnach die Transaktionen FK01 bis FK03 relevant.

4.2 Ziel der Erweiterung der Kreditorenstammdaten

Wie bereits erwähnt, sollen im Folgenden auch die Kreditorenstammdaten um ein zusätzliches Feld erweitert werden. Allerdings wird diesmal der buchungskreisübergreifende Teil erweitert, und anstelle der Erweiterung einer Standardtabelle soll eine eigene Stammdatentabelle verwendet werden. Diese Art der Erweiterung erfordert die Implementierung weiterer Methoden der bereits in Kapitel 3 für Debitorenstammdaten beschriebenen Business Add-Ins. Eine Prüfung des Wertes des Zusatzfeldes beim Speichern der Kreditorenstammdaten wird in diesem Beispiel über ein BAdI realisiert.

Da die BAdIs für die Stammdatenerweiterung grundsätzlich genauso aufgebaut sind wie die Erweiterung für Debitorenstammdaten, finden Sie sie in gleicher Weise im Einführungsleitfaden (siehe Abbildung 4.1).

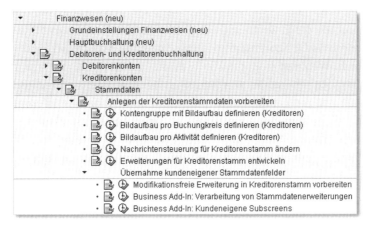

Abbildung 4.1 Erweiterung von Kreditorenstammdaten im Einführungsleitfaden

4.3 Erweiterung der Datenbanktabellen und Strukturen

Die Definition des Zusatzfeldes mit eigener Wertetabelle für die Darstellung als Drop-down-Liste erfolgt analog zur Erweiterung der Sachkontenstammdaten, die in den Abschnitten 2.3.1, »Datenelement und Domäne für das Zusatzfeld«, bis 2.3.4, »Pflege-View zu Wertetabelle für das Zusatzfeld«, beschrieben wurde, und wird an dieser Stelle nicht noch einmal wiederholt. Im folgenden Beispiel wird daher das gleiche Zusatzfeld verwendet wie für Sachkontenstammdaten.

Möglichkeiten der Ablage zusätzlicher Daten	[+]
Die Erweiterungstechnik für Kreditorenstammdaten erlaubt genau wie die Erweiterung der Debitorenstammdaten zwei Wege, um zusätzliche Daten in Datenbanktabellen abzulegen:	

▶ **Verwendung einer Append-Struktur in einer der Standardtabellen**
Diese Möglichkeit haben Sie in Kapitel 3, »Debitorenstammdaten«, kennengelernt. Bei der Verwendung einer Append-Struktur werden Zusatzfelder datenbanktechnisch automatisch durch die Standardverarbeitungslogik mit verarbeitet, da sie Teil der Tabellenzeilen sind, die ohnehin geladen bzw. gespeichert
werden.

▶ **Anlage einer eigenen Tabelle für die Zusatzdaten**
Die Verwendung eigener Datenbanktabellen für Zusatzdaten hingegen ist
natürlich flexibler, dafür müssen Sie aber auch die Datenbankzugriffe oder z. B.
die Fortschreibung von Änderungsbelegen in bestimmten Methoden eines
BAdIs selbst implementieren.

Technisch entsprechen die Erweiterungsmöglichkeiten für Kreditorenstammdaten genau denen für Debitorenstammdaten, einzig die Namen der BAdIs
unterscheiden sich. Während in Kapitel 3 die BAdIs CUSTOMER_ADD_DATA und
CUSTOMER_ADD_DATA_CS verwendet wurden, sind für Kreditorenstammdaten
die BAdIs VENDOR_ADD_DATA und VENDOR_ADD_DATA_CS relevant. In diesem
Kapitel wird allerdings statt des Zusatzfeldes in einer Append-Struktur ein
Zusatzfeld in einer eigenen Tabelle verwendet und dabei weitere Methoden
der genannten BAdIs genutzt. Diese sind natürlich ebenfalls für Debitorenstammdaten verwendbar.

Das Zusatzfeld soll Teil der buchungskreisübergreifenden Kreditorenstammdaten werden, aus diesem Grund wird eine kundeneigene Tabelle angelegt,
die die Kreditorennummer als Schlüssel besitzt. Gehen Sie wie folgt vor, um
die Tabelle mit dem Zusatzfeld anzulegen:

1. Starten Sie die Transaktion SE11, und legen Sie die Tabelle ZLFA1 an.

2. Vergeben Sie die Kurzbeschreibung »Zusatzdaten Lieferantenstamm (all-
   gemeiner Teil)«, und wählen Sie die AUSLIEFERUNGSKLASSE »A«, um die
   Tabelle als Stammdatentabelle zu definieren.

3. Wechseln Sie auf den Karteireiter FELDER, und legen Sie die Felder an, die
   in Abbildung 4.2 zu sehen sind.

4. Definieren Sie eine Fremdschlüsselbeziehung des Feldes LIFNR mit der
   Prüftabelle LFA1 und eine Fremdschlüsselbeziehung des Feldes ZZGRUPPE
   mit der Prüftabelle ZTSKB1_GRUPPE.

5. Sichern Sie die Tabelle, und pflegen Sie die technischen Einstellungen
   »APPL0« für DATENART und »1« für GRÖSSENKATEGORIE.

6. Abschließend aktivieren Sie die Tabelle ZLFA1.

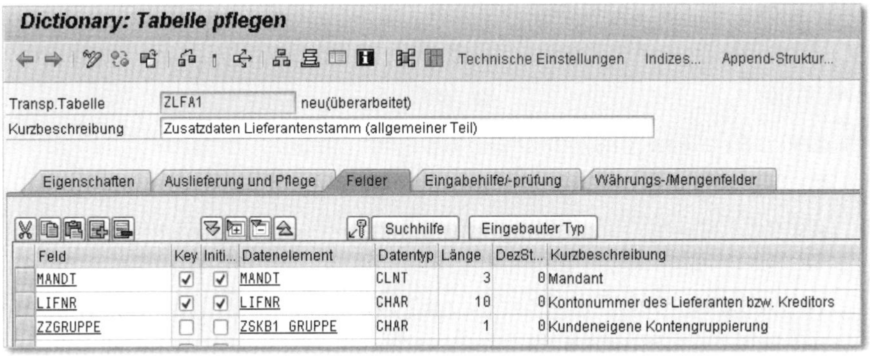

Abbildung 4.2 Kundeneigene Tabelle für Zusatzdaten

Der Einfachheit halber wird auch hier das für Sachkontenstammdaten angelegte Zusatzfeld verwendet, da hierfür bereits Datenelement, Domäne und Wertetabelle existieren.

Da das Zusatzfeld in einer eigenen Tabelle angelegt wurde, erfolgt die Verarbeitung des Feldes im Rahmen der Kreditorenstammdatenpflege völlig unabhängig von der Verarbeitung der Standardfelder. Die Erweiterungsimplementierung selbst legt daher fest, wie die Werte aus der Datenbank gelesen werden, in welchen Strukturen die Werte während der Verarbeitung festgehalten werden und wie sie zurück in die Datenbank geschrieben werden. Im Folgenden wird für die Verarbeitung des Feldes ausschließlich die Struktur ZLFA1 verwendet, sodass keine weitere Verarbeitungsstruktur oder Ähnliches angelegt werden muss.

4.4 Dialogerweiterung in der Kreditorenstammdatenpflege

An der Oberfläche entspricht die Erweiterung der Kreditorenstammdaten exakt der Erweiterung der Debitorenstammdaten, sodass hier nur kurz auf die Anlage des Subscreens sowie die Definition und Aktivierung einer eigenen Bildgruppe eingegangen wird. Eine ausführliche Beschreibung der benötigten Schritte finden Sie in den Abschnitten 3.4.1, »Subscreen für das Zusatzfeld anlegen«, bis 3.4.3, »Bildgruppe aktivieren und Subscreen zuordnen«. Die Verarbeitungslogik für das Zusatzfeld ist hingegen im Vergleich zu der in Kapitel 3, »Debitorenstammdaten«, beschriebenen wesentlich aufwendiger und wird daher im Anschluss ausführlich erläutert.

Subscreen für das Zusatzfeld anlegen

Der kundeneigene Subscreen wird erneut in einem eigenen Modulpool angelegt:

1. Legen Sie einen Modulpool ZLF_ERWEITERUNG an.

2. Definieren Sie im Modulpool einen Tabellenarbeitsbereich ZLFA1 und eine globale Variable GS_ZLFA1_ORG vom Typ ZLFA1, speichern und aktivieren Sie das Programm.

3. Legen Sie ein Dynpro 0100 mit dem Typ SUBSCREEN an, und platzieren Sie das Feld ZZGRUPPE aus dem Tabellenarbeitsbereich ZLFA1 auf dem Dynpro.

4. Definieren Sie das Feld als Listbox.

5. Speichern und aktivieren Sie das Dynpro.

Als Ergebnis sollte das Dynpro so aussehen wie in Abbildung 4.3.

Abbildung 4.3 Kundeneigener Subscreen für Zusatzfeld

Bildgruppe zu Subscreen definieren

Definieren Sie anschließend eine Bildgruppe für die Anzeige des kundeneigenen Subscreens:

1. Wählen Sie im Einführungsleitfaden FINANZWESEN (NEU) • DEBITOREN- UND KREDITORENBUCHHALTUNG • KREDITORENKONTEN • STAMMDATEN • ANLEGEN DER KREDITORENSTAMMDATEN VORBEREITEN • ÜBERNAHME KUNDENEIGENER STAMMDATENFELDER • MODIFIKATIONSFREIE ERWEITERUNG IM KREDITOREN-STAMM VORBEREITEN (siehe Abbildung 4.1).

2. Definieren Sie eine Bildgruppe Z0 mit dem Namen ZUSÄTZLICHE DATEN.

3. Legen Sie anschließend einen Karteireiter ZUSÄTZLICHER REITER zur Bildgruppe Z0 mit den Einstellungen aus Abbildung 4.4 an: Tragen Sie die

Ordnungszahl 100, den Funktionscode Z0100 und unter IKONE den Typ ICON_DETAIL ein.

Abbildung 4.4 Karteireiter zur Bildgruppe »Zusätzliche Daten«

4. Speichern Sie die Einstellungen.

Als Nächstes muss die Bildgruppe aktiviert und dem kundeneigenen Subscreen zugeordnet werden.

Bildgruppe aktivieren und Subscreen zuordnen

Durch die Implementierung der BAdIs `VENDOR_ADD_DATA` und `VENDOR_ADD_DATA_CS` wird die Bildgruppe Z0 aktiviert und das Dynpro `0100` aus dem Programm `ZLF_ERWEITERUNG` dem zusätzlichen Karteireiter zugeordnet:

1. Wählen Sie im Einführungsleitfaden FINANZWESEN (NEU) • DEBITOREN- UND KREDITORENBUCHHALTUNG • KREDITORENKONTEN • STAMMDATEN • ANLEGEN DER KREDITORENSTAMMDATEN VORBEREITEN • ÜBERNAHME KUNDENEIGENER STAMMDATENFELDER • BUSINESS ADD-IN: VERARBEITUNG VON STAMMDATENERWEITERUNGEN (siehe Abbildung 4.1).

2. Legen Sie die Erweiterungsimplementierung `ZVENDOR_ADD_DATA` zum Erweiterungsspot `VENDOR_ADD_DATA` an.

Releaseabhängiger Implementierungsweg   **[!]**

Beachten Sie hierbei wie auch im folgenden Schritt 7, dass abhängig vom Release in die Anlage eines klassischen BAdIs verzweigt wird. In diesem Fall sollten Sie die Implementierung nicht aus dem Einführungsleitfaden heraus, sondern direkt in Transaktion SE19 durchführen (siehe Abschnitt 1.4, »Verwendung von neuen Business Add-Ins«).

---

3. Legen Sie eine BAdI-Implementierung `ZVENDOR_ADD_DATA` zur BAdI-Definition `VENDOR_ADD_DATA` mit der implementierenden Klasse `ZCL_VENDOR_ADD_DATA` an.

4. Implementieren Sie die Methode CHECK_ADD_ON_ACTIVE, und verwenden Sie dafür den Quellcode aus Listing 4.1.

```
METHOD if_ex_vendor_add_data~check_add_on_active.
  IF i_screen_group EQ 'Z0'.
    e_add_on_active = 'X'.
  ENDIF.
ENDMETHOD.
```

Listing 4.1 Methode CHECK_ADD_ON_ACTIVE

5. Speichern und aktivieren Sie die Klasse ZCL_VENDOR_ADD_DATA sowie die BAdI- und die Erweiterungsimplementierung.

6. Wählen Sie im Einführungsleitfaden FINANZWESEN (NEU) • DEBITOREN- UND KREDITORENBUCHHALTUNG • KREDITORENKONTEN • STAMMDATEN • ANLEGEN DER KREDITORENSTAMMDATEN VORBEREITEN • ÜBERNAHME KUN- DENEIGENER STAMMDATENFELDER • BUSINESS ADD-IN: KUNDENEIGENE SUB- SCREENS (siehe Abbildung 4.1).

7. Legen Sie die Erweiterungsimplementierung ZVENDOR_ADD_DATA_CS zum Erweiterungsspot VENDOR_ADD_DATA_CS an.

8. Legen Sie eine BAdI-Implementierung ZVENDOR_ADD_DATA_CS zur BAdI- Definition VENDOR_ADD_DATA_CS mit der implementierenden Klasse ZCL_VENDOR_ADD_DATA_CS an.

9. Implementieren Sie die Methode GET_TAXI_SCREEN, und verwenden Sie dafür den Quellcode aus Listing 4.2.

10. Speichern und aktivieren Sie die Klasse ZCL_VENDOR_ADD_DATA_CS sowie die BAdI- und die Erweiterungsimplementierung.

```
METHOD if_ex_vendor_add_data_cs~get_taxi_screen.
  IF flt_val EQ 'Z0'.
    e_headerscreen_layout = ' '.
    e_program = 'ZLF_ERWEITERUNG'.
    CASE i_taxi_fcode.
      WHEN 'Z0100'.
        e_screen = '0100'.
      WHEN OTHERS.
    ENDCASE.
  ENDIF.
ENDMETHOD.
```

Listing 4.2 Methode GET_TAXI_SCREEN

Der einzige Unterschied zur Erweiterung der Debitorenstammdaten liegt in der Methode GET_TAXI_SCREEN. Hier wird der Parameter E_HEADERSCREEN_ LAYOUT leer zurückgegeben, um die allgemeine Stammdatensicht und nicht die Buchungskreissicht zu Bildgruppe Z0 zu aktivieren. Bei der Erweiterung von Kreditorenstammdaten kann neben der allgemeinen und der Buchungs- kreissicht die Einkaufssicht ('E') statt der Vertriebssicht bei Debitoren- stammdaten zurückgegeben werden.

Auch das BAdI ZVENDOR_ADD_DATA_CS ist filterabhängig, und Sie können einen Filter für die Bildgruppe Z0 definieren, damit die Methoden des BAdIs nur für diese Bildgruppe ausgeführt werden.

Damit sind die Erweiterungen an der Oberfläche abgeschlossen, und in der Pflege der Kreditorenstammdaten erscheint eine zusätzliche Drucktaste ZUSÄTZLICHE DATEN, über die Sie zur Anzeige des kundeneigenen Subscreens in der Bildgruppe Z0 gelangen (siehe Abbildung 4.5).

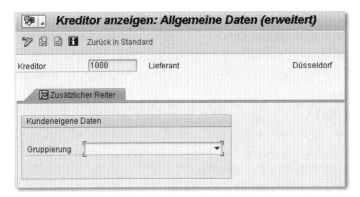

Abbildung 4.5 Bildgruppe »Zusätzliche Daten« mit kundeneigenem Subscreen

4.4.1 Definition der Verarbeitungslogik für das Zusatzfeld

Das Zusatzfeld wird zwar jetzt in der Bildgruppe ZUSÄTZLICHE DATEN ange- zeigt, es kann allerdings noch nicht für die Pflege von Daten verwendet wer- den. Die Werte des Zusatzfeldes werden noch nicht aus der Datenbank gela- den bzw. in die Datenbank zurückgeschrieben. Bei der Erweiterung der Debitorenstammdaten, bei denen das Zusatzfeld Teil einer Standardtabelle war, wurden die Datenbankoperationen automatisch durch die Standardlogik mit durchgeführt. In der Erweiterung musste nur die Übergabe zwischen Standardlogik und eigenem Subscreen über die Methoden SET_DATA und GET_DATA implementiert werden. In diesem Beispiel, in dem das Zusatzfeld in einer eigenen Tabelle abgelegt ist, funktioniert das Lesen und Schreiben der

Daten völlig unabhängig von der Standardlogik. Daher müssen statt des Datenaustauschs zwischen Standardlogik und eigenem Dynpro in den folgenden Methoden des BAdIs `VENDOR_ADD_DATA` eigene Datenzugriffsroutinen bzw. die Verwaltung von temporären Daten für die Bearbeitung implementiert werden:

▶ **Methode INITIALIZE_ADD_ON_DATA**

Die Methode `INITIALIZE_ADD_ON_DATA` wird aufgerufen, wenn der Standardpflegedialog aufgerufen wird bzw. wenn ein Benutzer einen anderen Kreditor bearbeitet, ohne die Transaktion zu verlassen. In dieser Methode sollten alle temporären Daten der Erweiterungsimplementierung initialisiert werden.

▶ **Methode READ_ADD_ON_DATA**

Die Methode `READ_ADD_ON_DATA` wird aufgerufen, sobald im Standardpflegedialog ein Kreditor zur Anzeige oder Bearbeitung ausgewählt wurde. In dieser Methode können Daten aus kundeneigenen Tabellen nachgelesen werden.

▶ **Methode CHECK_DATA_CHANGED**

Diese Methode ist bereits aus Kapitel 3, »Debitorenstammdaten«, bekannt und informiert die Standardverarbeitungslogik über Änderungen im kundeneigenen Teil der Stammdaten.

▶ **Methode SAVE_DATA**

Die Methode `SAVE_DATA` wird aufgerufen, wenn es kundeneigene Daten zu speichern gibt, und kann verwendet werden, um diese Daten zurück in die kundeneigenen Tabellen zu schreiben.

In dieser Methode darf kein `COMMIT WORK` ausgeführt werden, dies geschieht nach der Verarbeitung der Methode in der Standardlogik.

Darüber hinaus wird die Methode `SET_DATA` des BAdIs `VENDOR_ADD_DATA_CS` verwendet, die Sie bereits aus Abschnitt 3.4.4, »Definition der Verarbeitungslogik für das Zusatzfeld«, kennen, um die Eingabebereitschaft des Zusatzfeldes abhängig vom Bearbeitungsmodus steuern zu können. Die Übergabe der Daten in den Standardtabellen wird bei dieser Methode, wie bereits erwähnt, im Gegensatz zur Erweiterung mittels Append-Struktur nicht benötigt.

Genau wie in Kapitel 3 werden alle temporären Daten, die für die Implementierung der Erweiterung benötigt werden, in globalen Variablen des Modulpools `ZLF_ERWEITERUNG` verwaltet. Aus den Methoden des BAdIs `VENDOR_ADD_DATA` werden Forms im Modulpool aufgerufen, die den Zugriff auf diese globalen Variablen ermöglichen. Dabei werden mit Ausnahme der gerade genannten Methode SET_DATA alle Parameter unverändert an die Forms weitergegeben. Die Implementierung der Methoden finden Sie gesammelt in Listing 4.3.

```
METHOD if_ex_vendor_add_data~initialize_add_on_data.
  PERFORM initialize_add_on_data_zlfa1
    IN PROGRAM zlf_erweiterung.
ENDMETHOD.
METHOD if_ex_vendor_add_data~read_add_on_data.
  PERFORM read_add_on_data_zlfa1
    IN PROGRAM zlf_erweiterung
      USING i_lifnr i_bukrs i_ekorg.
ENDMETHOD.
METHOD if_ex_vendor_add_data~check_data_changed.
  PERFORM check_data_changed_zlfa1
    IN PROGRAM zlf_erweiterung
      CHANGING e_changed.
ENDMETHOD.
METHOD if_ex_vendor_add_data~save_data.
  PERFORM save_data_zlfa1
    IN PROGRAM zlf_erweiterung
      USING i_activity i_lifnr.
ENDMETHOD.
METHOD if_ex_vendor_add_data_cs~set_data.
  PERFORM set_data_zlfa1
    IN PROGRAM zlf_erweiterung
      USING i_activity.
ENDMETHOD.
```

Listing 4.3 Methoden der BAdIs VENDOR_ADD_DATA und VENDOR_ADD_DATA_CS

Für die Erweiterung werden prinzipiell die gleichen globalen Variablen benötigt wie bei der Erweiterung mittels Append-Struktur: Der Tabellenarbeitsbereich ZLFA1 speichert den aktuellen Zustand der bearbeiteten Stammdaten und wird gleichzeitig für die Anzeige des Zusatzfeldes auf dem Dynpro verwendet. Die Variable GS_ZLFA1_ORG enthält den aktuellen Zustand der Stammdaten in der Datenbank und wird benötigt, um zu entscheiden, ob die bearbeiteten Stammdaten in die Datenbank geschrieben werden müssen oder nicht. Die Variable GV_AKTYP hält schließlich den Bearbeitungsmodus und steuert die Eingabebereitschaft des Zusatzfeldes.

Entsprechend sieht der Quellcode des Modulpools ZLF_ERWEITERUNG wie in Listing 4.4 aus.

```
PROGRAM   zlf_erweiterung.
TABLES: zlfa1.
DATA: gs_zlfa1_org TYPE zlfa1.
DATA: gv_aktyp TYPE aktyp.
```

Listing 4.4 Modulpool ZLF_ERWEITERUNG mit globalen Variablen

Nun müssen Sie noch die Forms im Modulpool implementieren. Diese werden aus den Methoden der BAdIs aufgerufen und beeinflussen die genannten globalen Variablen bzw. laden die kundeneigenen Zusatzdaten aus der Datenbank und schreiben diese bei Bedarf in die Datenbank zurück.

Die Steuerung der Eingabebereitschaft des Zusatzfeldes kann unverändert aus der Erweiterung für Debitorenstammdaten übernommen werden. Dazu wird der Parameter I_ACTIVITY aus der Methode SET_DATA in der globalen Variable GV_AKTYP gespeichert. Die Variable GV_AKTYP wird anschließend im PBO-Modul des kundeneigenen Subscreens verwendet, um dafür zu sorgen, dass das Zusatzfeld im Anzeigemodus (GV_AKTYP = 'A') nicht änderbar ist. Den Quellcode der Form SET_DATA_ZLFA1 im Modulpool ZLF_ERWEITERUNG sowie den Quellcode des PBO-Moduls STATUS_0100 finden Sie in Listing 4.5. Beachten Sie dabei, dass aus der BAdI-Methode SET_DATA lediglich der Parameter I_ACTIVITY verwendet wird und keine Stammdaten aus der Standardlogik entgegengenommen werden, wie es bei der Erweiterung mittels Append-Struktur der Fall war.

```
*&---------------------------------------------------------------------*
*&      Form  SET_DATA_ZLFA1
*&---------------------------------------------------------------------*
FORM set_data_zlfa1
  USING
    iv_aktyp TYPE aktyp.

* Bearbeitungsmodus zwischenspeichern
  gv_aktyp = iv_aktyp.
ENDFORM.                    " SET_DATA_ZLFA1
*&---------------------------------------------------------------------*
*&      Module  STATUS_0100  OUTPUT
*&---------------------------------------------------------------------*
MODULE status_0100 OUTPUT.
  LOOP AT SCREEN.
    screen-input = 1.
    IF gv_aktyp = 'A'.
      screen-input = 0.
    ENDIF.
```

```
      MODIFY SCREEN.
    ENDLOOP.
  ENDMODULE.                  " STATUS_0100  OUTPUT
```

Listing 4.5 Steuerung der Eingabebereitschaft des Zusatzfeldes

Die zu bearbeitenden Daten müssen in dieser Erweiterung durch die Implementierung selbst aus der Datenbank gelesen und zurück in die Datenbank geschrieben werden. Dazu wird bei der Auswahl eines Kreditors zur Anzeige oder Bearbeitung die Methode READ_ADD_ON_DATA des BAdIs VENDOR_ADD_DATA und damit die Form READ_ADD_ON_DATA_ZLFA1 im Modulpool ZLF_ERWEITERUNG aufgerufen. Den entsprechenden Quellcode sehen Sie in Listing 4.6.

```
*&---------------------------------------------------------*
*&      Form   READ_ADD_ON_DATA_ZLFA1
*&---------------------------------------------------------*
FORM read_add_on_data_zlfa1
  USING
    iv_lifnr TYPE lifnr
    iv_bukrs TYPE bukrs
    iv_ekorg TYPE ekorg.

* Zusatzdaten aus kundeneigener Tabelle selektieren
  SELECT SINGLE * FROM zlfa1 INTO zlfa1
    WHERE lifnr = iv_lifnr.

* Unbearbeitete Stammdaten zwischenspeichern
  gs_zlfa1_org = zlfa1.
ENDFORM.                    " READ_ADD_ON_DATA_ZLFA1
```

Listing 4.6 Form READ_ADD_ON_DATA_ZLFA1 in Modulpool ZLF_ERWEITERUNG

Der Methode wird als Parameter die Kreditorennummer, der Buchungskreis und die Einkaufsorganisation übergeben. Da das Zusatzfeld Teil der buchungskreisübergreifenden Stammdaten ist, wird für die Selektion ausschließlich die Kreditorennummer benötigt.

Kreditorennummer bei nachträglicher Erweiterung [+]

Falls die Erweiterung erst eingeführt wird, wenn bereits Kreditoren im System angelegt wurden, kann es vorkommen, dass zu einem Kreditor kein Eintrag in der Tabelle ZLFA1 gefunden wird. In der weiteren Verarbeitung ist dann zu beachten, dass die Kreditorennummer im Tabellenarbeitsbereich nicht gefüllt ist.

Nach der Selektion der Zusatzdaten wird der aktuelle Datenbankstand in der Variablen GS_ZLFA1_ORG zwischengespeichert, um Änderungen zwischen den bearbeiteten und unbearbeiteten Stammdaten identifizieren zu können.

Diese Information wird für die Implementierung der Methode CHECK_DATA_ CHANGED bzw. der Form CHECK_DATA_CHANGED_ZLFA1 benötigt, die vor dem Speichern der Stammdaten aufgerufen wird, um abzufragen, ob sich im kundeneigenen Teil der Stammdaten Änderungen ergeben haben. Gibt es entweder im Standard- oder im kundeneigenen Teil Stammdatenänderungen, wird danach die Methode SAVE_DATA bzw. die Form SAVE_DATA_ZLFA1 aufgerufen, um die kundeneigenen Daten zu speichern. Den Quellcode für die beiden Forms finden Sie in Listing 4.7.

```
*&---------------------------------------------------------------*
*&      Form  CHECK_DATA_CHANGED_ZLFA1
*&---------------------------------------------------------------*
FORM check_data_changed_zlfa1
  CHANGING
    iov_changed TYPE flag.

* Bearbeitete und unbearbeitete Stammdaten vergleichen
  IF zlfa1-zzgruppe NE gs_zlfa1_org-zzgruppe.
    iov_changed = 'X'.
  ENDIF.
ENDFORM.                    " CHECK_DATA_CHANGED_ZLFA1
*&---------------------------------------------------------------*
*&      Form  SAVE_DATA_ZLFA1
*&---------------------------------------------------------------*
FORM save_data_zlfa1
  USING
    iv_aktyp TYPE aktyp
    iv_lifnr TYPE lifnr.

* Kreditorennummer setzen
* (Neuanlage und fehlender ZLFA1-Eintrag)
  zlfa1-lifnr = iv_lifnr.
  MODIFY zlfa1 FROM zlfa1.
ENDFORM.                    " SAVE_DATA_ZLFA1
```

Listing 4.7 Prüfung auf Änderungen und Speichern der Zusatzdaten

In der Form CHECK_DATA_CHANGED wird der Wert des Zusatzfeldes im Tabellenarbeitsbereich ZLFA1, der dem Wert des Feldes im kundeneigenen Subscreen entspricht, mit den unbearbeiteten Stammdaten in der globalen Variable `GS_ZLFA1_ORG` verglichen. Sind die Inhalte unterschiedlich, wird die Standardlogik des Pflegedialogs mithilfe des Flags `IOV_CHANGED` darüber informiert, dass die Zusatzdaten gespeichert werden müssen. In der Form `SAVE_DATA_ZLFA1` wird daraufhin die Tabelle ZLFA1 aus dem Tabellenarbeitsbereich aktualisiert. Vor der Aktualisierung muss die Kreditorennummer im Tabellenarbeitsbereich gefüllt werden, da sie an dieser Stelle in zwei Fällen leer sein kann:

► bei der Neuanlage eines Kreditors, da dann die Form `READ_ADD_ON_DATA` nicht durchlaufen wird

► wenn Kreditoren bearbeitet werden, die vor Einführung der Erweiterung angelegt wurden

Abschließend muss noch die Form `INITIALIZE_ADD_ON_DATA_ZLFA1` implementiert werden, wie in Listing 4.8 zu sehen ist. Darin werden alle verwendeten globalen Variablen vor der Bearbeitung des nächsten Kreditors initialisiert.

```
*&---------------------------------------------------*
*&      Form  INITIALIZE_ADD_ON_DATA_ZLFA1
*&---------------------------------------------------*
FORM initialize_add_on_data_zlfa1.
* Globale Variablen initialisieren
  CLEAR zlfa1.
  CLEAR gs_zlfa1_org.
  CLEAR gv_aktyp.
ENDFORM.                    "INITIALIZE_ADD_ON_DATA_ZLFA1
```

Listing 4.8 Form INITIALIZE_ADD_ON_DATA_ZLFA1 in Modulpool ZLF_ERWEITERUNG

Nach der Implementierung dieser Methoden bzw. Forms kann das Zusatzfeld in der Bildgruppe Zusätzliche Daten nun auch zur Pflege des Zusatzfeldes verwendet werden.

4.4.2 Fortschreibung von Änderungsbelegen für das Zusatzfeld

Während bei der Erweiterung mittels Append-Struktur durch das Flag Änderungsbeleg im Datenelement des Zusatzfeldes automatisch Änderungsbelege fortgeschrieben wurden, muss bei der Verwendung einer kundeneigenen Tabelle die Fortschreibung selbst implementiert werden. Dazu wird ein Änderungsbelegobjekt zur Tabelle ZLFA1 angelegt und beim Speichern der Zusatzdaten eine automatisch generierte Funktion zur Fortschreibung der Änderungsbelege aufgerufen.

Legen Sie zunächst wie folgt ein Änderungsbelegobjekt zur kundeneigenen Tabelle ZLFA1 an:

1. Starten Sie die Transaktion SCDO (WERKZEUGE • ABAP WORKBENCH • ENTWICKLUNG • WEITERE WERKZEUGE • ÄNDERUNGSBELEGE).

2. Klicken Sie in der Drucktastenleiste auf ANLEGEN, und geben Sie Z_ZLFA1 als Namen für das Änderungsbelegobjekt ein. Das Feld NAMENSRAUM bleibt leer (siehe Abbildung 4.6).

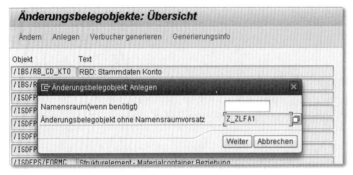

Abbildung 4.6 Anlegen eines neuen Änderungsbelegobjektes

3. Im folgenden Dialog definieren Sie, für welche Tabellen Änderungsbelege fortgeschrieben werden sollen. Im Fall dieser Erweiterung sollen Änderungen der Tabelle ZLFA1 dokumentiert werden (siehe Abbildung 4.7).

Abbildung 4.7 Änderungsbelegobjekt Z_ZLFA1

Da bei der Stammdatenpflege immer nur eine Zeile der Tabelle ZLFA1 gleichzeitig bearbeitet wird, wird im Änderungsbelegobjekt keine Übergabe als interne Tabelle benötigt. Standardmäßig erwartet die generierte Form für die Fortschreibung der Änderungsbelege die neuen Feldwerte im Tabellenarbeitsbereich ZLFA1 und die Werte vor dem Speichern im Tabellenarbeitsbereich *ZLFA1. Die Erweiterungsimplementierung verwendet aber ohnehin schon eine Variable mit den Werten vor dem Speichern (GS_ZLFA1_ORG), sodass diese hier unter NAME DER ALTEN FELDLEISTE angegeben werden kann. Eine Dokumentation der einzelnen Felder bei der Löschung (unter DOKU. DER EINZELNEN FELDER BEI LÖSCHUNG) ist nicht gewünscht, und der Name der referierenden Tabelle (NAME DER REF. TAB.) wird nur für Wert- und Mengenfelder benötigt.

4. Klicken Sie nun auf EINTRÄGE EINFÜGEN, und gehen Sie anschließend zurück zur Übersicht der Änderungsbelegobjekte. Sichern Sie dabei das Objekt Z_ZLFA1.

5. Anschließend muss der Programmcode für die Fortschreibung der Änderungsbelege generiert werden. Stellen Sie dazu den Cursor auf das Objekt Z_ZLFA1, und klicken Sie in der Drucktastenleiste auf VERBUCHER GENERIEREN.

6. Verwenden Sie für die Generierung die Einstellungen aus Abbildung 4.8, das heißt den Include-Namen Z_ZLFA1, die Funktionsgruppe ZLF_ERWEITERUNG, das Präfix Y für die FB-Struktur, die Message-ID CD und die Fehlernummer 600. Diese entsprechen den Einstellungen für die Fortschreibung der Standardfelder der Kreditorenstammdaten. Wählen Sie VERBUCHUNG MIT START SOFORT aus.

Abbildung 4.8 Verbucher zu Änderungsbelegobjekt Z_ZLFA1 generieren

7. Klicken Sie auf GENERIEREN, und bestätigen Sie die Meldung, dass die Funktionsgruppe ZLF_ERWEITERUNG angelegt wird.

[!] **Vorsicht bei bestehenden Funktionsgruppen**

Existiert die Funktionsgruppe bereits, wird sie vom Generierungsprogramm überschrieben!

8. Im nun folgenden Screen sehen Sie noch einmal die gewählten Einstellungen. Klicken Sie auf SICHERN, um die Generierung zu starten.

Durch das Generierungsprogramm werden die Includes FZ_ZLFA1CDT und FZ_ZLFA1CDC erzeugt, die in das Programm eingebunden werden müssen, das die Änderungsbelege fortschreiben soll. Im Fall dieser Beispielerweiterung sollen die Änderungsbelege in der Form SAVE_DATA_ZLFA1 im Modulpool ZLF_ERWEITERUNG fortgeschrieben werden. Wenn Sie sich das Include FZ_ZLFA1CDT anschauen, sehen Sie, dass dort der Tabellenarbeitsbereich ZLFA1 und die Variable GS_ZLFA1_ORG definiert werden. Bei Verwendung der Includes im Modulpool ZLF_ERWEITERUNG werden die bisher durchgeführten Datendeklarationen daher überflüssig. Folglich ist der Deklarationsteil des Modulpools aus Listing 4.4 anzupassen wie in Listing 4.9.

```
PROGRAM  zlf_erweiterung.
INCLUDE fz_zlfa1cdt.
INCLUDE fz_zlfa1cdc.
*TABLES: zlfa1.
*DATA: gs_zlfa1_org TYPE zlfa1.
DATA: gv_aktyp TYPE aktyp.
DATA: gv_fieldname TYPE tbfdnam.
...
```

Listing 4.9 Geänderter Deklarationsteil des Modulpools ZLF_ERWEITERUNG

Die beiden Includes für die Fortschreibung der Änderungsbelege werden im Coding hinzugefügt und die Deklaration des Tabellenarbeitsbereichs und der globalen Variable GS_ZLFA1_ORG entfernt. Anschließend kann die Form SAVE_DATA_ZLFA1 um den Aufruf der generierten Form für die Änderungsbelege ergänzt werden (siehe Listing 4.10).

```
* Änderungsbeleg schreiben
  objectid = iv_lifnr.
  tcode = sy-tcode.
  utime = sy-uzeit.
  udate = sy-datum.
  username = sy-uname.
  upd_zlfa1 = 'U'.
  PERFORM cd_call_z_zlfa1.
```

Listing 4.10 Ergänzung für die Form SAVE_DATA_ZLFA1 zur Fortschreibung von Änderungsbelegen

Im Quellcode werden zunächst globale Variablen aus den generierten Includes gesetzt, die die Änderung identifizieren. Eine zwingende Voraussetzung, damit die Änderungen später im Standarddialog angezeigt werden können, ist, dass Änderungsbelege mit der Kreditorennummer als OBJECTID erstellt werden. Darüber hinaus werden die Transaktion, das Änderungsdatum und die Änderungszeit sowie der Benutzer protokolliert, der die Änderung durchgeführt hat. Die Variable UPD_ZLFA1 legt fest, dass es sich bei der Änderung um eine Wertaktualisierung ('U' = Update) handelt. Die aktualisierten Werte selbst bestimmt der generierte Code eigenständig aus dem bereits bekannten Tabellenarbeitsbereich ZLFA1 und der globalen Variable GS_ZLFA1_ORG, wie es im Änderungsbelegobjekt Z_ZLFA1 definiert wurde.

4.4.3 Anzeige von Änderungsbelegen für das Zusatzfeld

Durch diese Erweiterung werden Änderungen am Zusatzfeld zwar in Änderungsbelegen fortgeschrieben, allerdings werden sie noch nicht im Pflegedialog angezeigt. Hierfür muss die Methode GET_CHANGEDOCS_FOR_OWN_TABLES des BAdIs VENDOR_ADD_DATA implementiert werden, die die Standardlogik über den Namen des Änderungsbelegobjektes informiert. Den Quellcode finden Sie in Listing 4.11.

```
METHOD if_ex_vendor_add_data~get_changedocs_for_own_tables.
  DATA: ls_object_type LIKE LINE OF t_object_type.
  ls_object_type = 'Z_ZLFA1'.
  APPEND ls_object_type TO t_object_type.
ENDMETHOD.
```

Listing 4.11 Methode GET_CHANGEDOCS_FOR_OWN_TABLES

Wenn Sie nun den Pflegedialog aufrufen und nach einer Änderung des Zusatzfeldes den Kreditor speichern, können Sie anschließend im Menü über Umfeld • Kontoänderungen • Alle Felder die Änderungsbelege für das Zusatzfeld anzeigen lassen. Wenn Sie allerdings versuchen, in der Bildgruppe Zusätzliche Daten das Zusatzfeld zu markieren und im Menü über Umfeld • Feldänderungen ausschließlich die Änderungen des Zusatzfeldes anzeigen zu lassen, erhalten Sie die Meldung »Bitte den Cursor auf ein Datenfeld stellen«. Die Ursache hierfür ist, dass die Standardlogik noch keine Information darüber besitzt, mit welchem Feld im Änderungsbeleg das Feld im kundeneigenen Subscreen verknüpft ist. Für die Übermittlung dieser Information an die Standardlogik existiert die Methode GET_FIELDNAME_FOR_CHANGEDOC im BAdI VENDOR_ADD_DATA_CS.

Wenn Sie sich die Signatur dieser Methode anschauen, sehen Sie, dass als Parameter ausschließlich die betreffende Bildgruppe übergeben und als Rückgabe der Feldname in der Form »Tabellenname-Feldname« erwartet wird. Im Fall dieses Beispiels könnte daher einfach immer der Feldname ZLFA1-ZZGRUPPE zurückgegeben werden, da der kundeneigene Subscreen nur ein Feld enthält. Um vor dem Aufruf der Methode GET_FIELDNAME_FOR_ CHANGEDOC das aktuell markierte Dynpro-Feld zu bestimmen, ist für eine allgemeingültige Implementierung allerdings noch etwas mehr Aufwand nötig.

Für die Bestimmung eines markierten Dynpro-Feldes kann die Anweisung GET CURSOR FIELD in der PAI-Logik eines Dynpros verwendet werden. Da bei der Auswahl des Menüeintrages für die Anzeige von Feldänderungen die PAI-Logik des kundeneigenen Subscreens durchlaufen wird, eignet sich dieser Zeitpunkt, um das ausgewählte Feld für die Abfrage aus der BAdI-Methode in einer globalen Variable zwischenzuspeichern. Anschließend kann aus der Methode GET_FIELDNAME_FOR_CHANGEDOC eine Form im Modulpool ZLF_ERWEITERUNG aufgerufen werden, die den Inhalt der globalen Variable zurückgibt. Den zusätzlichen Quellcode für diese Schritte im Modulpool finden Sie in Listing 4.12.

```
DATA: gv_fieldname TYPE tbfdnam.
*&---------------------------------------------------------*
*&      Module  FIELDNAME_0100  INPUT
*&---------------------------------------------------------*
MODULE fieldname_0100 INPUT.
  GET CURSOR FIELD gv_fieldname.
ENDMODULE.                    " FIELDNAME_0100  INPUT
*&---------------------------------------------------------*
*&      Form  GET_FIELDNAME
*&---------------------------------------------------------*
FORM get_fieldname
  CHANGING
    iov_fieldname TYPE tbfdnam.
  iov_fieldname = gv_fieldname.
ENDFORM.                      " GET_FIELDNAME
```

Listing 4.12 Erweiterung des Modulpools ZLF_ERWEITERUNG für die Bestimmung des markierten Dynpro-Feldes

Nehmen Sie anschließend noch das PAI-Modul FIELDNAME_0100 in die Ablauflogik des kundeneigenen Subscreens auf, und implementieren Sie in der Methode GET_FIELDNAME_FOR_CHANGEDOC den Aufruf der Form GET_FIELDNAME, wie in Listing 4.13 gezeigt.

```
METHOD if_ex_vendor_add_data_cs~get_fieldname_for_changedoc.
  PERFORM get_fieldname
    IN PROGRAM zlf_erweiterung
      CHANGING e_fieldname.
ENDMETHOD.
```

Listing 4.13 Methode GET_FIELDNAME_FOR_CHANGEDOC

Nach einem Neustart der Pflegetransaktionen können Sie dann in der Bildgruppe Zusätzliche Daten das Zusatzfeld markieren und sich so die Feldänderungen nur zu diesem Feld anzeigen lassen.

4.5   Zusätzliche Prüfungen für Kreditorenstammdaten

Die Durchführung von zusätzlichen Prüfungen beim Speichern von Kreditorenstammdaten funktioniert genauso, wie in den beiden vorangegangenen Kapiteln für Sachkonten- und Debitorenstammdaten beschrieben. In diesem Abschnitt soll deswegen nur kurz eine weitere technische Möglichkeit für die Erweiterung gezeigt werden: Neben Business Transaction Events und SAP-Erweiterungen kann auch die Methode CHECK_ALL_DATA des BAdIs VENDOR_ADD_DATA für die Prüfung von Kreditorenstammdaten verwendet werden. Auch in dieser Methode stehen alle Stammdaten zur Verfügung, die gespeichert werden. Die Rückgabe von Fehlermeldungen erfolgt über Parameter der Methode, und zusätzlich können noch Informationen zurückgegeben werden, zu welcher Bildgruppe bei einem Fehler gesprungen werden soll.

Beispielhaft können Sie wieder eine Prüfung des Zusatzfeldes gegen das Land eines Kreditors implementieren (siehe Abschnitt 3.5, »Zusätzliche Prüfungen für Debitorenstammdaten«). Da die bearbeiteten Daten im Fall der Erweiterung mittels einer kundeneigenen Tabelle nur im Modulpool ZLF_ERWEITERUNG zur Verfügung stehen, muss aus der BAdI-Methode zunächst erneut eine Form im Modulpool aufgerufen werden. Den Quellcode der Methode und der Form finden Sie in Listing 4.14.

```
METHOD if_ex_vendor_add_data~check_all_data.
  PERFORM check_all_data_zlfa1
    IN PROGRAM zlf_erweiterung
    USING i_lfa1
    CHANGING e_msgid e_msgno e_msgv1
             e_dynnr e_scrgr e_fcode.
ENDMETHOD.
```

```
*&-----------------------------------------------------------*
*&      Form  CHECK_ALL_DATA_ZLFA1
*&-----------------------------------------------------------*
FORM check_all_data_zlfa1
  USING
    is_lfa1 TYPE lfa1
  CHANGING
    iov_msgid TYPE symsgid
    iov_msgno TYPE symsgno
    iov_msgv1 TYPE symsgv
    iov_dynnr TYPE sydynnr
    iov_scrgr TYPE vend_scgr
    iov_fcode TYPE taxitabs-fcode.

* Prüfung: Zusatzfeld nur bei deutschen Kreditoren gefüllt
  IF is_lfa1-land1 NE 'DE'
    AND zlfa1-zzgruppe IS NOT INITIAL.
*     Fehlermeldung zurückgeben
    iov_msgid = 'OK'.
    iov_msgno = '000'.
    iov_msgv1 =
      'Gruppierung nur bei deutschen Kreditoren erlaubt!'.

*     Zum ersten Karteireiter der Bildgruppe Z0 navigieren
    iov_dynnr = '4000'.
    iov_scrgr = 'Z0'.
    iov_fcode = 'Z0100'.
  ENDIF.
ENDFORM.                        " CHECK_ALL_DATA_ZLFA1
```

Listing 4.14 Prüfung des Zusatzfeldes gegen Kreditorenkontengruppe

Wie Sie sehen, werden neben der Fehlermeldung auch eine Dynpro-Nummer, eine Bildgruppe und ein Funktionscode zurückgegeben, der das anzuzeigende Bild bei Auftreten einer Fehlermeldung definiert. In diesem Beispiel soll der erste Karteireiter der Bildgruppe Z0 angezeigt werden. Dieser Karteireiter hat, wie zu Beginn definiert, den Funktionscode Z0100. Beim Sprung zu einem kundeneigenen Subscreen ist die Angabe der Dynpro-Nummer 4000 wichtig, da kundeneigene Bildgruppen auf diesem Standard-Dynpro dargestellt werden.

Versuchen Sie anschließend, eine Gruppierung für einen ausländischen Kreditor zu pflegen, erhalten Sie die Fehlermeldung »Gruppierung nur bei deutschen Kreditoren erlaubt!«, und der kundeneigene Subscreen mit dem Zusatzfeld wird angezeigt.

4.6   Schnittstellen für Kreditorenstammdaten

In Abschnitt 3.6, »Schnittstellen für Debitorenstammdaten«, wurde das Batch-Input-Verfahren für die Anlage und Änderung von Debitorenstammdaten betrachtet und die Erweiterungsmöglichkeiten des zugehörigen Batch-Input-Programms RFBIDE00 vorgestellt. Genau die gleichen Erweiterungsmöglichkeiten existieren auch für Kreditorenstammdaten, nur die Namen der beteiligten Programme, Strukturen und BAdIs unterscheiden sich.

Das Batch-Input-Programm für Kreditorenstammdaten hat den Namen RFBIKR00, und für den Export von Kreditorenstammdaten in eine sequenzielle Datei kann das Programm RFBIKR10 verwendet werden. Dabei sollten Sie allerdings darauf achten, dass keine Daten aus kundeneigenen Tabellen exportiert werden.

Die Batch-Input-Strukturen folgen der gleichen Namenskonvention wie die Debitorenstammdaten, heißen daher BLFA1, BLFB1 etc. Hinzu kommt die Struktur BLF00, die der Struktur BKN00 für Debitorenstammdaten entspricht. Die Struktur BGR00 wird sowohl für Debitoren- als auch für Kreditorenstammdaten verwendet. Statt des BAdIs CUSTOMER_ADD_DATA_BI müssen Sie hier das BAdI VENDOR_ADD_DATA_BI verwenden, das die gleiche Funktionalität für Kreditorenstammdaten bietet.

Im Übrigen sind die Anleitungen aus Abschnitt 3.6, »Schnittstellen für Debitorenstammdaten«, eins zu eins auch auf Kreditorenstammdaten anwendbar. Insbesondere die Tatsache, dass das kundeneigene Feld aus Abschnitt 4.3, »Erweiterung der Datenbanktabellen und Strukturen«, in einer eigenen Tabelle definiert wurde, muss keinen Einfluss auf die Erweiterung der Batch-Input-Verarbeitung haben, da die Änderung des Feldes in der Pflegetransaktion unabhängig von der Repräsentation der Stammdaten in der Datenbank ist. Das heißt, solange das Batch-Input-Programm das zusätzliche Feld in der kundeneigenen Bildgruppe füllt, ist es unerheblich, ob dieses zusätzliche Feld in einer Append-Struktur der Tabelle LFA1 oder einer eigenen Tabelle angelegt wurde.

Falls Sie allerdings das kundeneigene Feld nicht wie im Beispiel für Debitorenstammdaten im Customizing-Include einer Standard-Batch-Input-Struktur anlegen, sondern stattdessen eine eigene Struktur verwenden möchten, gehen Sie wie folgt vor:

1. Legen Sie eine kundeneigene Batch-Input-Struktur an, die als Erstes ein Feld STYPE vom Typ STYPE_BI und als Zweites ein Feld TBNAM vom Typ

TABNAME enthält, die genauso verwendet werden müssen wie die entsprechenden Felder in den Standardstrukturen.

Weitere Felder der Struktur können beliebige Namen haben, müssen allerdings zeichenartig sein. Für die Übernahme von numerischen oder gepackten Werten per Batch-Input müssen in der Struktur Felder vom Typ CHAR in der jeweiligen Länge angelegt werden.

2. Implementieren Sie die Methode CHECK_DATA_ROW des BAdIs CUSTOMER_ADD_DATA_BI, die für jede Zeile in der sequenziellen Datei mit Satztyp 2 und unbekanntem Strukturnamen aufgerufen wird. Die Methode kann verwendet werden, um den Inhalt von kundeneigenen Batch-Input-Strukturen zu prüfen. Auch wenn keine Prüfung durchgeführt wird, muss die Methode für die kundeneigene Batch-Input-Struktur ein X im Parameter E_STRUCTURE_CHECKED zurückgeben, um das Batch-Input-Programm zu informieren, dass es sich um eine gültige Struktur handelt.

3. Verarbeiten Sie in der Methode FILL_FT_TABLE_USING_DATA_ROWS nicht das kundeneigene Feld in einer Standardstruktur, sondern Ihre kundeneigene Batch-Input-Struktur.

[+] **Verwendung eigener Batch-Input-Strukturen**

Falls Sie das Zusatzfeld in eine Standard-Batch-Input-Struktur aufnehmen, müssen Sie bei der Übergabe immer auch alle Standardfelder der Struktur mit dem gewünschten Wert füllen bzw. mit dem NODATA-Kennzeichen übergeben, wenn ein Feldinhalt nicht verändert werden soll.

Bei Verwendung einer eigenen Batch-Input-Struktur können Sie hingegen nur genau die Felder in die Struktur aufnehmen, die Sie wirklich nutzen möchten.

4.7 Zusammenfassung

Dieses Kapitel hat gezeigt, dass für Kreditorenstammdaten grundsätzlich die gleichen Möglichkeiten bestehen wie für Debitorenstammdaten, um kundeneigene Zusatzfelder aufzunehmen. Im Gegensatz zu Kapitel 3, »Debitorenstammdaten«, wurde das Zusatzfeld hier allerdings in einer kundeneigenen Tabelle realisiert, sodass sämtliche Datenbankzugriffe sowie die Fortschreibung und Anzeige von Änderungsbelegen selbst implementiert werden mussten. Sie haben außerdem gesehen, wie Sie beim Speichern von Kreditorenstammdaten auch Zusatzfelder in kundeneigenen Stammdatentabellen prüfen können. Abschließend wurde erläutert, welche Unterschiede sich im Batch-Input ergeben, wenn ein Zusatzfeld nicht in einer Append-Struktur zu einer Standardtabelle, sondern in einer kundeneigenen Tabelle angelegt wird.

TEIL II
Kundeneigene Erweiterungen von Geschäftsvorfällen

Der zweite Teil dieses Buches widmet sich einigen wesentlichen Geschäftsvorfällen der SAP-Finanzbuchhaltung, die häufig erweitert werden. Zu Buchhaltungsbelegen (Kapitel 5), dem elektronischen Kontoauszug (Kapitel 6), dem Mahnlauf (Kapitel 7), dem Zahllauf (Kapitel 8) und der Einzelpostenliste (Kapitel 9) werden jeweils zunächst die technischen Grundlagen vermittelt, um dann die im Folgenden beschriebenen Erweiterungen der Verarbeitungslogik bzw. der Dialoge verstehen zu können.

Für alle Geschäftsvorfälle wird eine Auswahl von Erweiterungsmöglichkeiten anhand von Praxisbeispielen demonstriert. Der Fokus dieser Ausführungen liegt darauf, Ihnen die entsprechenden Prozessabläufe zu vermitteln, anstatt nur alle möglichen Erweiterungen aufzuzählen. Das Nachvollziehen der Beispielanleitungen soll Sie in die Lage versetzen, anschließend Ihre individuellen Anforderungen, unterstützt durch die Übersicht aller Erweiterungsmöglichkeiten der Geschäftsvorfälle in Anhang A, »Übersicht der Erweiterungen in der SAP-Finanzbuchhaltung«, selbst in der Praxis umsetzen zu können.

5   Buchhaltungsbelege

Buchhaltungsbelege sind das zentrale Objekt für Bewegungsdaten in der Finanzbuchhaltung, denn jede Bewegung auf Sach-, Debitoren- und Kreditorenkonten erfordert die Buchung eines Belegs. Grundlage dieses Kapitels bilden die Darstellung der verwendeten Datenbanktabellen für die Ablage von Buchhaltungsbelegen sowie die verschiedenen Transaktionen für deren Erfassung, Änderung und Anzeige. Im Anschluss an die Darstellung der Grundlagen sehen Sie, welche Möglichkeiten Sie haben, Buchungsdialoge anzupassen oder sogar in die Belegerstellung selbst einzugreifen. Außerdem finden Sie Informationen zur Erweiterung von Schnittstellen, sowohl aus anderen Modulen als auch aus externen Quellen. Das Kapitel schließt mit Erläuterungen zur Verwendung von User-Exits in Validierungen und Substitutionen.

5.1   Technische Details der Buchhaltungsbelege

Grundsätzlich ist die Struktur eines Buchhaltungsbeleges sehr einfach und benötigt eigentlich nur zwei Datenbanktabellen: eine für den Belegkopf und eine, die die Belegpositionen enthält. Wie Sie in diesem Abschnitt sehen werden, existieren jedoch wesentlich mehr Tabellen, die teilweise redundante Informationen enthalten. Diese zusätzlichen Tabellen ermöglichen aber z. B. die performante Erstellung von Steuermeldungen oder Einzelposten-, Offene-Posten- (OP) und Saldenlisten, die ohne sie nicht möglich wären.

Belegkopf (Tabelle BKPF)

Belegköpfe werden in der Tabelle BKPF abgelegt und enthalten positionsübergreifende Informationen wie das Beleg- und Buchungsdatum, die Belegart oder die Währung eines Belegs. Ein Belegkopf wird durch die Kombination von Buchungskreis, Belegnummer und Geschäftsjahr eindeutig identifiziert.

Belegpositionen (Tabelle BSEG)

Die Tabelle BSEG enthält alle Positionen eines Belegs und ist über die Felder Buchungskreis, Belegnummer und Geschäftsjahr mit der Tabelle BKPF verknüpft. Die Tabelle BSEG enthält im Schlüssel zusätzlich noch einen dreistelligen Zähler für die Buchungszeile.

[!] | **Belegpositionen bei Schnittstellenimplementierung**

Ein Beleg kann demnach maximal 999 Positionen enthalten, was gerade bei der Implementierung von Schnittstellen berücksichtigt werden muss. Dabei ist außerdem zu beachten, dass vom System z. B. bei Steuerbuchungen oder buchungskreisübergreifenden Buchungen automatisch zusätzliche Zeilen erzeugt werden, die ebenfalls noch in den Beleg passen müssen.

Die Tabelle BSEG enthält über 300 Datenfelder, von denen die wichtigsten hier kurz dargestellt und erläutert werden:

▶ **Buchungsschlüssel (BSCHL)**
Der Buchungsschlüssel beschreibt die Art der Bewegung in einer Belegposition. Aus dem Buchungsschlüssel ergeben sich unter anderem die bebuchte Kontoart und die Zuordnung zur Soll- oder Haben-Seite. Außerdem ist es möglich, für den Buchungsschlüssel einen Feldstatus zu hinterlegen, das heißt zu definieren, welche Eingaben bei der Verwendung eines Buchungsschlüssels vorgenommen werden können oder müssen. Dies kann z. B. bei debitorischen und kreditorischen Positionen sinnvoll sein, da hier eine differenzierte Ausgestaltung des Feldstatus nicht immer über das zugehörige Hauptbuchkonto erfolgen kann.

▶ **Kontoart (KOART)**
Die Kontoart legt fest, ob ein Sachkonto (S), ein Debitor (D) oder ein Kreditor (K) in der Buchungszeile bebucht wird. Daneben gibt es noch Kontoarten für Buchungen in der Anlagenbuchhaltung und Materialwirtschaft, auf die hier nicht näher eingegangen wird.

▶ **Soll-/Haben-Kennzeichen (SHKZG)**
Das Soll-/Haben-Kennzeichen legt fest, ob es sich um eine Soll- oder Haben-Position handelt, was letztlich für die korrekte Fortschreibung der Summentabellen (siehe Abschnitt »Summentabellen des Hauptbuchs (GLT0 und FAGLFLEXT)«) von Bedeutung ist.

▶ **Betrag in Hauswährung (DMBTR)**
Der Hauswährungsbetrag enthält den Betrag in der Währung, die als Hauswährung für den Buchungskreis definiert wurde.

▸ **Betrag in Transaktionswährung (WRBTR)**
Der Transaktionswährungsbetrag enthält den Betrag in der Währung, die im Belegkopf festgelegt wurde.

▸ **Konto (HKONT, KUNNR, LIFNR)**
Abhängig von der Kontoart, finden Sie das bebuchte Konto in unterschiedlichen Feldern: bei Sachkontenpositionen im Feld HKONT, bei Debitorenpositionen im Feld KUNNR und bei Kreditorenpositionen im Feld LIFNR. Bei Debitoren- oder Kreditorenpositionen ist außerdem zusätzlich das Feld HKONT gefüllt und enthält das Abstimmkonto des Debitors- bzw. Kreditors, da die Buchung auch auf diesem Konto fortgeschrieben wird.

▸ **Steuerkennzeichen (MWSKZ)**
Das Steuerkennzeichen legt fest, ob eine Belegposition steuerrelevant ist, und bestimmt die Art (z. B. Unterscheidung zwischen Vorsteuer und Ausgangssteuer) und Höhe der Steuer.

▸ **Positionstext (SGTXT)**
Im Positionstext kann zu jeder Belegposition ein beschreibender Text erfasst werden.

▸ **Zuordnungsnummer (ZUONR)**
Die Zuordnungsnummer ist ein weiteres Freitextfeld, das als Zusatzinformation am Beleg häufig für die Sortierung in Einzelpostenlisten oder zur Gruppierung von Posten beim OP-Ausgleich verwendet wird.

▸ **CO-Kontierungen (KOSTL, AUFNR etc.)**
Bei der Buchung auf Kostenarten enthält die Belegposition das oder die zugehörigen CO-Kontierungsobjekte.

▸ **Partnergesellschaft (VBUND)**
Die Partnergesellschaft ist eine konzernweit eindeutige Gesellschaftsnummer und wird in der Regel dazu verwendet, Forderungen, Verbindlichkeiten, Aufwände und Erträge einer Gesellschaft einer anderen Gesellschaft des Konzerns zuzuordnen. Dadurch wird zum Beispiel die Eliminierung konzerninterner Forderungen und Verbindlichkeiten für die Erstellung einer Konzernbilanz ermöglicht.

Technisch ist die Tabelle BSEG eine Cluster-Tabelle und zusammen mit anderen Tabellen einem Tabellen-Cluster (RFBLG) zugeordnet. Das heißt, dass die Tabelle nicht wie transparente Tabellen eins zu eins auch in der Datenbank existiert. Stattdessen enthält der Tabellen-Cluster in der Datenbank nur alle gemeinsamen Schlüsselfelder der enthaltenen Cluster-Tabellen und alle anderen Felder werden komprimiert in einer einzigen Spalte abgelegt. Daraus ergibt sich zum einen die Einschränkung, dass die Tabelle BSEG nicht in

SQL-Joins verwendet werden darf, und außerdem ist ein performanter Zugriff nur über den Tabellenschlüssel möglich.

CPD-Daten (Tabelle BSEC)

Bei der Erfassung von Belegpositionen zu CPD-Debitoren oder -Kreditoren (CPD steht für Conto pro Diverse) werden zusätzliche Buchungsinformationen wie Adressen oder Bankverbindungen auf Belegpositionsebene in der Tabelle BSEC gespeichert.

Buchungskreisübergreifende Buchungen (Tabelle BVOR)

Bei buchungskreisübergreifenden Buchungen wird pro beteiligten Buchungskreis ein normaler Beleg mit den entsprechenden Einträgen in den Tabellen BKPF, BSEG etc. erstellt. Gleichzeitig wird eine Nummer vergeben, die eine übergreifende Klammer über alle Einzelbelege in den Buchungskreisen bildet und in der Tabelle BVOR gespeichert wird.

Steuerdaten zur Belegposition (Tabelle BSET)

Die Tabelle BSET ist ebenfalls eine Cluster-Tabelle im Tabellen-Cluster RFBLG und enthält Steuerpositionen. Steuerpositionen können sowohl manuell erfasst als auch automatisch vom System erzeugt werden. Bei der Erzeugung von Steuerzeilen werden alle steuerrelevanten Buchungszeilen nach Steuerkennzeichen gruppiert, dann wird für jedes Steuerkennzeichen ein resultierender Steuerbetrag berechnet und das Ergebnis als einzelne Steuerzeile hinzugefügt. Im Allgemeinen gibt es also keine Eins-zu-eins-Beziehung zwischen einer steuerrelevanten Zeile und einer Steuerzeile.

Sekundärindextabellen (Tabellen BS*)

Sekundärindextabellen enthalten redundante Informationen aus den Tabellen BKPF und BSEG und ermöglichen die performante Erstellung von OP- und Einzelpostenlisten. Wie bereits erwähnt, kann auf die Tabelle BSEG nur über den Schlüssel, das heißt über Belege, performant zugegriffen werden. Bei der Erstellung von OP- und Einzelpostenlisten wird aber ein Zugriff über Kontonummern bzw. Ausgleichsinformationen von Positionen benötigt.

Daher gibt es verschiedene Tabellen, die neben dem Schlüssel der Tabelle BSEG die Kontonummer, das Ausgleichsdatum, den Ausgleichsbeleg und die Zuordnung enthalten und verschiedene Datenfelder aus BKPF und BSEG für

Auswertungen zusammenfassen. Insgesamt gibt es sechs solcher Sekundärindextabellen, die alle mit dem Präfix `BS` beginnen. Es gibt unterschiedliche Tabellen für offene und ausgeglichene Posten sowie für Sachkonten-, Debitoren- und Kreditorenposten. Der Tabellenname ergibt sich in Ergänzung zum Präfix `BS` wie folgt: Der dritte Buchstabe des Tabellennamens unterscheidet zwischen offenen (`I`) und ausgeglichenen (`A`) Posten, und der vierte Buchstabe unterscheidet zwischen Sachkonten (`S`), Debitoren (`D`) und Kreditoren (`K`). Daraus ergeben sich die folgenden Sekundärindextabellen:

- BSIS und BSAS für Sachkontenpositionen
- BSID und BSAD für Debitorenpositionen
- BSIK und BSAK für Kreditorenpositionen

Besonderheit der Tabelle BSIS   [+]

Der Inhalt der Tabelle BSIS unterscheidet sich dabei etwas vom Inhalt der Tabellen BSID und BSIK – von dem Unterschied in der betreffenden Kontoart einmal abgesehen. Während Debitoren und Kreditoren immer OP-geführt sind, kann ein Sachkonto OP- oder einzelpostengeführt sein, oder es werden gar keine Einzelposten für das Sachkonto fortgeschrieben. Die Tabelle BSIS wird allerdings nicht nur bei OP-Führung des Kontos fortgeschrieben, sondern auch bei Einzelpostenführung, um die Erstellung von Einzelpostenlisten zu ermöglichen. Die Tabelle BSIS enthält also nicht ausschließlich offene Posten, sondern für einzelpostengeführte Konten alle Positionen. Positionen von OP-geführten Konten können dabei über das Kennzeichen `XOPVW` identifiziert werden.

Beim Ausgleich eines Sachkonten-, Debitoren- oder Kreditoren-OPs wird die zugehörige Tabellenzeile aus der Tabelle BSI* entfernt und in die Tabelle BSA* eingefügt. Dabei werden das Ausgleichsdatum und die Ausgleichsbelegnummer gefüllt. Ein Posten eines OP-geführten Sachkontos, eines Debitors oder eines Kreditors kann demnach immer nur entweder in der Tabelle BSI* oder der Tabelle BSA* enthalten sein, wobei das Ausgleichsdatum und die Ausgleichsbelegnummer in den Tabellen BSI* immer leer und in den Tabellen BSA* immer gefüllt sind.

Bei der Auswertung von offenen Posten über die Tabellen BSI* und BSA* ist zu beachten, dass die Tabelle BSI* immer den *aktuellen* Stand von offenen Posten enthält. Mit den Informationen aus beiden Tabellen lassen sich jedoch die offenen Posten zu jedem beliebigen Stichtag in der Vergangenheit bestimmen. Dazu müssen folgende Positionen aus BSI* und BSA* zusammengefasst werden:

- alle Posten aus BSI* mit Buchungsdatum kleiner gleich dem Stichtag

- alle Posten aus BSA* mit Buchungsdatum kleiner gleich dem Stichtag und Ausgleichsdatum größer gleich dem Stichtag

---

Besonderheiten bei der Verwendung des neuen Hauptbuches

Bei Verwendung des neuen Hauptbuches (New General Ledger, kurz New GL) werden noch in weitere Tabellen Belegpositionen bzw. Einzelposten fortgeschrieben:

- Die Tabelle BSEG_ADD enthält alle Belegzeilen von Belegen, die in nicht führenden Ledgern gebucht werden. Da bei der Buchung in nicht führende Ledger einige Funktionen nicht unterstützt werden, enthält die Tabelle BSEG_ADD wesentlich weniger Datenfelder als die Tabelle BSEG. Als Beispiel seien hier alle Felder zu Buchungen auf Debitoren und Kreditoren genannt.

- Des Weiteren werden alle Einzelposten ledgergruppenspezifisch in der Tabelle FAGLFLEXA fortgeschrieben.

- Seitdem die Möglichkeit besteht, Sachkonten auch ledgergruppenspezifisch auszugleichen, gibt es außerdem die Tabellen FAGLBSIS und FAGLBSAS, die in Aufbau und Funktion grundsätzlich den Tabellen BSIS und BSAS entsprechen und die offenen und ausgeglichenen Posten von ledgergruppenspezifisch OP-geführten Konten enthalten. Im Gegensatz zur Tabelle BSIS enthält die Tabelle FAGLBSIS allerdings keine Posten von einzelpostengeführten Konten.

Summentabellen des Hauptbuches (GLT0 und FAGLFLEXT)

In der Finanzbuchhaltung werden häufig Auswertungen zu Sachkontensalden sowie natürlich zur Bilanz und Gewinn- und Verlustrechnung (GuV) benötigt. Technisch wäre es problemlos möglich, Kontensalden über die Einzelpostentabellen (BSI*) oder sogar über die Belegtabellen (BKPF und BSEG) zu berechnen. Zum Beispiel für die Erstellung einer Eröffnungsbilanz müssten dann allerdings alle jemals in der Vergangenheit gebuchten Posten bzw. Belege ausgewertet werden. Daher werden bereits bei der Buchung im Hintergrund Tabellen mit gebuchten Summen pro Periode und Saldovortrag fortgeschrieben. Für eine Eröffnungsbilanz muss so nur noch der Saldovortrag selektiert werden bzw. für eine Schlussbilanz der Saldovortrag und die Periodenwerte des laufenden Jahres.

Die verwendete Summentabelle ist abhängig davon, ob New GL im System aktiviert ist oder nicht. Die grundlegende Tabellenstruktur ist identisch und wird daher im Folgenden anhand der Summentabelle des klassischen Hauptbuches beschrieben. Anschließend wird auf die Unterschiede eingegangen, die bei der Verwendung der neuen Hauptbuchbuchhaltung zu beachten sind.

Ist New GL nicht aktiviert, wird die Tabelle GLT0 als Summentabelle für das Hauptbuch verwendet. Darin werden die Verkehrszahlen in Abhängigkeit von Buchungskreis, Geschäftsjahr, Konto, Geschäftsbereich, Währung und Soll-/Haben-Kennzeichen fortgeschrieben. Maximal können in der Tabelle GLT0 Periodenwerte für 16 Perioden gespeichert werden: Hauswährungswerte finden sich in den Spalten HSL01 bis HSL16, Transaktionswährungswerte in den Spalten TSL01 bis TSL16.

Außerdem gibt es noch die Periodenwerte KSL01 bis KSL16 für eine sogenannte *Konzernwährung* bzw. *parallel geführte Hauswährung*. Diese Periodenwerte werden zum Beispiel verwendet, wenn innerhalb eines Konzerns Buchungskreise mit unterschiedlichen Hauswährungen existieren, aber eine Konzernbilanz in einer Währung erstellt werden soll. Neben den Periodenwerten enthält die Tabelle GLT0 die Saldovorträge des Geschäftsjahres in Hauswährung (Feld HSLVT), Transaktionswährung (Feld TSLVT) und Konzernwährung (Feld KSLVT). Der Wert des Saldovortrages entspricht genau der Summe aus Saldovortrag und allen Periodenwerten des Vorjahres.

Verwendung der Periodenwerte [+]

Der Inhalt des Feldes RPMAX gibt an, wie viele der 16 Periodenwerte in der Tabelle GLT0 tatsächlich verwendet werden. In den meisten Fällen wird im SAP-System eine Geschäftsjahresvariante mit 16 Perioden verwendet, wobei die ersten zwölf Perioden den Monaten des Geschäftsjahres entsprechen und die letzten vier sogenannten *Sonderperioden* für Buchungen im Rahmen des Jahresabschlusses verwendet werden.

Für diese Geschäftsjahresvariante werden daher alle 16 Periodenwerte benötigt. Es können aber auch Geschäftsjahresvarianten verwendet werden, die weniger als vier Sonderperioden enthalten und damit nicht alle 16 Periodenwerte erfordern. Aus diesem Grund sollte in Summentabellen das Feld RPMAX bei Berechnungen immer berücksichtigt werden. Außerdem sollten Sie bei der Ableitung der Buchungsperiode aus dem Buchungsdatum stets den Funktionsbaustein DATE_TO_PERIOD_CONVERT verwenden, falls die Geschäftsvariante ein verschobenes Geschäftsjahr besitzt und daher der Monat des Jahres nicht mit der Periode übereinstimmt.

Bei aktiviertem New GL wird standardmäßig die Summentabelle FAGL-FLEXT verwendet, die im Hinblick auf die Periodenwerte der Tabelle GLT0 entspricht, allerdings die Fortschreibung von Verkehrszahlen für mehrere Dimensionen erlaubt. So ist es zum Beispiel möglich, Periodenwerte in Abhängigkeit von Kostenstellen, Partnergesellschaften oder sogar kundeneigenen Kontierungen fortzuschreiben.

Summentabellen der Nebenbücher (KNC1 und LFC1)

Auch in den Nebenbüchern werden Summentabellen fortgeschrieben, um die performante Auswertung von Debitoren- (KNC1) und Kreditorensalden (LFC1) zu ermöglichen. Im Gegensatz zum Soll-/Haben-Kennzeichen in den Summentabellen im Hauptbuch ist das Soll-/Haben-Kennzeichen in den Summentabellen des Nebenbuches kein Schlüsselfeld. Stattdessen sind Soll- und Haben-Werte sowie der resultierende Umsatz gemeinsam in derselben Tabellenzeile zu finden.

5.2   Transaktionen

Grundsätzlich kann bei der Erfassung von Buchhaltungsbelegen zwischen den klassischen Transaktionen und den neueren, sogenannten *Einbildtransaktionen* oder *Enjoy-Transaktionen* unterschieden werden. Alle klassischen Buchungstransaktionen basieren auf der Transaktion FB01, bei der Belegkopfinformationen und Belegpositionen nacheinander auf verschiedenen Dynpros eingegeben werden können. Abhängig vom Anwendungsgebiet, gibt es weitere Transaktionen, die die Transaktion FB01 starten und dabei verschiedene Felder schon mit Vorschlagswerten vorbelegen.

[zB]   **Transaktion F-22**

So gibt es z. B. im Bereich der Debitorenbuchhaltung die Transaktion F-22 (Debitorenrechnung erfassen), die die Transaktion FB01 mit der voreingestellten Belegart DR und dem Buchungsschlüssel 01 für die erste Belegposition startet.

In den Enjoy-Transaktionen können seit SAP-Release 4.6 alle Daten eines Geschäftsvorfalls gemeinsam auf einem Dynpro erfasst werden. Die gebräuchlichsten sind die Transaktionen für Sachkontenbuchungen (FB50), für die Buchung von Debitorenrechnungen (FB60) und für die Buchung von Kreditorenrechnungen (FB70). Allen Transaktionen ist gemeinsam, dass im oberen Bereich des Hauptbildes Belegkopfinformationen und in einer Tabelle im unteren Bereich des Hauptbildes Belegpositionen für Sachkonten eingegeben werden können. Darüber hinaus kann bei der Erfassung von Debitoren- und Kreditorenrechnungen genau eine Debitoren- bzw. Kreditorenposition zusammen mit den Belegkopfinformationen eingegeben werden. Als Beispiel ist die Enjoy-Transaktion zur Sachkontenbuchung in Abbildung 5.1 zu sehen. Enjoy-Transaktionen bieten im Vergleich zu klassischen Buchungstransaktionen mehr Erweiterungsmöglichkeiten.

Abbildung 5.1 Enjoy-Transaktion für Sachkontenbuchung

Sämtliche Buchungstransaktionen, gleichgültig, ob klassische oder Enjoy-Transaktion, sind im Programm SAPMF05A implementiert. Außerdem existiert das Programm SAPMF05L für die Beleganzeige und -änderung, die über die Transaktionen FB02 und FB03 aufgerufen werden.

5.3 Dialogerweiterungen von Buchungstransaktionen

Die Buchungsdialoge können sowohl bei klassischen als auch bei Enjoy-Transaktionen erweitert werden, wobei für Enjoy-Transaktionen mehr Erweiterungsmöglichkeiten zur Verfügung stehen.

5.3.1 Zusätzliche Funktionscodes in der Erfassung von Belegpositionen

Wenn Sie sich beispielhaft den GUI-Status ZBV im Programm SAPMF05A anschauen, sehen Sie, dass darin verschiedene Funktionscodes (OPF*) mit dynamischen Funktionstexten definiert sind. Dieser GUI-Status wird zum Beispiel im Dynpro 0300 bei der Erfassung einer Sachkontenposition verwendet. Anhand der Namen der Funktionscodes können Sie darauf schließen, dass es sich dabei um Open-FI-Erweiterungen handelt, die mit Business Transaction Events (BTE) aktiviert werden können.

Suchen Sie im BTE-Infosystem nach passenden Events, finden Sie unter anderem zwei P&S-Schnittstellen für die Aktivierung eines zusätzlichen Funktionscodes bei der Bearbeitung einer Belegposition:

▶ **P&S-Schnittstelle 00001080**
Das BTE `00001080` verwenden Sie, um einem der zusätzlichen Funktionscodes einen Funktionstext zuzuweisen und damit einzublenden.

▶ **P&S-Schnittstelle 00001070**
Das BTE `00001070` wird ausgeführt, sobald der durch das BTE `00001080` aktivierte Funktionscode ausgeführt wird. Dabei werden die Informationen zur aktuell bearbeiteten Buchungszeile übergeben.

In klassischen Transaktionen wird der Funktionscode nur in der Positionserfassung angezeigt, bei der Rechnungs- bzw. Gutschrifterfassung in Enjoy-Transaktionen sowohl in der Übersicht als auch in den Positionen. In der Übersicht werden bei der Ausführung des Funktionscodes die Informationen zur letzten Zeile in der Positionstabelle übergeben. Ist die Positionstabelle leer, wird die Funktion für den erfassten Debitor oder Kreditor ausgeführt.

In diesem Abschnitt sollen die genannten BTEs verwendet werden, um aus der Buchungstransaktion in die OP-Liste des aktuell erfassten Kontos abzuspringen. Wie bei BTEs üblich gibt es Musterfunktionsbausteine, die kopiert und implementiert werden müssen. Anschließend werden die implementierten Funktionsbausteine den BTEs zugeordnet. Gehen Sie dazu wie folgt vor:

1. Kopieren Sie den Funktionsbaustein `SAMPLE_INTERFACE_00001080`, und erstellen Sie einen neuen Funktionsbaustein `Z_SAMPLE_INTERFACE_00001080` mit dem Quellcode aus Listing 5.1.

   Im Quellcode wird unabhängig von Sprache und Bearbeitungsmodus der Funktionstext »OPs anzeigen« zurückgegeben, der als zusätzliche Drucktaste bzw. Menüeintrag erscheinen soll.

```
FUNCTION z_sample_interface_00001080.
*"----------------------------------------------------------------
*"*"Lokale Schnittstelle:
*"  IMPORTING
*"     REFERENCE(I_SPRAS) LIKE  SY-LANGU
*"     REFERENCE(I_AKTYP) TYPE  AKTYP
*"     REFERENCE(I_DYNCL) TYPE  DYNCL
```

```
*"  EXPORTING
*"     VALUE(E_FTEXT) LIKE  FTEXTS-FTEXT
*"----------------------------------------------------------
  e_ftext = 'OPs anzeigen'.
ENDFUNCTION.
```

Listing 5.1 Implementierung des BTEs 00001080

2. Kopieren Sie den Funktionsbaustein SAMPLE_INTERFACE_00001070, und erstellen Sie einen neuen Funktionsbaustein Z_SAMPLE_INTERFACE_00001070 mit dem Quellcode aus Listing 5.2.

```
FUNCTION Z_SAMPLE_INTERFACE_00001070.
*"----------------------------------------------------------
*"*"Lokale Schnittstelle:
*"  IMPORTING
*"     REFERENCE(I_BKPF) TYPE   BKPF
*"     REFERENCE(I_BSEG) TYPE   BSEG
*"     REFERENCE(I_AKTYP) TYPE  AKTYP
*"     REFERENCE(I_DYNCL) TYPE  DYNCL
*"  EXPORTING
*"     REFERENCE(E_XCHNG) LIKE  OFIWA-XCHNG
*"----------------------------------------------------------
  SET PARAMETER ID 'BUK' FIELD i_bkpf-bukrs.
  IF i_bseg-koart EQ 'S'.
    SET PARAMETER ID 'SAK' FIELD i_bseg-hkont.
    CALL TRANSACTION 'FAGLL03' AND SKIP FIRST SCREEN.
  ELSEIF i_bseg-koart EQ 'K'.
    SET PARAMETER ID 'LIF' FIELD i_bseg-lifnr.
    CALL TRANSACTION 'FBL1N' AND SKIP FIRST SCREEN.
  ELSEIF i_bseg-koart EQ 'D'.
    SET PARAMETER ID 'KUN' FIELD i_bseg-kunnr.
    CALL TRANSACTION 'FBL5N' AND SKIP FIRST SCREEN.
  ELSE.
*   Gegebenenfalls Fehlermeldung:
*   OP-Anzeige für Kontoart & nicht möglich
  ENDIF.
ENDFUNCTION.
```

Listing 5.2 Implementierung des BTEs 00001070

Dem Funktionsbaustein des BTEs 00001070 werden Belegkopf- und Belegzeileninformationen der aktuell bearbeiteten Zeile übergeben. Abhängig von der bearbeiteten Kontoart in der Buchungszeile, wird die entsprechende Transaktion zur Anzeige einer OP-Liste aufgerufen und das Konto über SPA-/GPA-Parameter übergeben. Um den Code möglichst übersichtlich zu halten, wurde hier auf jegliche Fehlerbehandlung verzichtet (die bei nicht OP-geführten Sachkonten notwendig würde).

[+]   **SPA-/GPA-Parameter**

Mithilfe von SPA-/GPA-Parametern können Werte transaktionsübergreifend zwischen Programmen ausgetauscht werden. Der Name leitet sich aus den ABAP-Anweisungen SET PARAMETER und GET PARAMETER ab, die verwendet werden, um Parameterwerte zu setzen oder abzufragen. In vielen Standardtransaktionen sind Parameter des Selektionsbildschirms mit SPA-/GPA-Parametern verknüpft, sodass diese in aufrufenden Programmen verwendet werden können, um den Selektionsbildschirm vorzubelegen.

3. Starten Sie die Transaktion FIBF, um ein Kundenprodukt anzulegen und den BTEs 00001070 und 00001080 die gerade angelegten Funktionsbausteine zuzuordnen.

4. Wählen Sie im Menü EINSTELLUNGEN • PRODUKTE • ...EINES KUNDEN.

5. Legen Sie ein neues Kundenprodukt ZFIDOC mit der Beschreibung »Erweiterung Belegerfassung« an, wie in Abbildung 5.2 zu sehen ist, und aktivieren Sie es.

Abbildung 5.2 Kundenprodukt für BTEs 00001070 und 00001080

6. Kehren Sie zurück in das Startbild der Transaktion FIBF, und wählen Sie im Menü EINSTELLUNGEN • P/S-BAUSTEINE • ...EINES KUNDEN.

7. Erstellen Sie neue Einträge für die BTEs 00001070 und 00001080, und ordnen Sie die Funktionsbausteine Z_SAMPLE_INTERFACE_00001070 und Z_SAMPLE_INTERFACE_00001080 zu (siehe Abbildung 5.3).

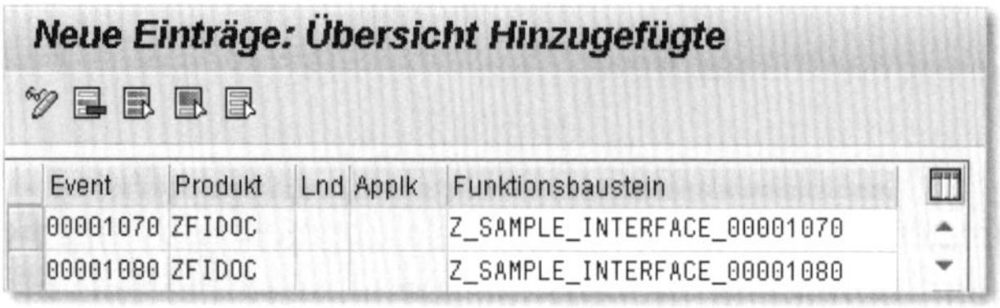

Neue Einträge: Übersicht Hinzugefügte

Event	Produkt	Lnd	Applk	Funktionsbaustein	
00001070	ZFIDOC			Z_SAMPLE_INTERFACE_00001070	▲
00001080	ZFIDOC			Z_SAMPLE_INTERFACE_00001080	▼

Abbildung 5.3 Zuordnung der BTEs zu Funktionsbausteinen

Damit ist der neue Funktionscode aktiviert, und der Aufruf der OP-Liste wurde zugeordnet. Bei der Erfassung der Belegposition in einer klassischen Buchungstransaktion sehen Sie nun wie in Abbildung 5.4 einen zusätzlichen Menüeintrag und eine zusätzliche Drucktaste mit dem Funktionstext OPs ANZEIGEN. Abhängig von der bearbeiteten Belegzeile, wird eine Sachkonten-, Debitoren- oder Kreditoren-OP-Liste zum aktuellen Konto angezeigt.

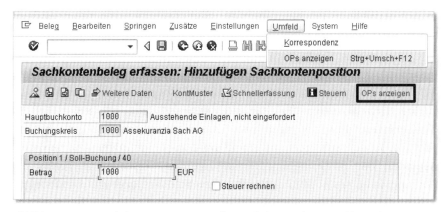

Abbildung 5.4 Zusätzlicher Menüeintrag und zusätzliche Drucktaste in klassischer Buchungstransaktion

Auch in Enjoy-Transaktionen werden der zusätzliche Menüeintrag und die zusätzliche Drucktaste angezeigt und beziehen sich dort auf die letzte Zeile der Positionstabelle bzw. auf den erfassten Debitor oder Kreditor, falls die Positionstabelle leer ist. In Abbildung 5.5 ist das beispielhaft für Transaktion FB60 (Kreditorenrechnung erfassen) dargestellt.

Abbildung 5.5 Zusätzlicher Menüeintrag und zusätzliche Drucktaste in Enjoy-Transaktion

Nachdem Sie nun gesehen haben, wie Sie einen zusätzlichen Funktionscode anlegen, geht es nun weiter mit der Pflege zusätzlicher Belegkopfdaten.

5.3.2 Pflege zusätzlicher Belegkopfdaten in Enjoy-Transaktion für Sachkontenbelege

Mit dem BAdI `FI_HEADER_SUB_1300` existiert eine Erweiterung, mit der in den Grunddaten der Enjoy-Transaktion zur Erfassung von Sachkontenbelegen ein kundeneigener Subscreen eingeblendet werden kann. Dieser Subscreen kann auch zur Erfassung zusätzlicher Belegkopfinformationen verwendet werden. In diesem Abschnitt soll nun beispielhaft ein Subscreen definiert werden, über den ein zusätzliches Feld aus einer Append-Struktur zu Tabelle BKPF gepflegt werden kann.

In Anlehnung an die Beispielimplementierung zum BAdI in der zugehörigen SAP-Dokumentation unterscheidet sich diese Erweiterung technisch etwas von der Erweiterungen der Stammdatenpflegedialoge, die Sie in Teil 1, »Kundeneigene Erweiterungen von Stammdaten«, kennengelernt haben. Dort wurde der Subscreen in einem Modulpool definiert, und aus den Methoden der BAdI-Implementierung wurden verschiedene Forms im Modulpool aufgerufen, um Daten zwischen Standardlogik und kundeneigenem Subscreen auszutauschen.

Im nun folgenden Beispiel erfolgt die Definition des kundeneigenen Subscreens in einer Funktionsgruppe, und die BAdI-Implementierung dient als *Proxy-Klasse* für den Datenaustausch zwischen Standardlogik und kundeneigenem Subscreen. Das bedeutet, dass sowohl die Standardlogik als auch die Ablauflogik des Subscreens BAdI-Methoden verwenden, um Daten mit der BAdI-Implementierung auszutauschen. Die BAdI-Implementierung selbst hält demnach den aktuellen Stand der bearbeiteten Daten und gibt ihn bei Bedarf zur Pflege an den Subscreen oder zur weiteren Verarbeitung an die Standardlogik zurück.

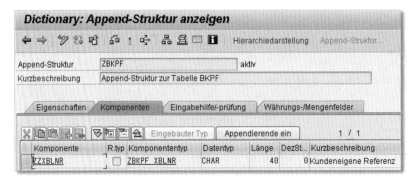

Abbildung 5.6 Append-Struktur ZBKPF zu Tabelle BKPF

Im Beispiel soll ein Textfeld für eine kundeneigene Referenz in den Beleg-kopf aufgenommen werden. Definieren Sie deshalb, wie in Abbildung 5.6 zu sehen ist, eine Append-Struktur ZBKPF zu Tabelle BKPF mit dem 40-stelligen kundeneigenen Feld ZZXBLNR. Anschließend definieren Sie einen Subscreen für die Pflege des zusätzlichen Feldes und ordnen es dem BAdI FI_HEADER_ SUB_1300 zu. Gehen Sie dazu wie folgt vor:

1. Legen Sie eine Funktionsgruppe ZFI_HEADER_SUB_1300 an, und definieren Sie im TOP-Include LZFI_HEADER_SUB_1300TOP einen Tabellenarbeitsbe-reich BKPF.

2. Legen Sie in der Funktionsgruppe ZFI_HEADER_SUB_1300 ein Dynpro 1300 an, wählen Sie SUBSCREEN als DYNPROTYP, und platzieren Sie das Feld ZZXBLNR aus dem Tabellenarbeitsbereich BKPF darauf (ausführlicher wurde dies in Abschnitt 2.4.1, »Subscreen für das Zusatzfeld anlegen«, beschrie-ben).

3. Legen Sie eine Implementierung ZFI_HEADER_SUB_1300 zum BAdI FI_HEADER_SUB_1300 an. Das BAdI ist filterabhängig und verwendet als Filter das Land des Buchungskreises, in dem der Beleg erfasst wird. Ver-wenden Sie hier das Land DE.

4. Wechseln Sie auf den Karteireiter SUBSCREENS, und ordnen Sie das Dynpro 1300 aus dem Rahmenprogramm SAPLZFI_HEADER_SUB_1300 der Funkti-onsgruppe ZFI_HEADER_SUB_1300 zu.

5. Speichern und aktivieren Sie die BAdI-Implementierung.

Abbildung 5.7 Transaktion FB50 mit kundeneigenem Subscreen

Wenn Sie nun die Transaktion FB50 starten, sehen Sie Ihr gerade angelegtes zusätzliches Feld auf dem Karteireiter GRUNDDATEN (siehe Abbildung 5.7). Bisher ist das Feld allerdings noch ohne Funktion. Damit der eingegebene

Wert des Feldes auch in der Tabelle BKPF gespeichert wird, müssen Sie noch den Datenfluss zwischen Standardlogik und kundeneigenem Subscreen implementieren. Dazu existieren die folgenden vier Methoden:

▸ **Methode PUT_DATA_TO_SCREEN_PBO**
Die Methode PUT_DATA_TO_SCREEN_PBO wird in der PBO-Logik des GRUND-DATEN-Dynpros vor der PBO-Logik des kundeneigenen Dynpros durchlaufen. Sie übergibt die aktuellen Belegkopfdaten und ein Flag (IM_X_NO_INPUT) an die BAdI-Implementierung, das anzeigt, ob das Buchungsdatum eingabebereit ist.

[+] **Flag »Buchungsdatum eingabebereit«**
Das Flag wird an dieser Stelle übergeben, weil die Erweiterung auch zur Bestimmung eines abweichenden Buchungsdatums verwendet werden kann. In diesem Beispiel soll das kundeneigene Referenzfeld nur eingabebereit sein, wenn auch das Buchungsdatum eingabebereit ist.

▸ **Methode GET_DATA_FROM_SCREEN_PBO**
Die Methode GET_DATA_FROM_SCREEN_PBO wird im Gegensatz zu den anderen Methoden nicht im Standardprogramm SAPMF05A aufgerufen, sondern aus dem kundeneigenen Subscreen. Sie wird in diesem Beispiel dazu verwendet, in der PBO-Logik des kundeneigenen Subscreens Daten aus der BAdI-Implementierung abzufragen.

▸ **Methode PUT_DATA_TO_SCREEN_PAI**
Die Methode PUT_DATA_TO_SCREEN_PAI wird in der PAI-Logik des GRUND-DATEN-Dynpros aufgerufen und übergibt die bearbeiteten Belegkopfdaten an die BAdI-Implementierung, bevor die PAI-Logik des kundeneigenen Subscreens ausgeführt wird.

▸ **Methode GET_DATA_FROM_SCREEN_PAI**
Die Methode GET_DATA_FROM_SCREEN_PAI wird ebenfalls in der PAI-Logik des GRUNDDATEN-Dynpros aufgerufen und fragt nach der Verarbeitung der PAI-Logik des kundeneigenen Subscreens die bearbeiteten Daten aus der BAdI-Implementierung ab.

Wie schon erwähnt, soll in dieser Erweiterung die BAdI-Implementierung nur als Proxy-Klasse für den Austausch von Daten zwischen Standardlogik und kundeneigenem Subscreen dienen. Das Interface IF_EX_FI_HEA8DER_SUB_1300 enthält bereits Attribute zu den Daten, die über die genannten vier Methoden ausgetauscht werden:

▸ das Attribut BKPF für Belegkopfdaten

▸ das Attribut X_NO_INPUT für das Flag, das abfragt, ob das Feld BUCHUNGS-
DATUM eingabebereit ist

Die Implementierung der Methoden des BAdIs FI_HEADER_SUB_1300 ist
daher denkbar einfach und in Listing 5.3 zu sehen.

```
METHOD if_ex_fi_header_sub_1300~put_data_to_screen_pbo.
  me->if_ex_fi_header_sub_1300~bkpf = im_bkpf.
  me->if_ex_fi_header_sub_1300~x_no_input
    = im_x_no_input.
ENDMETHOD.
METHOD if_ex_fi_header_sub_1300~get_data_from_screen_pbo.
  ex_bkpf = me->if_ex_fi_header_sub_1300~bkpf.
  ex_x_no_input
    = me->if_ex_fi_header_sub_1300~x_no_input.
ENDMETHOD.
METHOD if_ex_fi_header_sub_1300~put_data_to_screen_pai.
  me->if_ex_fi_header_sub_1300~bkpf = im_bkpf.
ENDMETHOD.
METHOD if_ex_fi_header_sub_1300~get_data_from_screen_pai.
  ex_bkpf = me->if_ex_fi_header_sub_1300~bkpf.
ENDMETHOD.
```

Listing 5.3 Methoden des BAdIs FI_HEADER_SUB_1300

In allen vier Methoden werden die Parameter in den Attributen des Interface
IF_EX_FI_HEADER_SUB_1300 gespeichert bzw. aus den Attributen zurückgegeben. Die BAdI-Implementierung bietet daher ausschließlich einen Zugriff auf
die Attribute BKPF für die Standardlogik und X_NO_INPUT für den kundeneigenen Subscreen.

Der Datenaustausch zwischen Standardlogik und BAdI-Implementierung
erfolgt, wie beschrieben wurde: Vor der Ausführung der PBO- und der PAI-
Logik des kundeneigenen Subscreens werden die relevanten Daten an die
BAdI-Implementierung übergeben. Nach der Ausführung der PAI-Logik des
kundeneigenen Subscreens werden die Daten wieder aus der BAdI-Implementierung abgefragt. Für eine korrekte Funktionsweise der Erweiterung
müssen Sie nun noch in der PBO-Logik des Subscreens die Datenabfrage aus
der BAdI-Implementierung und in der PAI-Logik die Rückgabe der bearbeiteten Daten implementieren.

Gehen Sie dazu wie folgt vor:

1. Definieren Sie im TOP-Include der Funktionsgruppe ZFI_HEADER_SUB_1300 eine globale Variable GOBJ_EXIT vom Typ IF_EX_FI_HEADER_SUB_1300 für den Zugriff auf die aktive BAdI-Implementierung.

2. Fügen Sie im Dynpro 1300 ein PBO-Modul STATUS_1300 hinzu, und fügen Sie den Quellcode aus Listing 5.4 ein.

```
MODULE status_1300 OUTPUT.
  DATA: lv_x_no_input TYPE c.
* BAdI-Implementierung instanzieren
  IF gobj_exit IS INITIAL.
    CALL METHOD
      cl_exithandler=>get_instance_for_subscreens
        CHANGING
          instance = gobj_exit
        EXCEPTIONS
          OTHERS   = 6.
    IF sy-subrc <> 0.
      MESSAGE ID sy-msgid TYPE sy-msgty NUMBER sy-msgno
        WITH sy-msgv1 sy-msgv2 sy-msgv3 sy-msgv4.
    ENDIF.
  ENDIF.

* Eingabebereitschaft abfragen
  CALL METHOD gobj_exit->get_data_from_screen_pbo
    EXPORTING
      flt_val       = 'DE'
    IMPORTING
      ex_x_no_input = lv_x_no_input.

* Eingabebereitschaft setzen
  LOOP AT SCREEN.
    IF lv_x_no_input = 'X'.
      screen-input = 0.
      MODIFY SCREEN.
    ENDIF.
  ENDLOOP.
ENDMODULE.                    " STATUS_1300  OUTPUT
```

Listing 5.4 PBO-Modul STATUS_1300 des kundeneigenen Subscreens

Im Quellcode wird zunächst mithilfe der Klasse CL_EXITHANDLER die aktive Implementierung des BAdIs FI_HEADER_SUB_1300 abgefragt. Die aktive Implementierung wurde vorher bereits von der Standardlogik gesetzt, sodass sowohl die Standardlogik als auch der Subscreen auf dieselbe Instanz der BAdI-Implementierung zugreifen.

Danach werden die aktuellen Daten aus der BAdI-Implementierung abgefragt, die vor der Ausführung der PBO-Logik des Subscreens vom Standardprogramm gesetzt wurden. Da anschließend nur das Flag für die Steuerung der Eingabebereitschaft benötigt wird, wird auch nur dieses abgefragt. Der Wert des Feldes ZZXBLNR wird außerhalb des Subscreens nicht verändert und braucht deshalb nicht aus der BAdI-Implementierung gelesen werden.

3. Fügen Sie als Nächstes ein PAI-Modul USER_COMMAND_1300 mit dem Quellcode aus Listing 5.5 ein.

```
MODULE user_command_1300 INPUT.
  DATA: lv_bkpf_changed TYPE bkpf.
* Aktuelle Daten abfragen
  CALL METHOD gobj_exit->get_data_from_screen_pai
    EXPORTING
      flt_val = 'DE'
    IMPORTING
      ex_bkpf = lv_bkpf_changed.
  lv_bkpf_changed-zzxblnr = bkpf-zzxblnr.

* Bearbeitete Daten zurückgeben
  CALL METHOD gobj_exit->put_data_to_screen_pai
    EXPORTING
      im_bkpf = lv_bkpf_changed
      flt_val = 'DE'.
ENDMODULE.                     " USER_COMMAND_1300  INPUT
```

Listing 5.5 PAI-Modul USER_COMMAND_1300 des kundeneigenen Subscreens

Im Quellcode wird als Erstes der aktuelle Zustand der Belegkopfdaten aus der BAdI-Implementierung gelesen. So enthält die lokale Variable den aktuellen Wert aller Felder bis auf das Feld ZZXBLNR. Dieses Feld wird anschließend aus dem Tabellenarbeitsbereich gesetzt, das heißt, es entspricht danach dem Wert, der im Subscreen eingegeben wurde. Zum Schluss werden die vollständig bearbeiteten Belegkopfdaten zurück in die BAdI-Implementierung geschrieben, wo sie wieder von der Standardlogik abgefragt werden können.

4. Sichern und aktivieren Sie die Funktionsgruppe ZFI_HEADER_SUB_1300.

Die Erweiterung ist nun so weit fertiggestellt, dass das zusätzliche Feld über den kundeneigenen Subscreen gepflegt werden kann und der bearbeitete Wert an die Standardlogik zurückgegeben wird. Wenn Sie sich allerdings die

Aufrufstelle der Methode `GET_DATA_FROM_SCREEN_PAI` in der PAI-Logik des GRUNDDATEN-Dynpros (Form `D0100_POST_APPL_SUB` in Programm `SAPMF05A`) anschauen, sehen Sie, dass nur die Felder `BUDAT`, `XREF1_HD` und `XREF2_HD` aus der zurückgegebenen Struktur übernommen werden. Hier können Sie allerdings eine einfache implizite Erweiterung vor die `ENDFORM`-Anweisung einfügen, die Sie in Listing 5.6 sehen.

```
ENHANCEMENT 4  Z_SAPMF05A_FI_HEADER_SUB_1300.
  IF g_appl_sub_active = char_x.
    bkpf-zzxblnr = ld_bkpf-zzxblnr.
  ENDIF.
ENDENHANCEMENT.
```

Listing 5.6 Implizite Erweiterung für die Übernahme des zusätzlichen Feldes

In dieser Erweiterung wird das Feld `ZZXBLNR` aus der zurückgegebenen Struktur übernommen. Da eine implizite Erweiterung nur nach der letzten Zeile einer Form eingefügt werden kann, muss hier noch einmal die Abfrage über die Variable `G_APPL_SUB_ACTIVE` wiederholt werden, ob die Erweiterung aktiv ist.

[+] **Implizite Erweiterung zur Rückgabe des Feldes ZZXBLNR**

Es ist gut möglich, dass in zukünftigen SAP ERP-Releases diese implizite Erweiterung nicht mehr notwendig sein wird, weil alle Daten aus dem BAdI über die `MOVE-CORRESPONDING`-Anweisung übernommen werden, wie es heute schon für die Erweiterung der Enjoy-Transaktionen zur Rechnungserfassung der Fall ist (siehe Abschnitt 5.3.3).

Wenn Sie anschließend in der Transaktion FB50 einen Beleg erfassen und das Feld KUNDEN-REFERENZ füllen, können Sie danach in der Tabelle BKPF sehen, dass der eingegebene Wert mit gespeichert wird. Beachten Sie dabei auch, dass, sobald das Buchungsdatum nicht mehr eingabebereit ist, auch in das Feld KUNDEN-REFERENZ nichts mehr eingegeben werden kann.

5.3.3 Pflege zusätzlicher Belegkopfdaten in Enjoy-Transaktion für Debitoren- und Kreditorenbelege

Ähnlich wie die Enjoy-Transaktion für die Erfassung von Sachkontenbelegen können auch die Enjoy-Transaktionen für die Erfassung von Debitoren- und Kreditorenbelegen um kundeneigene Subscreens erweitert werden. Neben den Belegkopfinformationen können dabei auch die Positionsinformationen zur erfassten Debitoren- bzw. Kreditorenposition bearbeitet werden. Hierfür existieren insgesamt sechs BAdIs mit den Namen BADI_FDCB_SUBBAS01 bis BADI_FDCB_SUBBAS06, um bis zu sechs Subscreens zum Karteireiter GRUNDDA-TEN hinzuzufügen, wobei das sechste BAdI nur von der SAP-Entwicklung verwendet werden darf. Keines dieser BAdIs ist mehrfach implementierbar. Deswegen sollten Sie vor der Implementierung zunächst prüfen, ob noch ein freier Subscreen zur Verfügung steht.

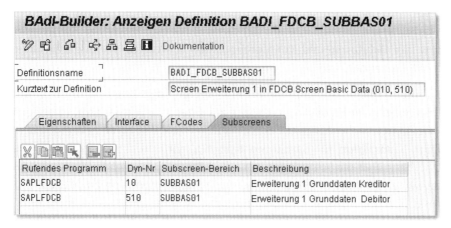

Abbildung 5.8 Subscreens des BAdIs BADI_FDCB_SUBBAS01

Alle sechs BAdIs sind gleich aufgebaut, und in Abbildung 5.8 sehen Sie bei-spielhaft die definierten Subscreens des BAdIs BADI_FDCB_SUBBAS01. In jedem BAdI kann analog zu den in Abbildung 5.8 dargestellten kundeneige-nen Subscreens ein Subscreen in der Grunddatenerfassung eines Debitoren- und ein Subscreen für die Grunddatenerfassung eines Kreditorenbeleges hinzugefügt werden. Außerdem gibt es jeweils zwei Methoden, um Daten zwischen Standardlogik und kundeneigenem Subscreen auszutauschen:

▶ **Methode PUT_DATA_TO_SCREEN_OBJECT**

Die Methode PUT_DATA_TO_SCREEN_OBJECT wird in der PBO- und der PAI-Logik des GRUNDDATEN-Dynpros aufgerufen und übergibt die aktuell bearbeiteten Daten des Belegkopfes bzw. der Debitoren- oder Kreditoren-position in der Struktur INVFO an die BAdI-Implementierung.

Die Struktur INVFO besteht aus einem Großteil der Felder der Tabellen BKPF und BSEG und wird als Tabellenarbeitsbereich verwendet, um Daten zwischen der Verarbeitungslogik und Dynpro-Feldern auszutau-schen. Die Struktur enthält also stets die Werte, die vom Benutzer in den Enjoy-Transaktionen zum Belegkopf bzw. zur Debitoren- oder Kreditoren-position eingegeben werden.

▶ **Methode GET_DATA_FROM_SCREEN_OBJECT**

Die Methode `GET_DATA_FROM_SCREEN_OBJECT` wird in der PAI-Logik des GRUNDDATEN-Dynpros aufgerufen und fragt die bearbeiteten Daten in der Struktur `INVFO` aus der BAdI-Implementierung ab, nachdem die PAI-Logik des kundeneigenen Subscreens verarbeitet wurde.

Anschließend werden alle Werte aus der Struktur `INVFO`, die im kundeneigenen Subscreen definiert sind, zur Weiterverarbeitung übernommen.

Wie Sie sehen, können Sie mit den BAdIs beliebige Daten des Belegkopfes bzw. der Debitoren- und Kreditorenposition bearbeiten, die in der Struktur `INVFO` vorhanden sind.

Da die Implementierung dieser Erweiterung der Implementierung der Erweiterung der Enjoy-Transaktionen zur Erfassung von Sachkontenbelegen sehr ähnelt (siehe Abschnitt 5.3.2, »Pflege zusätzlicher Belegkopfdaten in Enjoy-Transaktion für Sachkontenbelege«), wird an dieser Stelle nur ein Überblick über die Schritte gegeben, die nötig sind, um ein zusätzliches Feld im Belegkopf bzw. der Debitoren- oder Kreditorenposition zu pflegen. Das zusätzliche Feld soll als Beispiel ein kundeneigenes Feld in einer Append-Struktur zur Tabelle BKPF oder BSEG sein. Im Unterschied zur Erweiterung in Abschnitt 5.3.2 wird bei den Methoden zum Datenaustausch zwischen Standardlogik und kundeneigenem Subscreen hier nicht zwischen PAI-Logik und PBO-Logik unterschieden, sondern es werden zu beiden Zeitpunkten die gleichen Methoden verwendet. Gehen Sie wie folgt vor:

1. Definieren Sie ein kundeneigenes Feld in einer Append-Struktur zu Tabelle BKPF oder BSEG.

2. Legen Sie eine Append-Struktur zur Struktur `INVFO` an, und nehmen Sie das soeben definierte kundeneigene Feld auf.

3. Legen Sie eine Funktionsgruppe an, definieren Sie einen Tabellenarbeitsbereich `INVFO`, und erstellen Sie einen kundeneigenen Subscreen für das Zusatzfeld. Fügen Sie dabei das Feld aus dem Tabellenarbeitsbereich `INVFO` hinzu.

4. Implementieren Sie eines der genannten BAdIs (`BADI_FDCB_SUBBAS01` bis `BADI_FDCB_SUBBAS05`), zu dem noch keine Implementierung vorhanden ist, und ordnen Sie den soeben erstellten Subscreen zu.

5. Die BAdI-Implementierung dient erneut nur als Proxy-Klasse, die einen Austausch der Daten in der Struktur `INFVO` zwischen Standardlogik und kundeneigenem Subscreen ermöglicht. Implementieren Sie also die BAdI-Methoden so, dass diese einfach nur das Attribut `INVFO` des BAdI-Interface setzen bzw. zurückgeben.

Damit ist der Datenaustausch zwischen Standardlogik und BAdI-Implementierung bereits vollständig definiert, und es fehlt nur noch der Datenaustausch zwischen BAdI-Implementierung und kundeneigenem Subscreen.

6. Definieren Sie im kundeneigenen Subscreen ein PBO-Modul, das die aktive BAdI-Implementierung mithilfe der Klasse `CL_EXITHANDLER` bestimmt und die Werte der Struktur `INVFO` abfragt. Verwenden Sie für die Referenz auf die BAdI-Implementierung eine globale Variable, damit diese im Anschluss verwendet werden kann und nicht bei jeder Verwendung erneut bestimmt werden muss.

7. Definieren Sie im kundeneigenen Subscreen ein PAI-Modul, das die folgenden Funktionen durchführt:

   ▶ Abfrage der in der Standardlogik bearbeiteten Werte aus der Struktur `INVFO` aus der BAdI-Implementierung

   ▶ Aktualisierung der bearbeiteten Werte des kundeneigenen Subscreens in der Struktur `INVFO`

   ▶ Rückgabe der bearbeiteten Werte an die BAdI-Implementierung

Da von der Standardlogik automatisch alle Felder aus der Struktur `INVFO`, die im kundeneigenen Subscreen definiert sind, zur Weiterverarbeitung übernommen werden, ist im Gegensatz zur Implementierung in Abschnitt 5.3.2, »Pflege zusätzlicher Belegkopfdaten in Enjoy-Transaktion für Sachkontenbelege«, keine weitere Anpassung notwendig. Wenn Sie daher anschließend mit einer Enjoy-Transaktion einen Debitoren- oder Kreditorenbeleg erfassen, können Sie das kundeneigene Feld pflegen, und es wird zusammen mit den Standardfeldern in der Tabelle BKPF bzw. BSEG gespeichert.

5.4   Kundeneigene Zusatzkontierungen in Buchhaltungsbelegen

Obwohl schon eine Vielzahl von Kontierungsfeldern in Buchhaltungsbelegen im SAP-Standard ausgeliefert wird, haben viele Kunden Anforderungen an Kontierungen, die über die Standardfelder hinausgehen. Häufig sollen zusätzliche Informationen in Buchungszeilen erfasst und später über Einzelposten- und Saldenlisten oder die Bilanz und GuV ausgewertet werden können. In der Finanzbuchhaltung kann dazu der sogenannte *Kontierungsblock* um kundeneigene Felder erweitert werden, sodass diese automatisch in alle für die Erfassung von Buchhaltungsbelegen relevanten Tabellen und Strukturen aufgenommen werden.

[+] **Kundeneigene Felder**

Die kundeneigenen Felder werden auch im Customizing wie Standardfelder behandelt, wie z. B. bei der Definition von Feldstatusgruppen. Die Aufnahme von kundeneigenen Feldern ist standardmäßig nur für Sachkontenpositionen vorgesehen, die Verwendung in Debitoren- und Kreditorenpositionen ist nur mithilfe einer Modifikation möglich.

Das Hinzufügen von Zusatzkontierungen erfordert eine detaillierte Konzeption bereits in einer sehr frühen Phase der Einführung eines SAP-Systems, da spätere Änderungen an Zusatzkontierungen meist nicht mit Standardmitteln durchführbar sind und zu Datenverlusten führen können. Legen Sie daher das endgültige Format und die endgültige Länge aller Zusatzkontierungen so früh wie möglich fest. Damit für alle Felder später die volle Funktionalität zur Verfügung steht, müssen Sie sich auf die Datentypen CHAR und NUMC beschränken. Die Namenskonventionen schreiben außerdem vor, dass alle Feldnamen mit ZZ beginnen. Technisch werden die kundeneigenen Kontierungen im Customizing-Include CI_COBL angelegt.

Die grundlegenden Einstellungen können, wie in Abbildung 5.9 für das neue Hauptbuch zu sehen ist, direkt aus dem Einführungsleitfaden heraus durchgeführt werden. Die einzelnen Aktivitäten sind gut dokumentiert und werden daher hier nur kurz beschrieben. Vor der Einführung des New General Ledgers waren die Aktivitäten in den Grundeinstellungen zum Special Ledger bzw. unter FINANZWESEN • HAUPTBUCHHALTUNG • GESCHÄFTSVORFÄLLE • SACHKONTENBUCHUNG • SACHKONTENBUCHUNG ENJOY zu finden. Die Aufnahme von kundeneigenen Feldern in Summentabellen war zu diesem Zeitpunkt allerdings nur über die Einrichtung eines Special Ledgers zu realisieren, was nicht im Fokus dieses Buches liegt.

Abbildung 5.9 Einführungsleitfaden – kundeneigene Zusatzkontierungen

Im ersten Schritt zur Erstellung von Zusatzkontierungen nehmen Sie kundeneigene Felder in den Kontierungsblock auf, wobei Sie zwischen dem Light- und dem Expertenmodus wählen können. Im *Light-Modus* definieren Sie nur den Namen, die Bezeichnung, den Datentyp und die Länge der Zusatzfelder manuell, und im Hintergrund werden automatisch alle benötigten Tabellen und Strukturen angepasst. Im *Expertenmodus* hingegen legen Sie selbst Domänen und Datenelemente für die Zusatzfelder an und nehmen die grundlegenden Tabellenanpassungen selbst vor, wie zum Beispiel die Aufnahme der Felder in das Customizing-Include `CI_COBL` oder die Tabelle BSEG. In der Dokumentation zur Aktivität finden Sie darüber hinaus Informationen, wie Sie Subscreens, Eingabeprüfungen und Wertehilfen für die Zusatzfelder definieren können.

Im nächsten Schritt können Sie weitere Felder in Summentabellen aufnehmen, z. B. um über die kundeneigenen Zusatzkontierungen in der Bilanz und GuV berichten zu können. Welche Zusatzfelder tatsächlich fortgeschrieben werden, können Sie in einer weiteren IMG-Aktivität für jedes Ledger definieren (IMG-Pfad Finanzwesen (neu) • Grundeinstellungen Finanzwesen (neu) • Bücher • Ledger • Szenarios und kundeneigene Felder Ledgern zuordnen). Dabei sollten Sie wirklich nur die Zusatzkontierungen aufnehmen, die für das Reporting auf Summenebene benötigt werden, da eine zu hohe Anzahl von Kontierungen und damit hohe Anzahl von Summensätzen zu einer schlechten Systemperformance führt.

In der Aktivität Stammdatenprüfung definieren können Sie Prüfungen definieren, die über die Definitionsmöglichkeiten im ABAP Dictionary hinausgehen, wie zum Bespiel Fremdschlüsselprüfungen. So können Sie z. B. spezielle Exits verwenden, die im Programm `SAPLGUMD` oder in der SAP-Erweiterung `GLX_MD01` definiert sind. Weitere Informationen hierzu finden Sie auch in der Dokumentation zum Feld Exit/Tabelle, wenn Sie eine der bestehenden Prüfungen auswählen.

In der vierten Aktivität, die Sie in Abbildung 5.9 aufgeführt sehen, nehmen Sie schließlich die kundeneigenen Zusatzkontierungen in die Enjoy-Transaktionen auf. Ohne diese Aufnahme können Sie die Zusatzkontierungen nur in der Detailansicht einer Buchungszeile (das heißt, indem Sie in der Übersicht doppelt auf eine Buchungszeile klicken) bearbeiten. Die Aktivität können Sie allerdings nur dann verwenden, wenn Sie höchstens fünf Zusatzkontierungen hinzufügen möchten und keine Fremdschlüsselbeziehungen definiert sind. Anderenfalls ist, wie Sie auch in der Dokumentation nachlesen können, eine Modifikation mithilfe des SAP-Hinweises 174413 nötig.

Nachdem Sie kundeneigene Felder in die Struktur CI_COBL aufgenommen haben, erscheinen diese noch nicht automatisch in der Sachkonten-Einzelpostenliste. Es gibt prinzipiell drei Möglichkeiten, die Einzelpostenliste um kundeneigene Zusatzkontierungen zu erweitern, wobei jeweils zwischen der Erweiterung der Einzelpostenliste im klassischen Hauptbuch (Transaktion FBL3N) und neuen Hauptbuch (Transaktion FAGLL03) unterschieden werden muss. Technischer Hintergrund ist, dass im klassischen Hauptbuch das Programm RFITEMGL sowie die Strukturen RFPOS und RFPOSX für die Einzelpostenanzeige verwendet werden, während im neuen Hauptbuch das Programm FAGL_ACCOUNT_ITEMS_GL sowie die Strukturen FAGLPOSE bzw. FAGLPOSX Verwendung finden. Die genannten Strukturen halten dabei die Daten der Einzelpostenliste nach der Selektion aus den entsprechenden Datenbanktabellen.

► **Möglichkeit 1: Aktivitäten im Einführungsleitfaden verwenden**
Die erste Möglichkeit ist die Verwendung der Aktivitäten im Einführungsleitfaden zur Erweiterung der Einzelpostenliste im klassischen Hauptbuch unter FINANZWESEN • HAUPTBUCHHALTUNG • SACHKONTEN • EINZELPOSTEN • ANZEIGEN EINZELPOSTEN MIT ALV • SONDERFELDER FÜR SUCHEN UND SORTIEREN DEFINIEREN bzw. im neuen Hauptbuch unter FINANZWESEN (NEU) • HAUPTBUCHHALTUNG (NEU) • SACHKONTEN • EINZELPOSTEN • SONDERFELDER FÜR EINZELPOSTENANZEIGE DEFINIEREN.

Hinter beiden Aktivitäten verbergen sich Pflege-Views zur Tabelle T021S, wobei im Pflege-View für das klassische Hauptbuch Einträge mit der LISTKLASSE 2 (= Listanzeigen für Einzelposten) und im Pflege-View für das neue Hauptbuch Einträge mit der LISTKLASSE D (= Listanzeige für Einzelposten New GL) gepflegt werden. Sie können in diesen Aktivitäten Sonderfelder pflegen, die in die Strukturen zur Einzelpostenanzeige aufgenommen werden. Außerdem muss die Tabelle definiert werden, aus der das Sonderfeld stammt, wobei Sie zwischen den Tabellen BKPF, BSEG, BSEC und BSED wählen können.

Aus Performancesicht ist allerdings von dieser Möglichkeit der Erweiterung der Einzelpostenliste abzuraten, da für jedes Sonderfeld pro Einzelposten eine zusätzliche Selektion auf die zugehörige Datenbanktabelle erfolgt. Fügen Sie zum Beispiel eine kundeneigene Zusatzkontierung aus der Tabelle BSEG in die Tabelle T021S ein, wird diese Zusatzkontierung für jeden Einzelposten aus der Tabelle BSEG nachgelesen.

► **Möglichkeit 2: P&S-Schnittstelle 00001650/BAdI FAGL_ITEMS_CH_DATA**
Die zweite Möglichkeit besteht darin, die Werte von Zusatzfeldern über die P&S-Schnittstelle 00001650 für das klassische Hauptbuch bzw. über das

BAdI `FAGL_ITEMS_CH_DATA` für das neue Hauptbuch nachzulesen, die jeweils für jeden selektierten Einzelposten durchlaufen werden. Für das klassische Hauptbuch müssen darüber hinaus die Strukturen `RFPOS` und `RFPOSX` über Append-Strukturen erweitert werden. In der Struktur `FAGLPOSE` für das neue Hauptbuch sind bereits alle kundeneigenen Zusatzfelder über das Customizing-Include `CI_COBL` enthalten.

Wie schnell offensichtlich wird, hat jedoch auch diese Erweiterung negative Auswirkungen auf die Laufzeit der Einzelpostenliste, da die Daten ebenfalls pro Einzelposten nachgelesen werden müssen. Nähere Informationen zu diesen Erweiterungen finden Sie in Kapitel 9, »Reporting – Einzelpostenliste«.

▶ **Möglichkeit 3: Erweiterung der Sekundärindextabellen**
Die dritte Erweiterungsmöglichkeit hat keine negativen Auswirkungen auf die Performance und sollte daher zur Aufnahme kundeneigener Zusatzkontierungen in die Einzelpostenliste gewählt werden. Die Selektion der Einzelpostenliste basiert sowohl im klassischen als auch im neuen Hauptbuch auf den Tabellen BSIS und BSAS. Im neuen Hauptbuch basiert sie bei ledgergruppenspezifisch OP-geführten Konten zusätzlich auf den Tabellen FAGLBSIS und FAGLBSAS.

Alle Felder dieser Tabellen werden bei der Buchung eines Belegs per `MOVE-CORRESPONDING`-Anweisung aus den Tabellen BKPF und BSEG gefüllt bzw. in der Einzelpostenliste nach der Selektion in die Strukturen für die Anzeige übernommen. Für die Anzeige kundeneigener Felder in der Einzelpostenliste reicht es daher aus, die genannten Tabellen mithilfe von Append-Strukturen zu erweitern. Für das klassische Hauptbuch müssen außerdem die Strukturen `RFPOS` und `RFPOSX` erweitert werden. Anschließend werden die Zusatzfelder genauso behandelt wie Standardkontierungen in den Einzelpostentabellen.

Bei einer nachträglichen Erweiterung der Tabellen, das heißt, nachdem bereits Belege gebucht wurden, ist natürlich eine Anreicherung mit den zusätzlichen Informationen in bestehenden Tabellenzeilen erforderlich.

Generierungsprogramm RFPOSEXTEND [+]

Nach der Erweiterung der Strukturen `RFPOS` und `RFPOSX` muss das Generierungsprogramm `RFPOSEXTEND` ausgeführt werden, denn die Einzelpostenanzeige basiert nicht direkt auf den Strukturen `RFPOS` und `RFPOSX`, sondern auf der Struktur `RFPOSXEXT`, die wiederum aus den beiden Strukturen und den Einträgen aus Tabelle T021S generiert wird.

5.5 Erweiterungen der Belegbuchung

Nachdem Sie die Erfassung eines Buchhaltungsbeleges abgeschlossen haben und diesen speichern, werden verschiedene Generierungs- und Prüfungsschritte ausgeführt, bevor der Beleg letztendlich in den entsprechenden Datenbanktabellen abgelegt wird.

1. Im ersten Schritt werden zusätzliche Belegzeilen erzeugt.

2. Nach der Erzeugung zusätzlicher Zeilen werden abschließende Prüfungen des Belegs durchgeführt, wie zum Beispiel die *Saldo-Null-Prüfung* oder die *Prüfung erlaubter Kontoarten* in der gebuchten Belegart.

3. Sind alle Prüfungen erfolgreich, folgen die Belegnummernvergabe und die Aktualisierung der Datenbanktabellen. Bei der Erfassung buchungskreisübergreifender Buchungen werden, wie in Abschnitt »Buchungskreisübergreifende Buchungen (Tabelle BVOR)« erläutert, mehrere Belegnummern und eine übergreifende Nummer erzeugt.

[zB] | **Automatische Steuerberechnung und buchungskreisübergreifende Buchungen**

Zusätzliche Belegzeilen werden z. B. erzeugt, wenn steuerrelevante Zeilen erfasst wurden und die Steuer automatisch berechnet werden soll. Wie bereits in Abschnitt 5.1, »Technische Details der Buchhaltungsbelege« unter der Überschrift »Steuerdaten zur Belegposition (Tabelle BSET)« erwähnt, wird dabei pro verwendetes Steuerkennzeichen genau eine Steuerzeile im Beleg erstellt, auch wenn zu einem Steuerkennzeichen mehrere Belegzeilen existieren. Eine Steuerzeile enthält demnach immer den Steuerbetrag zu allen steuerrelevanten Zeilen mit dem gleichen Steuerkennzeichen. Die zu buchenden Konten in den Steuerzeilen werden im Customizing in den GRUNDEINSTELLUNGEN FINANZWESEN festgelegt.

Ein weiterer Fall, in dem zusätzliche Belegzeilen erzeugt werden, ist die Erfassung von buchungskreisübergreifenden Buchungen. Dabei werden automatisch zusätzliche Zeilen erzeugt, sodass sich die Belegzeilen nicht nur über den gesamten Beleg, sondern auch pro Buchungskreis zu null saldieren und gleichzeitig Forderungen und Verbindlichkeiten zwischen den Buchungskreisen entstehen. Dazu können ebenfalls im Customizing in den Grundeinstellungen des Finanzwesens für jede Kombination von zwei Buchungskreisen sogenannte *Buchungskreisverrechnungskonten* definiert werden.

Während des gesamten Speichervorgangs existieren verschiedene Erweiterungsmöglichkeiten, die Sie in Anhang A, »Übersicht der Erweiterungen in der SAP-Finanzbuchhaltung«, finden können. Mithilfe dieser Erweiterungsmöglichkeiten können Sie z. B. eigene Belegprüfungen realisieren oder die Belegnummernvergabe beeinflussen. Teilweise sind sogar Änderungen der Belegdaten erlaubt. Da die Speicherung eines Buchhaltungsbeleges ein sehr komplexer Prozess ist, sollten Sie allerdings sehr genau darauf achten, zu welchem Zeitpunkt welche Belegänderungen sinnvoll durchgeführt werden können. Dabei ist insbesondere zu prüfen, ob ein geänderter Wert nicht bereits in einer Datenbanktabelle oder einer anderen Komponente fortgeschrieben wurde, um keine Inkonsistenzen zu erzeugen.

Bei den Erweiterungen der Belegbuchung muss generell zwischen manuellen und automatischen Buchhaltungsbelegen unterschieden werden. Mit *manuellen Buchhaltungsbelegen* sind dabei Belege gemeint, die über Dialogtransaktionen erfasst werden. Die Erfassung manueller Belege ist, wie schon in Abschnitt 5.1, »Technische Details der Buchhaltungsbelege«, erläutert, im Programm SAPMF05A implementiert. Alternativ werden Belege in der Finanzbuchhaltung aus angrenzenden Modulen wie der Materialwirtschaft oder Sales and Distribution erzeugt. Für diese *automatischen Buchhaltungsbelege* werden Funktionsbausteine aus der Funktionsgruppe RWCL verwendet (siehe auch Abschnitt 5.6.2, »Direct Input«).

Das Programm SAPMF05A und die Funktionsbausteine der Funktionsgruppe RWCL bieten ähnliche Erweiterungsmöglichkeiten, wobei natürlich Dialogerweiterungen nur für manuelle Buchungen sinnvoll sind und deshalb auch nur dort zur Verfügung stehen. Bei allen anderen Erweiterungen von Buchhaltungsbelegen, die in Anhang A, »Übersicht der Erweiterungen in der SAP-Finanzbuchhaltung«, aufgeführt werden, wird jeweils ein Vermerk gemacht, falls die Erweiterung nur für manuelle oder nur für automatische Buchungen zur Verfügung steht.

Im Allgemeinen sollte aber immer durch Tests sichergestellt werden, dass die gewünschte Erweiterung unabhängig von der Art der Erfassung bei allen relevanten Buchhaltungsbelegen greift.

5.6   Schnittstellen für Buchhaltungsbelege

Es gibt grundsätzlich zwei Wege, wie Buchhaltungsbelege in der Finanzbuchhaltung über Schnittstellen erfasst werden können:

▸ per Batch-Input bzw. Call Transaction
▸ per Direct Input

Analog zu den Batch-Input-Programmen für Stammdaten existiert mit dem Programm RFIBIBL00 auch ein Standard-Batch-Input-Programm für Buchhaltungsbelege. Wie üblich verarbeitet es eine sequenzielle Datei, deren Zeilen

Daten zu Batch-Input-Strukturen für Buchhaltungsbelege enthalten. Relevante Batch-Input-Strukturen sind:

► die Struktur BBKPF für Belegkopfdaten

► die Struktur BBSEG für Belegpositionsdaten

► die Struktur BBTAX für Steuerdaten

► die Struktur BBWITH für Quellensteuerdaten

► die Strukturen BSELK und BSELP für Selektionsdaten zum Ausgleich von offenen Posten

Neben der Buchung per Batch-Input bzw. Call Transaction, die im folgenden Abschnitt erläutert werden, unterstützt das Programm RFBIBL00 auch die Buchung per *Direct Input*, die anschließend in Abschnitt 5.6.2 beschrieben wird.

5.6.1 Batch-Input bzw. Call Transaction

Die Erfassung von Buchhaltungsbelegen mittels *Batch-Input* unterscheidet sich nur dadurch von der Erfassung per *Call Transaction*, dass im ersten Fall zunächst eine Batch-Input-Mappe mit den Buchungen erzeugt wird (siehe Kapitel 3, »Debitorenstammdaten«), während die Buchungen im zweiten Fall mithilfe der Anweisung CALL TRANSACTION ... USING ... direkt durchgeführt werden. Dabei werden in der Anweisung hinter USING die Batch-Input-Daten übergeben, die sonst in die Batch-Input-Mappe geschrieben würden.

Intern verwendet das Programm RFBIBL00 zur Erzeugung der Buchhaltungsbelege im Batch-Input- bzw. Call-Transaction-Modus verschiedene Funktionsbausteine der Funktionsgruppe FIPI, der sogenannten *internen Buchungsschnittstelle*:

► **Funktionsbaustein POSTING_INTERFACE_START**
Der Aufruf des Funktionsbausteins POSTING_INTERFACE_START initialisiert die interne Buchungsschnittstelle und legt fest, ob per Batch-Input oder Call Transaction gebucht werden soll. Im Batch-Input-Modus werden außerdem die notwendigen Informationen für die Erstellung der Batch-Input-Mappe wie der Mappenname oder der ausführende Benutzer übergeben.

► **Funktionsbaustein POSTING_INTERFACE_END**
Nach der Verarbeitung aller Buchhaltungsbelege wird der Funktionsbaustein POSTING_INTERFACE_END aufgerufen und die interne Buchungsschnittstelle für den nächsten Aufruf zurückgesetzt. Im Batch-Input-

Modus wird die Erstellung der Batch-Input-Mappe abgeschlossen. Abhängig von den übergebenen Parametern, wird gegebenenfalls zusätzlich das Abspielen der Mappe sofort oder zu einem späteren Zeitpunkt eingeplant.

Mehrfacher Aufruf des Funktionsbausteins POSTING_INTERFACE_START [+]

Die interne Buchungsschnittstelle unterstützt auch einen mehrfachen Aufruf des Funktionsbausteins POSTING_INTERFACE_START ohne vorherigen Aufruf des Funktionsbausteins POSTING_INTERFACE_END. In diesem Fall wird die aktuelle Verarbeitung ordnungsgemäß vom Funktionsbaustein POSTING_INTERFACE_START beendet, bevor eine neue Verarbeitung gestartet wird.

Nachdem die interne Buchungsschnittstelle initialisiert wurde, können die folgenden Funktionsbausteine beliebig oft aufgerufen werden:

▶ **Funktionsbaustein POSTING_INTERFACE_DOCUMENT**
Der wichtigste Funktionsbaustein ist POSTING_INTERFACE_DOCUMENT zur Erfassung von Buchhaltungsbelegen (Transaktionen FB01 und FBB1). Kopf- und Positionsdaten des Buchhaltungsbeleges werden im Parameter T_FTPOST übergeben, Steuerzeilen im Parameter T_FTTAX. Der Parameter T_FTPOST enthält Paare von Feldnamen und Feldwerten, wobei über einen Satztyp und einen Zähler festgelegt wird, ob das Feld zum Belegkopf (Satztyp K, Zähler 1) oder zu einer Belegzeile (Satztyp P, Zähler 1 bis 999) gehört.

Der Funktionsbaustein wandelt die übergebenen Daten in das Batch-Input-Format um und fügt sie zur Batch-Input-Mappe hinzu oder führt die Buchung direkt mittels Call Transaction aus.

▶ **Funktionsbaustein POSTING_INTERFACE_CLEARING**
Mit dem Funktionsbaustein POSTING_INTERFACE_CLEARING kann eine Buchung mit gleichzeitigem Ausgleich (Transaktion FB05) durchgeführt werden. Neben den Parametern des Funktionsbausteins POSTING_INTERFACE_DOCUMENT besitzt dieser Baustein zusätzlich einen Parameter T_FTCLEAR, in dem die Ausgleichsinformationen übergeben werden. Entsprechend der Transaktion FB05 wird aus einem ausgeglichenen Posten automatisch eine passende Buchungszeile erzeugt im Parameter T_FTPOST müssen nur alle übrigen Buchungszeilen übergeben werden.

▶ **Funktionsbaustein POSTING_INTERFACE_RESET_CLEAR**
Der Funktionsbaustein POSTING_INTERFACE_RESET_CLEAR nimmt einen Ausgleich zurück (Transaktion FBRA). Als Parameter erwartet der Funktionsbaustein den Buchungskreis, das Geschäftsjahr und die Ausgleichsbelegnummer.

▶ **Funktionsbaustein POSTING_INTERFACE_REVERSE_DOC**

Mit dem Funktionsbaustein `POSTING_INTERFACE_REVERSE_DOC` kann ein Beleg storniert werden (Transaktion FB08). An den Funktionsbaustein können alle Felder der Dialogtransaktion übergeben werden, im Wesentlichen der Schlüssel des zu stornierenden Belegs sowie die Angaben zur Stornobuchung und zur Scheckverwaltung.

5.6.2 Direct Input

Für die Erfassung von Buchhaltungsbelegen mittels Direct Input können Funktionsbausteine der bereits in Abschnitt 5.5, »Erweiterungen der Belegbuchung«, vorgestellten Funktionsgruppe `RWCL` verwendet werden, die auch für Standardschnittstellen aus angrenzenden Modulen in die Finanzbuchhaltung zum Einsatz kommen.

Im Gegensatz zum Batch-Input- bzw. Call-Transaction-Verfahren werden beim Direct-Input-Verfahren nicht die Benutzereingaben in Standardbuchungstransaktionen simuliert. Stattdessen werden alle Datenbankoperationen, die in den Standardbuchungstransaktionen nach dem Speichern eines Belegs durchgeführt werden, direkt ausgeführt, basierend auf den übergebenen Daten des Buchhaltungsbelegs. Dadurch ergibt sich ein Geschwindigkeitsvorteil gegenüber den zuvor genannten Verfahren. Die Fehleranalyse ist beim Direct-Input-Verfahren allerdings wesentlich schwieriger, weil immer der gesamte Beleg auf einmal verarbeitet wird. Bei der Buchung per Batch-Input ist es dagegen im Fehlerfall immer möglich, eine Batch-Input-Mappe zu erzeugen und sichtbar abzuspielen, um Fehler im Dialog zu identifizieren.

Im Programm `RFBIBL00` wird im Direct-Input-Modus zunächst der Funktionsbaustein `AC_DOCUMENT_DIRECT_INPUT` aus der Funktionsgruppe `RWFI` aufgerufen, der aber für die Buchung ebenfalls auf Funktionsbausteine der Funktionsgruppe `RWCL` zurückgreift. An diesen Funktionsbaustein können die Belegdaten in den Standard-Batch-Input-Strukturen übergeben werden, die dann in das passende Format für die Funktionsbausteine `AC_DOCUMENT_CREATE` und `AC_DOCUMENT_POST` der Funktionsgruppe `RWCL` umgewandelt werden.

In diesen beiden Funktionsbausteinen sind wiederum die Verarbeitung der übergebenen Daten des Buchhaltungsbeleges und die Durchführung der entsprechenden Datenbankoperationen zur Buchung eines Belegs implementiert.

Leider existieren im Standard weder im Programm `RFBIBL00` noch in den Funktionsbausteinen der Funktionsgruppe `FIPI` noch im Funktionsbaustein `AC_DOCUMENT_DIRECT_INPUT` Erweiterungsmöglichkeiten, um in die Erstellung von Buchhaltungsbelegen einzugreifen.

Sind an dieser Stelle Erweiterungen notwendig, bleibt nur die Möglichkeit, ein eigenes Batch-Input-Programm oder eigene Funktionsbausteine zu implementieren. Der Quellcode des Programms RFBIBL00 bzw. des daraus aufgerufenen Programms RFBIBL01 kann dabei gut als Referenz für eine eigene Implementierung verwendet werden.

Die eigentliche Buchung der Belege erfolgt letztendlich natürlich wieder entweder mit dem Programm SAPMF05A (Batch-Input und Call Transaction) oder mithilfe der Funktionsbausteine der Funktionsgruppe RWCL (Direct Input), sodass die Erweiterungen, die in diesem Kapitel beschrieben werden bzw. im Anhang zusammengestellt sind, auch hier durchlaufen werden.

5.7 Validierungen und Substitutionen

Validierungen und Substitutionen können verwendet werden, um Benutzereingaben bei der Belegerfassung zu prüfen und Feldwerte zu ersetzen. Einfache Prüfungen und Ersetzungen können mithilfe eines Regeleditors ohne ABAP-Kenntnisse definiert werden. Für die Umsetzung komplexerer Anforderungen müssen aber häufig User-Exits implementiert und aus den Validierungen und Substitutionen aufgerufen werden. Dieser Abschnitt soll keine detaillierte Einführung in das Thema Validierungen und Substitutionen sein, sondern nur die Verwendung von User-Exits in diesem Zusammenhang erläutern. Die Einrichtung von Validierungen und Substitutionen wird daher nur grob beschrieben.

Die Einstellungen zu Validierungen und Substitutionen erreichen Sie über den IMG-Pfad Finanzwesen (neu) • Grundeinstellungen Finanzwesen (neu) • Werkzeuge • Validierungen/Substitutionen • Validierung in Buchhaltungsbelegen bzw. Substitution in Buchhaltungsbelegen.

Validierungen und Substitutionen können zu verschiedenen Zeitpunkten während der Belegerfassung ausgeführt werden:

▸ für den Belegkopf
▸ für die Belegzeile
▸ für den gesamten Beleg

Für klassische Buchungstransaktionen bedeutet das, dass Validierungen und Substitutionen des Belegkopfes in der PAI-Logik des Start-Dynpros ausgeführt werden. Validierungen und Substitutionen für die Belegposition finden in der PAI-Logik jedes Dynpros zu einer Belegposition statt. In Enjoy-

Transaktionen, bei denen Kopf- und Positionsdaten im selben Dynpro dargestellt werden, werden Validierung und Substitutionen für den Belegkopf und
die Belegpositionen gleichzeitig in der PAI-Logik dieses Dynpros ausgeführt.
Validierungen und Substitutionen für den gesamten Beleg werden sowohl
für klassische als auch für Enjoy-Transaktionen beim Speichern des Belegs
durchlaufen.

Validierungen und Substitutionen werden einem oder mehreren Buchungskreisen zugeordnet und können generell oder nur für die Batch-Input-Verarbeitung aktiviert werden. Jede Validierung und Substitution besteht aus
einem oder mehreren Schritten. Ein einzelner *Validierungsschritt* besteht
dabei aus einer Voraussetzung für die Durchführung einer Prüfung, der Prüfung selbst und einer Meldung, falls die Prüfung fehlgeschlagen ist. Ein *Substitutionsschritt* hingegen besteht aus einer Voraussetzung für die Durchführung einer Feldersetzung und einer oder mehreren Ersetzungsregeln.
Sowohl in Voraussetzungen als auch in Prüfungen und Ersetzungsregeln
können dabei User-Exits verwendet werden, wenn sie nicht über den einge-
bauten Regeleditor definiert werden können.

5.7.1 Implementierung von User-Exits

Bevor User-Exits implementiert werden können, müssen zunächst Modulpools für den entsprechenden Quellcode angelegt und zugeordnet werden.
SAP liefert bereits zwei Modulpools als Vorlage aus, die in den Z-Namens-
raum kopiert werden sollten. Der erste Modulpool enthält User-Exits für
Voraussetzungen und Prüfungen. Der zweite Modulpool enthält User-Exits
für Substitutionen. Gehen Sie hierfür wie folgt vor:

1. Kopieren Sie das Programm RGGBR000 für User-Exits in die Komponenten
   Voraussetzungen und Prüfungen, und vergeben Sie den neuen Namen
   ZRGGBR000 für das Programm.

2. Kopieren Sie das Programm RGGBS000 für User-Exits in Substitutionen, und
   vergeben Sie den neuen Namen ZRGGBS000.

3. Starten Sie die Transaktion SM30, und bearbeiten Sie den Pflege-View
   V_T80D.

4. Ordnen Sie die gerade angelegten Programme, wie in Abbildung 5.10 zu
   sehen ist, den Arbeitsgebieten GBLR für Voraussetzungen und Prüfungen
   und GBLS für Substitutionen zu.

5. Speichern Sie die Einstellungen, und bestätigen Sie dabei die Warnmeldung zur Änderung von SAP-Daten.

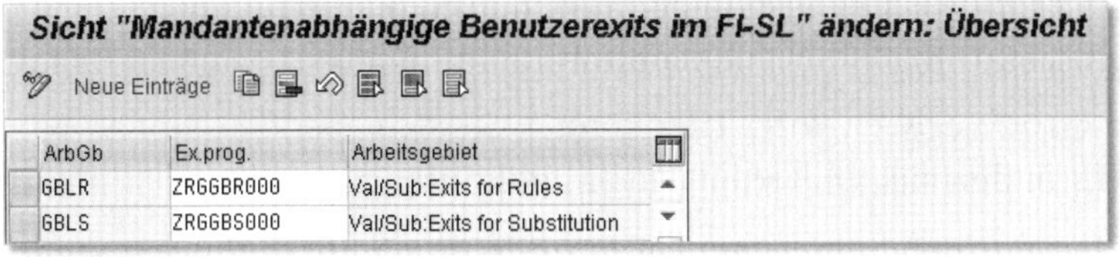

Sicht "*Mandantenabhängige Benutzerexits im FI-SL*" ändern: Übersicht

🌱 Neue Einträge ▯ ▯ ⌕ ▤ ▤ ▤

ArbGb	Ex.prog.	Arbeitsgebiet	▦
6BLR	ZR66BR000	Val/Sub:Exits for Rules	▲
6BLS	ZR66BS000	Val/Sub:Exits for Substitution	▼

Abbildung 5.10 Zuordnung des Arbeitsgebiets zu Modulpool

Um einen neuen User-Exit anzulegen, müssen Sie die folgenden Schritte ausführen:

1. Öffnen Sie den entsprechenden Modulpool für Ihren User-Exit für Validierungen oder Substitutionen.

2. Fügen Sie in der Form `GET_EXIT_TITLES` einen Codeabschnitt wie in Listing 5.7 ein. Für `name` können Sie einen beliebigen bis zu fünfstelligen Namen auswählen. Für die Bezeichnung definieren Sie ein Textsymbol im Modulpool und geben die Nummer als `title` an. Mit `param` legen Sie außerdem fest, welche Parameter an den Exit übergeben werden:

   ▶ `c_exit_param_none`:
   Es wird kein Parameter (außer `B_RESULT`, siehe Schritt 3) übergeben.

   ▶ `c_exit_param_field`:
   Bei User-Exits für Substitutionen wird das substituierbare Feld als einziger Parameter übergeben.

   ▶ `c_exit_param_class`:
   Bei User-Exits für Buchhaltungsbelege wird ein Parameter vom Typ `GB002_015` aus der Typgruppe `GB002` übergeben. Dieser besteht aus den Feldern der Tabellen BKPF und BSEG.

   Zu den Parametern finden Sie auch Beispiel-Exits in den ausgelieferten Modulpools. Der erste und dritte Parameter wird für User-Exits für Voraussetzungen und Prüfungen verwendet, der zweite Parameter, wie schon erwähnt, für User-Exits in Substitutionen.

```
exits-name  = 'UXXXX'.
exits-title = text-XXX.
exits-param = c_exit_param_none.
APPEND exits.
```

Listing 5.7 Codeabschnitt zur Bekanntmachung des User-Exits

3. Anschließend definieren Sie eine Form mit dem gewählten bis zu fünfstelligen Namen und entsprechenden Parametern in Abhängigkeit vom Wert von `param` in der Definition des User-Exits. User-Exits in Vorausset-

zungen und Prüfungen müssen außerdem einen Parameter B_RESULT besitzen, in dem das Ergebnis der Prüfung mit den Werten B_TRUE bzw. B_FALSE zurückgegeben wird. Hier können Sie sich ebenfalls an den Beispiel-Exits in den ausgelieferten Modulpools orientieren.

Schließlich können Sie den Exit in den Validierungs- bzw. Substitutionsschritten verwenden.

5.7.2 Beispielsubstitution mit User-Exits

Die Verwendung von User-Exits soll nun anhand einer konkreten Beispielsubstitution verdeutlicht werden, die sowohl in der Voraussetzung als auch in der Ersetzungsregel einen User-Exit verwendet. Das Ziel der Substitution ist es, zu prüfen, ob der Positionstext (Feld SGTXT) mit den Buchstaben REF und einem Bindestrich beginnt, und falls ja, den Text hinter dem Bindestrich in das Feld Referenzschlüssel 1 (Feld XREF1) zu schreiben.

Als Erstes müssen hierfür zwei User-Exits für die Voraussetzung und die Ersetzungsregel definiert werden:

1. Öffnen Sie das Programm ZRGGBR000, das Sie zuvor für User-Exits in Voraussetzungen angelegt haben.

2. Fügen Sie den Quelltext aus Listing 5.8 in die Form GET_EXIT_TITLES ein, und klicken Sie anschließend doppelt auf text-900, um die Beschreibung des User-Exits einzugeben.

   Im Quelltext wird ein User-Exit UBSP1 ohne zusätzliche Parameter bekannt gemacht.

   ```
   exits-name  = 'UBSP1'.           "User-Exit UBSP1
   exits-param = c_exit_param_none. "keine Parameter
   exits-title = text-900.          "Beispielvoraussetzung
   APPEND exits.
   ```

   Listing 5.8 User-Exit UBSP1 in Form GET_EXIT_TITLES bekannt machen

3. Fügen Sie den Quellcode aus Listing 5.9 für die Voraussetzung selbst ein. Darin wird geprüft, ob der Positionstext mit den Buchstaben REF und einem Bindestrich beginnt.

   ```
   FORM ubsp1 USING b_result.
     b_result = b_false.
     IF bseg-sgtxt(4) EQ 'REF-'.
       b_result = b_true.
   ```

```
    ENDIF.
ENDFORM.
```

Listing 5.9 User-Exit UBSP1 für die Prüfung des Positionstextes

4. Öffnen Sie das Programm ZRGGBS000, das Sie zuvor für User-Exits in Ersetzungsregeln angelegt haben.

5. Gehen Sie analog vor, um den User-Exit für die Ersetzungsregel anzulegen (siehe Listing 5.10 und Listing 5.11).

   Im User-Exit für die Ersetzungsregel wird das Feld XREF1 mit dem Inhalt des Feldes SGTXT ab der fünften Stelle ersetzt.

```
exits-name  = 'UBSP2'.             "User-Exit UBSP2
exits-param = c_exit_param_field. "ein Parameter
exits-title = text-900.            "Beispielsubstitution
APPEND exits.
```

Listing 5.10 User-Exit UBSP2 in Form GET_EXIT_TITLES bekannt machen

```
FORM ubsp2 USING xref1.
  xref1 = bseg-sgtxt+4.
ENDFORM.
```

Listing 5.11 User-Exit UBSP2 für die Ersetzung von Referenzschlüssel 1

Damit sind die User-Exits für die Verwendung in der Voraussetzung bzw. Ersetzungsregel einer Substitution vorbereitet. Im zweiten Schritt definieren Sie nun die Substitution selbst:

1. Starten Sie die Transaktion OBBH (IMG-Pfad FINANZWESEN (NEU) • GRUND-EINSTELLUNGEN FINANZWESEN (NEU) • WERKZEUGE • VALIDIERUNGEN/SUBSTITUTIONEN • SUBSTITUTION IN BUCHHALTUNGSBELEGEN), um in die Übersicht der Substitutionen zu gelangen.

2. Fügen Sie dort einen neuen Eintrag zum Zeitpunkt 2 (Belegposition) hinzu, und geben Sie einen Namen für die Substitution und den Buchungskreis an, in dem die Substitution durchgeführt werden soll (siehe Abbildung 5.11).

Abbildung 5.11 Substitution ZSUBST für die Belegposition in Buchungskreis 1000

3. Wenn Sie Ihre Eingabe bestätigen, erhalten Sie eine Fehlermeldung, dass die Substitution noch nicht existiert. Klicken Sie dann doppelt auf die Substitution, um sie anzulegen, und vergeben Sie eine Beschreibung für die Substitution.

4. Klicken Sie anschließend in der Drucktastenleiste auf SCHRITT EINFÜGEN, oder wählen Sie BEARBEITEN • SCHRITT EINFÜGEN im Menü und im folgenden Dialog das Feld XREF1 aus der Tabelle BSEG als Zielfeld für die Substitution.

5. Ihnen wird eine weitere Abfrage angezeigt, ob das Feld mit einem konstanten Wert, einem User-Exit oder aus einem anderen Feld gefüllt werden soll. Hier wählen Sie EXIT und vergeben anschließend einen Namen für den angelegten Substitutionsschritt (siehe Abbildung 5.12).

6. Klicken Sie nun links auf VORAUSSETZUNG, und wählen Sie den User-Exit UBSP1 aus.

7. Klicken Sie anschließend links auf SUBSTITUTIONEN, und geben Sie unter USER-EXIT UBSP2 ein.

8. Speichern Sie Ihre Änderungen, und kehren Sie zum Startbildschirm der Transaktion OBBH zurück. Dort erhalten Sie nun keine Fehlermeldung mehr, und Sie können die Substitution aktivieren, indem Sie im Feld AKTIVGRAD eine 1 eintragen. Mit dem Wert 2 könnten Sie die Substitution an dieser Stelle auch nur für die Batch-Input-Verarbeitung aktivieren. Bleibt das Feld AKTIVGRAD leer, ist die Substitution inaktiv.

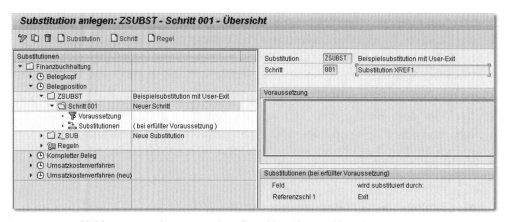

Abbildung 5.12 Substitutionsschritt für Feld »Referenzschlüssel 1«

Für den Test wurde ein Beleg mit zwei Belegzeilen erfasst (siehe Abbildung 5.13). Wie Sie sehen, wird das Feld REFERENZSCHLÜSSEL 1 aus dem Positionstext ersetzt, falls dieser mit der Zeichenfolge REF- beginnt.

Pos	BS	Konto	Betrag	Währg	Text	Referenzschlüssel 1
1	40	1000	1.000,00	EUR	Test	
2	50	1000	1.000,00-	EUR	REF-SUBSTITUTION	SUBSTITUTION

Abbildung 5.13 Test der Beispielsubstitution mit User-Exits

5.8 Zusammenfassung

In diesem Kapitel wurden zunächst die wichtigsten Tabellen und Transaktionen vorgestellt, die für die Erfassung von Buchhaltungsbelegen relevant sind. Anschließend wurde gezeigt, wie Buchungsdialoge angepasst und kundeneigene Zusatzkontierungen definiert werden können. Sie haben außerdem gelernt, welche Schritte bei der Verbuchung eines Buchhaltungsbeleges durchlaufen werden und welche Unterschiede es zwischen manuellen und automatischen Buchungen bezüglich ihrer Erweiterungsmöglichkeiten gibt.

Darüber hinaus wurde die Verwendung von User-Exits in Validierungen und Substitutionen für Buchhaltungsbelege erläutert.

6 Elektronischer Kontoauszug

Die Verarbeitung des elektronischen Kontoauszugs ist eine der zentralen periodischen Arbeiten in der Finanzbuchhaltung. In diesem Prozess wird, in der Regel täglich, eine Kontoauszugsdatei mit den Umsätzen des Vortages von der Bank abgeholt und im SAP-System verarbeitet. Die Abholung der Dateien kann auf verschiedenen Wegen erfolgen, die hier allerdings nicht weiter betrachtet werden. Stattdessen soll in diesem Kapitel gezeigt werden, wie die Kontoauszugsdaten im SAP-System verarbeitet werden und welche Erweiterungsmöglichkeiten zur Verfügung stehen.

Der elektronische Kontoauszug wird häufig erweitert, um manuelle Tätigkeiten während der Verarbeitung so weit wie möglich zu reduzieren. Hierfür existiert eine Vielzahl von Erweiterungsmöglichkeiten zu verschiedenen Zeitpunkten während des Verarbeitungsprozesses, von denen nur eine Auswahl in diesem Kapitel behandelt werden kann. Eine Übersicht über alle möglichen Erweiterungen finden Sie darüber hinaus in Anhang A, »Übersicht der Erweiterungen in der SAP-Finanzbuchhaltung«. Für die richtige Verwendung aller Erweiterungen ist es zunächst wichtig, den Ablauf der Kontoauszugsverarbeitung zu verstehen, auf den im ersten Abschnitt dieses Kapitels eingegangen wird.

6.1 Technischer Ablauf der Kontoauszugsverarbeitung

Die Verarbeitung des elektronischen Kontoauszugs erfolgt in mehreren Phasen, die im Folgenden beschrieben werden. Im Anschluss daran werden auch die Erweiterungsmöglichkeiten unterteilt nach diesen Phasen vorgestellt.

Einlesen der Kontoauszugsdaten

Die Kontoauszugsdatei kann von der Bank in verschiedenen Dateiformaten, wie zum Beispiel dem SWIFT-Standard MT940, geliefert werden und wird im SAP-System zunächst in interne Strukturen eingelesen, um die Daten anschließend formatunabhängig weiterverarbeiten zu können. Hierfür werden die folgenden Strukturen bzw. Tabellen verwendet:

- **Tabelle FEBKO**

  Die Tabelle FEBKO enthält Kopfinformationen zum elektronischen Kontoauszug wie die Absenderbank oder die Identifikation des Kontoauszugs.

- **Tabelle FEBEP**

  Die Tabelle FEBEP enthält Informationen zu den einzelnen Positionen des Kontoauszugs wie das Valutadatum, den Betrag oder den Geschäftsvorfallcode.

  Der *Geschäftsvorfallcode* einer Position ist bei der Verarbeitung des Kontoauszugs von zentraler Bedeutung, da er steuert, wie die Position im SAP-System gebucht wird. Der Geschäftsvorfallcode identifiziert die Art eines Umsatzes, zum Beispiel »Lastschrift per Einzugsermächtigung« oder »Auslandsüberweisung«.

- **Tabelle FEBRE**

  Die Tabelle FEBRE enthält den Verwendungszweck zu den Positionen des Kontoauszugs. Da der Verwendungszweck in mehreren Zeilen mit einer Länge von 65 Zeichen abgelegt wird, kann es zu einer Position mehrere Sätze in der Tabelle FEBRE geben.

- **Tabelle FEBCL**

  Während der Verarbeitung des Kontoauszugs ist es möglich, bei der Buchung eines Zahlungseingangs gleichzeitig eine Debitoren- oder Kreditorenposition auszugleichen. Die Tabelle FEBCL enthält hierfür die nötigen Ausgleichsinformationen zu einer Kontoauszugsposition.

Nachdem der Kontoauszug in diese formatunabhängigen Strukturen eingelesen wurde, beginnt die Interpretationsphase des elektronischen Kontoauszugs.

Interpretation der Kontoauszugsdaten

Während der Interpretation der Kontoauszugsdaten werden die eingelesenen Kopf- und Positionsinformationen durchlaufen, um die zugehörigen Buchungsregeln, Zielkonten und Ausgleichsinformationen zu bestimmen. Eine ausführliche Beschreibung der Einstellungen des Kontoauszugs finden Sie in der Dokumentation zur Aktivität GRUNDEINSTELLUNGEN FÜR DEN ELEKTRONISCHEN KONTOAUSZUG VORNEHMEN im Einführungsleitfaden unter FINANZWESEN • BANKBUCHHALTUNG • GESCHÄFTSVORFÄLLE • ZAHLUNGSVERKEHR • ELEKTRONISCHER KONTOAUSZUG (siehe Abbildung 6.1).

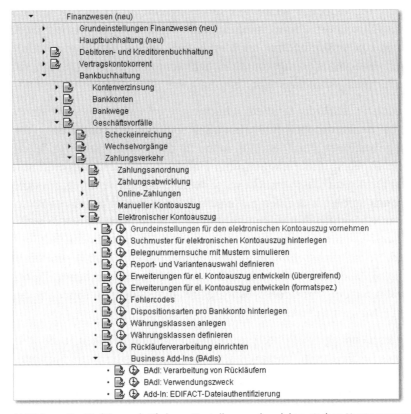

Abbildung 6.1 Einführungsleitfaden – Einstellungen des elektronischen Kontoauszugs

Vereinfacht ausgedrückt, wird einem Geschäftsvorfallcode eine *Buchungs-regel* zugeordnet, die definiert, auf welchen Konten und mit welchem Buchungsschlüssel die Kontoauszugsposition in der Finanzbuchhaltung gebucht wird. Die Buchung besteht dabei in der Regel aus zwei Schritten, den sogenannten *Buchungsbereichen*. In den meisten Fällen werden in einem ersten Schritt ein Bankkonto und ein Bankverrechnungskonto gebucht, und in einem zweiten Schritt werden erneut das Bankverrechnungskonto und ein Zielkonto gebucht. Die Buchung erfolgt über das Bankverrechnungskonto und nicht direkt auf das Zielkonto, damit das Bankkonto auf jeden Fall den richtigen Saldo ausweist, auch wenn das Zielkonto nicht automatisch bestimmt und die zweite Buchung deshalb nicht durchgeführt werden kann.

Es gibt auch Geschäftsvorfälle, bei denen bei der Verarbeitung des Kontoauszugs nur eine Buchung erfolgen muss, weil die zweite Buchung bereits zuvor durchgeführt wurde. Dies ist z. B. bei Überweisungen aus dem Kreditoren-zahllauf der Fall: Im Zahllauf werden fällige, offene Kreditorenposten mit einer Buchung »Kreditor an Bankverrechnungskonto« ausgeglichen. Nach der Durchführung der Überweisung durch die Bank wird der entsprechende Umsatz in einem Kontoauszug zurückgeliefert, und es wird nur noch die Buchung »Bankverrechnungskonto an Bankkonto« durchgeführt, um das Bankverrechnungskonto auszugleichen.

Neben diesen vollständig definierten Buchungsregeln gibt es auch Buchungsregeln, bei denen das Zielkonto dynamisch während der Kontoauszugsverarbeitung bestimmt wird. Hierfür kann in der Buchungsregel z. B. die Buchungsart »Ausgleich Personenkonto Haben« ausgewählt werden. Diese Auswahl führt dazu, dass versucht wird, anhand der Verwendungszweckinformationen automatisch einen passenden offenen Posten auf einem Personenkonto zu identifizieren und auszugleichen. Für die Bestimmung des offenen Postens können verschiedene sogenannte *Interpretationsalgorithmen* verwendet oder auch selbst definiert werden. Näheres dazu lesen Sie in Abschnitt 6.7, »Interpretationsalgorithmen«. Der auszugleichende Posten wird während der Interpretationsphase für die spätere Buchung in der Tabelle FEBCL gespeichert.

Im Zusammenhang mit Interpretationsalgorithmen können außerdem bestimmte *Suchmuster* definiert werden. Die Hauptaufgabe dieser Suchmuster besteht darin, den Verwendungszweck für den Interpretationsalgorithmus aufzubereiten. Sie können aber auch zur Anreicherung von weiteren Feldern des Kontoauszugs verwendet werden, worauf in Abschnitt 6.8, »Suchmuster«, noch eingegangen wird.

Buchung der Kontoauszugsdaten

Nachdem für alle Kontoauszugspositionen die Buchungsregeln und damit die zu buchenden Konten bestimmt wurden, werden in dieser Phase die Buchungen im System durchgeführt. Die Buchungen können sowohl per Call Transaction als auch per Batch-Input durchgeführt werden.

Nachbearbeitung der Kontoauszugsdaten

Alle Kontoauszugspositionen, die nicht vollständig gebucht wurden, können in der Kontoauszugsnachbearbeitung manuell angepasst und erneut gebucht werden. Wie eingangs bereits erwähnt, werden Erweiterungen des elektronischen Kontoauszugs häufig verwendet, um so viele Kontoauszugspositionen wie möglich automatisiert zu verarbeiten und damit den Aufwand für die Nachbearbeitung zu minimieren.

6.2   Programme und Transaktionen

An der Kontoauszugsverarbeitung sind verschiedene Programme beteiligt: Für das Einlesen der Kontoauszugsdatei wird die Transaktion FF_5 (RECHNUNGSWESEN • HAUPTBUCH • BANKEN • EINGÄNGE • KONTOAUSZUG • EINLESEN) bzw. das Programm RFEBKA00 verwendet. Das formatabhängige Einlesen geschieht allerdings nicht in diesem Programm selbst, sondern für jedes Format existiert ein eigenes Programm, wie z. B. das Programm RFEKA400 für das MT940-Format.

Nach dem Einlesen der Kontoauszugsdaten durch das Programm RFEBKA00 wird das Programm RFEBBU00 aufgerufen, das die Kontoauszugspositionen unter Zuhilfenahme des Programms RFEBBU10 interpretiert und anschließend bucht. Die Kontoauszugsnachbearbeitung wird schließlich in der Transaktion FEBAN durchgeführt.

6.3   Erweiterungen während des Einlesens der Kontoauszugsdaten

Das Programm RFEKA400 für das formatspezifische Einlesen des MT940-Formats besitzt mit der SAP-Erweiterung FEB00004 die Möglichkeit, die Rohdaten des Kontoauszugs vor dem Einlesen zu bearbeiten. Diese Erweiterung wird in diesem Abschnitt beispielhaft verwendet, damit bereits vor dem Einlesen des Kontoauszugs bestimmte Umsätze von der Verarbeitung ausgeschlossen werden können. Das ist dann sinnvoll, wenn ein Kontoauszug Umsätze zu Bankkonten enthält, die nicht im SAP-System geführt werden. Diese Umsätze können dann aus den Rohdaten des Kontoauszugs entfernt werden, sodass im Anschluss nur noch die relevanten Umsätze weiterverarbeitet werden.

Für das Verständnis der Erweiterung ist eine kurze Einführung in das MT940-Format erforderlich, die sich allerdings auf die für die Erweiterung wesentlichen Punkte beschränkt.

6.3.1   SWIFT-Standardformat MT940

Kontoauszüge im MT940-Format bestehen aus mehreren Sätzen, die wiederum aus einer definierten Sequenz von Feldern bestehen. Felder werden dabei in der Kontoauszugsdatei durch Feldnummern identifiziert. Jedes Feld innerhalb eines MT940-Satzes beginnt mit einem Doppelpunkt, der Feldnummer und einem weiteren Doppelpunkt. Nach dem zweiten Doppelpunkt folgt der Inhalt des Feldes, der mit einem Zeilenumbruch abgeschlossen wird. Die Gesamtlänge einer Zeile darf dabei 65 Zeichen nicht überschreiten.

Tabelle 6.1 enthält eine Beschreibung der wesentlichen Felder des MT940-Formats. Ein MT940-Satz besteht aus einer Sequenz dieser Felder, wobei die Felder 61 und 86 paarweise auftreten und innerhalb eines Satzes beliebig oft vorkommen können. Darüber hinaus gibt es noch weitere Felder, die optional verwendet werden können, die aber in der Tabelle nicht näher betrachtet werden.

Feldnummer	Beschreibung
20	Das Feld 20 markiert den Beginn eines MT940-Satzes in der Kontoauszugsdatei und enthält eine Auftragsreferenz.
25	Das Feld 25 enthält die Kontobezeichnung, das heißt die Bankleitzahl bzw. den SWIFT-Code und die Kontonummer.
28C	Das Feld 28C enthält die Auszugsnummer und die Blattnummer.
60F	Das Feld 60F enthält den Anfangssaldo inklusive Soll-/Haben-Kennzeichen in der Kontowährung.
61	Das Feld 61 enthält eine Umsatzzeile mit Valutadatum, Buchungsdatum, Soll-/Haben-Kennzeichen, Betrag etc.
86	Das Mehrzweckfeld 86 enthält Informationen wie den Geschäftsvorfallcode, den Buchungstext, den Verwendungszweck und Informationen zum Auftraggeber.
62F	Das Feld 62F enthält den Schlusssaldo und markiert das Ende eines MT940-Satzes.

Tabelle 6.1 Wesentliche Felder des MT940-Formats

In Listing 6.1 sehen Sie beispielhaft einen typischen MT940-Satz. Zum besseren Verständnis ist anstelle der Feldinhalte jeweils eine Beschreibung der Feldinhalte in eckigen Klammern aufgeführt. Die Abkürzung S/H steht dabei für das Soll-/Haben-Kennzeichen, GVC für den Geschäftsvorfallcode.

```
:20:[Auftragsreferenz]
:25:[Bankleitzahl bzw. SWIFT-Code]/[Kontonummer]
:28C:[Auszugsnummer]/[Blattnummer]
:60F:[S/H][Buchungsdatum][Währung][Saldo]
:61:[Valutadatum][Buchungsdatum][S/H][Währungsart][Betrag]...
:86:[GVC][Buchungstext]...[Verwendungszweck]...
:61:[Valutadatum][Buchungsdatum][S/H][Währungsart][Betrag]...
:86:[GVC][Buchungstext]...[Verwendungszweck]...
:62F:[S/H][Buchungsdatum][Währung][Saldo]
```

Listing 6.1 Beispiel eines MT940-Satzes

6.3.2 Erweiterungen während des Einlesens des MT940-Formats

Die hier gezeigte Beispielimplementierung der SAP-Erweiterung FEB00004 soll, wie bereits erwähnt, bestimmte Umsätze von der Kontoauszugsverarbeitung ausschließen. Dieser Ausschluss soll abhängig von der Kombination aus Bankleitzahl und Kontonummer erfolgen. Wenn Sie sich den Aufbau eines MT940-Satzes in Listing 6.1 noch einmal anschauen, sehen Sie, dass ein Satz jeweils mit dem Feld 20 beginnt, mit dem Feld 62F endet und die Umsätze zum Konto aus dem Feld 25 enthält. In der SAP-Erweiterung muss demnach in den Rohdaten für alle Felder mit der Nummer 25 geprüft werden, ob die enthaltene Kombination von Bankleitzahl bzw. SWIFT-Code und Kontonummer relevant ist. Ist eine Kombination nicht relevant, muss der gesamte Satz – vom Anfang des Feldes 20 bis zum Ende des Feldes 62F – aus den Rohdaten entfernt werden.

Die Relevanz von Bankleitzahl bzw. SWIFT-Code und Kontonummer soll in diesem Beispiel mithilfe einer kundeneigenen Tabelle geprüft werden, die alle relevanten Kombinationen enthält. Gehen Sie hierfür wie folgt vor:

1. Legen Sie eine kundeneigene Anwendungstabelle ZFEB00004 mit den Feldern BANKL und BANKN mit dem jeweils gleichnamigen Datenelement für die relevanten Bankverbindungen an (siehe Abbildung 6.2), und erstellen Sie einen Pflege-View.

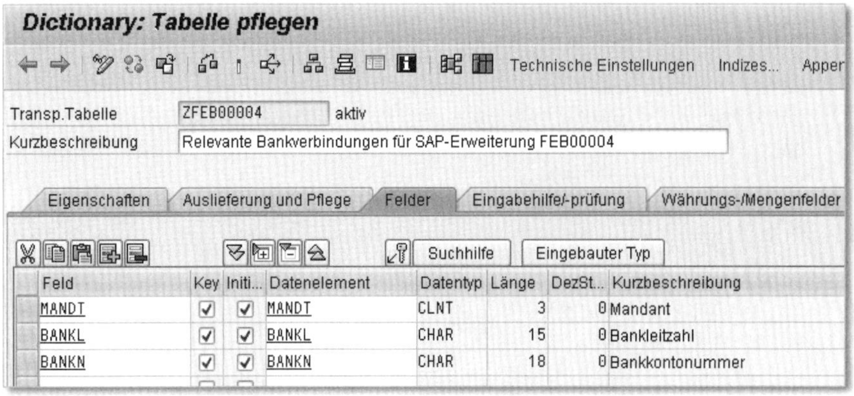

Abbildung 6.2 Kundeneigene Tabelle für relevante Bankverbindungen

Beachten Sie dabei, dass die Bankleitzahl bzw. der SWIFT-Code im MT940-Format maximal achtstellig und die Kontonummer maximal 23-stellig sein kann. Abhängig von den tatsächlich gelieferten Daten, müssen in einer echten Implementierung gegebenenfalls andere Datenelemente verwendet werden; für dieses Beispiel reichen die genannten Datenelemente allerdings aus.

2. Wählen Sie FINANZWESEN (NEU) • BANKBUCHHALTUNG • GESCHÄFTSVORFÄLLE • ZAHLUNGSVERKEHR • ELEKTRONISCHER KONTOAUSZUG • ERWEITERUNGEN FÜR DEN EL. KONTOAUSZUG ENTWICKELN (FORMATSPEZ.) im Einführungsleitfaden (siehe Abbildung 6.1), oder starten Sie die Transaktion CMOD.

3. Legen Sie ein neues Erweiterungsprojekt ZFEB0004 an, und vergeben Sie einen Kurztext für die Erweiterung.

4. Wählen Sie ZUORDNUNG ERWEITERUNG in der Drucktastenleiste aus, und ordnen Sie die Erweiterung FEB00004 zu.

5. Wählen Sie KOMPONENTEN in der Drucktastenleiste aus, und klicken Sie anschließend doppelt auf den Funktions-Exit EXIT_RFEKA400_001.

   Wie Sie sehen, werden die Kontoauszugsdaten in einer Tabelle vom Typ RAW_DATA an den Funktionsbaustein der Erweiterung übergeben. Wie bei SAP-Erweiterungen üblich besteht der Quellcode des Funktionsbausteins nur aus einem Z-Include.

6. Klicken Sie doppelt auf das Include ZXF01U06, um es anzulegen, und fügen Sie den Quellcode aus Listing 6.2 ein.

```
*&---------------------------------------------------------------------*
*&  Include           ZXF01U06
*&---------------------------------------------------------------------*
  DATA: ls_feb00004 TYPE zfeb00004.
  DATA: lt_data TYPE TABLE OF raw_data.
  DATA: lt_data_temp LIKE lt_data.
  DATA: ls_data LIKE LINE OF lt_data.
  DATA: lv_bankl TYPE bankl.
  DATA: lv_bankn TYPE bankn.
  DATA: lv_relevant TYPE c.

* Rohdaten sichern und initialisieren
  lt_data[] = t_raw_data[].
  REFRESH t_raw_data.

* Gelieferte Umsätze prüfen
  LOOP AT lt_data INTO ls_data.
    APPEND ls_data TO lt_data_temp.
    IF ls_data(3) EQ ':20'.
*     Neue Bankverbindung zunächst nicht relevant
      CLEAR lv_relevant.
    ELSEIF ls_data(3) EQ ':25'.
```

```
*        Prüfung, ob Bankverbindung relevant ist
         lv_bankl = ls_data-line+4(8).
         lv_bankn = ls_data-line+13(18).
         SELECT SINGLE * FROM zfeb00004 INTO ls_feb00004
           WHERE bankl EQ lv_bankl
             AND bankn EQ lv_bankn.
         IF sy-subrc EQ 0.
           lv_relevant = 'X'.
         ENDIF.
      ELSEIF ls_data(4) EQ ':62F'.
*        Relevante Umsätze hinzufügen
         IF lv_relevant IS NOT INITIAL.
           APPEND LINES OF lt_data_temp TO t_raw_data.
         ENDIF.
         CLEAR lt_data_temp.
      ENDIF.
    ENDLOOP.
```

Listing 6.2 Bearbeitung der Rohdaten des Kontoauszugs im MT940-Format

Im Quellcode werden die Rohdaten des Kontoauszugs zunächst in eine lokale interne Tabelle kopiert und für die Weiterverarbeitung initialisiert. Anschließend wird die lokale Tabelle mit den Rohdaten durchlaufen und geprüft, ob die Bankverbindungen aus Feld 25 in der Tabelle ZFEB00004 enthalten sind. Gleichzeitig werden in einer zweiten internen Tabelle LT_DATA_TEMP alle Zeilen zum aktuellen MT940-Satz gesammelt. Wird mit dem Feld 62F das Ende des Satzes erreicht, wird geprüft, ob die zugehörige Bankverbindung relevant ist, und abhängig davon werden die Zeilen des Satzes zur Weiterverarbeitung in die Tabelle T_RAW_DATA eingefügt oder verworfen.

Der Quellcode soll nur die Idee dieser Erweiterung demonstrieren, aus Gründen der Übersichtlichkeit wurde absichtlich auf die Fehlerbehandlung und eine eventuell notwendige Aufbereitung der gefundenen Bankverbindung verzichtet, die abhängig von der liefernden Bank z. B. auch mit führenden Nullen geliefert werden könnte.

7. Speichern und aktivieren Sie das Include ZXF01U06, kehren Sie zurück in die SAP-Erweiterung ZFEB0004, und aktivieren Sie auch diese.

Ist die SAP-Erweiterung aktiv, werden nur noch Auszüge zu Konten eingelesen, die in der Tabelle ZFEB00004 definiert sind.

6.4   Erweiterungen während der Interpretation der Kontoauszugsdaten

Nach dem Einlesen des Kontoauszugs durch das Programm RFEBKA00 liegen alle Informationen in den Tabellen FEB* vor, die im Anschluss vom Programm RFEBBU00 weiterverarbeitet werden. Die Interpretation der Kontoauszugsdaten erfolgt im Programm RFEBBU10, das für jede Kontoauszugsposition nacheinander die definierten Suchmuster anwendet und den zugeordneten Interpretationsalgorithmus ausführt. *Interpretationsalgorithmen* dienen dazu, Ausgleichsinformationen für die Buchung einer Kontoauszugsposition aus dem Verwendungszweck abzuleiten, während *Suchmuster* sowohl für die Aufbereitung des Verwendungszwecks als auch für das Füllen zusätzlicher Felder aus dem Verwendungszweck eingesetzt werden können (siehe Abschnitte 6.7, »Interpretationsalgorithmen«, und 6.8, »Suchmuster«).

In der Interpretationsphase können darüber hinaus für die Anreicherung von Ausgleichsinformationen bzw. zusätzlicher Felder die folgenden Erweiterungen verwendet werden:

▶ **P&S-Schnittstelle 00002810**
Die P&S-Schnittstelle 00002810 wird für die Registrierung eines Umsatzes des Kontoauszugs zur Verarbeitung durch die Prozessschnittstelle 00002820 und die Prozessschnittstelle 00002810 (siehe Abschnitt 6.5, »Erweiterungen während der Buchung der Kontoauszugsdaten«) verwendet. In Listing 6.3 sehen Sie die Schnittstelle des zugehörigen Musterfunktionsbausteins. An den Funktionsbaustein werden die Kopf- und Positionsinformationen, der Verwendungszweck und die bereits abgeleiteten Ausgleichsinformationen des aktuellen Umsatzes übergeben. Bei den Kopf- und Positionsinformationen wird zwischen externen Daten, die direkt aus dem Kontoauszug stammen, und internen Daten unterschieden, die während des Einlesens z. B. aus dem Customizing angereicht wurden.

```
IMPORTING
  VALUE(I_FEBKO_EXT) LIKE FEBKOXT_BF STRUCTURE FEBKOXT_BF
  VALUE(I_FEBEP_EXT) LIKE FEBEPXT_BF STRUCTURE FEBEPXT_BF
  VALUE(I_FEBKO_INT) LIKE FEBKOIN_BF STRUCTURE FEBKOIN_BF
  VALUE(I_FEBEP_INT) LIKE FEBEPIN_BF STRUCTURE FEBEPIN_BF
  VALUE(I_TESTRUN) TYPE XFLAG OPTIONAL
EXPORTING
  VALUE(E_REGISTER_AREA_1) LIKE BOOLE-BOOLE
  VALUE(E_REGISTER_AREA_2) LIKE BOOLE-BOOLE
```

```
VALUE(E_SUPPR_STD_AREA_1) LIKE BOOLE-BOOLE
VALUE(E_SUPPR_STD_AREA_2) LIKE BOOLE-BOOLE
TABLES
  T_FEBRE STRUCTURE FEBRE_BF
  T_FEBCL STRUCTURE FEBCL_BF
```

Listing 6.3 Schnittstelle des Musterfunktionsbausteins zur P&S-Schnittstelle 00002810

Mithilfe der Rückgabeparameter E_REGISTER_AREA_1 und E_REGISTER_AREA_2 kann der erste und/oder zweite Buchungsbereich des aktuellen Umsatzes zur Verarbeitung durch die oben genannten Prozessschnittstellen registriert werden. Wie Sie in Abschnitt 6.5, »Erweiterungen während der Buchung der Kontoauszugsdaten«, sehen werden, kann die Prozessschnittstelle 00002810 verwendet werden, um eine eigene Buchung des Umsatzes im jeweiligen Buchungsbereich zu implementieren. Daher kann in der P&S-Schnittstelle 00002810 außerdem die Standardbuchung in den Buchungsbereichen über das zweite Paar von Exportparametern (E_SUPPR_STD_AREA_1 und E_SUPPR_STD_AREA_2) unterdrückt werden. Wird die Standardbuchung in beiden Buchungsbereichen deaktiviert, wird auch die Anwendung der Suchmuster bzw. die Ausführung des Interpretationsalgorithmus unterdrückt.

Bei der Konfiguration der Business Transaction Events (BTE) ist zu beachten, dass ein Applikationskennzeichen angegeben werden muss, da die Prozessschnittstellen 00002810 und 00002820 nur dann ausgeführt werden, wenn das Applikationskennzeichen der BTEs dem Applikationskennzeichen der P&S-Schnittstelle 00002810 entspricht und nicht leer ist. Außerdem darf nur genau eine Applikation pro Buchungskreis aktiv sein.

▶ **Prozessschnittstelle 00002820**

Die Prozessschnittstelle 00002820 kann außerdem verwendet werden, um die Kontoauszugsdaten vor der Anwendung der Suchmuster und vor der Ausführung des Interpretationsalgorithmus zu verändern. Die Schnittstelle des Musterfunktionsbausteins entspricht prinzipiell der Schnittstelle des zuvor genannten Events (siehe Listing 6.4). Statt der Flags zur Registrierung des Einzelpostens können hier allerdings aktualisierte Kopf- und Positionsinformationen zurückgegeben werden. Für den zweiten Buchungsbereich können außerdem der Verwendungszweck und die Ausgleichsinformationen in den Parametern T_FEBRE und T_FEBCL aktualisiert werden. Alle Daten werden nur dann aus dem BTE übernommen, wenn das Flag E_UPDATE_FEB gesetzt ist.

```
IMPORTING
  VALUE(I_FEBKO_EXT) LIKE FEBKOXT_BF STRUCTURE FEBKOXT_BF
  VALUE(I_FEBEP_EXT) LIKE FEBEPXT_BF STRUCTURE FEBEPXT_BF
  VALUE(I_FEBKO_INT) LIKE FEBKOIN_BF STRUCTURE FEBKOIN_BF
  VALUE(I_FEBEP_INT) LIKE FEBEPIN_BF STRUCTURE FEBEPIN_BF
  VALUE(I_TESTRUN) TYPE XFLAG OPTIONAL
EXPORTING
  VALUE(E_FEBKO_EXT) LIKE FEBKOXT_BF STRUCTURE FEBKOXT_BF
  VALUE(E_FEBEP_EXT) LIKE FEBEPXT_BF STRUCTURE FEBEPXT_BF
  VALUE(E_FEBKO_INT) LIKE FEBKOIN_BF STRUCTURE FEBKOIN_BF
  VALUE(E_FEBEP_INT) LIKE FEBEPIN_BF STRUCTURE FEBEPIN_BF
  VALUE(E_UPDATE_FEB) LIKE BOOLE-BOOLE
TABLES
  T_FEBRE STRUCTURE FEBRE_BF
  T_FEBCL STRUCTURE FEBCL_BF
```

Listing 6.4 Schnittstelle des Musterfunktionsbausteins zur Prozessschnittstelle 00002820

▶ **Business Add-In FIEB_CHANGE_BS_DATA**

Alternativ zur Kombination der genannten BTEs kann auch die Methode CHANGE_DATA des BAdIs FIEB_CHANGE_BS_DATA verwendet werden, um Daten des Kontoauszugs vor der Anwendung der Suchmuster und der Ausführung des Interpretationsalgorithmus zu verändern. In Abbildung 6.3 sehen Sie die wichtigsten Parameter der Methode CHANGE_DATA. Genau wie in der Prozessschnittstelle 00002820 können in der Methode die Kopf- und Positionsinformationen und die Ausgleichskriterien des aktuellen Umsatzes verändert werden. Darüber hinaus besitzt die Methode noch Parameter, die in der Abbildung ausgeblendet wurden und die dazu dienen, im Fehlerfall, der eintritt, wenn der Rückgabewert in E_SUBRC ungleich 0 ist, eine entsprechende Nachricht zurückzugeben.

Art	Parameter	Typisierung	Beschreibung
▷□	I_TESTRUN	TYPE XFELD	Feld zum Ankreuzen
▷□	T_FEBRE	TYPE STANDARD TABLE	
□▷	E_SUBRC	TYPE SY-SUBRC	Rückgabewert, Rückgabewert nach ABAP-Anweisungen
▷□▷	C_FEBKO	TYPE FEBKO	Kopfsätze des Elektronischen Kontoauszugs
▷□▷	C_FEBEP	TYPE FEBEP	Einzelposten des Elektronischen Kontoauszugs
▷□▷	T_FEBCL	TYPE STANDARD TABLE	

Abbildung 6.3 Ausschnitt aus der Signatur der Methode CHANGE_DATA des BAdIs FIEB_CHANGE_BS_DATA

▶ **SAP-Erweiterung FEB00001**

Eine weitere Möglichkeit, die Kopf- und Positionsinformationen des Kontoauszugs zu ändern, besteht mit der SAP-Erweiterung FEB00001, die nach der Anwendung der Suchmuster und der Ausführung des Interpretationsalgorithmus aufgerufen wird. Die Schnittstelle des zugehörigen Funktionsbausteins ist in Listing 6.5 zu sehen. In den Parametern E_FEBKO und E_FEBEP, die beim Aufruf der Erweiterung initialisiert sind, können die neuen Kopf- und Positionsinformationen zurückgegeben werden. Außerdem können die Parameter E_MSGTEXT und E_MSGTYP für die Rückgabe einer Nachricht verwendet werden. Das Flag E_UPDATE wird bei der Aktualisierung der Kopf- und Positionsinformationen nicht berücksichtigt, die Daten werden jeweils aus der Erweiterung übernommen, wenn die Parameter E_FEBKO bzw. E_FEBEP nach dem Aufruf des Funktionsbausteins nicht initial sind.

```
IMPORTING
  VALUE(I_FEBEP) LIKE FEBEP STRUCTURE FEBEP
  VALUE(I_FEBKO) LIKE FEBKO STRUCTURE FEBKO
  VALUE(I_TESTRUN) TYPE XFLAG
EXPORTING
  VALUE(E_FEBEP) LIKE FEBEP STRUCTURE FEBEP
  VALUE(E_FEBKO) LIKE FEBKO STRUCTURE FEBKO
  VALUE(E_MSGTEXT) LIKE FEBMKA-MESSG
  VALUE(E_MSGTYP) LIKE FEBMKA-MSTYP
  VALUE(E_UPDATE) LIKE FEBMKA-MSTYP
TABLES
  T_FEBCL STRUCTURE FEBCL
  T_FEBRE STRUCTURE FEBRE
```

Listing 6.5 Schnittstelle des Funktionsbausteins zu SAP-Erweiterung FEB00001

▶ **Business Add-In FIEB_CHANGE_STATEMNT**
Nachdem die Interpretation aller Umsätze eines Kontoauszugs abgeschlossen ist, wird die Methode CHANGE_DATA des BAdIs FIEB_CHANGE_STATEMNT aufgerufen. Wie Sie in der Signatur der Methode in Abbildung 6.4 sehen, können Änderungen zu Kopf- und Positionsinformationen zurückgegeben und Ausgleichskriterien entfernt oder geändert werden. Dabei ist zu beachten, dass die Methode nur einmal pro Kontoauszug für alle Positionen aufgerufen wird.

Genau wie im BAdI FIEB_CHANGE_BS_DATA besitzt auch hier die Methode CHANGE_DATA weitere Parameter, die in der Abbildung ausgeblendet wurden, die im Fehlerfall eine Nachricht zurückgeben.

Das BAdI FIEB_CHANGE_STATEMNT ist filterabhängig, und es können unterschiedliche Implementierungen abhängig vom Land des Buchungskreises erstellt werden, in dem der Kontoauszug gebucht wird.

Art	Parameter	Typisierung	Beschreibung
▶□	ID_TESTRUN	TYPE XFELD	Feld zum Ankreuzen
▶□	IT_FEBRE	TYPE STANDARD TABLE OPTIONAL	Verwendungszwecke
▶□	IT_FEBEP	TYPE STANDARD TABLE	Einzelposten
▶□	IT_FEBCL	TYPE STANDARD TABLE OPTIONAL	Ausgleichsinformationen
▶□	VALUE(FLT_VAL)	TYPE LAND1	Parameter FLT_VAL der Methode CHANGE_DATA
□▶	ET_FEBEP	TYPE STANDARD TABLE	Geänderte Einzelposten
□▶	ET_FEBCL	TYPE STANDARD TABLE	Geänderte Ausgleichsinformationen
□▶	ET_DELETE_FEBCL	TYPE STANDARD TABLE	Gelöschte Ausgleichsinformationen
▶□▶	CS_FEBKO	TYPE FEBKO	Kopfsätze des Elektronischen Kontoauszugs

Abbildung 6.4 Ausschnitt aus der Signatur der Methode CHANGE_DATA des BAdIs FIEB_CHANGE_STATEMNT

6.5 Erweiterungen während der Buchung der Kontoauszugsdaten

Nach der Interpretation der Kontoauszugsdaten und der Anreicherung der zusätzlichen Felder und Ausgleichsinformationen durch das Programm RFEBBU10 werden vom Programm RFEBBU00 aus den Daten in den FEB*-Tabellen Buchungsbelege erzeugt. Auch hier existieren verschiedene Erweiterungen, um in die Standardlogik einzugreifen:

▶ **Prozessschnittstelle 00002810**

Wie bereits in Abschnitt 6.4, »Erweiterungen während der Interpretation der Kontoauszugsdaten«, kurz erwähnt, kann die Prozessschnittstelle 00002810 zur kundeneigenen Buchung eines Umsatzes des Kontoauszugs verwendet werden. Dabei entscheidet die Rückgabe der P&S-Schnittstelle 00002810 darüber, ob die Buchungen im entsprechenden Buchungsbereich anstelle der Standardbuchungen oder zusätzlich zu den Standardbuchungen durchgeführt werden.

In Listing 6.6 sehen Sie die Schnittstelle des Musterfunktionsbausteins zur Prozessschnittstelle 00002810. Neben den bereits bekannten Parametern für die Informationen des Kontoauszugs werden dem Funktionsbaustein der aktuelle Buchungsbereich im Parameter I_POSTING_AREA, die Buchungsart (B für Batch-Input bzw. C für Call Transaction) im Parameter I_FUNCTION und die Abspielart (A für »alle Dynpros anzeigen«, E für »nur fehlerhafte Dynpros anzeigen« und N für die Hintergrundverarbeitung) im Parameter I_MODE übergeben.

Im Parameter E_FEBDOC kann die gebuchte Belegnummer zurückgegeben und deren Art frei festgelegt werden. Diese Belegnummern werden nach der Buchung zusammen mit den Positionsinformationen in der Tabelle

FEBEP gespeichert und können so in der Nachbearbeitung angezeigt werden. Im Fehlerfall können im Parameter E_MESSAGES Nachrichten aus dem Funktionsbaustein zurückgegeben werden. Nur wenn keine genaue Fehlerursache zurückgegeben werden kann, sollte die Ausnahme POSTING_ERROR ausgelöst werden, die zur Ausgabe einer generischen Fehlermeldung ohne Berücksichtigung des Parameters E_MESSAGES führt.

```
IMPORTING
 VALUE(I_FEBKO_EXT) LIKE FEBKOXT_BF STRUCTURE FEBKOXT_BF
 VALUE(I_FEBEP_EXT) LIKE FEBEPXT_BF STRUCTURE FEBEPXT_BF
 VALUE(I_FEBKO_INT) LIKE FEBKOIN_BF STRUCTURE FEBKOIN_BF
 VALUE(I_FEBEP_INT) LIKE FEBEPIN_BF STRUCTURE FEBEPIN_BF
 VALUE(I_POSTING_AREA) TYPE POSAR_BF
 VALUE(I_FUNCTION) TYPE FEBFC_BF
 VALUE(I_MODE) TYPE BDC_AMOD
 VALUE(I_TESTLAUF) TYPE XFLAG OPTIONAL
TABLES
  T_FEBRE STRUCTURE FEBRE_BF
  T_FEBCL STRUCTURE FEBCL_BF
  E_FEBDOC STRUCTURE FEBDOC_BF
  E_MESSAGES STRUCTURE BALMT
EXCEPTIONS
  POSTING_ERROR
```

Listing 6.6 Schnittstelle des Musterfunktionsbausteins zur Prozessschnittstelle 00002810

▶ **Business Add-In FEB_BADI**

Kurz vor der Ausführung der Standardbuchung wird die Methode CHANGE_POSTING_DATA des BAdIs FEB_BADI aufgerufen, die für die Änderung der Buchungsdaten verwendet werden kann. Für die Standardbuchung wird die interne Buchungsschnittstelle bzw. der Funktionsbaustein POSTING_INTERFACE_DOCUMENT verwendet (siehe Abschnitt 5.6, »Schnittstellen für Buchhaltungsbelege«). Für diesen Funktionsbaustein werden die Buchungsdaten in den Parametern T_FTPOST, T_FTCLEAR und T_FTTAX aufbereitet, die vor der Buchung an das BAdI übergeben und dort verändert werden können. Wie Sie in Abbildung 6.5 sehen können, stehen in der Methode außerdem sämtliche Informationen des Kontoauszugs zum aktuellen Umsatz zur Verfügung. Der Parameter I_IKOFI enthält Informationen zur Kontenfindung, von ihm wird z. B. im Feld EIGR2 der aktuelle Buchungsbereich übergeben.

Art	Parameter	Typisierung	Beschreibung
⋈	I_AUGLV	TYPE T041A-AUGLV OPTIONAL	Ausgleichsvorgang
⋈	I_TCODE	TYPE SY-TCODE OPTIONAL	ABAP-Programm, aktueller Transaktionscode
⋈	I_FEBKO	TYPE FEBKO OPTIONAL	Kopfsätze des Elektronischen Kontoauszugs
⋈	I_FEBEP	TYPE FEBEP OPTIONAL	Einzelposten des Elektronischen Kontoauszugs
⋈	I_IKOFI	TYPE IKOFI OPTIONAL	Kontenfindung: Interne Übergabeschnittstelle
⋈⋗	T_FTPOST	TYPE STANDARD TABLE OPTIONAL	
⋈⋗	T_FTCLEAR	TYPE STANDARD TABLE OPTIONAL	Kennzeichen für Standardsicht
⋈⋗	T_FTTAX	TYPE STANDARD TABLE OPTIONAL	Kennzeichen für Standardsicht
⋈⋗	T_FEBRE	TYPE STANDARD TABLE OPTIONAL	Kennzeichen für Standardsicht
⋈⋗	T_FEBCL	TYPE STANDARD TABLE OPTIONAL	Kennzeichen für Standardsicht

Abbildung 6.5 Ausschnitt aus der Signatur der Methode CHANGE_POSTING_DATA des BAdIs FEB_BADI

▶ **Funktionsbausteine Z_FEB_1* und Z_FEB_2***

Eine weitere Möglichkeit, die Buchungsdaten vor der Durchführung der Standardbuchungen zu verändern, ist die Verwendung kundeneigener Funktionsbausteine, die zum selben Zeitpunkt aufgerufen werden wie z. B. das BAdI FEB_BADI.

Um diese Funktionsbausteine nutzen zu können, müssen in der SAP-Erweiterung FEB00001 (die Sie bereits aus Abschnitt 6.4, »Erweiterungen während der Interpretation der Kontoauszugsdaten«, kennen) zusätzliche Zeilen in die Tabelle T_FEBCL eingefügt werden. Bei den zusätzlichen Zeilen handelt es sich in diesem Fall nicht um Ausgleichskriterien, sondern um spezielle Einträge für die Aktivierung der kundeneigenen Funktionsbausteine. In diesen Einträgen müssen das Feld SELFD mit dem Wert FB und das Feld SELVON mit dem Namen des auszuführenden Funktionsbausteins gefüllt werden. Auf diese Weise können zwei Funktionsbausteine für die beiden Buchungsbereiche aktiviert werden, wobei der Name des Funktionsbausteins für den ersten Buchungsbereich die Zeichenkette FEB_1_ und der Name des Funktionsbausteins für den zweiten Buchungsbereich die Zeichenkette FEB_2_ enthalten muss.

```
IMPORTING
  VALUE(I_FEBEP) LIKE FEBEP STRUCTURE FEBEP
  VALUE(I_FEBKO) LIKE FEBKO STRUCTURE FEBKO
  VALUE(I_TCODE) LIKE SY-TCODE
  VALUE(I_AUGLV) LIKE T041A-AUGLV
EXPORTING
  VALUE(E_MSGID) LIKE SY-MSGID
  VALUE(E_MSGTY) LIKE SY-MSGTY
  VALUE(E_MSGV1) LIKE SY-MSGV1
  VALUE(E_MSGV2) LIKE SY-MSGV2
  VALUE(E_MSGV3) LIKE SY-MSGV3
```

```
    VALUE(E_SUBRC) LIKE SY-SUBRC
    VALUE(E_MSGNO) LIKE SY-MSGNO
    VALUE(E_MSGV4) LIKE SY-MSGV4
TABLES
    T_FEBCL STRUCTURE FEBCL
    T_FEBRE STRUCTURE FEBRE
    T_FTCLEAR STRUCTURE FTCLEAR
    T_FTPOST STRUCTURE FTPOST
```

Listing 6.7 Schnittstelle des Vorlagebausteins FEB_2_IMMO_LASTSCHR

Die Schnittstelle der Funktionsbausteine muss der Schnittstelle des Funktionsbausteins FEB_2_IMMO_LASTSCHR entsprechen. Wie Sie in Listing 6.7 sehen, können auch über diese kundeneigenen Funktionsbausteine die Parameter für den Buchungsbaustein POSTING_INTERFACE_DOCUMENT verändert werden.

6.6 Erweiterungen in der Nachbearbeitung von Kontoauszugsdaten

Die Nachbearbeitungsfunktion des elektronischen Kontoauszugs in der Transaktion FEBAN gibt Ihnen einen Überblick über die eingelesenen und verarbeiteten Kontoauszüge, den Sie in Abbildung 6.6 sehen. Sie können hier entnehmen, welche Umsätze erfolgreich verarbeitet wurden und welche Belege gebucht wurden. Außerdem können Sie Umsätze nachbearbeiten, die noch nicht vollständig gebucht wurden. Dabei haben Sie die Möglichkeit, die Daten des Kontoauszugs so anzupassen, dass anschließend eine automatisierte Buchung möglich ist, zum Beispiel indem Sie die Buchungsregel ändern. Alternativ können Sie die Verarbeitung des Umsatzes auch im Vordergrund starten, um manuell in die Buchung eingreifen zu können.

In der Kontoauszugsnachbearbeitung existieren die folgenden Erweiterungsmöglichkeiten, um zusätzliche Daten anzuzeigen bzw. Arbeitsabläufe zu automatisieren:

▶ **Prozessschnittstelle 00002830**
Wie Sie in Abbildung 6.6 sehen können, werden unter der Detailansicht der Kontoauszugsposition die gebuchten Belegnummern der beiden Buchungsbereiche angezeigt. Diese Prozessschnittstelle ermöglicht die Anzeige eines eigenen Subscreens anstelle des Standard-Subscreens für den Buchungsbereich 2.

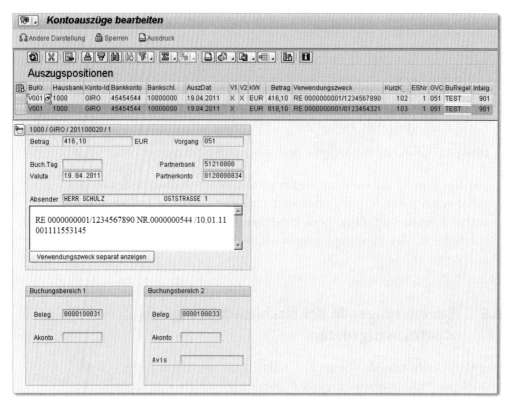

Abbildung 6.6 Kontoauszugsnachbearbeitung in Transaktion FEBAN

Listing 6.8 enthält die Schnittstelle des Musterfunktionsbausteins zum Business Transaction Event. Der Funktionsbaustein wird mit den Daten zur aktuellen Kontoauszugsposition aufgerufen und kann einen Programmnamen und eine Dynpro-Nummer für den anzuzeigenden Subscreen sowie einen GUI-Status und GUI-Titel zurückgeben, der statt des Standardstatus und -titels angezeigt wird. Über das Flag E_CLEAR_DETAILS kann außerdem die Anzeige der Positionsdetails unterdrückt werden. Analog zu den Prozessschnittstellen 00002810 und 00002820 wird auch diese Schnittstelle nur durchlaufen, wenn der Einzelsatz von der P&S-Schnittstelle 00002810 für die Bearbeitung im Buchungsbereich 2 registriert wurde.

```
IMPORTING
  REFERENCE(I_FEBEP) TYPE FEBEP
EXPORTING  VALUE(E_DYNNR) TYPE SCRADNUM
  VALUE(E_REPID) TYPE CUA_PROG
  VALUE(E_STATE) TYPE GUI_STATUS
```

```
VALUE(E_TITLE) TYPE GUI_TITLE
VALUE(E_CLEAR_DETAILS) TYPE CHAR1
```

Listing 6.8 Schnittstelle des Musterfunktionsbausteins zur Prozessschnittstelle 00002830

▶ **P&S-Schnittstelle 00002830**

Die P&S-Schnittstelle `00002830` kann zur Übergabe eines OK-Codes an einen kundeneigenen Subscreen verwendet werden. Dies gilt sowohl für Subscreens, die mithilfe der Prozessschnittstelle `000002830` aktiviert wurden, als auch für Subscreens, die mit der P&S-Schnittstelle `00002840` aktiviert wurden. Die Schnittstelle besitzt den OK-Code als einzigen Parameter.

▶ **P&S-Schnittstelle 00002840**

Die P&S-Schnittstelle ermöglicht die Anzeige von bis zu fünf zusätzlichen Subscreens unterhalb der Standard-Subscreens für die zwei Buchungsbereiche. Wie Sie in Listing 6.9 sehen, können in dem Event abhängig von den Daten der aktuellen Kontoauszugsposition nur ein Programmname und eine Dynpro-Nummer für einen kundeneigenen Subscreen zurückgegeben werden. Um mehrere Subscreens nutzen zu können, müssen mehrere Funktionsbausteine implementiert bzw. konfiguriert werden.

```
IMPORTING
  REFERENCE(I_FEBEP) TYPE  FEBEP
EXPORTING
  VALUE(E_DYNNR) TYPE  SCRADNUM
  VALUE(E_REPID) TYPE  CUA_PROG
```

Listing 6.9 Schnittstelle des Musterfunktionsbausteins zur P&S-Schnittstelle 00002840

▶ **Prozessschnittstelle 00002850**

Mithilfe der Prozessschnittstelle `00002850` können Änderungen in der Nachbearbeitung automatisiert werden, z. B. indem durch die Änderung eines Feldes weitere Felder gleich mit geändert werden. Das BTE wird nach der Änderung einer Kontoauszugsposition aufgerufen und ihm werden die Kopf- und Positionsinformationen in den Parametern `I_FEBKO` und `I_FEBEP` sowie die bisherigen Änderungen der Position im Parameter `T_CHANGES` übergeben. Sie können das in der Schnittstelle des Musterfunktionsbausteins nachvollziehen, die in Listing 6.10 abgebildet wird. Zusätzliche Änderungen können im Parameter `T_ADD_CHANGES` zurückgegeben werden. Außerdem können durchgeführte Änderungen wieder zurückgenommen werden, indem Zeilen aus dem Parameter `T_CHANGES` entfernt werden.

```
IMPORTING
  VALUE(I_FEBEP) TYPE  FEBEP
  VALUE(I_FEBKO) TYPE  FEBKO OPTIONAL
CHANGING
  VALUE(T_CHANGES) TYPE  TCHANGES_RFC
  VALUE(T_ADD_CHANGES) TYPE  TCHANGES_RFC
```

Listing 6.10 Schnittstelle des Musterfunktionsbausteins zur Prozessschnittstelle 00002850

Darüber hinaus können bis zu drei zusätzliche Ausgleichskriterien ergänzt werden, indem als geändertes Feld FEBCL-SELFDX bzw. FEBCL-SELVONX im Parameter T_ADD_CHANGES zurückgegeben wird, wobei dann der Wert für X zwischen 1 und 3 liegen muss. Der Wert der jeweiligen Änderung muss außerdem das Selektionsfeld bzw. den Selektionswert enthalten.

► **P&S-Schnittstelle 00002850**

Die Prozessschnittstelle 00002850 wird nur dann ausgeführt, wenn der Einzelsatz mithilfe der P&S-Schnittstelle 00002850 für die Ausführung registriert wurde. Wie Sie in der Schnittstelle des Musterfunktionsbausteins in Listing 6.11 sehen können, werden auch hier die Kopf- und Positionsdaten sowie die bisherigen Änderungen der Kontoauszugsposition übergeben. Über die Rückgabeparameter kann der Einzelposten für die Verarbeitung durch die Prozessschnittstelle 00002850 registriert (E_REGISTER = 1 für Buchungsbereich 1 bzw. E_REGISTER = 2 für Buchungsbereich 2) und gegebenenfalls die Standardbuchung im Buchungsbereich mithilfe des Parameters E_SUPP_STD unterdrückt werden.

```
IMPORTING
  VALUE(I_FEBEP) TYPE  FEBEP
  VALUE(I_FEBKO) TYPE  FEBKO OPTIONAL
  VALUE(I_CHANGES) TYPE  TCHANGES_RFC
EXPORTING
  VALUE(E_REGISTER) TYPE  CHAR1
  VALUE(E_SUPP_STD) TYPE  CHAR1
```

Listing 6.11 Schnittstelle des Musterfunktionsbausteins zur P&S-Schnittstelle 00002850

► **Prozessschnittstelle 00002870**

Im Standard können die Kontoauszüge in der Nachbearbeitungstransaktion FEBAN in der Baum- oder Listendarstellung angezeigt werden, wobei über die Drucktaste Andere Darstellung zwischen den beiden Varianten gewechselt werden kann. Die Prozessschnittstelle 00002870 ermöglicht ganz allgemein die Implementierung einer eigenen Darstellung der Kontoauszugsdaten, kann aber insbesondere auch dazu verwendet werden, die Baum- und Listendarstellung zu vertauschen. Das Vertauschen der Darstellungen ist sinnvoll, weil die Bearbeitung der Kontoauszugsdaten in der Listendarstellung erfolgt, die Transaktion FEBAN aber standardmäßig die Daten zuerst in der Baumdarstellung anzeigt. Durch das Vertauschen der Darstellungen wird von vornherein die Listendarstellung angezeigt.

Listing 6.12 zeigt den für den Tausch benötigten Quellcode. Die Klasse CL_FEBAN_SIMPLE_TREE ist dabei die Standardklasse für die Baumdarstellung, und die Klasse CL_FEBAN_ALV_GRID ist die Standardklasse für die Listendarstellung. Die Klasse für die Baumdarstellung wird demnach durch die Klasse für die Listendarstellung ersetzt und umgekehrt.

```
FUNCTION z_sample_process_00002870.
*"----------------------------------------------------------
*"*"Lokale Schnittstelle:
*"  IMPORTING
*"     REFERENCE(I_ANWND) TYPE  FEBKO-ANWND OPTIONAL
*"  EXPORTING
*"     REFERENCE(E_REPLACE_TREE) TYPE  CHAR30
*"     REFERENCE(E_REPLACE_GRID) TYPE  CHAR30
*"     REFERENCE(E_TREAT_TREE_AS_GRID) TYPE  CHAR1
*"     REFERENCE(E_TREAT_GRID_AS_TREE) TYPE  CHAR1
*"----------------------------------------------------------
  e_replace_tree = 'CL_FEBAN_ALV_GRID'.
  e_treat_tree_as_grid = 'X'.
  e_replace_grid = 'CL_FEBAN_SIMPLE_TREE'.
  e_treat_grid_as_tree = 'X'.
ENDFUNCTION.
```

Listing 6.12 Vertauschen der Baum- und Listendarstellung in der P&S-Schnittstelle 00002870

Mit den Flags E_TREAT_TREE_AS_GRID und E_TREAT_GRID_AS_TREE kann die Anordnung der Teilfenster Übersicht und Detailinformationen in der Kontoauszugsnachbearbeitung gesteuert werden. In der Listendarstellung werden die Teilfenster standardmäßig untereinander angeordnet und in der Baumdarstellung nebeneinander. Da die Listen- und Baumdarstellung vertauscht wurden, muss auch die Anordnung der Teilfenster vertauscht werden, indem beide Flags gesetzt werden.

6.7   Interpretationsalgorithmen

Sie können im Customizing des elektronischen Kontoauszugs externen Vorgängen neben der Buchungsregel einen sogenannten Interpretationsalgorithmus zuordnen. Die Sicht für diesen Vorgang sehen Sie in Abbildung 6.7.

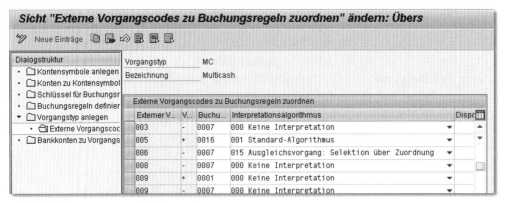

Abbildung 6.7 Zuordnung von Interpretationsalgorithmen zu externen Vorgangscodes

Interpretationsalgorithmen erzeugen *Ausgleichsinformationen* aufgrund von Referenzinformationen, die von der Bank im Kontoauszug geliefert werden. Diese Ausgleichsinformationen werden anschließend bei der Buchung der Kontoauszugsdaten verwendet, um offene Posten auf dem Zielkonto auszugleichen.

6.7.1   Standard-Interpretationsalgorithmen

Im Standard stehen bereits einige Interpretationsalgorithmen zur Verfügung, die basierend auf unterschiedlichen Informationen aus dem Kontoauszug Ausgleichsinformationen bestimmen. Darüber hinaus können insgesamt neun kundeneigene Interpretationsalgorithmen implementiert und zugeordnet werden. Bevor die Verwendung kundeneigener Interpretationsalgorithmen erläutert wird, finden Sie im Folgenden einen Überblick über alle Standard-Interpretationsalgorithmen, wobei Algorithmen für ausländische Dateiformate unberücksichtigt bleiben. Dieser Überblick soll Ihnen einen Eindruck davon vermitteln, was Interpretationsalgorithmen leisten können, und außerdem zeigen, welche Algorithmen gegebenenfalls als Vorlage für eine eigene Implementierung zur Verfügung stehen. Falls Sie die Standard-Interpretationsalgorithmen bereits kennen, können Sie auch direkt zum nächsten Abschnitt springen.

▶ **000 (Keine Interpretation)**
Standardmäßig wird einem externen Vorgangscode der Interpretationsalgorithmus 000 zugeordnet, der die Interpretation deaktiviert.

▶ **001 (Standardalgorithmus)**
Der Standardalgorithmus durchsucht zunächst den Verwendungszweck nach Belegnummern bzw. Referenzbelegnummern. Das Intervall für diese Nummern kann im Selektionsbildschirm der Transaktion FF_5 angegeben werden (siehe Abbildung 6.8). Nummern, die im Verwendungszweck vorkommen, aber außerhalb der Selektion liegen, werden nicht weiterverarbeitet.

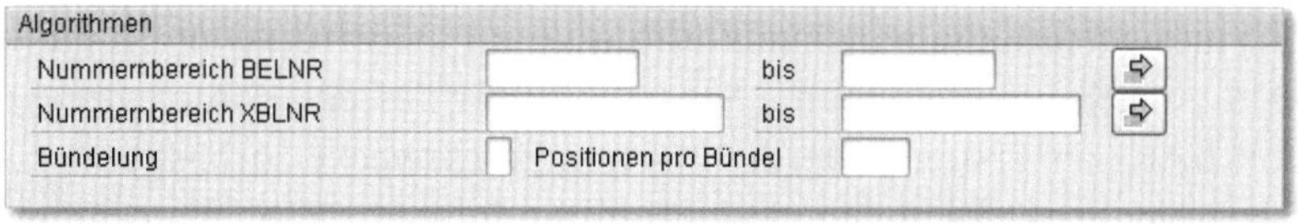

Abbildung 6.8 Nummernintervalle für Interpretationsalgorithmen

Im Anschluss versucht der Algorithmus, einen Beleg mit der gefundenen Belegnummer bzw. Referenznummer in dem Buchungskreis zu finden, in dem die aktuelle Position des Kontoauszugs gebucht wird. Wird ein passender Beleg gefunden, wird die Belegnummer bzw. Referenzbelegnummer als Ausgleichskriterium hinzugefügt.

▶ **011 (Ausgangsscheck: Schecknummer ungleich Zahlungsbelegnummer)**
Der Interpretationsalgorithmus 011 prüft zunächst, ob in der Kontoauszugsposition eine Schecknummer (Feld `FEBEP-CHECT`) geliefert wurde. Ist das nicht der Fall, wird die Schecknummer aus der ersten Zeile des Verwendungszwecks gelesen. Hierfür werden alle Ziffern dieser Zeile aneinandergehängt.

Anschließend wird versucht, die Schecknummer in der Tabelle PAYR zu finden. Wird der Scheck gefunden und ist er noch nicht eingelöst oder entwertet, wird der Betrag des Schecks mit dem Betrag im Kontoauszug verglichen. Stimmen die Beträge überein, wird im Buchungskreis, in dem der Kontoauszug gebucht wird, nach einem Beleg mit der Zahlungsbelegnummer des Schecks gesucht. Wird dieser Beleg gefunden, wird der Scheck als eingelöst gekennzeichnet und die Belegnummer als Ausgleichskriterium hinzugefügt.

▶ **012 (Ausgangsscheck: Schecknummer gleich Zahlungsbelegnummer)**
Bei Interpretationsalgorithmus 012 wird davon ausgegangen, dass die Zahlungsbelegnummer des Schecks im Verwendungszweck geliefert wird.

Das Vorgehen dieses Algorithmus entspricht daher dem ersten Teil des Standardalgorithmus: Im Verwendungszweck wird nach einer Belegnummer gesucht, die im selektierten Intervall liegt, und nach der Existenzprüfung im Buchungskreis wird die Belegnummer als Ausgleichsinformation hinzugefügt.

▶ **013 (Ausgangsscheck: Schecknummer gleich oder ungleich Zahlungsbelegnummer)**
Dieser Algorithmus ist eine Kombination aus den Algorithmen 011 und 012, wobei die Suche nach einer Schecknummer, die ungleich der Zahlungsbelegnummer ist, zuerst durchgeführt wird.

▶ **015 (Ausgleichsvorgang: Selektion über Zuordnung)**
Wie im Interpretationsalgorithmus 011 wird im Interpretationsalgorithmus 015 zunächst versucht, eine Schecknummer aus der Kontoauszugsposition bzw. der ersten Zeile des Verwendungszwecks zu bestimmen. Anschließend wird die Bedingung »Zuordnung entspricht Schecknummer« als Ausgleichskriterium aufgenommen.

Dabei ist zu beachten, dass es sich bei der Zahl in der ersten Zeile des Verwendungszwecks nicht zwingend um eine Schecknummer handeln muss.

▶ **019 (Referenznummer: DTA-Verwaltung)**
Der Interpretationsalgorithmus 019 sucht alle Zahlungsbelege, deren Referenznummer der gelieferten Schecknummer der Kontoauszugsposition entspricht. Anschließend wird die Bedingung »Referenznummer des Zahlungsbeleges entspricht Schecknummer« als Ausgleichskriterium aufgenommen.

▶ **020 (Belegnummernsuche)**
Der Interpretationsalgorithmus 020 entspricht dem ersten Teil des Standardalgorithmus.

▶ **021 (Referenzbelegnummernsuche)**
Der Interpretationsalgorithmus 021 entspricht dem zweiten Teil des Standardalgorithmus.

▶ **022 (BZÜ-Verfahren (nur Deutschland) mit Belegnummer)**
Beim beleglosen Zahlscheinüberweisungsverfahren (BZÜ-Verfahren) wird eine prüfziffergesicherte Nummer in der Schecknummer oder der ersten Zeile des Verwendungszwecks geliefert. Der Interpretationsalgorithmus erwartet eine 13-stellige Nummer mit zwei führenden Nullen und einer Prüfziffer. Die restlichen zehn Ziffern werden als Belegnummer zur Selektion eines Belegs in dem Buchungskreis verwendet, in dem der Kontoauszug gebucht wird. Wird ein Beleg gefunden, wird die Belegnummer als Ausgleichskriterium hinzugefügt.

▶ **023 (BZÜ-Verfahren (nur Deutschland) mit Referenznummern)**

Das Vorgehen von Interpretationsalgorithmus 023 entspricht dem des Interpretationsalgorithmus 022, es wird allerdings ein Beleg gesucht, der die gelieferte Nummer in der Referenz enthält. Dabei wird einmal mit und einmal ohne Prüfziffer gesucht. Eine eventuell gefundene Belegnummer wird als Ausgleichskriterium aufgenommen.

▶ **025 (Rechnungsliste)**

Zunächst wird in Interpretationsalgorithmus 025 wie im zweiten Teil des Standardalgorithmus ein Beleg mit einer Referenzbelegnummer im Verwendungszweck gesucht. Wird kein entsprechender Beleg gefunden, wird eine Teilzahlung mit dieser Referenznummer gesucht. Wird in einem der beiden Schritte eine Belegnummer gefunden, wird sie als Ausgleichskriterium aufgenommen.

▶ **026 (Referenzbelegnummernsuche mit führenden Nullen, wenn kleiner zehn)**

Dieser Interpretationsalgorithmus 026 entspricht dem zweiten Teil des Standardalgorithmus, wobei die Referenzbelegnummer vor der Belegselektion mit Nullen auf zehn Stellen aufgefüllt wird.

▶ **028 (Referenznummer via MULTICASH-Konvertierungsprogramme)**

Der Interpretationsalgorithmus 028 prüft, ob im Verwendungszweck eine gültige Zahlungsreferenz (KIDNO) enthalten ist. Anschließend werden nacheinander offene Debitoren- oder Kreditorenposten mit dieser Zahlungsdifferenz gesucht, wobei Debitorenposten Vorrang haben. Für alle gefundenen offenen Posten werden die Debitoren-/Kreditorennummer und die Belegnummer als Ausgleichskriterium aufgenommen.

▶ **029 (Zahlungsauftragsnummer)**

Der Interpretationsalgorithmus 029 durchsucht den Verwendungszweck nach Nummern, die im NUMMERNBEREICH XBLNR des Selektionsbildschirms der Transaktion FF_5 liegen. Anschließend wird in der Kopftabelle für Zahlungsaufträge (PYORDH) nach dieser Nummer gesucht und gegebenenfalls der Kreditor bzw. Debitor zu diesem Zahlungsauftrag als Ausgleichskriterium aufgenommen.

▶ **031 (Belegnummernsuche (Kundennummer aus Belegzeile))**

Der Interpretationsalgorithmus 031 entspricht grundsätzlich dem ersten Schritt des Standardalgorithmus. Nachdem ein passender Beleg gefunden wurde, wird allerdings zusätzlich geprüft, ob der Beleg eine offene Debitorenposition enthält und gegebenenfalls die Debitorennummer zusätzlich zur Belegnummer als Ausgleichskriterium aufgenommen.

▶ **032 (EDI-Avissuche)**

Ist die Schecknummer in der verarbeiteten Kontoauszugsposition nicht leer, sucht der Interpretationsalgorithmus 032 nach einem Avis mit dem passenden Betrag und der passenden Kontoart, bei dem die Bankreferenznummer mit der gelieferten Schecknummer übereinstimmt. Werden mehrere Avise gefunden, wird der älteste verwendet. Die eventuell gefundene Avisnummer, Kontoart und Kontonummer werden direkt in die Kontoauszugsposition übernommen.

Falls die Avissuche nicht erfolgreich ist, wird die Belegnummern- und Referenzbelegnummernsuche aus dem Standardalgorithmus durchlaufen.

▶ **033 (Zahlungsavissuche)**

Der Interpretationsalgorithmus 033 durchsucht den Verwendungszweck nach Nummern, die im NUMMERNBEREICH XBLNR des Selektionsbildschirms der Transaktion FF_5 liegen. Anschließend wird geprüft, ob die gefundene Nummer eine passende Avisnummer ist. Anderenfalls wird die Referenzbelegnummern- und Belegnummernsuche aus dem Standardalgorithmus durchlaufen.

▶ **035 (Suche für strukturierten Verwendungszweck)**

Dieser Interpretationsalgorithmus geht davon aus, dass Referenzinformationen im XML-Format im Verwendungszweck angegeben sind, d. h., er sucht nach XML-Tags der Form `<Tag-Name>Wert</Tag-Name>`. Der Tag-Name gibt dabei an, um welche Referenzinformation es sich handelt. Dabei sind die Tag-Namen `B` (Belegnummer), `X` (Referenzbelegnummer), `K` (Zahlungsreferenz), `P` (Zahlungsauftrag) und `R` (DTA-Referenznummer) möglich. Es ist auch möglich, Tag-Namen zu kombinieren, so bedeutet `<BX>12345</BX>`, dass der Wert `12345` sowohl als Belegnummer als auch als Referenzbelegnummer gesucht werden soll.

Bei der Suche nach den Referenzinformationen im System greift der Interpretationsalgorithmus 035 anschließend auf die Funktionen der entsprechenden anderen Interpretationsalgorithmen zurück.

▶ **050 (Immobilien: Erst Standard, dann Mietvertragssuche)**

Der Interpretationsalgorithmus 050 durchläuft zunächst die Belegnummern- und Referenzbelegnummernsuche aus dem Standardalgorithmus und versucht dann, die Kontoauszugsposition einem Vertrag in der Immobilienverwaltung (RE-FX) zuzuordnen.

▶ **051 (Immobilien: Erst Mietvertragssuche, dann Standard)**

Interpretationsalgorithmus 051 entspricht dem Interpretationsalgorithmus 050, allerdings wird zuerst in der Immobilienverwaltung gesucht und erst anschließend die Belegnummern- und Referenzbelegnummernsuche aus dem Standardalgorithmus durchlaufen.

▸ **060 (Belegnummernsuche für Ausgleichsbelege)**
Der Interpretationsalgorithmus 060 entspricht prinzipiell dem ersten Teil des Standardalgorithmus, allerdings wird geprüft, ob mit dem gefundenen Beleg Debitoren- oder Kreditorenpositionen ausgeglichen wurden, und gegebenenfalls werden diese Debitoren bzw. Kreditoren als zusätzliche Ausgleichskriterien aufgenommen. Dieser Interpretationsalgorithmus kann in der Rückläuferverarbeitung verwendet werden, z. B. für die Akontobuchung von Gebühren.

▸ **120 (Belegnummernsuche ohne Probelesen)**
Der Interpretationsalgorithmus 120 entspricht dem ersten Teil des Standardalgorithmus, wobei hier die gefundene Belegnummer als Ausgleichskriterium aufgenommen wird, ohne vorher zu prüfen, ob der Beleg in dem Buchungskreis existiert, in dem der Kontoauszug gebucht wird.

▸ **121 (Referenzbelegnummernsuche ohne Probelesen)**
Der Interpretationsalgorithmus 121 entspricht dem zweiten Teil des Standardalgorithmus, wobei hier nicht versucht wird, einen Beleg mit der Referenzbelegnummer in dem Buchungskreis zu finden, in dem der Kontoauszug gebucht wird. Stattdessen wird die Referenzbelegnummer direkt als Ausgleichskriterium hinzugefügt.

6.7.2 Kundeneigene Interpretationsalgorithmen

Neben diesen Standard-Interpretationsalgorithmen können Sie bis zu neun kundeneigene Interpretationsalgorithmen implementieren. Dazu müssen Sie in den Einstellungen zum elektronischen Kontoauszug dem externen Vorgang einen der kundeneigenen Interpretationsalgorithmen 901 bis 909 zuordnen (siehe Abbildung 6.9) und einen Funktionsbaustein für die Erzeugung von Ausgleichskriterien implementieren.

Dieser Funktionsbaustein muss mit dem Namen `Z_FIEB_XXX_ALGORITHM` angelegt werden, wobei `XXX` hier als Platzhalter für eine der Nummern 901 bis 909 steht, je nachdem, welchen kundeneigenen Interpretationsalgorithmus Sie ausgewählt haben. Die Schnittstelle muss der Schnittstelle des Funktionsbausteins `FIEB_028_ALGORITHM` entsprechen, der den Interpretationsalgorithmus 028 implementiert. Es bietet sich daher an, den kundeneigenen Funktionsbaustein als Kopie dieses Funktionsbausteins anzulegen und den enthaltenen Quellcode zu löschen.

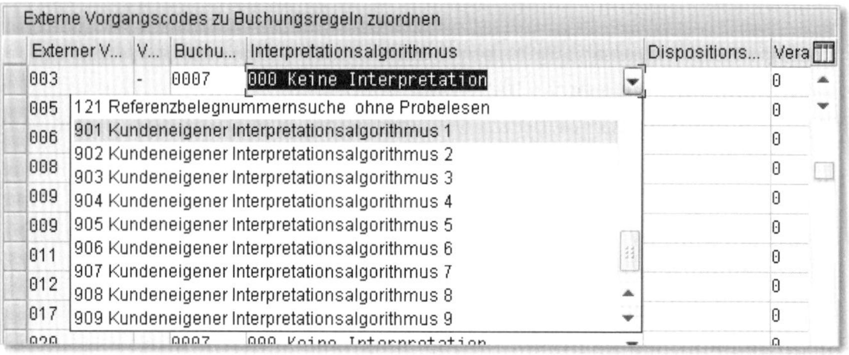

Abbildung 6.9 Kundeneigenen Interpretationsalgorithmus zuordnen

Wenn Sie in den Einstellungen zum elektronischen Kontoauszug einen kundeneigenen Interpretationsalgorithmus zuordnen, ohne einen passenden Funktionsbaustein zu implementieren, wird automatisch der Standardalgorithmus durchlaufen.

In Listing 6.13 sehen Sie beispielhaft den Quellcode des Funktionsbausteins Z_FIEB_901_ALGORITHM zum kundeneigenen Interpretationsalgorithmus 901, den Sie anlegen können, wie gerade beschrieben wurde. Im Parameter I_NOTE_TO_PAYEE wird der Verwendungszweck der Kontoauszugsposition übergeben, wobei die einzelnen Zeilen des Verwendungszwecks durch einen Zeilenumbruch (cl_abap_char_utilities=>cr_lf) getrennt sind. Im Parameter I_COUNTRY wird außerdem das Land des Buchungskreises übergeben, in dem der Kontoauszug gebucht wird, falls die Interpretation des Verwendungszwecks landesabhängig implementiert werden muss.

```
FUNCTION z_fieb_901_algorithm.
*"----------------------------------------------------------
*"*"Lokale Schnittstelle:
*"  IMPORTING
*"     REFERENCE(I_NOTE_TO_PAYEE) TYPE  STRING OPTIONAL
*"     REFERENCE(I_COUNTRY) TYPE  LAND1 OPTIONAL
*"  TABLES
*"     T_AVIP_IN STRUCTURE  AVIP OPTIONAL
*"     T_AVIP_OUT STRUCTURE  AVIP
*"     T_FILTER1 OPTIONAL
*"     T_FILTER2 OPTIONAL
*"----------------------------------------------------------
ENDFUNCTION.
```

Listing 6.13 Schnittstelle des Funktionsbausteins für kundeneigenen Interpretationsalgorithmus

Falls Sie, wie in einigen Standardalgorithmen vorgesehen, die Nummernbereiche für Belegnummern und Referenzbelegnummern des Selektionsbildschirms der Transaktion FF_5 verwenden möchten, werden diese in den Parametern T_FILTER1 und T_FILTER2 übergeben. Der Tabellenparameter T_AVIP_IN besteht aus Paaren von Feldnamen und Feldwerten und enthält bereits strukturiert vorliegende Ausgleichsinformationen wie die Schecknummer (Feld FEBEP-CHECT) und die Zahlungsreferenz (Feld FEBEP-KIDNO). Außerdem werden in diesem Parameter alle gefundenen Suchmuster mit dem Feldnamen MAPRES übergeben (siehe Abschnitt 6.8, »Suchmuster«).

Im Parameter T_AVIP_OUT müssen die Ausgleichsinformationen zurückgegeben werden, die vom Interpretationsalgorithmus bestimmt wurden. Dabei werden folgende Felder der Struktur AVIP nach der Ausführung des kundeneigenen Interpretationsalgorithmus weiterverarbeitet:

▸ **SFELD und SWERT**
Kombination von Feldname und Feldwert, die für den auszugleichenden Posten gelten muss

▸ **KONTO**
Konto, auf dem der offene Posten ausgeglichen werden soll

▸ **KOART**
Kontoart des Kontos, auf dem der OP-Ausgleich erfolgt

▸ **BUKRS**
Buchungskreis, in dem der offene Posten ausgeglichen werden soll

Bei der Interpretation des Verwendungszwecks kommt es häufig vor, dass Nummern aus dem Verwendungszweck ausgelesen werden sollen. Hierfür können Sie die folgenden beiden Funktionsbausteine verwenden:

▸ **Funktionsbaustein FIEB_EXTRACT_NUMBERS**
Dieser Funktionsbaustein durchsucht den Verwendungszweck nach Nummern und liefert eine Liste aller gefundenen Nummern zurück.

▸ **Funktionsbaustein FIEB_EXTRACT_MINUS_NUMBERS**
Dieser Funktionsbaustein durchsucht ebenfalls den Verwendungszweck nach Nummern und liefert eine entsprechende Liste zurück. Bei Verwendung des Funktionsbausteins FIEB_EXTRACT_MINUS_NUMBERS dürfen die Nummern allerdings im Gegensatz zum Funktionsbaustein FIEB_EXTRACT_ NUMBERS auch Bindestriche enthalten.

Im Folgenden soll die Verwendung eines kundeneigenen Interpretationsalgorithmus anhand eines Beispiels näher erläutert werden. Dazu soll bei der

Buchung eines Zahlungseingangs (Geschäftsvorfallcode 051) automatisch eine Debitorenposition ausgeglichen werden, die im Verwendungszweck in der Form »Debitorennummer«-»zehnstellige Rechnungsnummer« referenziert ist. Dabei wird davon ausgegangen, dass die Rechnungsnummer im Feld ZUORDNUNG der Debitorenposition abgelegt ist. Die Nummer 0000000001-1234567890 im Verwendungszweck würde also bedeuten, dass ein offener Posten mit der Zuordnung 1234567890 auf dem Debitor 0000000001 ausgeglichen werden soll.

Hierfür sind die folgenden Einstellungen nötig:

1. Zunächst muss dem Geschäftsvorfallcode 051 ein kundeneigener Interpretationsalgorithmus zugeordnet werden, in diesem Fall der Algorithmus 901 (siehe Abbildung 6.10).

Externe Vorgangscodes zu Buchungsregeln zuordnen					
Externer V...	V...	Buchu...	Interpretationsalgorithmus	Disposit...	Verarbeitungst
051	+	TEST	901 Kundeneigener Interpretation... ▼		0

Abbildung 6.10 Geschäftsvorfallcode 051 mit zugeordnetem kundeneigenen Interpretationsalgorithmus

2. Die zugehörige Buchungsregel sehen Sie in Abbildung 6.11. Hierbei ist es wichtig, dass im zweiten Buchungsschritt die Buchungsart 8 AUSGLEICH PERSONENKONTO HABEN ausgewählt wird, damit die erzeugten Ausgleichsinformationen bei der Buchung berücksichtigt werden.

Buchungsregeln definieren											
Buc...	Buchungsb...	Buchu...	Sonder...	Konto (Soll)	Kompri...	Buchu...	Sonder...	Konto (Haben)	Kompri...	Belegart	B... A...
TEST	1	40		BANK	☐	50		BANKVERRECHNUNG	☐	SA	1
TEST	2	40		BANKVERRECHNUNG	☐				☐	SA	8

Abbildung 6.11 Buchungsregel mit Buchungsart »Ausgleich Personenkonto Haben«

3. Kopieren Sie den Funktionsbaustein `FIEB_028_ALGORITHM`, und legen Sie daraus den Funktionsbaustein `Z_FIEB_901_ALGORITHM` an. Löschen Sie anschließend den Standard-Quellcode, und fügen Sie den Quellcode aus Listing 6.14 ein.

Im Quellcode wird zunächst der Funktionsbaustein `FIEB_EXTRACT_MINUS_NUMBERS` verwendet, um Nummern inklusive Bindestrichen aus dem Verwendungszweck auszulesen. Im Anschluss daran werden die gefundenen Nummern durchlaufen und geprüft, ob eine der Nummern dem gesuchten Muster (»zehnstellige Nummer«-»zehnstellige Nummer«) entspricht.

Ist das der Fall, wird die Nummer in die Debitorennummer und die Zuordnung aufgetrennt und ein passender offener Posten in der Tabelle BSID gesucht.

Wird genau ein solcher Posten gefunden, werden die Kontoart, der Buchungskreis, die Debitorennummer sowie die Bedingung für die Zuordnungsnummer als Ausgleichskriterien im Parameter T_AVIP_OUT zurückgegeben.

```
DATA: lt_numbers TYPE TABLE OF char40.
DATA: ls_numbers LIKE LINE OF lt_numbers.
DATA: lt_bsid TYPE TABLE OF bsid.
DATA: ls_bsid LIKE LINE OF lt_bsid.
DATA: lv_kunnr TYPE kunnr.
DATA: lv_zuonr TYPE dzuonr.


* Nummern aus Verwendungszweck extrahieren
CALL FUNCTION 'FIEB_EXTRACT_MINUS_NUMBERS'
  EXPORTING
    i_note_to_payee = i_note_to_payee
  TABLES
    e_numbers       = lt_numbers.
LOOP AT lt_numbers INTO ls_numbers.
*   Hat die Nummer das richtige Format?
    IF ls_numbers CP '++++++++++-++++++++++'.
      SPLIT ls_numbers AT '-' INTO lv_kunnr lv_zuonr.


*     Alle passenden offenen Posten selektieren
      SELECT * FROM bsid INTO TABLE lt_bsid
        WHERE kunnr EQ lv_kunnr
          AND zuonr EQ lv_zuonr.
      IF sy-subrc EQ 0.
*       Wurde genau ein passender Posten gefunden?
        DESCRIBE TABLE lt_bsid LINES sy-dbcnt.
        IF sy-dbcnt EQ 1.
          READ TABLE lt_bsid INTO ls_bsid INDEX 1.


*         Ausgleichsinformationen zurückgeben
          t_avip_out-koart = 'D'.
          t_avip_out-bukrs = ls_bsid-bukrs.
          t_avip_out-konto = lv_kunnr.
          t_avip_out-sfeld = 'ZUONR'.
          t_avip_out-swert = lv_zuonr.
          APPEND t_avip_out.
        ENDIF.
```

```
      ENDIF.
     ENDIF.
    ENDLOOP.
  ENDFUNCTION.
```

Listing 6.14 Beispiel für kundeneigenen Interpretationsalgorithmus

Wenn Sie anschließend einen offenen Posten auf einem Debitor buchen und eine Kontoauszugsposition mit einem passenden Betrag und einem passenden Verwendungszweck verarbeiten, wird der offene Posten automatisch ausgeglichen. In Abbildung 6.12 sehen Sie beispielhaft die resultierenden ausgeglichenen Posten: Der offene Posten mit der Zuordnung 1234567890 (Belegnummer 100005) wurde mit der gebuchten Kontoauszugsposition (Belegnummer 100004) ausgeglichen. Wie Sie im Text der Buchung aus dem Kontoauszug sehen können, wurde im Verwendungszweck »RE 0000000001-1234567890« angegeben.

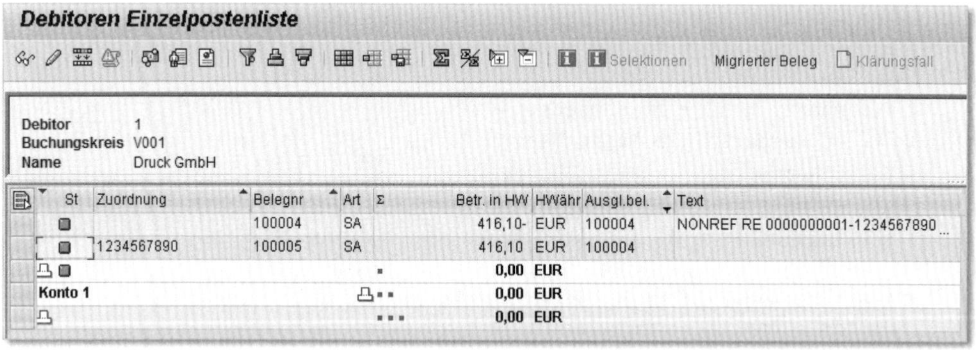

Abbildung 6.12 Gebuchte Position aus Kontoauszug und ausgeglichener Posten mit Zuordnungsnummer

6.8 Suchmuster

Wie Sie im vorangegangenen Abschnitt gesehen haben, können Sie mithilfe von Interpretationsalgorithmen Ausgleichsinformationen für die Buchung des elektronischen Kontoauszugs aus dem Verwendungszweck ableiten. Häufig kommt es aber vor, dass der Verwendungszweck nicht genauso aufgebaut ist, wie der Interpretationsalgorithmus es erwartet. So können zum Beispiel führende Nullen fehlen, weitere Zeichen hinzugefügt oder andere Trennzeichen verwendet worden sein. Für diese Fälle können *Suchmuster* verwendet werden, um den Verwendungszweck so aufzubereiten, dass er vom Interpretationsalgorithmus verarbeitet werden kann.

Neben der Aufbereitung des Verwendungszwecks können Suchmuster auch verwendet werden, um Informationen wie die Kostenstelle, die Kontonummer oder die Buchungsregel in der Interpretationsphase des Kontoauszugs anzureichern bzw. zu verändern.

Ein Suchmuster besteht hierfür aus zwei Teilen:

- Das *Muster* legt fest, wie die gesuchte Information aufgebaut ist. Technisch handelt es sich beim Muster um einen regulären Ausdruck, der mithilfe der speziellen Zeichen aus Tabelle 6.2 definiert werden kann.

- Das *Mapping* legt fest, wie aus einem Treffer des Musters der Inhalt des Zielfeldes bestimmt wird. Dabei wird jedem Zeichen des Musters im Mapping ein Zielzeichen zugeordnet, wobei ein Leerzeichen als Zielzeichen bedeutet, dass das Zeichen eliminiert wird.

Zeichen	Bedeutung	Beispiel
|	oder	a|b findet »a« oder »b«
()	Gruppe	a(b|c)d findet »abd« oder »acd«
+	Wiederholung (mindestens 1 x)	a+ findet »a«, »aa«, »aaa«, …
*	Wiederholung (mindestens 0 x)	a* findet »«, »a«, »aa«, …
?	beliebiges Zeichen	a?b findet »a0b«, »a1b«, »aAb«, …
#	Ziffer	# findet »0«, »1«, …
\	Fluchtsymbol (Sonderzeichen)	\# findet »#«, * findet »*«, …
^	Zeilenanfang	
$	Zeilenende	

Tabelle 6.2 Spezielle Zeichen zur Definition von Suchmustern

Einige Beispiele zu Mustern und Mappings finden Sie auch in der Dokumentation zur Aktivität SUCHMUSTER FÜR ELEKTRONISCHEN KONTOAUSZUG HINTERLEGEN im Einführungsleitfaden (siehe Abbildung 6.1).

Im Folgenden soll das Beispiel aus Abschnitt 6.7, »Interpretationsalgorithmen«, unter Verwendung von Suchmustern erweitert werden, um den auszugleichenden Debitorenposten auch dann zu finden, wenn die Information im Verwendungszweck nicht genau dem entspricht, was der Interpretationsalgorithmus erwartet. Wie Sie bereits in Listing 6.14 sehen konnten, erwartet der Interpretationsalgorithmus im Verwendungszweck eine zehnstellige Debitorennummer, einen Bindestrich und eine zehnstellige Zuordnungsnummer. Um die Erkennung der Debitoren- und Zuordnungsnummer flexibler, aber gleichzeitig das verwendete Suchmuster nicht zu kompliziert zu machen, soll der Interpretationsalgorithmus auch dann funktionieren, wenn als Trennzeichen statt des Bindestrichs ein beliebiges anderes Zeichen verwendet wird.

Hierfür soll zunächst das Suchmuster unabhängig vom Trennzeichen gefunden und anschließend das beliebige Trennzeichen für die Weiterverarbeitung im Interpretationsalgorithmus durch einen Bindestrich ersetzt werden. Als Suchmuster für den Verwendungszweck werden zehn Ziffern, ein beliebiges Zeichen und dann weitere zehn Ziffern erwartet. Übersetzt mit den speziellen Zeichen aus Tabelle 6.2, ergibt sich somit das Muster »##########?##########«. Da der Interpretationsalgorithmus den Bindestrich als Trennzeichen erwartet, muss das beliebige Zeichen zwischen den beiden Nummern vor der Interpretation durch einen Bindestrich ersetzt werden. Hierfür kann das Mapping »#########-#########« verwendet werden, das bis auf die Ersetzung des Trennzeichens sämtliche anderen Zeichen unverändert übernimmt.

[!] | **Anfangs- und Endzeichen von Suchmustern**

Je nachdem, wie lang Ihr Suchmuster ist, sollten Sie immer auch Anfangs- und Endzeichen in das Muster aufnehmen, um fehlerhafte Treffer zu vermeiden. Ein typischer fehlerhafter Treffer entsteht zum Beispiel dann, wenn Sie im Verwendungszweck »123 4567« nach der dreistelligen Nummer mit dem Muster »###« suchen. Dieses Muster trifft nämlich nicht nur auf die dreistellige Nummer »123«, sondern auch auf die Nummern »456« und »567« zu. Um diesen fehlerhaften Treffer zu vermeiden, müssen Sie im Muster zusätzlich definieren, dass vor der dreistelligen Nummer der Zeilenanfang oder ein Leerzeichen und nach der dreistelligen Nummer das Zeilenende oder ein Leerzeichen zu finden ist. Das korrekte Muster würde demnach »(^|)###($|)« lauten. Mit diesem Muster wird in dem oben genannten Verwendungszweck nur noch die Nummer »123« gefunden.

Gehen Sie nun also wie folgt vor, um ein Suchmuster zu definieren und dem Interpretationsalgorithmus zuzuordnen:

1. Wählen Sie im Einführungsleitfaden FINANZWESEN (NEU) • BANKBUCHHALTUNG • GESCHÄFTSVORFÄLLE • ZAHLUNGSVERKEHR • ELEKTRONISCHER KONTOAUSZUG • SUCHMUSTER FÜR ELEKTRONISCHEN KONTOAUSZUG HINTERLEGEN.

2. Wählen Sie auf der linken Seite DEFINITION SUCHMUSTER aus, und klicken Sie auf NEUE EINTRÄGE.

3. Definieren Sie das Suchmuster, wie oben beschrieben wurde bzw. wie in Abbildung 6.13 zu sehen ist.

Im Mapping links wird zunächst automatisch das unveränderte Suchmuster übernommen. Hier müssen Sie nur noch einstellen, dass das beliebige Zeichen (»?«) durch einen Bindestrich ersetzt wird. Wenn Sie anschließend das Mapping mit einem Schrägstrich als Trennzeichen simulieren, sehen Sie, dass das gemappte Muster wie gewünscht einen Bindestrich enthält und vom Interpretationsalgorithmus verarbeitet werden kann.

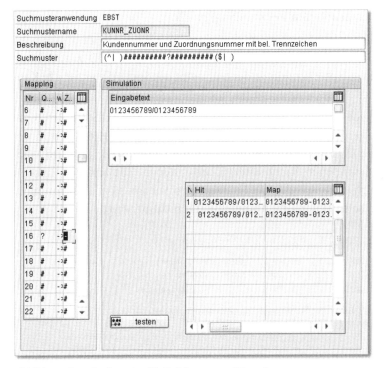

Abbildung 6.13 Suchmuster für Debitoren- und Zuordnungsnummer

4. Anschließend muss das Suchmuster zugeordnet werden. Wählen Sie dazu auf der linken Seite VERWENDUNG SUCHMUSTER, klicken Sie auf NEUE EINTRÄGE, und ordnen Sie, wie in Abbildung 6.14 zu sehen ist, das Suchmuster genau dem externen Vorgang und Interpretationsalgorithmus aus Abschnitt 6.7, »Interpretationsalgorithmen«, zu.

Hier definieren Sie außerdem das Zielfeld für das Ergebnis des Suchmusters. Dabei können Sie Informationen im Kontoauszug anreichern, indem Sie Zielfelder auswählen, wie zum Beispiel die Kostenstelle oder die Buchungsregel. Um dem Interpretationsalgorithmus das Ergebnis des Suchmusters zur Verfügung zu stellen, wählen Sie das Zielfeld VERWENDUNGSZWECK. Im Gegensatz zu anderen Zielfeldern wird das Feld

VERWENDUNGSZWECK nicht durch das Mapping des Suchmusters ersetzt. Stattdessen wird der Verwendungszweck nur temporär für die Laufzeit des Interpretationsalgorithmus angepasst. Für Standard-Interpretationsalgorithmen werden die Treffer an den gelieferten Verwendungszweck angehängt, für kundeneigene Interpretationsalgorithmen werden die Treffer im Parameter T_AVIP_IN übergeben. In der Anzeige des Kontoauszugs sehen Sie nach der Verarbeitung in beiden Fällen weiterhin den ursprünglich gelieferten Verwendungszweck.

An dieser Stelle ist es auch möglich, das Suchmuster nur einer bestimmten Kombination von Buchungskreis, Hausbank und Konto-ID zuzuordnen. Bleiben die entsprechenden Felder leer, wird das Suchmuster für alle Konten angewendet.

Die MAPPINGBASIS kann verwendet werden, um unvollständige Referenzinformationen zu ergänzen, wie z.B. führende Nullen. Hierfür wird die angegebene Mapping-Basis beginnend an der letzten Stelle mit dem Mapping des gefundenen Suchmusters überschrieben, alle anderen Zeichen der Mapping-Basis werden als Ergebnis des Suchmusters übernommen. Für dieses Beispiel wird die Mapping-Basis nicht benötigt.

Abbildung 6.14 Zuordnung Suchmuster zu externem Vorgang und Interpretationsalgorithmus

5. Abschließend muss noch der Funktionsbaustein zum kundeneigenen Interpretationsalgorithmus 901 angepasst werden, damit nicht mehr der Verwendungszweck direkt, sondern das Ergebnis des Suchmusters verarbeitet wird. In Listing 6.15 sehen Sie einen Ausschnitt des Quelltextes mit den nötigen Änderungen. Die Extraktion der Nummern aus dem Verwendungszweck wird auskommentiert, und anstelle der Nummern aus dem Verwendungszweck werden direkt die Treffer des Suchmusters im Parameter T_AVIP_IN durchlaufen. Der Einfachheit halber wird die Variable LS_NUMBERS weiterhin verwendet und aus dem Ergebnis des Mappings des Suchmusters gefüllt.

```
...
  DATA: lv_zuonr TYPE dzuonr.
** Nummern aus Verwendungszweck extrahieren
*  CALL FUNCTION 'FIEB_EXTRACT_MINUS_NUMBERS'
```

```
*    EXPORTING
*      i_note_to_payee = i_note_to_payee
*    TABLES
*      e_numbers       = lt_numbers.
*  LOOP AT lt_numbers INTO ls_numbers.
  DATA: ls_avip_in LIKE LINE OF t_avip_in.
  LOOP AT t_avip_in INTO ls_avip_in
    WHERE sfeld EQ 'MAPRES'.

    ls_numbers = ls_avip_in-swert.
*  Hat die Nummer das richtige Format?
    IF ls_numbers CP '++++++++++-++++++++++'.
...
```

Listing 6.15 Änderung des Funktionsbausteins für kundeneigenen Interpretationsalgorithmus

Wenn Sie anschließend einen Kontoauszug verarbeiten, in dem die Ausgleichsinformationen anstatt mit einem Bindestrich mit einem Schrägstrich als Trennzeichen geliefert werden, wird der auszugleichende Debitorenposten trotzdem automatisch gefunden. In Abbildung 6.15 sehen Sie die daraus resultierenden ausgeglichenen Posten. Beachten Sie dabei den Aufbau der Referenzinformation im Text der Kontoauszugsposition.

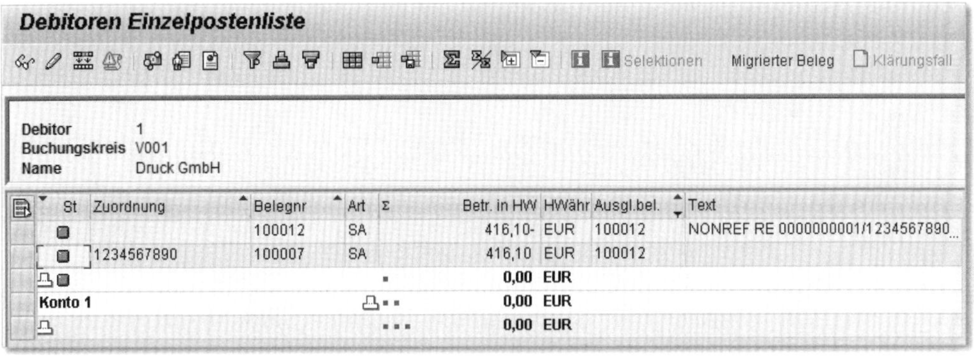

Abbildung 6.15 Ausgleich eines Debitorenpostens durch den Kontoauszug mithilfe eines Suchmusters

6.9   Zusammenfassung

Dieses Kapitel hat gezeigt, aus welchen Phasen die Kontoauszugsverarbeitung besteht, welche Datenbanktabellen verwendet werden und welche Erweiterungsmöglichkeiten in den verschiedenen Phasen zur Verfügung stehen. In diesem Bereich werden Erweiterungen häufig genutzt, um die Verarbeitung so weit wie möglich zu automatisieren und aufwendige, manuelle Nacharbeiten zu minimieren.

Das Kapitel wurde ergänzt um die Darstellung von Interpretationsalgorithmen und Suchmustern, die zur Anreicherung von Ausgleichskriterien in der Kontoauszugsverarbeitung genutzt werden können.

7   Mahnlauf

Der Mahnlauf wird verwendet, um Debitoren oder Kreditoren an die Zahlung überfälliger Forderungen zu erinnern. Dazu selektiert der Mahnlauf überfällige Posten und erzeugt daraus Mahnschreiben, die an die Geschäftspartner versendet werden können. Mithilfe des Customizings des Mahnlaufs können bereits zahlreiche Kundenanforderungen an Anpassungsmöglichkeiten abgedeckt werden, z. B. bei Mahnintervallen oder den erzeugten Druckstücken. Falls die Möglichkeiten des Customizings nicht ausreichen, existieren darüber hinaus aber auch diverse Erweiterungsmöglichkeiten.

Bevor diese Erweiterungsmöglichkeiten näher betrachtet werden, werden zunächst die benötigten technischen Grundlagen zum Mahnlauf erläutert.

7.1   Technische Details und Ablauf des Mahnlaufs

Der Mahnlauf baut sich aus zwei Phasen auf: der Mahnselektion und dem Mahndruck. Während der *Mahnselektion* werden die offenen Posten auf Debitoren und Kreditoren selektiert und für den weiteren Verlauf in speziellen Datenbanktabellen gespeichert. Diese Tabellen sind:

▶ **Mahndaten – Kontoeinträge (Tabelle MHNK)**
Für jeden Geschäftspartner wird in der Tabelle MHNK ein Kopfeintrag zum durchgeführten Mahnlauf erzeugt, der kontobezogene Angaben enthält. Dazu zählen unter anderem der Buchungskreis, die Kontoart, die Debitoren-/Kreditorennummer, die Summe der fälligen Forderungen, Mahngebühren und das zugeordnete Mahnverfahren.

Das *Mahnverfahren* ist in den Debitoren-/Kreditorenstammdaten (Tabellen KNB5 bzw. LFB5) hinterlegt und bestimmt unter anderem, in wie vielen Stufen und in welchen Intervallen Mahnungen erzeugt werden. Zu jeder Mahnstufe können dabei individuelle Mahnschreiben zugeordnet werden.

Der Schlüssel eines Mahnlaufs ist die Kombination von Ausführungsdatum (Feld LAUFD) und Laufidentifikation (Feld LAUFI).

▶ **Mahndaten (Tabelle MHND)**
In der Tabelle MHND werden alle Positionsinformationen zum durchge-

führten Mahnlauf abgelegt. Neben den Informationen aus den selektierten offenen Posten (Sekundärindextabellen BS*, siehe Abschnitt 5.1, »Technische Details der Buchhaltungsbelege«) enthält die Tabelle für den Mahnlauf berechnete Felder wie Fälligkeitszinsen. Die Verknüpfung der Kopf- und Positionsinformationen in den Tabellen MHNK und MHND erfolgt über die genannten Felder Ausführungsdatum und Laufidentifikation.

Bei den selektierten Daten in den Tabellen MHNK und MHND spricht man vom sogenannten Mahnbestand. Es besteht die Möglichkeit, den Mahnbestand vor dem Mahndruck nachzubearbeiten, z. B. um die Mahnstufe anzupassen oder eine manuelle Mahnsperre zu setzen.

In der zweiten Phase, dem *Mahndruck*, werden die selektierten und gegebenenfalls nachbearbeiteten Mahndaten in den Tabellen MHNK und MHND weiterverarbeitet und entsprechende Mahnschreiben erstellt. Im Standard werden hierfür SAPscript-Formulare verwendet, die die Anschrift des Geschäftspartners, einen Text und eine Liste der fälligen Posten enthalten. Wie bereits erwähnt, können für jede Mahnstufe individuelle Mahnschreiben definiert werden, die in der Regel auf unterschiedliche Weise auf die Dringlichkeit der Zahlung hinweisen und anfallende Gebühren ausweisen.

Neben den genannten Tabellen für den Mahnbestand verwendet der Mahnlauf zwei weitere Tabellen für Verwaltungsdaten, die für die Implementierung von Erweiterungen von Bedeutung sein können:

▶ **Verwaltungssätze für das Mahnprogramm (Tabelle MAHNV)**
Die Tabelle MAHNV enthält den Status zu jedem Mahnlauf, das heißt der Kombination von Ausführungsdatum und Laufidentifikation. Als Datenfelder enthält die Tabelle drei Flags, die darüber informieren, ob die Mahnselektion durchgeführt, der Mahnbestand bearbeitet und die Mahnungen gedruckt wurden.

▶ **Durch Mahnselektion gesperrte Konten (Tabelle MAHNS)**
Die Tabelle MAHNS enthält alle Geschäftspartner, die durch einen Mahnlauf gesperrt sind. Dabei ist zu beachten, dass im Customizing des Mahnlaufs sogenannte *Mahnbereiche* definiert werden können, die anschließend in Debitoren- und Kreditorenpositionen hinterlegt werden können. Mahnbereiche stellen eine Untergliederung von Buchungskreisen dar, um innerhalb eines Buchungskreises unterschiedliche Verantwortlichkeiten oder Mahnverfahren zu ermöglichen. In Tabelle MAHNS werden Mahn-

bereiche ebenfalls berücksichtigt, die Kombination von Buchungskreis, Debitoren-/Kreditorennummer und Mahnbereich darf daher immer nur in einem Mahnlauf vorkommen.

7.2 Programme und Transaktionen

Der Einstiegspunkt für die Durchführung von Mahnläufen ist die Transaktion F150. In dieser Transaktion können die zu mahnenden Geschäftspartner selektiert und die Mahnselektion und der Mahndruck eingeplant werden. Außerdem ist über das Menü UMFELD der Absprung in die Einstellungen der Mahnverfahren möglich. In Abbildung 7.1 sehen Sie beispielhaft die Erfassung von Parametern für den Mahnlauf in der Transaktion F150. Über den Karteireitern für die Einstellungen sehen Sie auch das Ausführungsdatum und die Laufidentifikation, durch die der aktuelle Mahnlauf eindeutig identifiziert wird.

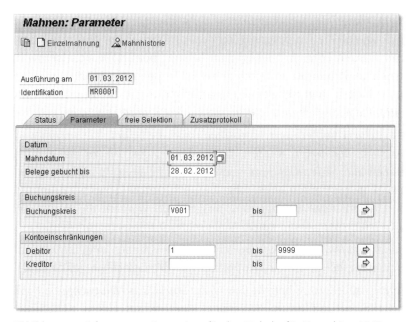

Abbildung 7.1 Erfassung von Parametern für den Mahnlauf in Transaktion F150

Für die Mahnselektion und den Mahndruck werden in der Transaktion F150 die Programme SAPF150S2 und SAPF150D2 gestartet. Die Mahnselektion erfolgt dabei fast ausschließlich im Funktionsbaustein GENERATE_DUNNING_DATA, in dem auch die meisten Erweiterungsmöglichkeiten zu finden sind.

Für die Nachbearbeitung des Mahnbestandes wird das Programm RFMAHN21 verwendet, das nach der Mahnselektion ebenfalls in der Transaktion F150 über die Drucktaste ÄNDERN aufgerufen werden kann.

7.3 Erweiterungen des Mahnlaufs

In diesem Abschnitt soll eine Auswahl der verfügbaren Erweiterungsmöglichkeiten des Mahnlaufs beispielhaft implementiert werden, um den Ablauf des Mahnlaufs weiter zu vertiefen und den Umgang mit dem Mahnbestand zu demonstrieren. Eine vollständige Übersicht der verfügbaren Erweiterungsmöglichkeiten finden Sie, wie für die anderen Geschäftsvorfälle auch, in Anhang A, »Übersicht der Erweiterungen in der SAP-Finanzbuchhaltung«.

Mithilfe der Beispielimplementierung sollen die folgenden Anforderungen realisiert werden:

▶ Anstatt die Gruppierung von Positionen zu einzelnen Mahnschreiben über die Stammdaten des Geschäftspartners zu steuern, wie es im Standard möglich ist, soll die Gruppierung bei der Ausführung des Mahnlaufs ausgewählt werden können. Dies ist zum Beispiel bei CPD-Konten sinnvoll, bei denen im Stammsatz natürlich nur eine Gruppierung definiert werden kann, die Posten zu verschiedenen Geschäftspartnern aber gegebenenfalls nach unterschiedlichen Gruppierungen gemahnt werden müssen.

Als mögliche Gruppierungsfelder sollen dabei die Felder XREF1 und XREF2 zur Auswahl angeboten werden. Das bedeutet, dass die zu mahnenden Positionen alternativ nach dem Feldinhalt des Feldes XREF1 oder des Feldes XREF2 in getrennten Mahnschreiben pro Geschäftspartner gruppiert werden. Wird keine Gruppierung ausgewählt, werden alle Positionen eines Geschäftspartners in einem Mahnschreiben zusammengefasst.

▶ Zusätzlich soll die Möglichkeit bestehen, nur Positionen in den Mahnlauf aufzunehmen, bei denen die Gruppierungsfelder tatsächlich gefüllt sind.

▶ Die letzte Anforderung betrifft den Mahndruck: Das Mahnschreiben soll nicht basierend auf einem SAPscript- sondern auf einem SAP Smart Forms-Formular erstellt werden.

Für die Realisierung der Anforderungen sind Erweiterungen der Transaktion F150, der Mahnselektion und des Mahndrucks erforderlich, die in den folgenden Abschnitten beschrieben werden.

7.3.1 Erweiterungen der Transaktion F150

Als Erstes muss die Möglichkeit geschaffen werden, in der Transaktion F150 zusätzliche Selektionskriterien zu definieren. Hierzu können zwei Business Transaction Events verwendet werden: Mithilfe der P&S-Schnittstelle 00001750 kann ein zusätzlicher Funktionscode eingeblendet werden, der dann mit der P&S-Schnittstelle 00001751 verarbeitet werden kann.

Bei der Auswahl des zusätzlichen Funktionscodes soll ein Selektionsbildschirm angezeigt werden, in dem zum einen die Mahngruppierung angegeben und zum anderen ausgewählt werden kann, ob auch Positionen verarbeitet werden sollen, bei denen die Gruppierungsfelder leer sind. Für die Definition des Selektionsbildschirms gehen Sie wie folgt vor:

1. Legen Sie eine neue Funktionsgruppe Z_F150_ERWEITERUNG für den Selektionsbildschirm an, in der später auch die Funktionsbausteine für die P&S-Schnittstellen 00001750 und 00001751 implementiert werden können.

2. Legen Sie für die Mahngruppierung das Datenelement ZF150_MAGRP mit einer gleichnamigen Domäne mit dem Datentyp CHAR der Länge 5 an. Definieren Sie als Domänenfestwerte die Feldnamen XREF1 (REFERENZSCHLÜSSEL 1) und XREF2 (REFERENZSCHLÜSSEL 2). Vergeben Sie als Feldbezeichner je nach verfügbarer Länge die Bezeichnungen GRUPPE bzw. MAHNGRUPPIERUNG.

3. Fügen Sie in das TOP-Include der Funktionsgruppe Z_F150_ERWEITERUNG den Quellcode aus Listing 7.1 ein.

```
SELECTION-SCREEN BEGIN OF SCREEN 0100
  AS WINDOW TITLE text-001.
PARAMETERS: p_magrp TYPE zf150_magrp VALUE CHECK.
PARAMETERS: p_vleer AS CHECKBOX.
SELECTION-SCREEN END OF SCREEN 0100.
DATA: gv_laufd TYPE laufd.
DATA: gv_laufi TYPE laufi.
```

Listing 7.1 Selektions-Dynpro in TOP-Include der Funktionsgruppe Z_F150_ERWEITERUNG

Der Quellcode definiert ein Selektions-Dynpro mit der Nummer 0100, auf dem die Mahngruppierung ausgewählt (Parameter P_MAGRP) und die Verarbeitung leerer Felder deaktiviert oder aktiviert (Parameter P_VLEER) werden kann. Die Eingaben im Parameter P_MAGRP werden dabei gegen die definierten Domänenfestwerte geprüft.

Die beiden globalen Variablen für das Ausführungsdatum und die Laufidentifikation werden später für die Implementierung der BTEs benötigt.

4. Wechseln Sie zu den Selektionstexten, und definieren Sie dort, dass für die Mahngruppierung der Text aus dem ABAP Dictionary und für die Checkbox der Text LEERE FELDER VERARBEITEN verwendet wird.

5. Definieren Sie außerdem den Programmtext 001 mit dem Text ZUSÄTZLICHE SELEKTION als Titel für den Selektionsbildschirm.

6. Speichern und aktivieren Sie Ihre Änderungen, um den Selektionsbildschirm in der Funktionsgruppe Z_F150_ERWEITERUNG zu generieren.

Als Nächstes müssen die beiden P&S-Schnittstellen implementiert werden, um den zusätzlichen Funktionscode zu aktivieren und den Selektionsbildschirm anzuzeigen bzw. die selektierten Daten für die spätere Verwendung im Mahnlauf zu speichern. Für die Speicherung der zusätzlichen Selektionen wird eine kundeneigene Tabelle verwendet, die analog zu den Standardtabellen des Mahnlaufs als Schlüssel die Kombination der Felder Ausführungsdatum und Laufidentifikation enthält. Zur Implementierung der P&S-Schnittstellen gehen Sie wie folgt vor:

1. Legen Sie den Funktionsbaustein Z_SAMPLE_INTERFACE_00001750 als Kopie des Funktionsbausteins SAMPLE_INTERFACE_00001750 in der Funktionsgruppe Z_F150_ERWEITERUNG an, und fügen Sie den Quellcode aus Listing 7.2 ein. Im Quellcode wird unabhängig vom übergebenen Sprachschlüssel lediglich der Funktionstext MAHNGRUPPIERUNG zur Aktivierung des zusätzlichen Funktionscodes zurückgegeben.

```
FUNCTION z_sample_interface_00001750.
*"----------------------------------------------------------
*"*"Lokale Schnittstelle:
*"  IMPORTING
*"     VALUE(I_SPRAS) LIKE  SY-LANGU
*"  EXPORTING
*"     VALUE(E_FTEXT) LIKE  FTEXTS-FTEXT
*"----------------------------------------------------------
  e_ftext = 'Mahngruppierung'.
ENDFUNCTION.
```

Listing 7.2 Beispielimplementierung P&S-Schnittstelle 00001750

2. Wechseln Sie in die Transaktion FIBF, und legen Sie ein aktives Kundenprojekt ZF150 an.

3. Wählen Sie anschließend EINSTELLUNGEN • P/S-BAUSTEINE • …EINES KUNDEN, und ordnen Sie dem Event 00001750 im Produkt ZF150 den Funktionsbaustein Z_SAMPLE_INTERFACE_00001750 zu.

4. Legen Sie den Funktionsbaustein `Z_SAMPLE_INTERFACE_00001751` als Kopie des Funktionsbausteins `SAMPLE_INTERFACE_00001751` in der Funktionsgruppe `Z_F150_ERWEITERUNG` an, und fügen Sie den Quellcode aus Listing 7.3 ein. Im Quellcode wird zunächst über die im TOP-Include definierten globalen Variablen geprüft, ob die Schnittstelle zum ersten Mal für die aktuelle Kombination von Ausführungsdatum und Laufidentifikation aufgerufen wird. Ist das der Fall, werden die zusätzlichen Selektionen aus der kundeneigenen Tabelle gelesen, und das aktuelle Ausführungsdatum und die aktuelle Laufidentifikation werden in den globalen Variablen gespeichert.

Anschließend wird geprüft, ob die Schnittstelle im Änderungsmodus, das heißt bei der Erfassung von Parametern für den Mahnlauf, oder im Anzeigemodus aufgerufen wurde.

Im Änderungsmodus wird der zuvor definierte Selektionsbildschirm als Dialog aufgerufen. Werden die Eingaben im Selektionsbildschirm bestätigt (`SY-SUBRC EQ 0`), werden die zusätzlichen Selektionen in der kundeneigenen Tabelle gespeichert.

Auf die Implementierung der Anzeige der zusätzlichen Selektionen wird an dieser Stelle verzichtet. Hierfür könnte z. B. ein weiteres Dynpro definiert werden, das die zusätzlichen Selektionen anzeigt.

```
FUNCTION z_sample_interface_00001751.
*"----------------------------------------------------------
*"*"Lokale Schnittstelle:
*"  IMPORTING
*"     VALUE(I_AKTYP) LIKE  OFIWA-AKTYP OPTIONAL
*"     VALUE(I_LAUFD) LIKE  MAHNV-LAUFD
*"     VALUE(I_LAUFI) LIKE  MAHNV-LAUFI
*"----------------------------------------------------------
  IF gv_laufd NE i_laufd OR gv_laufi NE i_laufi.
*   Beim ersten Aufruf, Selektionen aus Datenbank
    PERFORM get_selection USING i_laufd i_laufi
                     CHANGING p_magrp p_vleer.
    gv_laufd = i_laufd.
    gv_laufi = i_laufi.
  ENDIF.
  CASE i_aktyp.
    WHEN 'V'.
*     Änderungsmodus
      CALL SELECTION-SCREEN 100
        STARTING AT 1 1 ENDING AT 42 4.
      IF sy-subrc EQ 0.
```

```
        PERFORM set_selection USING i_laufd i_laufi
                                    p_magrp p_vleer.
      ENDIF.
    WHEN 'A'.
*       Anzeigemodus
****  Definition eines zweiten Dynpros zur
****  Anzeige der zusätzlichen Selektionsparameter
    ENDCASE.
ENDFUNCTION.
```

Listing 7.3 Beispielimplementierung P&S-Schnittstelle 00001751

5. Da der Zugriff auf die zusätzlichen Selektionen auch später noch für eine andere Erweiterung benötigt wird, legen Sie die beiden Formroutinen GET_SELECTION und SET_SELECTION in einem neuen Include LZ_F150_ ERWEITERUNGF01 der Funktionsgruppe Z_F150_ERWEITERUNG an. Verwenden Sie hierfür den Quellcode aus Listing 7.4. Im Quellcode werden lediglich die zusätzlichen Selektionskriterien aus der kundeneigenen Tabelle gelesen bzw. in der kundeneigenen Tabelle gespeichert. Als Schlüssel wird, wie bereits erwähnt, die Kombination aus Ausführungs-datum und Laufidentifikation verwendet.

```
*&---------------------------------------------------------*
*&      Form  GET_SELECTION
*&---------------------------------------------------------*
FORM get_selection
  USING
    iv_laufd TYPE laufd
    iv_laufi TYPE laufi
  CHANGING
    iov_magrp TYPE zf150_magrp
    iov_vleer TYPE c.
  DATA: ls_magrp TYPE zf150_magrpt.
  CLEAR: iov_magrp, iov_vleer.
  SELECT SINGLE * FROM zf150_magrpt INTO ls_magrp
    WHERE laufd EQ iv_laufd
      AND laufi EQ iv_laufi.
  IF sy-subrc EQ 0.
    iov_magrp = ls_magrp-magrp.
    iov_vleer = ls_magrp-vleer.
  ENDIF.
ENDFORM.                    " GET_SELECTION
*&---------------------------------------------------------*
*&      Form  SET_SELECTION
*&---------------------------------------------------------*
```

```
FORM set_selection
  USING
    iv_laufd TYPE laufd
    iv_laufi TYPE laufi
    iv_magrp TYPE zf150_magrp
    iv_vleer TYPE c.
  DATA: ls_magrp TYPE zf150_magrpt.
  ls_magrp-laufd = iv_laufd.
  ls_magrp-laufi = iv_laufi.
  ls_magrp-magrp = iv_magrp.
  ls_magrp-vleer = iv_vleer.
  MODIFY zf150_magrpt FROM ls_magrp.
ENDFORM.                    " SET_SELECTION
```

Listing 7.4 Lesen und Schreiben der zusätzlichen Selektionen in der kundeneigenen Tabelle

6. Legen Sie die Tabelle ZF150_MAGRPT als Anwendungstabelle für die Speicherung der zusätzlichen Selektionen zu den Mahnläufen an. Nehmen Sie dazu, wie in Abbildung 7.2 zu sehen ist, neben dem obligatorischen Feld MANDT für mandantenabhängige Anwendungstabellen die Felder LAUFD und LAUFI für die eindeutige Identifikation eines Mahnlaufs mit den gleichnamigen Datenelementen als Schlüsselfelder in die Tabelle auf. Darüber hinaus definieren Sie die Felder MAGRP mit dem Datenelement ZF150_MAGRP und VLEER mit dem Datenelement CHAR1, um die Mahngruppierung und ein Kennzeichen für die Verarbeitung von Positionen mit leerer Gruppierung zu speichern.

7. Wechseln Sie wieder in die Transaktion FIBF, wählen Sie EINSTELLUNGEN • P/S-BAUSTEINE • …EINES KUNDEN, und ordnen Sie dem Event 00001751 im Produkt ZF150 den Funktionsbaustein Z_SAMPLE_INTERFACE_00001751 zu.

Dictionary: Tabelle pflegen

Technische Einstellungen   Indizes...   Append-Struktur

| Transp.Tabelle | ZF150_MAGRPT | aktiv |
| Kurzbeschreibung | Mahngruppierungen zu Mahnläufen | |

Eigenschaften   Auslieferung und Pflege   Felder   Eingabehilfe/-prüfung   Währungs-/Mengenfelder

Suchhilfe   Eingebauter Typ

Feld	Key	Initi...	Datenelement	Datentyp	Länge	DezSt...	Kurzbeschreibung
MANDT	✓	✓	MANDT	CLNT	3	0	Mandant
LAUFD	✓	✓	LAUFD	DATS	8	0	Datum, an dem das Programm laufen soll
LAUFI	✓	✓	LAUFI	CHAR	6	0	Zusätzliches Identifikationsmerkmal
MAGRP	☐	☐	ZF150_MAGRP	CHAR	5	0	Kundeneigene Mahngruppierung
VLEER	☐	☐	CHAR1	CHAR	1	0	Einstelliges Kennzeichen

Abbildung 7.2 Definition der Tabelle zur Speicherung zusätzlicher Selektionen

Nachdem Sie die beiden BTEs implementiert haben, können Sie zusätzlich zu den normalen Parametern des Mahnlaufs über den Menüeintrag UMFELD • MAHNGRUPPIERUNGEN auch die definierten zusätzlichen Selektionskriterien pflegen. Da die BTEs 00001750 und 00001751 eine mehrfache Implementierung zulassen, wird gegebenenfalls im Menü UMFELD der Eintrag ZUSATZKOMPONENTEN… angezeigt, und es erscheint anschließend zuerst ein Dialog, in dem die Zusatzkomponente MAHNGRUPPIERUNG ausgewählt werden muss.

In Abbildung 7.3 sehen Sie gleichzeitig den zusätzlichen Menüeintrag, den Dialog zur Auswahl der Zusatzkomponenten und den Selektionsbildschirm mit der Mahngruppierung und der Auswahl zur Verarbeitung leerer Felder. Wenn Sie Ihre ZUSÄTZLICHEN SELEKTIONEN bestätigen, werden diese zusammen mit dem Ausführungsdatum und der Laufidentifikation in der Tabelle ZF150_MAGRPT abgelegt.

Abbildung 7.3 Erweiterung der Transaktion F150 im Überblick

7.3.2 Erweiterungen während der Mahnselektion

Nach der Erweiterung der Selektionsmöglichkeiten in der Transaktion F150 muss im nächsten Schritt die Mahnselektion erweitert werden, sodass die eben definierte zusätzliche Selektion berücksichtigt wird. Einerseits müssen die gemahnten Posten nach dem angegebenen Feld gruppiert werden, und andererseits müssen gegebenenfalls Positionen, bei denen das Gruppierungsfeld leer ist, aus der Mahnung ausgeschlossen werden.

Hierfür werden die folgenden Business Transaction Events verwendet, die zunächst im Überblick dargestellt werden, bevor im Anschluss die Implementierung jeder Erweiterung näher betrachtet wird:

▶ **P&S-Schnittstelle 00001761**
In der Beispielimplementierung soll ein kundeneigenes Applikationskennzeichen für die Aktivierung der BTEs verwendet werden, das in der P&S-Schnittstelle 00001761 für jede gemahnte Position gesetzt werden kann. Bei allen folgenden Prozessschnittstellen, die ebenfalls für jede gemahnte Position durchlaufen werden, ist der Applikationsfilter aktiv. Die Schnittstellen werden demnach im BTE-Customizing einem kundeneigenen Applikationskennzeichen zugeordnet und aufgrund dessen nur dann ausgeführt, wenn die P&S-Schnittstelle 00001761 aktiv ist und das gleiche kundeneigene Applikationskennzeichen setzt.

▶ **Prozessschnittstelle 00001053**
In der Prozessschnittstelle 00001053 kann eine benutzerdefinierte Mahngruppierung erzeugt werden. Auch wenn der Name des BTEs (MAHNEN: CPDKY SETZEN) darauf schließen lässt, dass die Schnittstelle nur für CPD-Konten verwendet werden kann, wirkt sich diese Erweiterung dennoch auf alle Debitoren- und Kreditorenpositionen aus.

▶ **Prozessschnittstelle 00001061**
Dieses BTE kann verwendet werden, um einzelne Positionen aus dem Mahnvorschlag zu löschen, sodass sie bei der weiteren Verarbeitung nicht mehr berücksichtigt werden.

▶ **Prozessschnittstelle 00001060**
Die Prozessschnittstelle 00001060 kann in diesem Beispiel alternativ zur Prozessschnittstelle 00001061 verwendet werden, um einzelne Posten über eine Mahnsperre von der Mahnung auszuschließen. Im Gegensatz zur Prozessschnittstelle 00001061 bleibt der Posten hier allerdings im Mahnbestand erhalten.

Im ersten Schritt muss nun die Aktivierung der BTEs in Abhängigkeit eines kundeneigenen Applikationskennzeichens vorbereitet werden. Gehen Sie dazu wie folgt vor:

1. Starten Sie die Transaktion FIBF, und wählen Sie EINSTELLUNGEN • IDENTI-FIKATION • SAP-ANWENDUNGEN.

2. Definieren Sie ein kundeneigenes Applikationskennzeichen ZF150 wie in Abbildung 7.4.

Abbildung 7.4 Kundeneigenes Applikationskennzeichen

3. Legen Sie den Funktionsbaustein Z_SAMPLE_INTERFACE_00001761 als Kopie des Funktionsbausteins SAMPLE_INTERFACE_00001761 in der Funktionsgruppe Z_F150_ERWEITERUNG an, und fügen Sie den Quellcode aus Listing 7.5 ein.

```
FUNCTION z_sample_interface_00001761.
*"----------------------------------------------------------
*"*"Lokale Schnittstelle:
*"  IMPORTING
*"     VALUE(I_MHND) LIKE  MHND STRUCTURE  MHND OPTIONAL
*"  EXPORTING
*"     VALUE(E_APPLKSET) LIKE  BOOLE-BOOLE
*"  CHANGING
*"     VALUE(C_APPLK) LIKE  MHNK-APPLK
*"----------------------------------------------------------
  c_applk = 'ZF150'.
  e_applkset = 'X'.
ENDFUNCTION.
```

Listing 7.5 Beispielimplementierung P&S-Schnittstelle 00001761

Im Quellcode wird lediglich das kundeneigene Applikationskennzeichen ZF150 zurückgegeben und damit auf Positionsebene alle BTEs aktiviert, deren Applikationsfilter aktiv ist und die dem kundeneigenen Applikationskennzeichen ZF150 zugeordnet sind. Über das Flag E_APPLKSET werden außerdem andere Implementierungen darüber informiert, dass sich die kundeneigene Applikation für die Einzelposition registriert hat. Damit ist im Anschluss keine weitere Registrierung möglich.

Wie Sie in der Schnittstelle des Funktionsbausteins sehen können, kann die Rückgabe eines Applikationskennzeichens auch in Abhängigkeit von der gemahnten Position im Parameter I_MHND erfolgen.

4. Wechseln Sie wieder in die Transaktion FIBF, wählen Sie EINSTELLUNGEN •
   P/S-BAUSTEINE • ...EINES KUNDEN, und ordnen Sie dem Event 00001761 im
   Produkt ZF150 den Funktionsbaustein Z_SAMPLE_INTERFACE_00001761 zu.

Nun müssen noch die beiden Prozessschnittstellen 00001053 und 00001061
implementiert werden, um die gewünschte Mahngruppierung zu erzeugen
und gegebenenfalls Positionen aus dem Mahnbestand zu löschen. Dazu sind
die folgenden Schritte notwendig:

1. Legen Sie den Funktionsbaustein Z_SAMPLE_PROCESS_00001053 als Kopie
   des Funktionsbausteins SAMPLE_PROCESS_00001053 in der Funktionsgruppe Z_F150_ERWEITERUNG an, und fügen Sie den Quellcode aus Listing
   7.6 ein.

Funktionsgruppe beachten   **[!]**

Bei diesem Funktionsbaustein ist es wichtig, ihn in der genannten Funktionsgruppe
anzulegen, da eine Formroutine verwendet wird, die bereits zuvor in Abschnitt
7.3.1 definiert wurde. Die Formroutine wird verwendet, um die zusätzlichen Selektionen zum Ausführungsdatum und zur Laufidentifikation aus der kundeneigenen
Tabelle ZF150_MAGRPT zu lesen.

Ist das angegebene Gruppierungsfeld nicht leer, wird der entsprechende
Feldinhalt aus dem Parameter I_MHND gelesen und als Gruppierungsmerkmal im Parameter C_CPDKY zurückgegeben. Aufgrund der Definition der
zusätzlichen Selektionen in Abschnitt 7.3.1 kann die Variable LV_MAGRP
hier die Werte XREF1, XREF2 enthalten oder leer sein.

```
FUNCTION z_sample_process_00001053.
*"----------------------------------------------------------
*"*"Lokale Schnittstelle:
*"  IMPORTING
*"     VALUE(I_MHND) LIKE  MHND STRUCTURE  MHND
*"  TABLES
*"      T_FIMSG STRUCTURE  FIMSG
*"  CHANGING
*"     VALUE(C_CPDKY) LIKE  MHND-CPDKY
*"----------------------------------------------------------
  FIELD-SYMBOLS: <feld>.
  DATA: lv_magrp TYPE zf150_magrp.
  DATA: lv_vleer TYPE c.

* Zusätzliche Selektion lesen
  PERFORM get_selection USING i_mhnd-laufd i_mhnd-laufi
                    CHANGING lv_magrp lv_vleer.
  IF lv_magrp IS NOT INITIAL.
```

```
*    Gruppierungsfeld setzen
     ASSIGN COMPONENT lv_magrp OF STRUCTURE i_mhnd
       TO <feld>.
     IF sy-subrc EQ 0.
       c_cpdky = <feld>.
     ENDIF.
   ENDIF.
 ENDFUNCTION.
```

Listing 7.6 Beispielimplementierung Prozessschnittstelle 00001053

2. Wechseln Sie nun in die Transaktion FIBF, wählen Sie EINSTELLUNGEN •
PROZESS-BAUSTEINE • ...EINES KUNDEN, und ordnen Sie dem Event 00001053
im Produkt ZF150 den Funktionsbaustein Z_SAMPLE_INTERFACE_00001053
zu. Geben Sie außerdem, wie in Abbildung 7.5 zu sehen ist, als Applikationskennzeichen ZF150 an, damit das Event nur aufgerufen wird, wenn
die gemahnte Position für diese Applikation registriert ist.

Abbildung 7.5 Konfiguration der Prozessschnittstelle 00001053 mit
Applikationskennzeichen ZF150

3. Legen Sie den Funktionsbaustein Z_SAMPLE_PROCESS_00001061 als Kopie
des Funktionsbausteins SAMPLE_PROCESS_00001061 in der Funktionsgruppe Z_F150_ERWEITERUNG an, und fügen Sie den Quellcode aus Listing
7.7 ein.

Auch in dieser Schnittstelle werden zunächst die zusätzlichen Selektionen
zum aktuellen Ausführungsdatum und zur aktuellen Laufidentifikation
gelesen. Wurde eine Mahngruppierung ausgewählt und außerdem definiert, dass Positionen mit leerem Gruppierungsfeld nicht verarbeitet werden sollen, wird im Parameter C_DEL_DU zurückgegeben, dass die Position
aus dem Mahnbestand gelöscht werden soll.

4. Wechseln Sie wieder in die Transaktion FIBF, wählen Sie EINSTELLUNGEN •
PROZESS-BAUSTEINE • ...EINES KUNDEN, und ordnen Sie dem Event
00001061 im Produkt ZF150 den Funktionsbaustein Z_SAMPLE_INTERFACE_
00001061 zu. Geben Sie auch hier wieder das Applikationskennzeichen
ZF150 an.

```
FUNCTION z_sample_process_00001061.
*"----------------------------------------------------------
*"*"Lokale Schnittstelle:
*"  IMPORTING
*"     VALUE(I_MHND) LIKE  MHND STRUCTURE   MHND
*"  TABLES
*"      T_FIMSG STRUCTURE   FIMSG
*"  CHANGING
*"     VALUE(C_DEL_DU) LIKE  BOOLE-BOOLE
*"----------------------------------------------------------
  FIELD-SYMBOLS: <feld>.
  DATA: lv_magrp TYPE zf150_magrp.
  DATA: lv_vleer TYPE c.

* Zusätzliche Selektion lesen
  PERFORM get_selection USING i_mhnd-laufd i_mhnd-laufi
                   CHANGING lv_magrp lv_vleer.
  IF lv_magrp IS NOT INITIAL AND lv_vleer IS INITIAL.
*    Gruppierungsfeld setzen
    ASSIGN COMPONENT lv_magrp OF STRUCTURE i_mhnd
      TO <feld>.
    IF sy-subrc EQ 0 AND <feld> IS INITIAL.
      c_del_du = 'X'.
    ENDIF.
  ENDIF.
ENDFUNCTION.
```

Listing 7.7 Beispielimplementierung Prozessschnittstelle 00001061

Wie bereits erwähnt, wird eine Position, für die in Prozessschnittstelle 00001061 der Parameter C_DEL_DU gesetzt wird, vollständig aus dem Mahnbestand entfernt und nicht weiterverarbeitet. Alternativ dazu kann in Prozessschnittstelle 00001060 lediglich eine Mahnsperre für die Position gesetzt werden. Dadurch bleibt die Position im Mahnbestand erhalten und kann gegebenenfalls in der Nachbearbeitung wieder in die Mahnung aufgenommen werden.

Wie Sie in Listing 7.8 sehen können, kann für die Mahnsperre in der Prozessschnittstelle 00001060 der gleiche Quellcode verwendet werden wie für die Prozessschnittstelle 00001061. Statt der Rückgabe eines Flags zum Löschen der Position aus dem Mahnbestand wird allerdings im Parameter C_MANSP die Mahnsperre zurückgegeben. Im Customizing können verschiedene Mahnsperrgründe definiert werden, hier wird beispielhaft die Mahnsperre A zurückgegeben. Die Konfiguration des Events in der Transaktion FIBF erfolgt analog zur Prozessschnittstelle 00001061.

```
FUNCTION z_sample_process_00001060.
*"----------------------------------------------------------
*"*"Lokale Schnittstelle:
*"  IMPORTING
*"     VALUE(I_MHND) LIKE  MHND STRUCTURE  MHND
*"  TABLES
*"      T_FIMSG STRUCTURE  FIMSG
*"  CHANGING
*"     VALUE(C_XFAEL) LIKE  MHND-XFAEL
*"     VALUE(C_XZALB) LIKE  MHND-XZALB
*"     VALUE(C_MANSP) LIKE  MHND-MANSP
*"----------------------------------------------------------
  FIELD-SYMBOLS: <feld>.
  DATA: lv_magrp TYPE zf150_magrp.
  DATA: lv_vleer TYPE c.


* Zusätzliche Selektion lesen
  PERFORM get_selection USING i_mhnd-laufd i_mhnd-laufi
                  CHANGING lv_magrp lv_vleer.
  IF lv_magrp IS NOT INITIAL AND lv_vleer IS INITIAL.
*     Gruppierungsfeld setzen
    ASSIGN COMPONENT lv_magrp OF STRUCTURE i_mhnd
      TO <feld>.
    IF sy-subrc EQ 0 AND <feld> IS INITIAL.
      c_mansp = 'A'.
    ENDIF.
  ENDIF.
ENDFUNCTION.
```

Listing 7.8 Beispielimplementierung Prozessschnittstelle 00001060

Für den Test der Erweiterungen der Mahnselektion werden die Positionen aus Abbildung 7.6 verwendet. Wie Sie sehen, ist bei einer Position das erste Gruppierungsmerkmal (XREF1 = REFERENZSCHLÜSSEL 1) und bei einer Position das zweite Gruppierungsmerkmal (XREF2 = REFERENZSCHLÜSSEL 2) gefüllt. Bei der dritten Position sind beide Gruppierungsmerkmale leer. Ohne die Erweiterung und ohne definierte Mahngruppierung im Customizing des Mahnlaufs würden alle drei Positionen in einem Mahnschreiben gemahnt. Wie Sie in Abbildung 7.7 sehen können, geschieht das Gleiche, wenn in den zusätzlichen Selektionen keine Mahngruppierung ausgewählt wird. In der Abbildung sehen Sie gleichzeitig den selektierten Mahnbestand und die ZUSÄTZLICHEN SELEKTIONEN, mit denen die Mahnselektion ausgeführt wurde.

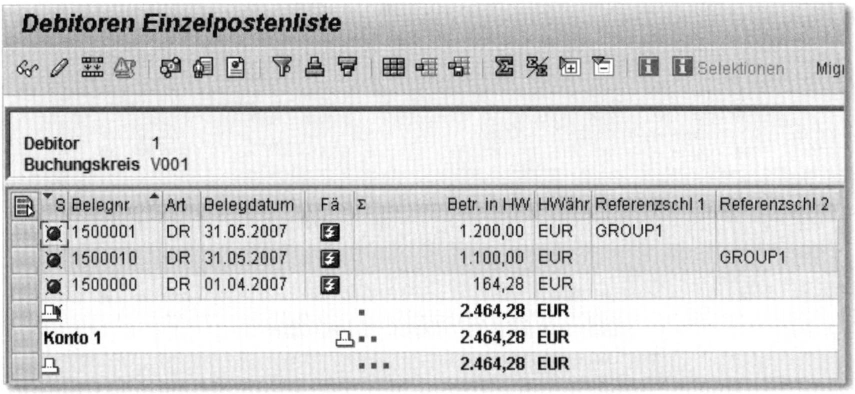

Abbildung 7.6 Debitorenpositionen für Test der Erweiterung der Mahnselektion

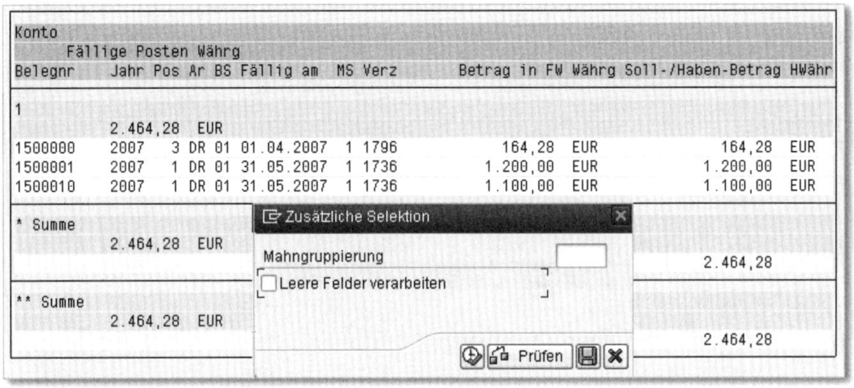

Abbildung 7.7 Mahnbestand ohne zusätzliche Selektionen

In Abbildung 7.8 sehen Sie den Mahnbestand bei Angabe der Mahngruppierung XREF2 und Verarbeitung von Positionen mit leerem Gruppierungsfeld. Wie Sie an den zusätzlichen Zwischensummen sehen können, werden zwei Mahnschreiben erstellt. Das erste Mahnschreiben enthält die Positionen, bei denen das Feld REFERENZSCHLÜSSEL 2 leer ist, und das zweite Mahnschreiben die Position mit gefülltem REFERENZSCHLÜSSEL 2.

Abschließend zeigt Abbildung 7.9 den Mahnbestand bei Mahngruppierung nach dem Feld REFERENZSCHLÜSSEL 1 ohne die Verarbeitung von Positionen, bei denen das Gruppierungsfeld leer ist. Als Resultat wird hier lediglich ein Mahnschreiben erstellt, das die Position mit gefülltem REFERENZSCHLÜSSEL 1 enthält.

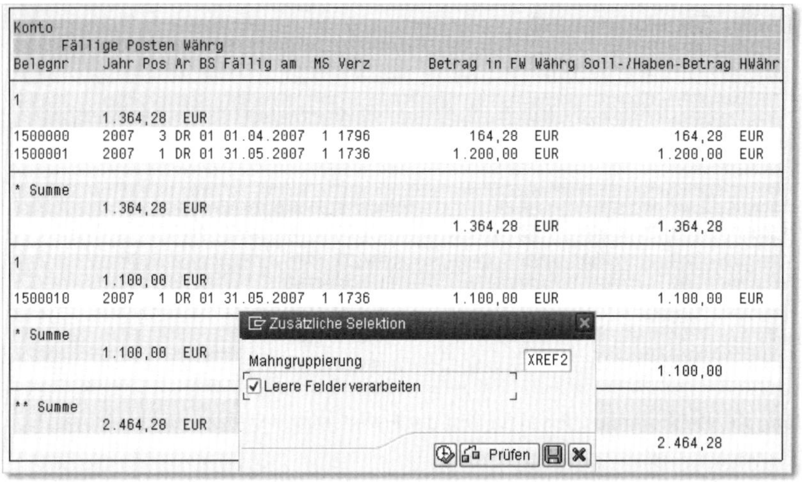

```
Konto
       Fällige Posten Währg
Belegnr    Jahr Pos Ar BS Fällig am  MS Verz       Betrag in FW Währg Soll-/Haben-Betrag HWähr

1
           1.364,28  EUR
1500000    2007   3 DR 01 01.04.2007  1 1796            164,28  EUR              164,28  EUR
1500001    2007   1 DR 01 31.05.2007  1 1736          1.200,00  EUR            1.200,00  EUR

* Summe
           1.364,28  EUR
                                                      1.364,28  EUR            1.364,28

1
           1.100,00  EUR
1500010    2007   1 DR 01 31.05.2007  1 1736          1.100,00  EUR            1.100,00  EUR

* Summe
           1.100,00  EUR
                                                                               1.100,00

** Summe
           2.464,28  EUR
                                                                               2.464,28
```

Mahngruppierung — XREF2 — ☑ Leere Felder verarbeiten — Prüfen

Abbildung 7.8 Mahnbestand mit Gruppierung nach Feld XREF2 mit Verarbeitung von Positionen mit leerer Gruppierung

```
Konto
       Fällige Posten Währg
Belegnr    Jahr Pos Ar BS Fällig am  MS Verz       Betrag in FW Währg Soll-/Haben-Betrag HWähr

1
           1.200,00  EUR
1500001    2007   1 DR 01 31.05.2007  1 1736          1.200,00  EUR            1.200,00  EUR

* Summe
           1.200,00  EUR
                                                                               1.200,00

** Summe
           1.200,00  EUR
                                                                               1.200,00
```

Mahngruppierung — XREF1 — ☐ Leere Felder verarbeiten — Prüfen

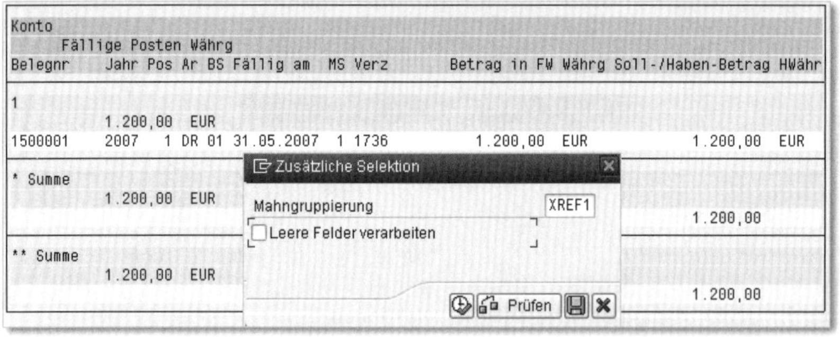

Abbildung 7.9 Mahnbestand mit Gruppierung nach Feld XREF1 ohne Verarbeitung von Positionen mit leerer Gruppierung

7.3.3 Erweiterungen während des Mahndrucks

Der letzte Teil der Erweiterung betrifft den Mahndruck. Im Standard wird im Customizing des Mahnlaufs jeder Mahnstufe ein SAPscript-Formular zugeordnet, aus dem das Mahnschreiben generiert wird. In Abbildung 7.10 sehen Sie beispielhaft die zugeordneten Formulare eines vierstufigen Mahnverfahrens.

Neben den vier Formularen für das NORMALE MAHNVERFAHREN wird hier auch ein Formular für das ein GERICHTLICHES MAHNVERFAHREN definiert. Dieses Formular ist für interne Schreiben gedacht, falls Kontenbewegungen stattgefunden haben, nachdem bereits ein gerichtliches Mahnverfahren eingeleitet wurde.

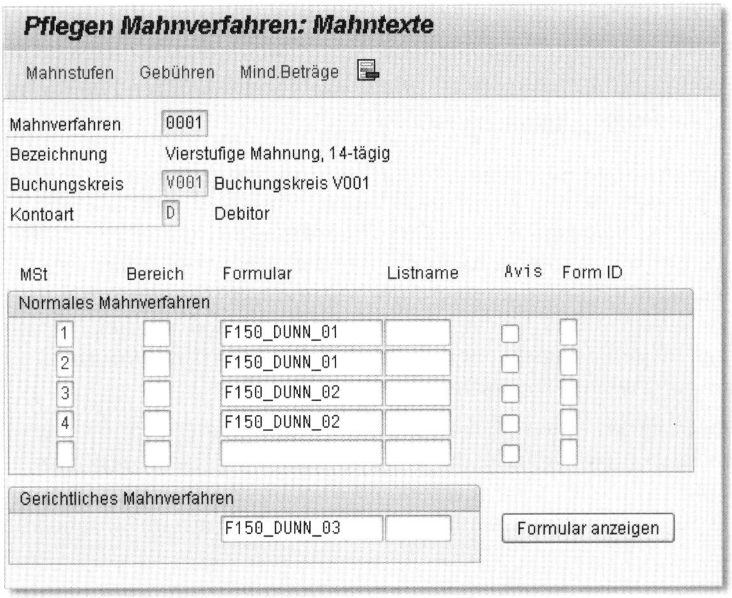

Abbildung 7.10 Formulare zu Mahnstufen eines Mahnverfahrens

Häufig besteht der Wunsch, Mahnschreiben basierend auf SAP Smart Forms zu erstellen, da sie einige Vorteile gegenüber SAPscript-Formularen bieten. So ist zum Beispiel die Formulargestaltung aufgrund des intuitiveren Form Builders einfacher und schneller umzusetzen, und es gibt eine striktere Trennung zwischen Datenbeschaffung und Aufbereitung. Außerdem sind die Komponenten von SAP Smart Forms vollständig in das Transportwesen integriert.

Für die Verwendung von SAP Smart Forms zur Erstellung von Mahnschreiben ist keine zusätzliche Implementierung nötig, es muss nur ein bestehender Funktionsbaustein für die P&S-Schnittstelle 00001720 hinterlegt werden:

1. Starten Sie die Transaktion FIBF, wählen Sie Einstellungen • P/S-Bausteine • …eines Kunden, und ordnen Sie dem Event 00001720 zum Beispiel im Produkt ZF150 den Funktionsbaustein FI_PRINT_DUNNING_NOTICE_SMARTF zu. Geben Sie außerdem FI-FI als Applikationskennzeichen an.

2. Ordnen Sie nun im Customizing des Mahnlaufs den Mahnstufen statt eines SAPscript-Formulars ein SAP Smart Forms-Formular zu. Als Vorlage für ein eigenes Formular kann das ausgelieferte Beispielformular F150_DUNN_SF verwendet werden.

Neben der P&S-Schnittstelle 00001720 existiert eine zweite P&S-Schnittstelle 00001719 mit den gleichen Parametern, die unmittelbar vorher aufgerufen wird und für zusätzliche Aktivitäten vor dem Druck verwendet werden kann. Der Unterschied zwischen beiden Events liegt darin, dass bei der P&S-Schnittstelle `00001720` automatisch der Standardfunktionsbaustein `FI_PRINT_DUNNING_NOTICE` ausgeführt wird, wenn kein anderer Funktionsbaustein im Customizing hinterlegt ist.

[+] **Fehlermeldung zum SAP Smart Forms-Formular**

Falls Sie eine Fehlermeldung erhalten, dass das angegebene SAP Smart Forms-Formular nicht existiert, starten Sie erneut die Transaktion FIBF, und prüfen Sie, ob unter Einstellungen • P/S-Bausteine • ...einer SAP-Anw. der Standardfunktionsbaustein `FI_PRINT_DUNNING_NOTICE` für das Applikationskennzeichen FI-FI zugeordnet ist. Dieser Funktionsbaustein wird für die Erstellung von Mahnschreiben basierend auf SAPscript-Formularen verwendet.

Da Zuordnungen für SAP-Anwendungen Vorrang vor Zuordnungen eines Kunden haben, muss dieser Eintrag gelöscht werden, damit der Funktionsbaustein `FI_PRINT_DUNNING_NOTICE_SMARTF` aufgerufen wird. Die Warnmeldung, dass in der Tabelle keine Daten geändert werden sollen, können Sie in diesem Fall ignorieren.

Bei der Zuordnung der SAP Smart Forms-Formulare zu den Mahnstufen im Customizing des Mahnlaufs sollten Sie berücksichtigen, dass der Formularname maximal 16 Zeichen lang sein darf, weil für das Eingabefeld das Datenelement für SAPscript-Formularnamen verwendet wird. SAP Smart Forms-Formularnamen können dagegen bis zu 30 Stellen lang sein.

[+] **Mahnschreiben als PDF**

Sie können die P&S-Schnittstellen `00001720` und `00001719` auch mit dem Funktionsbaustein `FI_PRINT_DUNNING_NOTICE_PDF` verwenden, um Mahnschreiben als PDF zu erstellen.

7.4 Zusammenfassung

In diesem Kapitel haben Sie gesehen, aus welchen Phasen der Mahnlauf in der SAP-Finanzbuchhaltung besteht und welche Datenbanktabellen für die Verarbeitung des Mahnbestandes relevant sind. Anschließend wurde die Implementierung ausgewählter Erweiterungen in der Transaktion F150, der Mahnselektion und dem Mahndruck gezeigt, um eine beispielhafte Anforderung zu realisieren und den Mahnprozess weiter zu vertiefen. In Ergänzung dazu finden Sie in Anhang A, »Übersicht der Erweiterungen in der SAP-Finanzbuchhaltung«, eine vollständige Übersicht über alle verfügbaren Erweiterungen des Mahnlaufs.

8   Zahllauf

Im vorangegangenen Kapitel wurde der Mahnlauf behandelt, der Mahnschreiben basierend auf fälligen Forderungen erzeugt. Der Zahllauf bildet das Gegenstück dazu und verarbeitet fällige Verbindlichkeiten, um daraus Zahlungsträger zu erstellen. Hinsichtlich Selektion und Weiterverarbeitung von Positionen sind sich der Mahn- und Zahllauf technisch ähnlich. Ein entscheidender Unterschied ist allerdings, dass im Zahllauf auch Buchhaltungsbelege erzeugt werden, was den Prozess im Vergleich zum Mahnlauf komplexer gestaltet.

Auch das Customizing des Zahllaufs bietet weitreichende Einstellungsmöglichkeiten, zum Beispiel zur Erstellung von beleghaften oder beleglosen Zahlungsträgern, zur Erzeugung von Buchhaltungsbelegen oder zu verschiedenen Zahlungsträgerformaten. Das Customizing wird für den Zahllauf außerdem um verschiedene Erweiterungsmöglichkeiten ergänzt, die für die Realisierung individueller Kundenanforderungen verwendet werden können.

Erweitertes Zahlprogramm   [+]

Neben dem Standardzahlprogramm für offene Posten auf Debitoren und Kreditoren existiert in der Finanzbuchhaltung ein erweitertes Programm für Zahlungsanordnungen (Transaktion F111), mit dem auch Sachkonten reguliert werden können. Da das erweiterte Zahlprogramm in der Praxis nicht so häufig verwendet wird, wird im Folgenden nur auf die Regulierung von Debitoren und Kreditoren über das Standardzahlprogramm im Detail eingegangen.

Genau wie in Kapitel 7, »Mahnlauf«, werden zuerst einige technische Details zum Prozess erläutert und anschließend die verschiedenen Erweiterungsmöglichkeiten betrachtet.

8.1   Technische Details und Verlauf des Zahllaufs

Der Zahllauf besteht aus drei Phasen: Analog zur Mahnselektion im Mahnlauf wird in einer ersten Phase des Zahllaufs ein sogenannter Zahlungsvorschlag erstellt. Anschließend folgen in einer zweiten Phase die Zahlungsbuchungen und in der letzten Phase die Erstellung der Zahlungsträger.

Bei der Erstellung eines *Zahlungsvorschlags* werden alle offenen Posten, die zur Zahlung fällig sind, auf Debitoren und Kreditoren selektiert. Der Zahlungsvorschlag ist daher mit dem Mahnbestand im Mahnlauf vergleichbar und verwendet die folgenden Datenbanktabellen:

▶ **Regulierungsdaten aus Zahlprogramm (Tabelle REGUH)**
Die Tabelle REGUH enthält einen Eintrag für jeden Geschäftspartner im durchgeführten Zahllauf mit kontobezogenen Angaben wie dem zahlenden Buchungskreis, der Debitoren-/Kreditorennummer, dem Zahlbetrag oder dem Bankkonto, das für die Zahlung verwendet wird. Jeder Eintrag besitzt außerdem ein Flag (Feld XVORL), das Einträge zu Zahlungsvorschlägen und Zahlungen unterscheidet.

Genau wie Mahnläufe werden auch Zahlläufe eindeutig durch das Ausführungsdatum (Feld LAUFD) und die Laufidentifikation (Feld LAUFI) identifiziert.

▶ **Bearbeitete Positionen aus Zahlprogramm (Tabelle REGUP)**
Die Tabelle REGUP enthält alle positionsbezogenen Informationen aus den selektierten offenen Posten zum durchgeführten Zahllauf. Hinzu kommen Felder wie Skontobeträge oder die Herkunft der Position (Debitoren-/Kreditorenbuchhaltung, HR-Zahlungen etc.), die während des Zahllaufs bestimmt werden.

Wie im Mahnbestand sind die Kopf- und Positionsinformationen in den Tabellen REGUH und REGUP über das Ausführungsdatum und die Laufidentifikation mit dem aktuellen Zahllauf verknüpft.

Nach der Erstellung des Zahlungsvorschlags können die zur Zahlung selektierten Positionen nachbearbeitet werden, zum Beispiel um manuell eine Zahlsperre zu setzen oder um die verwendeten Zahlwege, Hausbank- und Konto-IDs zu ändern. Zu diesem Zeitpunkt ist bei den Einträgen in den Tabellen REGUH und REGUP das Flag XVORL gesetzt, das Zahlungsvorschläge und Zahlungen unterscheidet.

Basierend auf dem Zahlungsvorschlag, können anschließend die eigentlichen Zahlungen erzeugt werden. Dabei werden Belege gebucht, die die zu zahlenden Posten auf den Debitoren- und Kreditorenkonten ausgleichen und offene Posten auf zuvor definierten Bankverrechnungskonten erzeugen. Diese offenen Posten werden in der Regel wiederum durch Buchungen des elektronischen Kontoauszugs ausgeglichen, nachdem die Zahlungen von der Bank durchgeführt und als Kontoauszug zurückgeliefert wurden (siehe auch Kapitel 6, »Elektronischer Kontoauszug«). Zu allen gezahlten Positionen aus dem Zahlungsvorschlag werden gleichzeitig neue Einträge in die Tabellen REGUH und REGUP geschrieben, bei denen das Flag XVORL nicht gesetzt ist.

Für die Erstellung der Zahlungsträger existieren zwei Möglichkeiten:

▸ die Verwendung sogenannter *klassischer Zahlungsträgerprogramme*

▸ die Verwendung der Payment Medium Workbench (PMW)

Heutzutage wird allerdings fast ausschließlich die Payment Medium Workbench für die Zahlungsträgererstellung verwendet, da sie einige Vorteile gegenüber den klassischen Zahlungsträgerprogrammen bietet. Im Kontext dieses Buches ist wahrscheinlich der folgende Vorteil der wichtigste: Während Anpassungen der Zahlungsträger bei den klassischen Programmen für viele Zahlungsträgerformate praktisch nur über Modifikationen möglich sind, bietet die PMW zahlreiche Erweiterungsmöglichkeiten, um Zahlungsträger kunden- oder bankspezifisch anzupassen. Aus diesem Grund wird hier nur die Zahlungsträgererstellung mithilfe der PMW näher betrachtet.

Die PMW verwendet als Schnittstelle für die Daten der Zahlungsträger die Strukturen FPAYH, FPAYHX und FPAYP, die aus den Tabellen REGUH und REGUP bzw. dem Customizing der PMW gefüllt werden.

Neben den genannten Tabellen für den Zahlungsvorschlag bzw. die Zahlungen verwendet der Zahllauf zwei weitere Tabellen für Verwaltungsdaten, die für die Implementierung von Erweiterungen von Bedeutung sein können:

▸ **Verwaltungssätze für das Zahlungsprogramm (Tabelle REGUV)**
Die Tabelle REGUV enthält den Status zu jedem Zahllauf, der anhand des Ausführungsdatums und der Laufidentifikation ermittelt wird. Als Datenfelder enthält die Tabelle verschiedene Flags, die beispielsweise kennzeichnen, ob bereits ein Zahlungsvorschlag erstellt wurde, ob der Zahlungsvorschlag nachbearbeitet wurde oder ob die Zahlungen bereits im Echtlauf durchgeführt wurden.

▸ **Durch Zahlungsvorschlag gesperrte Konten (Tabelle REGUS)**
Eine bestimmte Kombination von Buchungskreis und Debitoren-/Kreditorennummer darf immer nur in einem Zahlungsvorschlag vorkommen. Die Tabelle REGUS enthält aufgrund dieser Voraussetzung alle Geschäftspartner, die durch einen Zahlungsvorschlag gesperrt sind.

8.2   Programme und Transaktionen

Der Einstiegspunkt für die Durchführung von Zahlläufen ist die Transaktion F110. In dieser Transaktion können die Erstellung eines Zahlungsvorschlags, die Durchführung des Zahlungslaufs und die Erstellung der Zahlungsträger eingeplant werden. Außerdem können Sie über das Menü Umfeld in das Customizing für Zahlläufe abspringen. In Abbildung 8.1 sehen Sie beispielhaft die Transaktion F110 nach der Erstellung eines Zahlungsvorschlags.

Abbildung 8.1 Durchführung von Zahlläufen in Transaktion F110

Die Transaktion ist hauptsächlich im Modulpool SAPF110V implementiert. Über die Drucktaste VORSCHLAG BEARBEITEN wird die Nachbearbeitung des Zahlungsvorschlags im Modulpool SAPF110O gestartet. Die Erstellung des Zahlungsvorschlags und die Durchführung des Zahlungslaufs sind im Zahlungsprogramm SAPF110S implementiert, während die Payment Medium Workbench mithilfe des generischen Zahlungsträgerprogramms SAPFPAYM gestartet wird.

Nach der Durchführung eines Vorschlags- bzw. Zahllaufs kann ausgehend von der Transaktion F110 außerdem mithilfe des Programms RFZALI20 eine Regulierungsliste erstellt werden.

8.3 Erweiterungen des Zahllaufs

In diesem Abschnitt werden zunächst die Erweiterungsmöglichkeiten beschrieben, die in der Transaktion F110 bzw. bei der Erstellung des Zahlungsvorschlags und der Durchführung des Zahllaufs im Zahlungsprogramm SAPF110S bestehen. In Abschnitt 8.4, »Erweiterungen in der Payment Medium Workbench«, werden anschließend die Möglichkeiten zur kunden- und bankspezifischen Anpassung von Zahlungsträgern in der Payment Medium Workbench erläutert.

8.3.1 Erweiterungen der Transaktion F110

Anders als bei Transaktion F150 ist es nicht möglich, die Oberfläche der Transaktion F110 zu erweitern. Es existiert lediglich ein BAdI FI_F110_SCHEDULE_JOB, das verwendet werden kann, um zusätzliche Prüfungen bei der Einplanung eines Zahlungsvorschlags oder Zahllaufs durchzuführen. In Abbildung 8.2 sehen Sie die Signatur der einzigen Methode CHECK_PARAMETER dieses BAdIs. Die Angaben zur Einplanung werden der Methode im Parameter I_F110V übergeben, die beteiligten Zahlwege im Parameter I_ZWELS_COMBINED und das Land, für das der Zahllauf gestartet wurde, im Parameter I_LAND1. Das Flag E_PARAM_OK wird mit dem Inhalt X an die Methode übergeben. Falls mit den übergebenen Parametern kein Job eingeplant werden darf, muss es leer zurückgegeben werden.

Art	Parameter	Typisierung	Beschreibung
▸□	I_F110V	TYPE F110V	Verwaltungssätze für das Zahlungsprogramm
▸□	I_ZWELS_COMBINED	TYPE CHAR50	Kommentar
▸□	I_LAND1	TYPE T005-LAND1	Länderschlüssel
▸□▸	E_PARAM_OK	TYPE C	

Abbildung 8.2 Signatur der Methode CHECK_PARAMETER

Mit diesem BAdI kann zum Beispiel eine Sicherheitsabfrage bei der Einplanung eines Zahllaufs realisiert werden, falls ein Zahllauf ohne gleichzeitige Zahlungsträgererstellung eingeplant wird. Wie Sie in Abbildung 8.3 sehen können, muss ZAHLUNGSTRÄGER ERSTELLEN bei der Einplanung eines Zahllaufs explizit ausgewählt werden. Wird die Zahlungsträgererstellung an dieser Stelle nicht ausgewählt, muss sie später noch einmal separat in der Transaktion F110 eingeplant werden. Um Bearbeitungsfehler zu vermeiden, ist es daher sinnvoll, Zahlläufe im Echtlauf nur mit gleichzeitiger Zahlungsträgererstellung ausführen zu lassen.

Implementieren Sie für diese Erweiterung das BAdI FI_F110_SCHEDULE_JOB wie folgt:

1. Starten Sie die Transaktion SE19, legen Sie eine neue Implementierung zum klassischen BAdI FI_F110_SCHEDULE_JOB mit dem Namen ZFI_F110_SCHEDULE_JOB an, und vergeben Sie einen Kurztext.

2. Wechseln Sie auf den Karteireiter INTERFACE, und klicken Sie doppelt auf die BAdI-Methode CHECK_PARAMETER, um diese zu implementieren.

3. Fügen Sie den Quellcode aus Listing 8.1 ein.

Abbildung 8.3 Einplanung eines Zahllaufs in Transaktion F110

```
METHOD if_ex_fi_f110_schedule_job~check_parameter.
  DATA: lv_answer TYPE c.
  IF i_f110v-xmitd IS INITIAL.
*    Einplanung ohne Zahlungsträgererstellung
*    nicht erlaubt
     CLEAR e_param_ok.

*    Sicherheitsabfrage
     CALL FUNCTION 'POPUP_TO_CONFIRM'
       EXPORTING
         text_question =
           'Einplanung ohne Zahlungsträgererstellung?'
       IMPORTING
         answer        = lv_answer.
     IF sy-subrc EQ 0.
       IF lv_answer EQ '1'.
*        Bei Ja, explizite Einplanung ohne
*        Zahlungsträgererstellung erlauben
         e_param_ok = 'X'.
       ENDIF.
     ELSE.
       MESSAGE ID sy-msgid TYPE sy-msgty NUMBER sy-msgno
         WITH sy-msgv1 sy-msgv2 sy-msgv3 sy-msgv4.
     ENDIF.
  ENDIF.
ENDMETHOD.
```

Listing 8.1 Sicherheitsabfrage bei Einplanung ohne Zahlungsträgererstellung in BAdI-Methode CHECK_PARAMETER

Im Quellcode wird zunächst in den Angaben zur Einplanung geprüft, ob die Zahlungsträgererstellung aktiviert wurde. Ist das nicht der Fall, werden die Parameter als ungültig markiert und eine Sicherheitsabfrage ausgegeben, die den Benutzer rückversichern lässt, ob die Einplanung wirklich ohne Zahlungsträgererstellung erfolgen soll. Nur wenn die Sicherheitsabfrage mit JA beantwortet wird, werden die Parameter wieder als gültig markiert, und die Einplanung wird damit zugelassen.

4. Aktivieren Sie die BAdI-Methode und die BAdI-Implementierung.

Nach der Aktivierung der Erweiterung ist es nur noch möglich, einen Zahllauf ohne Zahlungsträgererstellung einzuplanen, wenn dies in der Sicherheitsabfrage explizit bestätigt wird. Anderenfalls erhalten Sie die Fehlermeldung »Einplanung durch benutzerdefinierte Prüfung gestoppt«. Falls diese allgemeine Standardmeldung nicht ausreicht, kann alternativ auch eine eigene Fehlermeldung direkt in der BAdI-Implementierung ausgegeben werden.

8.3.2 Erweiterungen des Zahlungsprogramms

Das Zahlungsprogramm besitzt verschiedene Erweiterungsmöglichkeiten, die Sie in Anhang A, »Übersicht der Erweiterungen in der SAP-Finanzbuchhaltung«, finden. Von diesen Erweiterungsmöglichkeiten sollen hier beispielhaft zwei Business Transaction Events zur Einschränkung der Bankenfindung und zum kundenspezifischen Ausschluss von Zahlungen näher erläutert werden.

Erweiterung der Bankenfindung mit Prozessschnittstelle 00001810

Im Customizing des Zahllaufs können Sie eine Bankenfindung definieren, über die das Zahlprogramm die Banken bzw. Bankkonten auswählt, von denen die Zahlung abgebucht werden soll. Dabei legen Sie unter anderem die Rangfolge für die Auswahl der Hausbank in Abhängigkeit vom Buchungskreis, dem Zahlweg und der Währung der gezahlten Posten fest. In Abbildung 8.4 sehen Sie beispielhaft die Rangfolge für den Buchungskreis V001 und den Zahlweg U, unabhängig von der Währung. Für Zahlungen mit dem Zahlweg U sind hier die Hausbanken 1000 und 9000 zulässig, wobei Zahlungen vorrangig von einem Konto der Hausbank 1000 geleistet werden. Erst wenn die festgelegten disponierten Beträge der Konten der Hausbank 1000 erschöpft sind, wird ein Konto der Hausbank 9000 ausgewählt.

Abbildung 8.4 Definition der Rangfolge der Hausbanken

In Abbildung 8.5 sehen Sie für das Beispiel aus Abbildung 8.4 das Protokoll der Zahlwegauswahl für einen fälligen Posten in Höhe von 3.000 €.

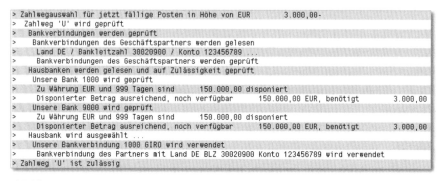

Abbildung 8.5 Protokoll der Zahlwegauswahl

Nach der Prüfung der Bankverbindung des Geschäftspartners werden die definierten Hausbanken auf Zulässigkeit hin geprüft. Dabei wird berücksichtigt, ob der verfügbare disponierte Betrag für die Zahlung ausreichend ist. Im Beispiel wurde zu beiden Hausbanken ein Bankkonto mit einem disponierten Betrag von 150.000 € definiert. Es besteht die Möglichkeit, die disponierten Beträge in Abhängigkeit von der erwarteten Wertstellung auf dem Bankkonto zu definieren. Damit die erwartete Wertstellung in diesem Beispiel nicht berücksichtigt wird, wurden hier 999 Tage angegeben.

Da der disponierte Betrag auf dem Konto der Hausbank 1000 für die Zahlung ausreicht, wird dieses Konto zur Regulierung des fälligen Postens verwendet. Wäre in diesem Fall für die Hausbank 1000 nur noch ein disponierter Betrag von weniger als 3.000 € bei einem unveränderten Betrag für die Hausbank 9000 übrig gewesen, wäre ein Konto der Hausbank 9000 ausgewählt worden.

Diese Bankenauswahl kann mithilfe der Prozessschnittstelle 00001810 beeinflusst werden. Um die Wirkungsweise dieser Erweiterung zu verdeutlichen, soll beispielhaft die erste Hausbank ohne weitere Prüfungen von der Bankenfindung ausgeschlossen werden.

Dazu implementieren Sie das Business Transaction Event wie folgt:

1. Legen Sie den Funktionsbaustein Z_SAMPLE_PROCESS_00001810 als Kopie des Funktionsbausteins SAMPLE_PROCESS_00001810 an, und fügen Sie den Quellcode aus Listing 8.2 ein.

```
FUNCTION z_sample_process_00001810.
*"----------------------------------------------------------
*"*"Lokale Schnittstelle:
*"  IMPORTING
*"     VALUE(I_RZAWE) LIKE  REGUH-RZAWE
*"     VALUE(I_WAERS) LIKE  REGUH-WAERS
*"     VALUE(I_RWBTR) LIKE  REGUH-RWBTR
*"     VALUE(I_RBETR) LIKE  REGUH-RBETR
*"     VALUE(I_KUNNR) LIKE  REGUH-KUNNR
*"     VALUE(I_LIFNR) LIKE  REGUH-LIFNR
*"     VALUE(I_ZBUKR) LIKE  REGUH-ZBUKR
*"     VALUE(I_SRTGB) LIKE  REGUH-SRTGB
*"     VALUE(I_SRTBP) LIKE  REGUH-SRTBP
*"     VALUE(I_HBKID) LIKE  ZHLG1-HBKID OPTIONAL
*"  EXPORTING
*"     VALUE(E_KORRESPBANK) LIKE
*"        F110_KBANK STRUCTURE  F110_KBANK
*"     VALUE(E_KORRESPBANK2) LIKE
*"        F110_KBANK STRUCTURE  F110_KBANK
*"     VALUE(E_KORRESPBANK3) LIKE
*"        F110_KBANK STRUCTURE  F110_KBANK
*"  TABLES
*"     T_HBANK STRUCTURE  IHBANK
*"     T_PBANK STRUCTURE  F110_PBANK
*"----------------------------------------------------------
  DATA: ls_hbank LIKE LINE OF t_hbank.
  READ TABLE t_hbank INTO ls_hbank INDEX 1.
  ls_hbank-xcusf = 'X'.
  MODIFY t_hbank FROM ls_hbank INDEX 1.
ENDFUNCTION.
```

Listing 8.2 Beispielimplementierung P&S-Schnittstelle 00001810

Dem Funktionsbaustein werden hier einige Informationen zu den aktuell regulierten Positionen wie dem Zahlweg, dem Betrag und dem Geschäftspartner übergeben. Außerdem enthält der Parameter T_HBANK die zulässigen Bankverbindungen aus der Bankenfindung. Im Beispiel enthält diese

Tabelle daher zwei Einträge zu den Hausbanken 1000 und 9000. Um eine zulässige Hausbank als unerwünscht zu kennzeichnen, muss in der zugehörigen Zeile im Parameter T_HBANK das Flag XCUSF gesetzt werden.

In Listing 8.2 wird einfach die erste zulässige Bankverbindung unabhängig von den übergebenen Parametern als unerwünscht gekennzeichnet, um die Verwendung der zweiten Hausbank zu erzwingen. Auf die Implementierung einer konkreten Prüfungslogik wird an dieser Stelle verzichtet, da lediglich die Funktionsweise dieser Erweiterung demonstriert werden soll.

2. Wechseln Sie in die Transaktion FIBF, und legen Sie ein aktives Kundenprojekt ZF110 an.

3. Wählen Sie anschließend EINSTELLUNGEN • PROZESS-BAUSTEINE • …EINES KUNDEN, und ordnen Sie dem Event 00001810 im Produkt ZF110 den Funktionsbaustein Z_SAMPLE_PROCESS_00001810 zu.

```
> Zahlwegauswahl für jetzt fällige Posten in Höhe von EUR        3.000,00-
> Zahlweg 'U' wird geprüft
> Bankverbindungen werden geprüft
>   Bankverbindungen des Geschäftspartners werden gelesen
>     Land DE / Bankleitzahl 30020900 / Konto 123456789 ...
>   Bankverbindungen des Geschäftspartners werden geprüft
> Hausbanken werden gelesen und auf Zulässigkeit geprüft
>   Unsere Bank 1000 wird geprüft
>   Zu Währung EUR und 999 Tagen sind      150.000,00 disponiert
>     Disponierter Betrag ausreichend, noch verfügbar       150.000,00 EUR, benötigt        3.000,00
>   Unsere Bank 9000 wird geprüft
>   Zu Währung EUR und 999 Tagen sind      150.000,00 disponiert
>     Disponierter Betrag ausreichend, noch verfügbar       150.000,00 EUR, benötigt        3.000,00
>   Kundenspezifische Bankenauswahl ergibt folgende Einschränkungen ...
>     Hausbank 1000 wurde  kundenspezifisch ausgeschlossen
>   Hausbank wird ausgewählt ...
>     Unsere Bankverbindung 9000 IHC wird verwendet
>   Bankverbindung des Partners mit Land DE BLZ 30020900 Konto 123456789 wird verwendet
> Zahlweg 'U' ist zulässig
```

Abbildung 8.6 Protokoll der Zahlwegauswahl bei aktiver Erweiterung

In Abbildung 8.6 sehen Sie das Protokoll der Zahlwegauswahl nach der Aktivierung der Prozessschnittstelle 00001810. Nach der Prüfung der verfügbaren disponierten Beträge wird nun die kundenspezifische Bankenauswahl durchlaufen und dabei die Hausbank 1000 ausgeschlossen. Folglich wird der fällige Posten von einem Konto der Hausbank 9000 gezahlt.

Ausschluss von Zahlungen mit Prozessschnittstelle 00001830

Im Zahlungsprogramm gibt es zwei Business Transaction Events, die verwendet werden können, um Posten von der Zahlung auszuschließen:

▶ **Prozessschnittstelle 00001820**
Die Prozessschnittstelle 00001820 wird direkt nach der Selektion von offenen Debitoren- oder Kreditorenposten aufgerufen und erlaubt die Änderung von Zahlweg und Zahlsperre im Posten.

▶ **Prozessschnittstelle 00001830**

Mit der Prozessschnittstelle `00001830` können nach der Zahlungsgruppierung einzelne Posten einer Gruppe oder ganze Gruppen von der Zahlung ausgeschlossen werden.

Zahlungsgruppierung	[+]

Zahlungsgruppierung bedeutet hier, dass die zur Zahlung selektierten Posten nach gewissen Kriterien pro Geschäftspartner zusammengefasst und gleichzeitig gezahlt werden. Hierfür kann in den Stammdaten des Geschäftspartners ein Gruppierungsschlüssel hinterlegt werden, der definiert, in welchen Feldern (bis zu drei Felder können definiert werden) die Posten übereinstimmen müssen, um gruppiert zu werden.

In diesem Abschnitt wird die Prozessschnittstelle `00001830` verwendet, um Zahlungsbeträge gegen definierte Mindestbeträge pro Kreditor zu prüfen. Im Customizing des Zahllaufs ist es nur möglich, Mindestbeträge für die Kombination von Buchungskreis und Zahlweg zu definieren, nicht aber für einzelne Geschäftspartner. Die Mindestbeträge pro Kreditor werden in diesem Beispiel in einer kundeneigenen Tabelle gepflegt. Ebenso gut wäre es natürlich auch möglich, ein zusätzliches Feld für den Betrag in die Kreditorenstammdaten aufzunehmen (siehe Kapitel 4, »Kreditorenstammdaten«).

Legen Sie nun zunächst die kundeneigene Tabelle für die Definition von Mindestbeträgen pro Kreditor an:

1. Starten Sie die Transaktion SE11, legen Sie die Tabelle ZF110_VONBT als Anwendungstabelle an, und erlauben Sie die Tabellenpflege. Die Definition der Tabelle mit den Feldern MANDT, BUKRS, LIFNR und VONBT ist in Abbildung 8.7 zu sehen.

2. Wechseln Sie auf den Reiter WÄHRUNGS-/MENGENFELDER, geben Sie REFERENZTABELLE T001 und REFERENZFELD WAERS für das Feld VONBT an, und aktivieren Sie die Tabelle.

3. Erstellen Sie einen Pflege-View zur Tabelle ZF110_VONBT, um die Mindestbeträge pflegen zu können.

Für den späteren Test der Erweiterung hinterlegen Sie den Kreditor 1000 im Buchungskreis V001 mit einem Mindestbetrag von 2.500 € (siehe Abbildung 8.8). Das bedeutet, dass Zahlungen dieses Kreditors nur dann durchgeführt werden sollen, wenn die Summe der gruppierten Posten 2.500 € übersteigt. Außerdem wurde im Stammsatz des Kreditors definiert, dass offene Posten nach dem Inhalt des Feldes REFERENZSCHLÜSSEL 1 (XREF1) zu Zahlungen gruppiert werden.

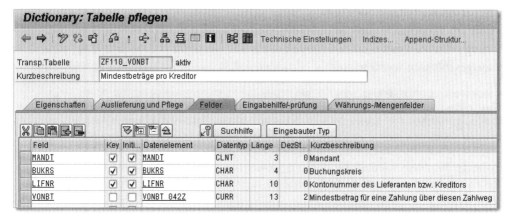

Abbildung 8.7 Kundeneigene Tabelle für Mindestbeträge pro Kreditor

Abbildung 8.8 Mindestbetrag für Kreditor 1000 im Buchungskreis V001

Nun muss noch der definierte Mindestbetrag bei der Prüfung der gruppier-ten Posten berücksichtigt werden. Implementieren Sie dazu die Prozess-schnittstelle 00001830 wie folgt:

1. Legen Sie den Funktionsbaustein Z_SAMPLE_PROCESS_00001830 als Kopie des Funktionsbausteins SAMPLE_PROCESS_00001830 an, und fügen Sie den Quellcode aus Listing 8.3 ein.

```
FUNCTION z_sample_process_00001830.
*"----------------------------------------------------------
*"*"Lokale Schnittstelle:
*"  IMPORTING
*"     REFERENCE(I_BUDAT) LIKE  F110C-BUDAT OPTIONAL
*"     REFERENCE(I_NEDAT) LIKE  F110V-NEDAT OPTIONAL
*"     REFERENCE(I_FDEBI) LIKE  F110V-FDEBI OPTIONAL
*"     REFERENCE(I_TRACE) LIKE  TRCOPT STRUCTURE   TRCOPT OPTIONAL
*"  TABLES
*"      T_REGUP STRUCTURE  REGUP_1830
*"  CHANGING
*"     REFERENCE(C_REGUH) TYPE  REGUH_1830
*"----------------------------------------------------------
```

```
    DATA: ls_f110_vonbt TYPE zf110_vonbt.
    DATA: lv_rbetr LIKE c_reguh-rbetr.
    IF c_reguh-lifnr IS NOT INITIAL.
*     Mindestbetrag zu Kreditor selektieren
      SELECT SINGLE * FROM zf110_vonbt INTO ls_f110_vonbt
        WHERE bukrs EQ c_reguh-zbukr
          AND lifnr EQ c_reguh-lifnr.
      IF sy-subrc EQ 0.
*       Zahlungsbetrag ist negativ
        lv_rbetr = c_reguh-rbetr * -1.
*       Prüfung gegen Mindestbetrag
        IF lv_rbetr < ls_f110_vonbt-vonbt.
*         Gruppe ausschließen
          c_reguh-xigno = 'X'.
        ENDIF.
      ENDIF.
    ENDIF.
ENDFUNCTION.
```

Listing 8.3 Beispielimplementierung Prozessschnittstelle 00001830

Dem Funktionsbaustein werden die Kopf- und Positionsinformationen der Gruppe in den Parametern C_REGUH und T_REGUP übergeben. Darin kann entweder pro Gruppe oder pro Position das Flag XIGNO gesetzt werden, um die jeweilige Gruppe oder Position von der Zahlung auszuschließen. Alle ausgeschlossenen Positionen erscheinen dann in der Ausnahmeliste.

Im Quellcode in Listing 8.3 wird für alle regulierten Kreditoren der Mindestbetrag für Zahlungen aus der kundeneigenen Tabelle ZF110_VONBT selektiert und mit dem Zahlungsbetrag der Gruppe verglichen. Ist der Zahlungsbetrag kleiner, wird die ganze Gruppe von der Zahlung ausgeschlossen.

2. Wechseln Sie in die Transaktion FIBF, wählen Sie EINSTELLUNGEN • PROZESS-BAUSTEINE • …EINES KUNDEN, und ordnen Sie dem Event 00001830 im Produkt ZF110 den Funktionsbaustein Z_SAMPLE_PROCESS_00001830 zu.

Für den Test der Erweiterung wurden mehrere Kreditorenpositionen auf dem Kreditor 1000 im Buchungskreis V001 gebucht, die Sie in Abbildung 8.9 sehen. Aufgrund der eingestellten Zahlungsgruppierung des Kreditors nach REFERENZSCHLÜSSEL 1 werden im Zahllauf zwei Zahlungen über 2.000 € bzw. 3.000 € erzeugt. Von diesen Zahlungen liegt eine unter und eine über dem Mindestbetrag von 2.500 €. Nach der Aktivierung der Prozessschnittstelle 00001830 sollte also nur eine der Zahlungen durchgeführt werden.

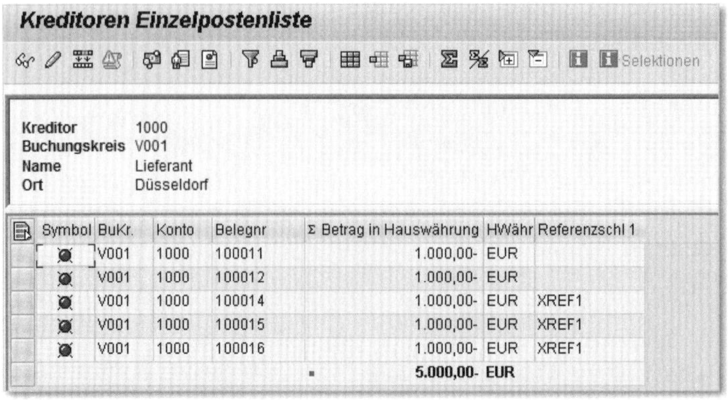

Kreditoren Einzelpostenliste

Kreditor 1000
Buchungskreis V001
Name Lieferant
Ort Düsseldorf

Symbol	BuKr.	Konto	Belegnr	Σ Betrag in Hauswährung	HWähr	Referenzschl 1
	V001	1000	100011	1.000,00-	EUR	
	V001	1000	100012	1.000,00-	EUR	
	V001	1000	100014	1.000,00-	EUR	XREF1
	V001	1000	100015	1.000,00-	EUR	XREF1
	V001	1000	100016	1.000,00-	EUR	XREF1
				5.000,00-	**EUR**	

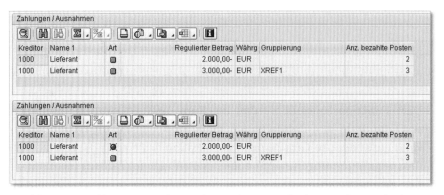

Abbildung 8.9 Kreditorenposten für Test der Prozessschnittstelle 00001830

Zahlungen / Ausnahmen

Kreditor	Name 1	Art	Regulierter Betrag	Währg	Gruppierung	Anz. bezahlte Posten
1000	Lieferant		2.000,00-	EUR		2
1000	Lieferant		3.000,00-	EUR	XREF1	3

Zahlungen / Ausnahmen

Kreditor	Name 1	Art	Regulierter Betrag	Währg	Gruppierung	Anz. bezahlte Posten
1000	Lieferant		2.000,00-	EUR		2
1000	Lieferant		3.000,00-	EUR	XREF1	3

Abbildung 8.10 Zahlungen/Ausnahmen ohne und mit Berücksichtigung des Mindestbetrags

Dementsprechend sehen Sie in Abbildung 8.10 die Zahlungen und Ausnahmen vor und nach der Implementierung der Prozessschnittstelle `00001830`: Ohne die Erweiterung werden die beiden oben genannten Zahlungen durchgeführt, mit der Erweiterung erscheint die Gruppe mit leerem Referenzschlüssel 1 als Ausnahme (roter Punkt).

8.3.3 Erweiterungen in der Regulierungsliste

Nach der Erstellung eines Zahlungsvorschlags bzw. nach der Durchführung des Zahllaufs ist es möglich, ausgehend von der Transaktion F110 eine Liste der vorgeschlagenen bzw. durchgeführten Zahlungen anzeigen zu lassen. Dazu wählen Sie im Menü Bearbeiten • Vorschlag • Vorschlagsliste bzw. Bearbeiten • Zahlung • Zahlungsliste.

Die Listenerstellung ist im Programm `RFZALI20` implementiert. Für alle Listen kann die P&S-Schnittstelle `00002110` genutzt werden, um zusätzliche Felder in den Kopf- oder Positionsinformationen der Zahlungen und Ausnahmen anzuzeigen. Für die Anzeige verwendet das Programm die Strukturen REGUH_ LST für die Kopf- und REGUP_LST für die Positionsdaten, die beide über ein Customizing-Include erweitert werden können.

Um das Beispiel aus Abschnitt 8.3.2, »Erweiterungen des Zahlungsprogramms«, fortzuführen, soll hier der Mindestbetrag als zusätzliches Feld angezeigt werden. Dazu nehmen Sie zunächst den Mindestbetrag in die Struktur für die Kopfinformationen auf:

1. Starten Sie die Transaktion SE11, und lassen Sie sich die Struktur REGUH_LST anzeigen.

2. Klicken Sie doppelt auf das Include CI_REGUH_LIST, um es anzulegen.

3. Definieren Sie ein Feld VONBT mit dem Datenelement VONBT_042Z, und geben Sie unter Währungs-/Mengenfelder die Referenztabelle T001 und das Referenzfeld WAERS an.

4. Speichern und aktivieren Sie das Include CI_REGUH_LIST.

Der Mindestbetrag kann nun zwar schon in der Regulierungs- und Ausnahmeliste als zusätzliche Spalte eingeblendet werden, ist allerdings noch nicht gefüllt. Dazu implementieren Sie die P&S-Schnittstelle 00002110 wie folgt:

1. Legen Sie den Funktionsbaustein Z_SAMPLE_INTERFACE_00002110 als Kopie des Funktionsbausteins SAMPLE_INTERFACE_00002110 an, und fügen Sie den Quellcode aus Listing 8.4 ein.

Neben den Kopf- und Positionsinformationen des Zahlungsvorschlags bzw. der Zahlungen in den Parametern I_REGUH und T_REGUP werden dem Funktionsbaustein die für die Ausgabe aufbereiteten Daten in den Parametern C_REGUH_LST und T_REGUP_LST übergeben, um diese gegebenenfalls zu ändern oder zu ergänzen.

Im Quellcode wird analog zur Prozessschnittstelle 00001830 der Mindestbetrag zu den regulierten Kreditoren selektiert und im zuvor definierten zusätzlichen Feld VONBT des Parameters C_REGUH_LST zurückgegeben.

```
FUNCTION z_sample_interface_00002110.
*"----------------------------------------------------------
*"*"Lokale Schnittstelle:
*"  IMPORTING
*"     VALUE(I_REGUH) LIKE REGUH STRUCTURE REGUH
*"  TABLES
*"     T_REGUP STRUCTURE REGUP
*"     T_REGUP_LST STRUCTURE REGUP_LST
```

```
*"  CHANGING
*"    VALUE(C_REGUH_LST) LIKE REGUH_LST STRUCTURE REGUH_LST
*"------------------------------------------------------------
   DATA: ls_f110_vonbt TYPE zf110_vonbt.
* Mindestbetrag für Ausgabe initialisieren
   c_reguh_lst-vonbt = 0.
   IF i_reguh-lifnr IS NOT INITIAL.
*    Mindestbetrag zu Kreditor selektieren
     SELECT SINGLE * FROM zf110_vonbt INTO ls_f110_vonbt
       WHERE bukrs EQ i_reguh-zbukr
         AND lifnr EQ i_reguh-lifnr.
     IF sy-subrc EQ 0.
*      Definierten Mindestbetrag in Ausgabestruktur
       c_reguh_lst-vonbt = ls_f110_vonbt-vonbt.
     ENDIF.
   ENDIF.
ENDFUNCTION.
```

Listing 8.4 Beispielimplementierung P&S-Schnittstelle 00002110

2. Wechseln Sie in die Transaktion FIBF, wählen Sie EINSTELLUNGEN • P/S-BAUSTEINE • ...EINES KUNDEN, und ordnen Sie dem Event 00002110 im Produkt ZF110 den Funktionsbaustein Z_SAMPLE_INTERFACE_00002110 zu.

| Zahlung   Hausbank Konto-Id Regulierter Betrag Währg | Mindestbetrag |
BuKr Belegnr BS Bruttobetrag FW Währg Err	
⌐Kreditor 0000001000─	
⌷ Ausnahme	2.500,00
V001 100011 31 1.000,00- EUR 081	
V001 100012 31 1.000,00- EUR 081	
* Ausnahme	
2.000,00- EUR	
⌐Kreditor 0000001000─	
⌷ F110000001 9000 IHC 3.000,00- EUR	2.500,00
V001 100014 31 1.000,00- EUR	
V001 100015 31 1.000,00- EUR	
V001 100016 31 1.000,00- EUR	
* F1100000	
3.000,00- EUR	

Abbildung 8.11 Zahlungsvorschlagsliste mit Mindestbeträgen

Wenn Sie anschließend eine Vorschlagsliste zum Beispielzahllauf aus Abschnitt 8.3.2, »Erweiterungen des Zahlungsprogramms«, erstellen, können Sie in den Kopfinformationen der Zahlungen das zusätzliche Feld MINDESTBETRAG einblenden (siehe Abbildung 8.11).

8.4   Erweiterungen in der Payment Medium Workbench

Die letzte Phase des Zahllaufs ist die Erstellung von Zahlungsträgern, mit denen die durchzuführenden Zahlungen an die Banken und Kreditinstitute kommuniziert werden können. Früher kamen hierfür in Abhängigkeit von Bankland und Zahlweg verschiedene klassische Zahlungsträgerprogramme mit dem Präfix RFFO zum Einsatz. Heutzutage sollte allerdings ausschließlich die Payment Medium Workbench (PMW) zur Zahlungsträgererstellung verwendet werden, da SAP die klassischen Programme nicht mehr weiterentwickelt und neue Formate, wie die XML-Formate für SEPA-Überweisungen und -Lastschriften, ausschließlich über die PMW bereitstellt.

> **Zahlungsträgerformate im generischen Zahlungsträgerprogramm**   **[+]**
>
> Kern der PMW ist ein *generisches Zahlungsträgerprogramm*, das für die Erstellung sämtlicher Zahlungsträger verwendet werden kann und auf Zahlungsträgerformaten basiert. Das *Zahlungsträgerformat* definiert dabei, in welcher Form Zahlungen an die Bank bzw. das Geldinstitut übergeben werden. Während früher im Customizing zum Zahlweg im Bankland jeweils ein eigenes klassisches Zahlungsträgerprogramm zugeordnet wurde, wird bei der Verwendung der PMW zu der Kombination von Bankland und Zahlweg lediglich ein passendes Zahlungsträgerformat ausgewählt. Alle Zahlungsträgerformate werden aber grundsätzlich vom generischen Zahlungsträgerprogramm verarbeitet.

Die folgende Liste zählt die wichtigsten Eigenschaften eines Zahlungsträgerformats auf:

▶ **Formatausgabe**
Die Formatausgabe legt fest, in welcher Form der Zahlungsträger erstellt wird, zum Beispiel als *beleghafter* oder *belegloser Zahlungsträger*. In der Regel werden mit der PMW beleglose Zahlungsträger in Dateiform erstellt.

▶ **Granularität**
Die Granularität definiert, wie Zahlungen eines Zahllaufs in Zahlungsträgern gruppiert werden. So ist es im Standard möglich, Zahlungsträger getrennt nach Buchungskreis, Hausbank, Hausbankkonto, Gutschrift/Lastschrift und Zahlweg zu erstellen. Wie Sie später sehen werden, kann die Granularität aber auch mithilfe von Erweiterungen beeinflusst werden.

▶ **Implementierung des Formats**
Die Implementierung eines Zahlungsträgerformats besteht aus verschiedenen Funktionsbausteinen, sogenannten *Zeitpunktbausteinen*, die in einer vorgegebenen Reihenfolge durchlaufen werden und den Zahlungsträger erstellen (siehe Abschnitt 8.4.1, »Zeitpunktbausteine«).

▶ **Referenzfelder**

Verschiedene Zahlungsträgerformate können unterschiedliche Felder für Referenzinformationen enthalten, um einen Zahlungsempfänger über den Zweck der Zahlung zu informieren. Zu jedem Zahlungsträgerformat muss daher die Anzahl und Länge der Referenzfelder definiert werden.

Um die Referenzfelder zu füllen, kann der Kombination von Bankland und Zahlweg ein sogenannter *Verwendungszweckaufbau* zugeordnet werden (siehe Abschnitt 8.4.2, »Aufbau des Verwendungszwecks«).

▶ **Formatspezifische Parameter**

Enthält ein Zahlungsträger Felder, die im Standard nicht zur Verfügung stehen, können formatspezifische Parameter definiert werden, die im Selektionsbildschirm des generischen Zahlungsträgerprogramms eingeblendet werden (siehe Abschnitt 8.4.3, »Formatspezifische Parameter«).

Zuerst werden Ihnen nun Erweiterungsmöglichkeiten im Bereich der Zeitpunktbausteine vorgestellt.

8.4.1 Zeitpunktbausteine

Für jedes Zahlungsträgerformat müssen verschiedene Funktionsbausteine implementiert werden, die zu bestimmten Zeitpunkten während der Zahlungsträgererstellung aufgerufen werden. Sowohl die Implementierung von Standardformaten als auch die Implementierung von kundeneigenen Formaten erfolgt mithilfe dieser Zeitpunktbausteine. Bei den Zeitpunkten, zu denen die Funktionsbausteine aufgerufen werden, kann zwischen *Standard-* und *Kundenzeitpunkten* unterschieden werden: Grundsätzlich erfolgt die Zahlungsträgererstellung mit Zeitpunktbausteinen, die Standardzeitpunkten zugeordnet sind. Darüber hinaus kann die Erstellung mithilfe von Kundenzeitpunkten angepasst werden. Funktionsbausteine, die diesen Kundenzeitpunkten zugeordnet werden, werden entweder nach der Standardverarbeitung aufgerufen oder ersetzen diese.

Im Folgenden finden Sie eine Liste der Standard- und Kundenzeitpunkte, die während der Zahlungsträgererstellung in aufsteigender Reihenfolge durchlaufen werden. Ist ein Zeitpunkt zugleich ein Standard- und Kundenzeitpunkt, wird die Standardverarbeitung ersetzt, anderenfalls wird die Erstellung um den Kundenzeitpunkt ergänzt. Zu jedem Zeitpunkt existiert ein Vorlagebaustein mit dem Namen `FI_PAYMEDIUM_SAMPLE_xx`, wobei `xx` dem Zeitpunkt entspricht.

▶ **Standard- und Kundenzeitpunkt 00 – Sortierfeld füllen**

Zum Zeitpunkt 00 kann die Sortierung der Zahlungsdaten beeinflusst, das heißt festgelegt werden, in welcher Reihenfolge die Zahlungsdaten bei der Zahlungsträgererstellung durchlaufen werden. Hierfür kann ein bis zu 30 Zeichen langes Sortierkriterium aus den Feldern der Strukturen FPAYH mit Kopfinformationen und FPAYHX mit dem zugehörigen Customizing aufgebaut werden.

▶ **Standardzeitpunkt 05 – Füllen zusätzlicher Referenzfelder**

Zum Zeitpunkt 05 können formatspezifische Referenzfelder gefüllt werden, um sie später für die Zahlungsträgererstellung oder für den Aufbau des Verwendungszwecks zu nutzen. Dem Zeitpunktbaustein werden die Kopf- und Positionsinformation der Zahlungen in den Strukturen FPAYH und FPAYP sowie das zugehörige Customizing in der Struktur FPAYHX übergeben, und er kann bis zu zehn 132 Zeichen lange Referenzinformationen für die spätere Verwendung in der Struktur FPAYHX_FREF zurückgeben.

▶ **Kundenzeitpunkt 06 – Füllen zusätzlicher Referenzfelder**

Zu diesem Zeitpunkt können die zusätzlichen Referenzfelder aus Zeitpunkt 05 bearbeitet oder ergänzt werden.

Pre-Service zur Zahlungsträgervorbereitung   [+]

Die Payment Medium Workbench führt einen sogenannten *Pre-Service* durch, bei dem die Zeitpunktbausteine 00 bis 06 durchlaufen werden, um die Zahlungsträgererstellung vorzubereiten. Die abgeleitete Sortierung, Gruppierung und der Verwendungszweckaufbau werden dabei zur weiteren Verwendung in der Datenbank gespeichert.

Eine anschließende Änderung des Customizings bezüglich der Sortierung, Gruppierung und dem Verwendungszweck hat somit keine Auswirkungen auf bereits erstellte Zahlläufe. Es ist allerdings möglich, mithilfe des Programms RFPAYM_RESET den Pre-Service eines Zahllaufs zurückzusetzen und im Anschluss die Zahlungsträgererstellung unter Berücksichtigung des neuen Customizing erneut zu starten.

▶ **Standardzeitpunkt 10 – Formatparameter prüfen**

Zum Zeitpunkt 10 können formatspezifische Parameter, die im Selektionsbildschirm des generischen Zahlungsträgerprogramms angegeben werden, geprüft werden (siehe auch Abschnitt 8.4.3, »Formatspezifische Parameter«).

▶ **Kundenzeitpunkt 11 – Formatparameter prüfen**

Entsprechend dem Zeitpunkt 10 können in diesem Zeitpunkt die kundenspezifischen Formatparameter geprüft werden (siehe auch hierzu Abschnitt 8.4.3).

▶ **Standardzeitpunkt 20 – Start/File Header**
Zum Zeitpunkt 20 kann ein Datei-Header oder -Vorsatz geschrieben bzw. ein Dateiname vergeben werden. Hierfür werden die Zahlungsdaten in der Struktur FPAYH, das zugehörige Customizing in der Struktur FPAYHX und die formatspezifischen Parameter übergeben.

▶ **Kundenzeitpunkt 21 – Start/File Header**
Zum Zeitpunkt 21 kann der Datei-Header oder -Vorsatz, der im Zeitpunkt 20 geschrieben wurde, ergänzt bzw. der vergebene Dateiname angepasst werden. Neben den Parametern aus Zeitpunkt 20 stehen hier zusätzlich die kundenspezifischen Formatparameter zur Verfügung.

▶ **Standard- und Kundenzeitpunkt 25 – File Close/Open**
Mithilfe des Zeitpunkts 25 kann gesteuert werden, wann ein neuer logischer oder physischer Datenträger begonnen werden soll. Dazu stehen dem Zeitpunktbaustein die Zahlungsdaten und das zugehörige Customizing der aktuellen und der nächsten Zahlung zur Verfügung.

▶ **Standardzeitpunkt 30 – Auftrag/Transaction Record**
Zum Zeitpunkt 30 werden die eigentlichen Positionen eines Zahlungsträgers erstellt. Hierfür stehen die Kopf- und Positionsinformationen der Zahlung, das zugehörige Customizing und der gemäß dem Customizing aufgebaute Verwendungszweck zur Verfügung (siehe Abschnitt 8.4.2, »Aufbau des Verwendungszwecks«).

▶ **Kundenzeitpunkt 31 – Auftrag/Transaction Record**
Zu diesem Zeitpunkt können kundenspezifische Ergänzungen der Positionen des Zahlungsträgers vorgenommen werden. Dazu stehen die gleichen Informationen zur Verfügung wie für Zeitpunkt 30.

▶ **Standardzeitpunkt 40 – Ende/File Trailer**
Zum Zeitpunkt 40 kann ein Datei-Trailer- oder -Nachsatz aus den übergebenen Zahlungsdaten in der Struktur FPAYH und dem Zahlungs-Customizing in der Struktur FPAYHX erstellt werden. Außerdem können die Währung und die Summe der Zahlungsbeträge zurückgegeben werden, die nach der Zahlungsträgererstellung in der Zahlungsträgerverwaltung angezeigt werden.

Zu diesem Zeitpunkt kann außerdem mithilfe des Funktionsbausteins FI_PAYM_ACC_SHEET_PRINT ein Begleitzettel zur Zahlung erstellt werden.

▶ **Kundenzeitpunkt 41 – Ende/File Trailer**
Zum Zeitpunkt 41 können die Daten aus dem Zeitpunkt 40 noch einmal ergänzt bzw. angepasst werden.

Wie Sie sehen, erlaubt das Konzept der Zeitpunktbausteine, sowohl eigene, neue Zahlungsträgerformate zu implementieren als auch bestehende Formate anzupassen und zu ergänzen. Für welche Möglichkeit Sie sich entscheiden, hängt davon ab, wie groß die Unterschiede zwischen dem gewünschten und einem bestehenden Format sind.

8.4.2 Aufbau des Verwendungszwecks

Wie Sie in Kapitel 6, »Elektronischer Kontoauszug«, gesehen haben, sind Referenzinformationen wie der Verwendungszweck bei der Verarbeitung von Kontoauszügen ein wichtiges Kriterium für die Zuordnung von Zahlungen. Umgekehrt ist es auch bei ausgehenden Zahlungen häufig wichtig, passende Referenzinformationen mitzuliefern, um Rückfragen zur Zuordnung der Zahlungen zu vermeiden. Bei Verwendung der Payment Medium Workbench bietet das Customizing bereits weitreichende Möglichkeiten, um den Aufbau des Verwendungszwecks zu definieren. Außerdem können kundeneigene Funktionsbausteine verwendet werden, um Anforderungen zu realisieren, die über diese Möglichkeiten hinausgehen.

Um die Verwendung eines solchen Funktionsbausteins zu verstehen, ist zunächst ein kurzer Exkurs in das Customizing der PMW zum Verwendungszweckaufbau erforderlich. Die passenden Aktivitäten hierfür finden Sie im Einführungsleitfaden über den Pfad Finanzwesen (neu) • Debitoren- und Kreditorenbuchhaltung • Geschäftsvorfälle • Zahlungsausgang • Zahlungsausgang automatisch • Zahlungsträger • Zahlungsträgerformate für Payment Medium Workbench einstellen.

Bevor der Aufbau des Verwendungszwecks definiert wird, muss pro Zahlungsträgerformat festgelegt werden, wie viel Platz überhaupt für Referenzinformationen zur Verfügung steht (Aktivität Zahlungsträgerformat anlegen). Dafür definieren Sie die Anzahl und Länge der verfügbaren Felder in Abhängigkeit vom Typ der Referenzinformation. Die wichtigsten Typen sind dabei die folgenden:

▶ der Verwendungszweck

▶ die interne Referenz

▶ die externe Referenz

Abbildung 8.12 zeigt beispielhaft die definierten Textfelder für das Zahlungsträgerformat SEPA_CT, das im SEPA-Zahlungsverkehr für Überweisungen Verwendung findet. Laut der Definition stehen für den Verwendungszweck vier Felder der Länge 32 sowie ein 35-stelliges Feld für die interne Referenz und ein weiteres zwölfstelliges Feld für die externe Referenz zur Verfügung.

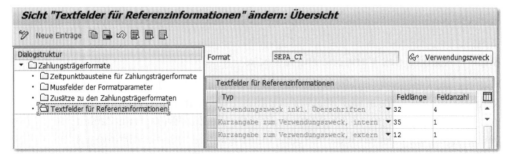

Abbildung 8.12 Definition von Textfeldern für Referenzinformationen

Im nächsten Schritt wird dann der Aufbau des Verwendungszwecks definiert (Aktivität VERWENDUNGSZWECK ANPASSEN). Hierfür legen Sie den Feldinhalt je Typ der Referenzinformation und je laufende Nummer des Feldes fest. Für das genannte Format könnten demnach bis zu vier Feldinhalte für den Typ Verwendungszweck und jeweils ein Feldinhalt der Typen interne und externe Referenz mit den entsprechenden Längen definiert werden.

Abbildung 8.13 Definition des Verwendungszweckaufbaus

In Abbildung 8.13 sehen Sie wiederum beispielhaft die Definition eines Verwendungszweckaufbaus. Der TYP ist hier als Zahl dargestellt, wobei 1 dem Verwendungszweck, 2 der internen Referenz und 3 der externen Referenz entspricht. Gemäß dieser Definition werden die erste Zeile des Verwendungszwecks mit der Referenzbelegnummer und dem Belegdatum und die zweite Zeile mit dem Positionstext des bezahlten Postens gefüllt. Darüber hinaus werden die Zahlungsbelegnummer in die interne Referenz und die Kontonummer beim Kunden oder Lieferanten zusammen mit dem Text »Konto bei Ihnen« in die externe Referenz geschrieben. Für den Text des Verwendungszwecks stehen an dieser Stelle im Prinzip alle Daten zur Zahlung und zu den bezahlten Posten zur Verfügung und können über eine ⌨F4⌨-Wertehilfe ausgewählt werden.

Zuletzt muss nun noch der Verwendungszweckaufbau einer Kombination von Bankland und Zahlweg zugewiesen werden (Aktivität ZAHLUNGSTRÄGER-FORMAT UND VERWENDUNGSZWECK DEM ZAHLWEG ZUORDNEN).

> **Zuordnung nur in der PMW möglich** [!]
>
> Die Zuordnung des Verwendungszwecks ist nur dann möglich, wenn für die Kombination von Bankland und Zahlweg auch ein Zahlungsträgerformat der PMW verwendet wird. Bei der Verwendung eines klassischen Zahlungsträgerprogramms ist keine Zuordnung eines Verwendungszweckaufbaus möglich.

Nachdem Sie ein Bankland und einen Zahlweg ausgewählt haben, klicken Sie doppelt auf VERWENDUNGSZWECK NACH HERKUNFT, um in die Einstellungen aus Abbildung 8.14 zu gelangen. Wie Sie dort sehen, kann der Verwendungszweckaufbau zusätzlich noch abhängig von einer HERKUNFT zugeordnet werden. Mit Herkunft ist dabei die Anwendungskomponente gemeint, die die Zahlung veranlasst hat. So können beispielsweise Kreditorenzahlungen einen anderen Verwendungszweck erhalten als Personalzahlungen.

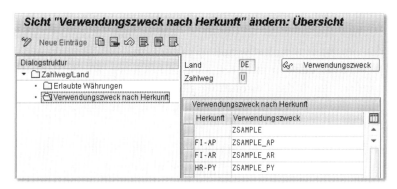

Abbildung 8.14 Zuordnung des Verwendungszwecks nach Herkunft

In diesem Beispiel sind dem Zahlweg U im Land DE verschiedene Verwendungszwecke für Debitoren- (FI-AR), Kreditoren- (FI-AP) und Personalzahlungen (HR-PY) zugeordnet. Dadurch kann zum Beispiel erreicht werden, dass Kreditorenzahlungen mit dem Verwendungszweck »Ihre Rechnung ...

vom …« und Personalzahlungen mit dem Verwendungszweck »Ihr Gehalt vom …« übertragen werden.

Sollten diese Möglichkeiten des Customizings nicht ausreichen, um den Verwendungszweck gemäß Ihren Anforderungen zu definieren, kann hierfür auch ein kundeneigener Funktionsbaustein implementiert werden. Dieser wird anschließend in der Aktivität Verwendungszweck anpassen dem Verwendungszweckaufbau zugeordnet (siehe Abbildung 8.15). Der Funktionsbaustein kann entweder zur Überarbeitung des Verwendungszwecks zusätzlich zum Verwendungszweckaufbau durch das Customizing oder unabhängig davon aufgerufen werden.

Abbildung 8.15 Verwendungszweckaufbau durch Funktionsbaustein

Als Vorlage für den Funktionsbaustein können Sie den Funktionsbaustein FI_PAYMEDIUM_SAMPLE_DETAILS verwenden, dessen Schnittstelle Sie in Listing 8.5 sehen. Dem Funktionsbaustein werden die Kopf- und Positionsinformationen der Zahlungen und das zugehörige Customizing übergeben, und er kann den Aufbau des Verwendungszwecks im Tabellenparameter T_PAYMENT_DETAILS mit der Struktur FPM_PAYD zurückgeben. Ist der Verwendungszweckaufbau durch das Customizing gleichzeitig aktiv, enthält dieser Parameter beim Aufruf bereits den durch das Customizing definierten Verwendungszweck.

```
FUNCTION fi_paymedium_sample_details.
*"----------------------------------------------------------
*"*"Lokale Schnittstelle:
*"  IMPORTING
*"     VALUE(I_FPAYH) LIKE  FPAYH STRUCTURE  FPAYH
*"     VALUE(I_FPAYHX) LIKE  FPAYHX STRUCTURE  FPAYHX
*"  TABLES
*"      T_FPAYP STRUCTURE  FPAYP
*"      T_PAYMENT_DETAILS STRUCTURE  FPM_PAYD
```

```
*"  CHANGING
*"     REFERENCE(C_XAVIS_REQ)
*"----------------------------------------------------------
ENDFUNCTION.
```

Listing 8.5 Musterfunktionsbaustein für Verwendungszweckaufbau

Bei der späteren Zahlungsträgererstellung wird der bestimmte Verwendungszweck dann zusammen mit der Position an die Zeitpunktbausteine 30 und 31 übergeben, die den Verwendungszweck und die Position formatspezifisch in den Zahlungsträger einfügen. Diese Funktionsbausteine erhalten den Verwendungszweck ebenfalls in einem Tabellenparameter mit der Struktur FPM_PAYD, unabhängig davon, ob er durch das Customizing oder durch einen kundeneigenen Funktionsbaustein aufgebaut wurde.

8.4.3 Formatspezifische Parameter

Da für die Zahlungsträgererstellung mit der Payment Medium Workbench ein generisches Zahlungsträgerprogramm verwendet wird, stehen zunächst einmal für alle Formate die gleichen Selektionsparameter zur Verfügung. Sollte ein Zahlungsträgerformat zusätzliche Selektionskriterien benötigen, können sogenannte *formatspezifische Parameter* oder kurz *Formatparameter* definiert werden. Hierfür ordnen Sie dem Zahlungsträgerformat in der Aktivität ZAHLUNGSTRÄGERFORMAT ANLEGEN eine Struktur zu, die die Standardformatparameter enthält. Darüber hinaus kann in der Aktivität ZAHLUNGSTRÄGERFORMAT ANPASSEN eine Struktur für kundeneigene Formatparameter definiert werden. Beide Aktivitäten finden Sie im Einführungsleitfaden über den gleichen Pfad wie die Einstellungen zum Verwendungszweck.

Werden formatspezifische Parameter definiert, wird daraus ein Selektions-Dynpro generiert, das über die Schaltfläche FORMATPARAMETER im generischen Zahlungsträgerprogramm gefüllt werden kann.

Abbildung 8.16 Definition von Formatparametern

In Abbildung 8.16 sehen Sie die Einstellungen zu Standard- und kundeneigenen Formatparametern am Beispiel des Zahlungsträgerformates DTAZV für den Auslandszahlungsverkehr in Deutschland. In den allgemeinen Einstellungen zum Format ist die SAP Struktur FPM_DTAZV mit zusätzlichen Formatparametern zugeordnet. Diese Struktur wird auch noch einmal zur Information in den Einstellungen in der Aktivität ZAHLUNGSTRÄGERFORMAT ANPASSEN angezeigt, die Sie darunter sehen. Die Möglichkeit kundeneigener Formatparameter wird bei diesem Format nicht genutzt.

Über die Schaltflächen DEFAULT bzw. DEFAULTWERTE können Sie, wie der Name schon sagt, Vorschlagswerte für die formatspezifischen Parameter vorgeben. Außerdem können sowohl Standard- als auch kundeneigene Formatparameter als Mussfeld definiert werden. Dazu wird der Punkt MUSSFELDER DER FORMATPARAMETER in den beiden genannten Aktivitäten verwendet. Abbildung 8.17 zeigt die Definition des Feldes MLDWR (Kennzeichen: Meldedaten in Auftragswährung) in der Struktur FPM_DTAZV als Mussfeld. Dies führt dazu, dass das Kennzeichen bei der Ausführung des generischen Zahlungsträgerprogramms für das Format DTAZV gesetzt werden muss.

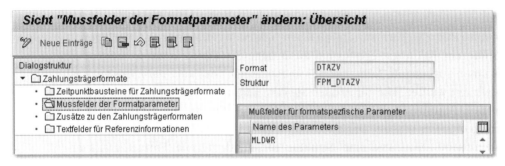

Abbildung 8.17 Definition von Formatparametern als Mussfeld

Während der Zahlungsträgererstellung können die Standardformatparameter und kundeneigenen Formatparameter in den Zeitpunkten 10 und 11 geprüft und in den Zeitpunkten 20 und 21 weiterverarbeitet werden. Werden die Formatparameter darüber hinaus in weiteren Zeitpunkten benötigt, sollten Sie sie global in der Funktionsgruppe speichern, in der die Zeitpunktbausteine implementiert sind. Dazu definieren Sie im TOP-Include der Funktionsgruppe jeweils einen Tabellenarbeitsbereich für die Standard- und die kundeneigenen Formatparameter und weisen diese im Zeitpunkt 20 bzw. 21 zu. Falls Sie die Strukturen FPM_DTAZV und ZFPM_DTAZV für Standard- und kundeneigene Formatparameter verwenden, können Sie die Anweisungen aus Listing 8.6 an den entsprechenden Stellen einsetzen.

```
* Definition im TOP-Include der Funktionsgruppe
  TABLES: fpm_dtazv, zfpm_dtazv.
* Zuweisung der Standardformatparameter im Zeitp. 20
  fpm_dtazv = i_format_params.
* Zuweisung der kundeneigenen Formatparameter im Zeitp. 21
  zfpm_dtazv = i_format_params_c.
```

Listing 8.6 Zwischenspeichern der Formatparameter in Funktionsgruppe

8.4.4 Kundeneigene Granularität

Abschließend soll die Verwendung der Zeitpunktbausteine anhand eines Beispiels zur Granularität der Zahlungsträgererstellung demonstriert werden. Im Standard können Zahlungsträger nur nach Buchungskreisen, Hausbanken, Hausbankkonten, Gutschrift/Lastschrift und Zahlweg getrennt werden. Zusätzlich dazu wird in diesem Abschnitt noch eine Trennung nach Währungen und Ausführungsdatum realisiert.

Hierfür ist die Implementierung von zwei Zeitpunktbausteinen erforderlich:

1. Im ersten Schritt wird im Zeitpunkt 00 ein zusätzliches Sortierkriterium gesetzt, sodass die Zahlungen sortiert nach Währungen und Ausführungsdaten durchlaufen werden. Die Granularität, die im Customizing definiert ist, wird dabei schon vorher berücksichtigt. Das heißt, das generische Zahlungsprogramm bildet Gruppen nach den definierten Kriterien und durchläuft für diese Gruppen jeweils die Sequenz der Zeitpunkte 20 bis 41. Die zusätzliche Sortierung wirkt sich daher nur auf die Zahlungen innerhalb dieser Gruppen aus.

In Listing 8.7 sehen Sie den benötigten Quellcode für das zusätzliche Sortierkriterium. Darin wird zunächst eine Struktur für das Sortierkriterium aus Währung und Ausführungsdatum definiert, und die entsprechenden Werte werden aus den übergebenen Zahlungsdaten ausgelesen. Abschließend wird das zusammengesetzte Sortierkriterium zurückgegeben.

```
FUNCTION z_fi_paymedium_sample_00.
*"----------------------------------------------------------
*"*"Lokale Schnittstelle:
*"  IMPORTING
*"     VALUE(I_FPAYH) LIKE  FPAYH STRUCTURE    FPAYH
*"     VALUE(I_FPAYHX) LIKE  FPAYHX STRUCTURE   FPAYHX
*"  EXPORTING
*"     VALUE(E_SRTF1) LIKE  FPAYH-SRTF1
*"----------------------------------------------------------
```

```
* Strukturiertes Sortierkriterium
  TYPES: BEGIN OF t_srtf1,
           waers LIKE fpayhx-waers,
           ausfd LIKE fpayh-ausfd,
         END OF t_srtf1.
  DATA: ls_srtf1 TYPE t_srtf1.

* Währung und Ausführungsdatum aus Zahlung
  ls_srtf1-waers = i_fpayhx-waers.
  ls_srtf1-ausfd = i_fpayh-ausfd.

* Rückgabe des Sortierkriteriums
  e_srtf1 = ls_srtf1.
ENDFUNCTION.
```

Listing 8.7 Zusätzliches Sortierkriterium aus Währung und Ausführungsdatum

2. Darüber hinaus muss jeweils im Zeitpunkt 25 geprüft werden, ob sich das Sortierkriterium, das heißt die Währung bzw. das Ausführungsdatum, im Vergleich zur vorhergehenden Zahlung geändert hat. Ist das der Fall, soll ein neuer Datenträger erstellt werden. Aufgrund der Sortierung der Zahlungen führt das zu einzelnen logischen Datenträgern pro Währung und Ausführungsdatum.

Den entsprechenden Quellcode finden Sie in Listing 8.8. Dem Zeitpunktbaustein werden in den Parametern I_FPAYH_LAST und I_FPAYH_NEXT die Daten der letzten und aktuellen Zahlung übergeben, die unter anderem das Sortierkriterium enthalten, das im Zeitpunkt 00 gesetzt wurde. Unterscheiden sich das Sortierkriterium in der letzten und der aktuellen Zahlung, wird das Flag E_XNEW_FILE zurückgegeben, was dazu führt, dass vor der Verarbeitung der aktuellen Zahlung in den Zeitpunkten 30 und 31 die Zeitpunkte 40 und 41 bzw. 20 und 21 für den Abschluss und den Beginn eines Zahlungsträgers durchlaufen werden.

```
FUNCTION z_fi_paymedium_sample_25.
*"----------------------------------------------------------
*"*"Lokale Schnittstelle:
*"  IMPORTING
*"     VALUE(I_FPAYH_LAST) LIKE  FPAYH STRUCTURE  FPAYH
*"     VALUE(I_FPAYHX_LAST) LIKE  FPAYHX STRUCTURE  FPAYHX
*"     VALUE(I_FPAYH_NEXT) LIKE  FPAYH STRUCTURE  FPAYH
*"     VALUE(I_FPAYHX_NEXT) LIKE  FPAYHX STRUCTURE  FPAYHX
*"  EXPORTING
*"     REFERENCE(E_XNEW_FILE) LIKE  BOOLE-BOOLE
*"     REFERENCE(E_XLOG_FILE) LIKE  BOOLE-BOOLE
```

```
*"  TABLES
*"      T_FILE_OUTPUT STRUCTURE  FPM_FILE
*"------------------------------------------------------------
    IF i_fpayh_last-srtf1 NE i_fpayh_next-srtf1.
      e_xnew_file = 'X'.
    ENDIF.
ENDFUNCTION.
```

Listing 8.8 Neuer Datenträger bei Wechsel des Sortierkriteriums

Starten Sie anschließend die Zahlungsträgererstellung zu einem Zahllauf, der mehrere Währung und Ausführungsdaten enthält, werden diese neben den im Customizing definierten Kriterien zur Trennung von Zahlungsträgern herangezogen.

8.5 Zusammenfassung

Analog zu den vorangegangenen Kapiteln wurde in diesem Kapitel zunächst gezeigt, aus welchen Phasen der Zahllauf besteht und welche Datenbanktabellen er verwendet. Anschließend wurde anhand von beispielhaften Anforderungen eine Auswahl von Erweiterungen in der Transaktion F110, dem Zahlungsprogramm und der Regulierungsliste implementiert.

Im zweiten Teil des Kapitels wurden Ihnen dann die Erweiterungsmöglichkeiten der Payment Medium Workbench für die Erstellung von Zahlungsträgern vorgestellt.

9 Reporting – Einzelpostenliste

Unter den wichtigsten Auswertungen, die in der Finanzbuchhaltung durchgeführt werden, sind neben Saldenlisten und der Erstellung von Bilanz und GuV die Einzelpostenlisten für Sachkonten, Debitoren und Kreditoren zu nennen. Neben diesen drei genannten Auswertungen existiert noch eine Vielzahl anderer Standard-Reports, um Daten der Finanzbuchhaltung zu analysieren. Um spezielle Kundenanforderungen abzudecken, existieren in Ergänzung zu diesen Standard-Reports häufig kundeneigene Reports, die als Kopie von Standard-Reports angelegt und angepasst werden.

In diesem Kapitel soll anhand der Einzelpostenliste beispielhaft gezeigt werden, dass die Realisierung von Kundenanforderungen nicht immer ein Anlegen kundeneigener Reports erfordert, sondern dass es mitunter ausreicht, Standard-Reports zu erweitern.

9.1 Technische Details und Transaktionen

Einzelpostenlisten für Sachkonten, Debitoren und Kreditoren basieren auf den zugehörigen Sekundärindextabellen BSIS, BSAS, BSID, BSAD, BSIK und BSAK bzw. FAGLBSIS und FAGLBSAS für ledgergruppenspezifisch OP-geführte Sachkonten. Im Gegensatz zur Belegsicht der gebuchten Belegzeilen in der Tabelle BSEG, auf die nur mithilfe des vollständigen Schlüssels aus Buchungskreis, Belegnummer und Geschäftsjahr zugegriffen werden sollte, erlauben Sekundärindextabellen einen performanten Zugriff auf Einzelposten in Abhängigkeit vom Buchungskreis und der Kontonummer (siehe Kapitel 5, »Buchhaltungsbelege«).

Für die Erstellung von Einzelpostenlisten existieren die folgenden drei Transaktionen:

▶ **Transaktion FBL3N bzw. FAGLL03**
Die Transaktionen FBL3N (Programm `RFITEMGL`) und FAGLL03 (Programm `FAGL_ACCOUNT_ITEMS_GL`) werden zur Erstellung von Sachkonten-Einzelpostenlisten basierend auf der logischen Datenbank `SDF` verwendet. Dabei wird die Transaktion FBL3N im klassischen und die Transaktion FAGLL03 im neuen Hauptbuch angewendet.

▶ **Transaktion FBL1N**

Die Transaktion FBL1N (Programm RFITEMAP) erlaubt die Erstellung von Kreditoren-Einzelpostenlisten basierend auf der logischen Datenbank KDF.

▶ **Transaktion FBL5N**

Mithilfe der Transaktion FBL5N (Programm RFITEMAR) erstellen Sie Debitoren-Einzelpostenlisten basierend auf der logischen Datenbank DDF.

Wie Sie sehen, basieren die Reports nicht direkt auf den Sekundärindextabellen, sondern auf logischen Datenbanken. Diese logischen Datenbanken enthalten neben den Sekundärindextabellen noch Zugriffsmöglichkeiten für Sachkonten-, Debitoren- bzw. Kreditorenstammdaten.

[+] | **Postenselektion mit Report FAGL_ACCOUNT_ITEMS_GL**

Der Report FAGL_ACCOUNT_ITEMS_GL verwendet die logische Datenbank nur für die Selektion der Sachkontenstammdaten. Die Selektion der Posten erfolgt über verschiedene Funktionsbausteine mit dem Präfix FAGL_GET_ITEMS* aus der Funktionsgruppe FAGL_ITEMS_SELECT.

Die Postenanzeige der drei Transaktionen FBL*N wird im Funktionsbaustein FI_ITEMS_DISPLAY realisiert, während die Transaktion FAGLL03 den Funktionsbaustein FAGL_ITEMS_DISPLAY zur Anzeige verwendet. In Abbildung 9.1 sehen Sie beispielhaft eine Kreditoren-Einzelpostenliste, die als ALV-Grid angezeigt wird. In allen vier Transaktionen kann im Menü über EINSTELLUNGEN • LISTE UMSCHALTEN zwischen ALV-Grid- und ALV-List-Darstellung gewählt werden.

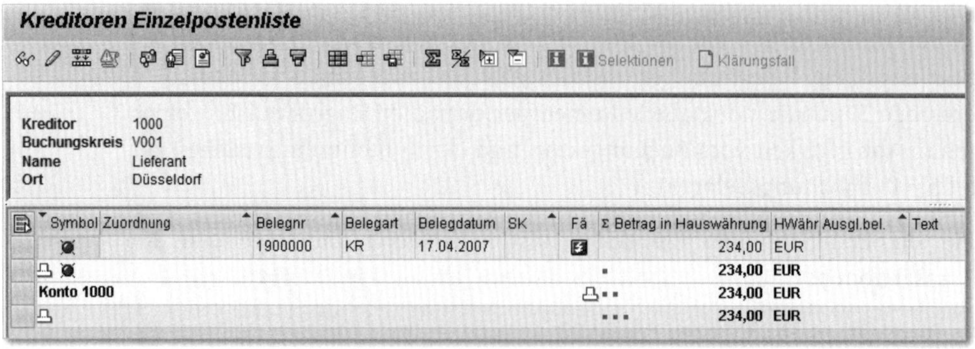

Abbildung 9.1 Kreditoren-Einzelpostenliste

Im Folgenden werden zunächst die Erweiterungsmöglichkeiten in den Transaktionen FBL*N dargestellt, und anschließend wird auf die Erweiterungsmöglichkeiten der Transaktion FAGLL03 eingegangen.

9.2 Erweiterungen der Einzelpostenliste in den Transaktionen FBL*N

Wie Abschnitt 9.1, »Technische Details und Transaktionen«, bereits erwähnt, wird für die Ausgabe der Einzelpostenlisten in allen drei Transaktionen der gleiche Funktionsbaustein verwendet. Aus diesem Grund wirken sich die im Folgenden beschriebenen Erweiterungen sowohl auf die Sachkonten- als auch auf die Debitoren- und Kreditoren-Einzelpostenliste aus, auch wenn der Name der Erweiterung oder die Namen der Parameter etwas anderes vermuten lassen. Außerdem ist zu beachten, dass die Erweiterungen teilweise nur in der ALV-Grid-Darstellung oder nur in der ALV-List-Darstellung verfügbar sind.

9.2.1 Erweiterung der Kopfzeilen der Einzelpostenliste

Die Kopfzeilen der Einzelpostenliste lassen sich sowohl für die Transaktionen FBL*N als auch für die Transaktion FAGLL03 auch ohne kundeneigene Erweiterung modifizieren, solange nur bestimmte Daten aus den Sachkonten-, Debitoren- oder Kreditorenstammdaten angezeigt werden sollen. Dazu wählen Sie in der Anzeige der Einzelpostenliste im Menü Einstellungen • Anzeigevariante • Aktuelle Kopfzeile. Sie gelangen in die Kopfzeilenpflege für den Einzelpostenbericht, wie Sie in Abbildung 9.2 beispielhaft für die Debitoren-Einzelpostenliste sehen.

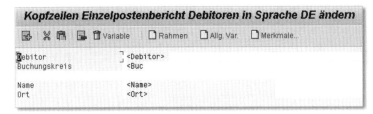

Abbildung 9.2 Kopfzeilen der Debitoren-Einzelpostenliste pflegen

Über die verschiedenen Drucktasten können Sie hier die Kopfzeile an Ihre Anforderungen anpassen. Beispielsweise können Sie das Feld Abstimm-konto auf folgende Weise mit in die Anzeige aufnehmen:

1. Positionieren Sie den Cursor unter die unterste Zeile, und klicken Sie auf die Drucktaste Zeile einfügen ( ).

2. Klicken Sie nun auf Merkmale…, um den Dialog zum Einfügen einer Textvariablen zu öffnen. Unter Variablentyp können Sie dort auswählen, ob Sie sich allgemeine Informationen zur Report-Ausführung wie Ausfüh-

rungsdatum- und -zeit oder Informationen aus den Debitorenstammdaten anzeigen lassen möchten. Wählen Sie hier MERKMALSBEZOGENE TEXTVARIABLE, um anschließend im Feld MERKMAL das ABSTIMMKONTO aus den Debitorenstammdaten auswählen zu können.

3. Nun müssen Sie festlegen, ob Sie die Bezeichnung oder den Wert hinzufügen möchten. Da in der neuen Zeile zuerst die Bezeichnung angezeigt werden soll, wählen Sie BEZEICHNUNG als TEXTART und EINZELWERT als WERTART.

4. Bestätigen Sie Ihre Eingaben, um die Bezeichnung einzufügen, und drücken Sie erneut auf die Drucktaste MERKMALE.

5. Nun soll der Wert des Abstimmkontos eingefügt werden. Wählen Sie deshalb wieder MERKMALSBEZOGENE TEXTVARIABLE als VARIABLENTYP und ABSTIMMKONTO als MERKMAL. Die WERTART ist erneut ein EINZELWERT, als TEXTART wählen Sie allerdings diesmal WERT aus.

6. Bestätigen Sie Ihre Eingaben, und speichern Sie die Änderungen, die Sie an der Kopfzeile durchgeführt haben.

Wenn Sie nun in die Einzelpostenanzeige zurückkehren, wird das ABSTIMMKONTO zusätzlich in der Kopfzeile angezeigt (siehe Abbildung 9.3). Wechseln Sie zwischen ALV-Grid- und ALV-List-Darstellung, sehen Sie, dass die zusätzlichen Zeilen in beiden Fällen angezeigt werden.

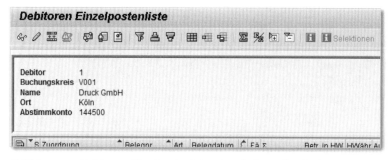

Abbildung 9.3 Debitoren-Einzelpostenliste mit geänderter Kopfzeile

[+] **Kundeneigenes Feld in der Kopfzeile**

Für die merkmalsbezogenen Textvariablen stehen alle Felder zur Verfügung, die in den Strukturen FILITEXTS_GL, FILITEXTS_AR und FILITEXTS_AP für Sachkonten, Debitoren und Kreditoren definiert sind. Möchten Sie ein kundeneigenes Feld in der Kopfzeile anzeigen, das mithilfe einer Append-Struktur an eine Standardstammdatentabelle angehängt wurde, reicht es aus, das Feld ebenfalls in einer Append-Struktur zu den genannten Strukturen zu definieren. Anschließend wird das Feld zusätzlich zu den Standardfeldern zur Auswahl angeboten.

Neben diesem Standardweg zur Erweiterung der Kopfzeile in der Einzelpostenliste existiert die P&S-Schnittstelle 00001640. Mit dieser Schnittstelle können zusätzliche Zeilen in der Kopfzeile der Transaktionen FBL*N angezeigt werden. Das Event wird in der ALV-List-Darstellung bzw. bei der Druckausgabe zu den Zeitpunkten TOP_OF_LIST und TOP_OF_PAGE durchlaufen. Sie können daher zusätzliche Kopfzeilen ganz am Anfang der List-Ausgabe bzw. am Anfang jeder Seite vor den Standardkopfzeilen hinzufügen.

Wenn Sie sich die Schnittstelle des Musterfunktionsbausteins in Listing 9.1 anschauen, sehen Sie, dass ein Parameter I_RFXPO übergeben wird. Zum Zeitpunkt TOP_OF_LIST ist in diesem Parameter ausschließlich die Bezeichnung der Anzeigevariante gefüllt, während zum Zeitpunkt TOP_OF_PAGE darüber hinaus noch der Buchungskreis, der Kreditkontrollbereich (im Fall der Debitoren-Einzelpostenliste), die Kontoart, das Konto und die Währung übergeben werden. Bei der Implementierung dieses Business Transaction Events kann anhand der Kontoart unterschieden werden, ob das Event zum Zeitpunkt TOP_OF_LIST (Kontoart ist leer) oder zum Zeitpunkt TOP_OF_PAGE (Kontoart ist nicht leer) durchlaufen wird, und welche der drei FBL*N-Transaktionen infolgedessen ausgeführt wird. Ist die Kontoart K (Kreditorenkonto), wird Transaktion FBL1N verwendet, ist die Kontoart S (Sachkonten) Transaktion FBL3N und ist die Kontoart D (Debitorenkonto) Transaktion FBL5N. Neben dem Parameter I_RFXPO werden abhängig von der verwendeten Transaktion die A-Segmentdaten des aktuellen Sachkontos, Debitors bzw. Kreditors übergeben.

In der Rückgabetabelle T_LINES können die zusätzlichen Zeilen für die Kopfzeile zurückgegeben werden. Eine Zeile besteht dabei aus einer Farbe und dem Text der Zeile. Die Farbe des Textes wird nach dem Aufruf des BTEs mithilfe der Anweisung FORMAT COLOR gesetzt und kann dementsprechend die Werte 1 bis 7 haben (siehe SAP-Dokumentation der Anweisung FORMAT COLOR). Außerdem können Sie den Rückgabeparameter E_SUPPRESS_STANDARD verwenden, um die Ausgabe der Standardkopfzeilen zu unterdrücken.

```
FUNCTION z_sample_interface_00001640.
*"----------------------------------------------------------
*"*"Lokale Schnittstelle:
*"  IMPORTING
*"     VALUE(I_RFXPO) LIKE  RFXPO STRUCTURE  RFXPO
*"     VALUE(I_KNA1) LIKE  KNA1 STRUCTURE  KNA1
*"     VALUE(I_LFA1) LIKE  LFA1 STRUCTURE  LFA1
*"     VALUE(I_SKA1) LIKE  SKA1 STRUCTURE  SKA1
*"  EXPORTING
*"     VALUE(E_SUPPRESS_STANDARD) LIKE  BOOLE-BOOLE
```

```
*"  TABLES
*"      T_LINES STRUCTURE  EPTEXT
*"----------------------------------------------------
   IF i_rfxpo-koart EQ 'D'.
     t_lines-color = '3'.
     t_lines-text  = 'Debitor'.
     t_lines-text+15 = i_rfxpo-bukrs.
     t_lines-text+20 = i_kna1-kunnr.
     t_lines-text+31 = i_kna1-name1.
     t_lines-text+67 = 'Tel.:'.
     t_lines-text+73 = i_kna1-telf1.
     APPEND t_lines.
     e_suppress_standard = 'X'.
   ENDIF.
ENDFUNCTION.
```

Listing 9.1 Beispielimplementierung P&S-Schnittstelle 00001640

Listing 9.1 zeigt eine Beispielimplementierung des BTEs 00001640, in der die Standardkopfzeilen in der Debitoren-Einzelpostenliste (I_RFXPO-KOART = 'D') durch eine einzelne Zeile, die Buchungskreis, Debitorennummer, Name und Telefonnummer enthält, ersetzt wird. Die resultierende Ausgabe sehen Sie in Abbildung 9.4.

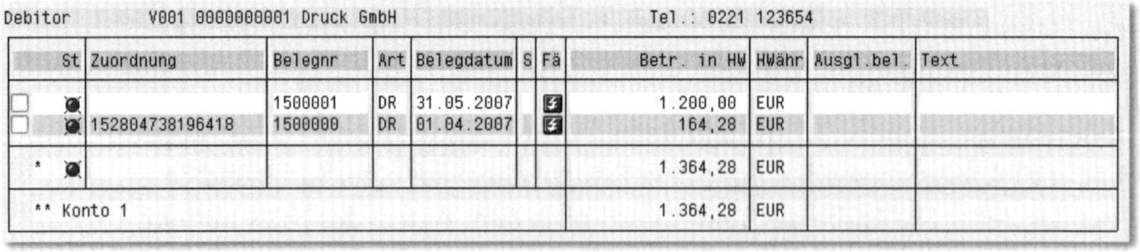

| Debitor | V001 0000000001 Druck GmbH | | | | | | Tel.: 0221 123654 | | | |

St	Zuordnung	Belegnr	Art	Belegdatum	S	Fä	Betr. in HW	HWähr	Ausgl.bel.	Text
☐ ⊘		1500001	DR	31.05.2007		⚡	1.200,00	EUR		
☐ ⊘	152804738196418	1500000	DR	01.04.2007		⚡	164,28	EUR		
* ⊘							1.364,28	EUR		
** Konto 1							1.364,28	EUR		

Abbildung 9.4 Debitoren-Einzelpostenliste mit Kopfzeile aus BTE 00001640

Diese Modifikation der Kopfzeile könnte natürlich auch über den Standardweg realisiert werden. Sollen allerdings Informationen angezeigt werden, die zusätzliche Selektionen auf die Datenbank erfordern, muss das BTE verwendet werden. So könnten Sie in Anlehnung an das Beispiel zum Abstimmkonto zu Beginn dieses Abschnitts auch die Kontenbezeichnung selektieren und anzeigen.

[!] **Anzeige der Kopfzeilen**

Beachten Sie dabei, dass die zusätzlichen Zeilen aus dem BTE immer über den Standardkopfzeilen angezeigt werden.

Möchten Sie die Kopfzeilen unter Verwendung des BTEs in einer sinnvollen Reihenfolge anzeigen, müssen Sie die Ausgabe der Standardkopfzeilen unterdrücken und die entsprechenden Zeilen in der Erweiterung neu aufbauen.

9.2.2 Menüerweiterungen der Einzelpostenliste

Das Menü der Transaktionen FBL*N kann sowohl über Business Transaction Events als auch über BAdIs um zusätzliche Funktionscodes erweitert werden. Die Erweiterung über BTEs ist allerdings derzeit nur für die Debitoren-Einzelpostenliste voll funktionsfähig. Der zusätzliche Funktionscode wird zwar in der Kreditoren- und Sachkonten-Einzelpostenliste auch im Menü angezeigt, ist allerdings inaktiv.

Beide Erweiterungsmöglichkeiten werden in diesem Abschnitt anhand des gleichen Beispielszenarios beschrieben: Das SAP-System enthält Debitorenposten, die aus einem anderen SAP-System migriert wurden. In der Einzelpostenliste soll nun angezeigt werden, ob es sich um einen migrierten Posten oder einen direkt im System gebuchten Posten handelt. Handelt es sich um einen migrierten Posten, soll die Belegnummer des ursprünglichen Systems angezeigt werden. Hierfür muss bei der Migration eine Zuordnungstabelle ZMIG_MAP_BELNR der alten und neuen Belegnummern aufgebaut werden. Diese Zuordnungstabelle sollte die folgenden Felder besitzen:

- BUKRS – Buchungskreis
- BELNR – Belegnummer
- GJAHR – Geschäftsjahr
- BUKRS_ORG – ursprünglicher Buchungskreis
- BELNR_ORG – ursprüngliche Belegnummer
- GJAHR_ORG – ursprüngliches Geschäftsjahr

Im ersten Schritt soll die Erweiterung über ein BTE realisiert werden.

Erweiterung mithilfe eines Business Transaction Events

Der GUI-Status der Debitoren-Einzelpostenliste enthält für die Erweiterung mithilfe eines Business Transaction Events im Menü UMFELD den Funktionscode OPFI mit einem dynamischen Funktionstext. Dieser Funktionscode muss zunächst mithilfe der P&S-Schnittstelle 00001620 gesetzt werden. Gehen Sie dazu wie folgt vor:

1. Legen Sie den Funktionsbaustein Z_SAMPLE_INTERFACE_00001620 als Kopie des Musterfunktionsbausteins zum BTE SAMPLE_INTERFACE_00001620 an.

2. Implementieren Sie den Funktionsbaustein, wie in Listing 9.2 zu sehen ist. Im Quellcode muss lediglich der Funktionstext für den zusätzlichen Menüeintrag zurückgegeben werden. Im Beispiel bleibt der übergebene Sprachschlüssel hierfür unberücksichtigt.

```
FUNCTION z_sample_interface_00001620.
*"----------------------------------------------------------
*"*"Lokale Schnittstelle:
*"  IMPORTING
*"     VALUE(I_SPRAS) LIKE  SY-LANGU
*"  EXPORTING
*"     VALUE(E_FTEXT) LIKE  FTEXTS-FTEXT
*"----------------------------------------------------------
  e_ftext = 'Migrierter Beleg'.
ENDFUNCTION.
```

Listing 9.2 Beispielimplementierung P&S-Schnittstelle 00001620

3. Legen Sie in der Transaktion FIBF ein neues Kundenprodukt an, und aktivieren Sie es.

4. Ordnen Sie dem neuen Kundenprodukt anschließend die P&S-Schnittstelle 00001620 zu, und geben Sie als Funktionsbaustein Z_SAMPLE_INTERFACE_00001620 ein.

Wenn Sie nun eine Debitoren-Einzelpostenliste aufrufen, sehen Sie bereits einen zusätzlichen, wenn auch inaktiven Eintrag MIGRIERTER BELEG im Menü UMFELD. Um den Eintrag zu aktivieren, muss die Verarbeitung des Funktionscodes OPFI in der P&S-Schnittstelle 00001610 aktiviert werden:

1. Legen Sie den Funktionsbaustein Z_SAMPLE_INTERFACE_00001610 als Kopie des Musterfunktionsbausteins zum BTE SAMPLE_INTERFACE_00001610 an.

2. Implementieren Sie den Funktionsbaustein, wie in Listing 9.3 zu sehen ist. Darin wird zunächst geprüft, ob die Zuordnungstabelle (ZMIG_MAP_BELNR) einen Eintrag zur übergebenen Belegnummer enthält. Anschließend wird entweder die ursprüngliche Belegnummer oder eine Meldung ausgegeben, dass es sich nicht um einen migrierten Beleg handelt.

```
FUNCTION Z_SAMPLE_INTERFACE_00001610.
*"----------------------------------------------------------
*"*"Lokale Schnittstelle:
*"  IMPORTING
*"     VALUE(I_KUNNR) LIKE  KNB1-KUNNR
```

```
*"       VALUE(I_BUKRS) LIKE  KNB1-BUKRS
*"       VALUE(I_BELNR) LIKE  BKPF-BELNR DEFAULT '000000000'
*"       VALUE(I_BUZEI) LIKE  BSEG-BUZEI DEFAULT '000'
*"       VALUE(I_GJAHR) LIKE  BKPF-GJAHR DEFAULT '0000'
*"----------------------------------------------------------
  DATA: ls_map TYPE zmig_map_belnr.

* Ursprüngliche Belegnummer selektieren
  SELECT SINGLE * FROM zmig_map_belnr INTO ls_map
    WHERE bukrs EQ i_bukrs
      AND belnr EQ i_belnr
      AND gjahr EQ i_gjahr.
  IF sy-subrc EQ 0.
    MESSAGE i000(0K) WITH 'Migrierter Beleg'
      ls_map-bukrs_org ls_map-belnr_org ls_map-gjahr_org.
  ELSE.
    MESSAGE i000(0K) WITH
      'Beleg wurde im System erfasst.'.
  ENDIF.
ENDFUNCTION.
```

Listing 9.3 Beispielimplementierung P&S-Schnittstelle 00001610

3. Ordnen Sie dem Kundenprodukt, das Sie für die P&S-Schnittstelle 00001620 angelegt haben, auch die P&S-Schnittstelle 00001610 zu, und geben Sie als Funktionsbaustein Z_SAMPLE_INTERFACE_00001610 ein.

Wenn Sie die Debitoren-Einzelpostenliste anschließend erneut aufrufen, ist der Menüeintrag Migrierter Beleg im Menü Umfeld aktiv. Abhängig davon, ob die Belegnummer des markierten Einzelpostens in der Zuordnungstabelle eingetragen ist, wird bei Auswahl des Menüeintrags ein Dialog mit der ursprünglichen Belegnummer oder der Meldung »Beleg wurde im System erfasst« angezeigt. Abbildung 9.5 zeigt den Menüeintrag zusammen mit dem Dialog zu einer Belegnummer, die in der Zuordnungstabelle enthalten ist.

Es ist möglich, die P&S-Schnittstellen 00001610 und 00001620 mehreren Kundenprodukten mit unterschiedlichen implementierenden Funktionsbausteinen zuzuordnen. Dann wird im Menü Umfeld ein Eintrag Zusatzkomponenten... angezeigt, und nach der Auswahl dieses Menüeintrags wird zunächst ein Dialog angezeigt, in dem der auszuführende Funktionscode bzw. das Kundenprodukt ausgewählt werden kann.

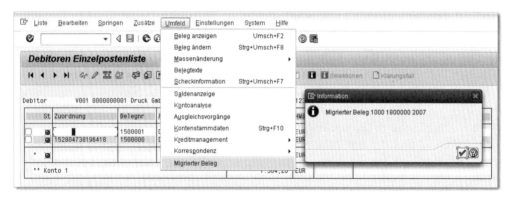

Abbildung 9.5 Zusätzlicher Menüeintrag und Dialog mit ursprünglicher Belegnummer

Erweiterung mithilfe von Business Add-Ins

Für die Erweiterung der Einzelpostenliste um zusätzliche Funktionscodes stehen neben den zuvor genannten Business Transaction Events außerdem zwei klassische BAdIs FI_ITEMS_MENUE01 und FI_ITEMS_MENUE02 zur Verfügung. Beide BAdIs enthalten vier zusätzliche Funktionscodes im Menü ZUSÄTZE. BAdI FI_ITEMS_MENUE01 enthält die Funktionscodes +CUS01 bis +CUS04 und BAdI FI_ITEMS_MENUE02 die Funktionscodes +CUS05 bis +CUS08. Der jeweils erste Funktionscode +CUS01 bzw. +CUS05 wird darüber hinaus auch in der Drucktastenleiste angezeigt. Im Gegensatz zu den BTEs sind die BAdIs nicht mehrfach implementierbar.

Mithilfe eines der BAdIs soll nun die gleiche Funktionalität realisiert werden wie zuvor mit den BTEs. Dabei ist zu berücksichtigen, dass sich diese Erweiterung nicht nur auf die Debitoren-Einzelpostenliste, sondern auf alle FBL*N-Transaktionen auswirkt. Um genau die gleiche Funktionalität wie mit BTEs zu erreichen und die Funktionsweise einer bestimmten BAdI-Methode zu demonstrieren, soll auch in diesem Fall der Funktionscode nur in der Debitoren-Einzelpostenliste auswählbar sein.

Für die Implementierung sind drei Schritte nötig:

1. Zunächst muss im BAdI ein Funktionstext für einen der Funktionscodes zugeordnet werden.

2. Anschließend muss eine BAdI-Methode implementiert werden, die steuert, welche zusätzlichen Funktionscodes im Menü bzw. in der Drucktastenleiste angezeigt werden. Diese Steuerung kann unter anderem abhängig von der Kontoart erfolgen.

3. Abschließend muss in einer weiteren BAdI-Methode die eigentliche Funktionalität bei Auswahl des Funktionscodes implementiert werden.

Für das Beispiel soll der Funktionscode +CUS01 im BAdI FI_ITEMS_MENUE01 verwendet werden, der sowohl im Menü ZUSÄTZE als auch in der Drucktastenleiste angezeigt wird. Gehen Sie dazu wie folgt vor:

1. Legen Sie in Transaktion SE19 eine BAdI-Implementierung ZFI_ITEMS_ MENUE01 zum klassischen BAdI FI_ITEMS_MENUE01 an.

2. Wechseln Sie auf den Karteireiter FCODES, und ordnen Sie dem Funktionscode +CUS01, wie in Abbildung 9.6 zu sehen ist, den Funktionstext MIGRIERTER BELEG zu. Über weitere Felder könnten Sie darüber hinaus ein Symbol und einen Infotext definieren.

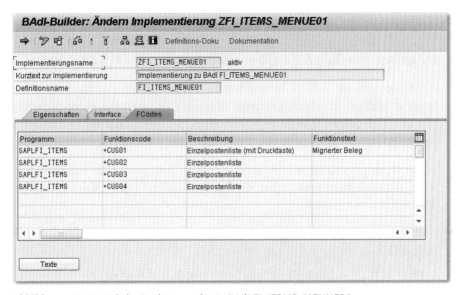

Abbildung 9.6 Zusätzliche Funktionscodes in BAdI FI_ITEMS_MENUE01

3. Wechseln Sie auf den Karteireiter INTERFACE, und implementieren Sie die Methode SHOW_BUTTONS wie in Listing 9.4. An diese Methode werden unter anderem die selektierten Einzelposten in der Tabelle IT_ITEMS übergeben, die im Quellcode dazu verwendet wird, zu bestimmen, ob aktuell Debitoren-, Kreditoren- oder Sachkonten-Einzelposten angezeigt werden. In der Tabelle EXTAB müssen alle Funktionscodes zurückgegeben werden, die nicht aktiv sein sollen. In diesem Fall wird der Funktionscode +CUS01 in der Kreditoren- und Sachkonten-Einzelpostenliste inaktiv gesetzt und alle anderen Funktionscodes dieses BAdIs generell inaktiv gesetzt.

```
METHOD if_ex_fi_items_menue01~show_buttons.
  DATA: ls_items LIKE LINE OF it_items.

* Prüfen, ob Debitorenposten angezeigt werden
  READ TABLE it_items INTO ls_items INDEX 1.
  IF sy-subrc NE 0 OR ls_items-koart NE 'D'.
*    Bei Kreditoren und Sachkonten +CUS01 ausblenden
    APPEND '+CUS01' TO extab.
  ENDIF.

* Andere Funktionscodes generell ausblenden
  APPEND '+CUS02' TO extab.
  APPEND '+CUS03' TO extab.
  APPEND '+CUS04' TO extab.
ENDMETHOD.
```

Listing 9.4 Implementierung BAdI-Methode SHOW_BUTTONS

4. Aktivieren Sie die BAdI-Implementierung ZFI_ITEMS_MENUE01.

Wenn Sie nun die FBL*N-Transaktionen nacheinander starten, sehen Sie, dass ein zusätzlicher Funktionscode MIGRIERTER BELEG im Menü ZUSÄTZE und in der Drucktastenleiste angezeigt wird, der allerdings nur in der Debitoren-Einzelpostenliste aktiv ist.

Um die Erweiterung zu vervollständigen, muss nun noch eine weitere BAdI-Methode implementiert werden, die bei Auswahl des Funktionscodes ausgeführt wird:

1. Öffnen Sie die BAdI-Implementierung ZFI_ITEMS_MENUE01 in der Transaktion SE19.

2. Wechseln Sie auf den Karteireiter INTERFACE, und implementieren Sie die Methode LIST_ITEMS01 wie in Listing 9.5. Die Implementierung entspricht prinzipiell dem Quellcode zum BTE 00001610, hier wird allerdings nicht direkt die Belegnummer an die BAdI-Methode übergeben. Stattdessen enthält der Parameter SELFIELD Informationen zur ausgewählten Zeile, die verwendet werden, um die richtige Zeile aus den übergebenen selektierten Einzelposten auszuwählen. Anschließend wird wieder geprüft, ob die Belegnummer in der Zuordnungstabelle enthalten ist, und eine entsprechende Meldung ausgegeben.

```
METHOD if_ex_fi_items_menue01~list_items01.
  DATA: ls_items LIKE LINE OF it_items.
  DATA: ls_map TYPE zmig_map_belnr.
```

```
* Einzelposten zu selektierter Zeile lesen
  READ TABLE it_items INTO ls_items
    INDEX selfield-tabindex.

* Ursprüngliche Belegnummer selektieren
  SELECT SINGLE * FROM zmig_map_belnr INTO ls_map
    WHERE bukrs EQ ls_items-bukrs
      AND belnr EQ ls_items-belnr
      AND gjahr EQ ls_items-gjahr.
  IF sy-subrc EQ 0.
    MESSAGE i000(0k) WITH 'Migrierter Beleg'
      ls_map-bukrs_org ls_map-belnr_org ls_map-gjahr_org.
  ELSE.
    MESSAGE i000(0k) WITH
      'Beleg wurde im System erfasst.'.
  ENDIF.
ENDMETHOD.
```

Listing 9.5 Implementierung BAdI-Methode LIST_ITEMS01

Damit haben Sie nun mithilfe des BAdIs `FI_ITEMS_MENUE01` die gleiche Funktionalität realisiert wie zuvor mit den BTEs `00001610` und `00001620`. In Abbildung 9.7 sehen Sie die Debitoren-Einzelpostenliste mit dem zusätzlichen Menüeintrag, der zusätzlichen Drucktaste und dem Dialog mit der Belegnummer des migrierten Belegs. Beachten Sie, dass mit dieser Erweiterung im Gegensatz zur Erweiterung mithilfe der BTEs auch zusätzliche Funktionscodes in der Kreditoren- und Sachkonten-Einzelpostenliste möglich sind.

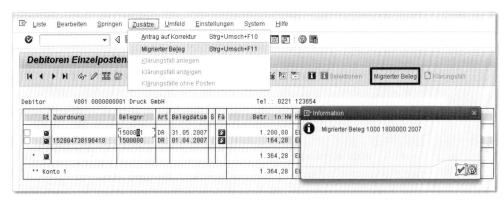

Abbildung 9.7 Zusätzlicher Menüeintrag, zusätzlicher Funktionscode und Dialog mit ursprünglicher Belegnummer

9.2.3 Zusätzliche Felder in der Einzelpostenliste

Die Transaktionen FBL*N können mithilfe von Business Transaction Events um zusätzliche Felder erweitert werden. Beispielhaft soll in diesem Abschnitt die Kreditoren-Einzelpostenliste um ein zusätzliches Feld mit dem Namen des Kreditors erweitert werden.

Wie bereits erwähnt, werden die Einzelposten in allen FBL*N-Transaktionen mit dem Funktionsbaustein FI_ITEMS_DISPLAY ausgegeben. Wenn Sie sich die Schnittstelle dieses Funktionsbausteins anschauen, sehen Sie, dass der Tabellenparameter IT_ITEMS, der die selektierten Einzelposten enthält, den Typ RFPOSXEXT besitzt. Sollen in der Einzelpostenliste zusätzliche Felder angezeigt werden, müssen diese Felder auch in der Struktur RFPOSXEXT enthalten sein. Die Struktur RFPOSXEXT ist eine generierte Struktur und enthält alle Felder der Struktur RFPOSX, ergänzt um alle Felder, die in Tabelle T021S definiert werden. Die Tabelle T021S wird wiederum über verschiedene Aktivitäten im Einführungsleitfaden gepflegt, um zusätzliche Felder, im Wesentlichen aus den Tabellen BKPF und BSEG, in die Einzelpostenliste aufzunehmen. Diese zusätzlichen Felder werden bei der Selektion der Einzelposten automatisch mit den entsprechenden Werten aus den Tabellen BKPF und BSEG gefüllt. Zusätzliche Felder aus anderen Tabellen, wie im folgenden Beispiel der Name eines Kreditors aus der Tabelle LFA1, müssen mithilfe einer Append-Struktur direkt an die Struktur RFPOSX gehängt werden.

Wie Sie später sehen werden, muss auch die Struktur RFPOS um das zusätzliche Feld erweitert werden, weil diese als Typ für einen Parameter in der Schnittstelle eines BTEs verwendet wird. Nach der Erweiterung der Strukturen RFPOS und RFPOSX muss das Programm RFPOSXEXTEND ausgeführt werden, um die Struktur RFPOSXEXT neu zu generieren.

Gehen Sie nun wie folgt vor, um die Strukturen für das zusätzliche Namensfeld vorzubereiten:

1. Legen Sie eine Append-Struktur ZRFPOS zur Struktur RFPOS an, und nehmen Sie das Feld ZZNAME1 vom Typ NAME1_GP auf.

2. Legen Sie eine Append-Struktur ZRFPOSX zur Struktur RFPOSX an, und nehmen Sie ebenfalls das Feld ZZNAME1 vom Typ NAME1_GP auf.

3. Führen Sie das Programm RFPOSXEXTEND aus, um die Struktur RFPOSXEXT neu zu generieren.

Wenn Sie sich anschließend die Struktur RFPOSXEXT anschauen, enthält sie das zusätzliche Feld ZZNAME1. Dieses zusätzliche Feld soll nun in der Kreditoren-Einzelpostenliste mit dem Namen des jeweiligen Kreditors gefüllt werden. Hierfür steht die P&S-Schnittstelle `00001650` zur Verfügung, die für jeden selektierten Einzelposten durchlaufen wird und die die übergebenen Positionsdaten in der Struktur `RFPOS` verändern kann. Dabei kann sogar der Wert von bereits selektierten Standardfeldern verändert werden.

Vorselektion der Daten des Zusatzfeldes	**[+]**
Abhängig von der Anzahl der selektierten Posten und der Anzahl der Ausprägungen des Zusatzfeldes, ist es mitunter sinnvoll, die Daten des Zusatzfeldes vorzuselektieren und zwischenzuspeichern, um bei der Verarbeitung eines einzelnen Postens nur noch auf die zwischengespeicherten Daten zuzugreifen. Im Fall der zusätzlichen Stammdaten ist z. B. die Anzahl der selektierten Posten in der Regel größer als die Anzahl der selektierten Kreditoren und damit der unterschiedlichen Ausprägungen für die Namen der Kreditoren. Es ist daher sinnvoll, die Stammdaten vor der Verarbeitung der Einzelposten zu selektieren, in einer internen Tabelle abzulegen und für jeden Einzelposten die interne Tabelle zu lesen.	

Für die Vorselektion von Daten kann dabei die P&S-Schnittstelle `00001630` verwendet werden, der im Parameter `T_KONTAB` alle selektierten Debitoren, Kreditoren bzw. Sachkonten übergeben werden. Eigentlich enthält diese Tabelle auch schon den Namen des Debitors und Kreditors bzw. des Sachkontos. Um die generelle Funktionsweise zu demonstrieren, wird der Name des Kreditors im Beispielquelltext aber trotzdem aus den Stammdaten selektiert.

Im ersten Schritt implementieren Sie die P&S-Schnittstelle `00001630`, um alle relevanten Kreditorenstammdaten vorzuselektieren:

1. Legen Sie den Funktionsbaustein `Z_SAMPLE_INTERFACE_00001630` als Kopie des Musterfunktionsbausteins zum BTE `SAMPLE_INTERFACE_00001630` an.

2. Verwenden Sie den Quelltext aus Listing 9.6, um eine Puffertabelle `GT_KRED` im TOP-Include der Funktionsgruppe zu definieren. Diese Puffertabelle wird verwendet, um die Kreditorenstammdaten für die Verarbeitung der Einzelposten zwischenzuspeichern.

```
TYPES: BEGIN OF t_kred,
         lifnr TYPE lifnr,
         name1 TYPE name1_gp,
       END OF t_kred.
DATA: gt_kred TYPE TABLE OF t_kred.
```

Listing 9.6 Definition einer Puffertabelle für die Namen der Kreditoren

3. Implementieren Sie den Funktionsbaustein wie in Listing 9.7. Der Tabellenparameter `T_KONTAB` enthält alle selektierten Stammdaten zusammen

mit der Kontoart. Für alle selektierten Kreditoren werden die Stammdaten aus der Tabelle LFA1 nachgelesen und in die Puffertabelle GT_KRED eingefügt.

```
FUNCTION z_sample_interface_00001630.
*"----------------------------------------------------------
*"*"Lokale Schnittstelle:
*"  IMPORTING
*"     VALUE(I_KNA1) LIKE  KNA1 STRUCTURE  KNA1 OPTIONAL
*"     VALUE(I_LFA1) LIKE  LFA1 STRUCTURE  LFA1 OPTIONAL
*"     VALUE(I_SKA1) LIKE  SKA1 STRUCTURE  SKA1 OPTIONAL
*"  TABLES
*"      T_KONTAB STRUCTURE  RFEPK
*"      T_SLBTAB STRUCTURE  RFEPB
*"----------------------------------------------------------
  DATA: ls_kontab LIKE LINE OF t_kontab.
* Für alle selektierten Kreditoren
  LOOP AT t_kontab INTO ls_kontab
    WHERE koart EQ 'K'.

*   Kreditorenstammdaten selektieren
    SELECT * FROM lfa1
      APPENDING CORRESPONDING FIELDS OF TABLE gt_kred
      WHERE lifnr = ls_kontab-konto.
  ENDLOOP.
ENDFUNCTION.
```

Listing 9.7 Implementierung P&S-Schnittstelle 00001630

4. Legen Sie in der Transaktion FIBF ein neues Kundenprodukt an, und aktivieren Sie es.

5. Ordnen Sie dem neuen Kundenprodukt anschließend die P&S-Schnittstelle 00001630 zu, und geben Sie als Funktionsbaustein Z_SAMPLE_INTERFACE_00001630 ein.

Die Namen der selektierten Kreditoren liegen nun in der internen Tabelle GT_KRED vor und können im nächsten Schritt verwendet werden, um die selektierten Einzelposten anzureichern. Implementieren Sie hierfür die P&S-Schnittstelle 00001650:

1. Legen Sie den Funktionsbaustein Z_SAMPLE_INTERFACE_00001650 als Kopie des Musterfunktionsbausteins zum BTE SAMPLE_INTERFACE_00001650 an. Verwenden Sie dabei die gleiche Funktionsgruppe wie für den Funktionsbaustein Z_SAMPLE_INTERFACE_00001630, damit er Zugriff auf die zuvor definierte Puffertabelle hat.

2. Implementieren Sie den Funktionsbaustein wie in Listing 9.8. Dem Funktionsbaustein wird der aktuell zu verarbeitende Einzelposten im Parameter I_POSTAB übergeben, und er muss den bearbeiteten Einzelposten im Parameter E_POSTAB zurückgeben. Da außer dem Namen des Kreditors alle anderen Felder ihren Wert behalten sollen, wird als Erstes der Parameter I_POSTAB in den Parameter E_POSTAB kopiert. Anschließend wird für alle Kreditoren-Einzelposten der jeweilige Name des Kreditors aus der Puffertabelle gelesen und in die Rückgabestruktur geschrieben.

Bei der Implementierung dieses BTEs sollte immer auf die Kontoart abgefragt werden, da das BTE für alle FBL*N-Transaktionen durchlaufen wird.

```
FUNCTION z_sample_interface_00001650.
*"----------------------------------------------------------
*"*"Lokale Schnittstelle:
*"  IMPORTING
*"     VALUE(I_POSTAB) LIKE  RFPOS STRUCTURE  RFPOS
*"  EXPORTING
*"     VALUE(E_POSTAB) LIKE  RFPOS STRUCTURE  RFPOS
*"----------------------------------------------------------
  DATA: ls_kred LIKE LINE OF gt_kred.

* Ausgabestruktur initialisieren
  e_postab = i_postab.

* Namen des Kreditors setzen
  IF e_postab-koart EQ 'K'.
    READ TABLE gt_kred INTO ls_kred
      WITH KEY lifnr = e_postab-konto.
    IF sy-subrc EQ 0.
      e_postab-zzname1 = ls_kred-name1.
    ENDIF.
  ENDIF.
ENDFUNCTION.
```

Listing 9.8 Implementierung P&S-Schnittstelle 00001650

3. Ordnen Sie dem Kundenprodukt, das Sie für die P&S-Schnittstelle 00001630 angelegt haben, auch die P&S-Schnittstelle 00001650 zu, und geben Sie als Funktionsbaustein Z_SAMPLE_INTERFACE_00001650 ein.

Wenn Sie anschließend eine Kreditoren-Einzelpostenliste aufrufen, können Sie die Namen der Kreditoren als zusätzliche Spalten einblenden (siehe Abbildung 9.8).

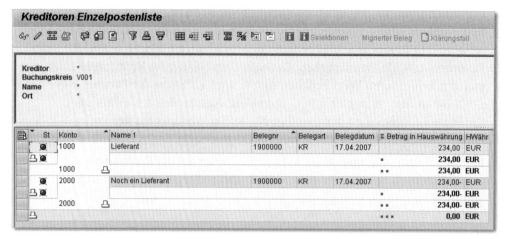

Abbildung 9.8 Kreditoren-Einzelpostenliste mit Kreditorennamen

Nachdem Sie die Erweiterungsmöglichkeiten der Einzelpostenliste in den Transaktionen FBL*N kennengelernt haben, erfahren Sie im folgenden Abschnitt, wie Sie die Transaktion FAGLL03 erweitern können.

9.3 Erweiterungen der Einzelpostenliste in der Transaktion FAGLL03

Für die Transaktion FAGLL03 zur Erstellung von Sachkonten-Einzelpostenlisten bei aktivem neuen Hauptbuch können teilweise die gleichen Erweiterungsmöglichkeiten genutzt werden wie für die Transaktion FBL3N, teilweise müssen aber auch andere Erweiterungen verwendet werden, um die gleiche erweiterte Funktionalität zu realisieren. Zum Beispiel muss für zusätzliche Felder in der Einzelpostenliste kein Business Transaction Event, sondern ein BAdI implementiert werden. In diesem Abschnitt wird nur auf die Unterschiede zwischen beiden Transaktionen eingegangen.

[+]   **Erweiterung der Kopfzeile in Transaktion FAGLL03**

Bei der Erweiterung der Kopfzeile der Einzelpostenliste gibt es keine Unterschiede zu Transaktion FBL3N, weshalb an dieser Stelle auf den Abschnitt 9.2.1, »Erweiterung der Kopfzeilen der Einzelpostenliste«, verwiesen wird.

9.3.1 Menüerweiterungen der Einzelpostenliste

Anders als für die Transaktion FBL3N stehen die P&S-Schnittstellen 00001610 und 00001620 für die Transaktion FAGLL03 nicht zur Verfügung. Die BAdIs FI_ITEMS_MENUE01 und FI_ITEMS_MENUE02 hingegen haben mit den BAdIs FAGL_ITEMS_MENUE01 und FAGL_ITEMS_MENU02 eine Entsprechung für die Transaktion FAGLL03. Wie Sie in Abbildung 9.9 für das BAdI FAGL_ITEMS_MENUE01 sehen können, enthalten die BAdIs exakt die gleichen Funktionscodes wie die BAdIs für Transaktion FBL3N, wobei diese Funktionscodes nicht zum Rahmenprogramm der Funktionsgruppe FI_ITEMS, sondern zur Funktionsgruppe FAGL_ITEMS_DISPLAY gehören.

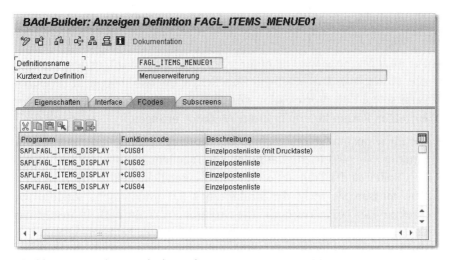

Abbildung 9.9 Funktionscode des BAdIs FAGL_ITEMS_MENUE01

Die Implementierung dieser BAdIs erfolgt auf dem gleichen Weg, der in Abschnitt 9.2.2, »Menüerweiterungen der Einzelpostenliste«, beschrieben wurde.

9.3.2 Zusätzliche Felder in der Einzelpostenliste

Auch die Business Transaction Events 00001630 und 00001650 werden in der Transaktion FAGLL03 nicht durchlaufen. Stattdessen kann das BAdI FAGL_ITEMS_CH_DATA verwendet werden, um zusätzliche Informationen in den Sachkonten-Einzelposten anzureichern. Das BAdI besitzt nur eine Methode CHANGE_ITEM, deren Signatur Sie in Abbildung 9.10 sehen können.

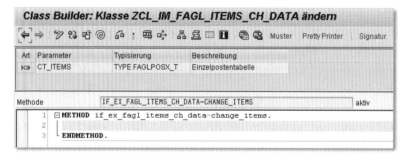

Abbildung 9.10 Methode CHANGE_ITEMS des BAdIs FAGL_ITEMS_CH_DATA

Aus der Signatur werden am Typ des Parameters CT_ITEMS (FAGLPOSX_T) zwei entscheidende Unterschiede zu der Verwendung der BTEs 00001630 und 00001650 ersichtlich:

▶ Die BAdI-Methode wird nicht für jeden Einzelposten aufgerufen, sondern alle Posten werden in einem Tabellenparameter übergeben. Dadurch kann sowohl die Vorselektion von Daten als auch die Verarbeitung der einzelnen Posten innerhalb dieser Methode erfolgen.

▶ Die Einzelposten werden nicht in der Struktur RFPOSXEXT, sondern in der Struktur FAGLPOSX (siehe Definition des Tabellentyps FAGLPOSX_T) übergeben. Sollen in der Transaktion FAGLL03 zusätzliche Felder angezeigt werden, müssen Sie nicht die Strukturen RFPOS und RFPOSX, sondern die Struktur FAGLPOSX erweitern. Die Struktur FAGLPOSX enthält hierfür das Customizing-Include CI_FAGLPOSX, in das die neuen Felder aufgenommen werden können.

Im Weiteren gehen Sie für die Implementierung der Felder analog zur Beschreibung in Abschnitt 9.2, »Erweiterungen der Einzelpostenliste in den Transaktionen FBL*N«, vor.

9.4 Zusammenfassung

Stellvertretend für die Erweiterungsmöglichkeiten, die es innerhalb des Reportings in der Finanzbuchhaltung gibt, wurden in diesem Kapitel Erweiterungsmöglichkeiten in der Einzelpostenliste für das alte und neue Hauptbuch vorgestellt. Dabei haben Sie unter anderem gesehen, wie Sie eigene Funktionen aus den Einzelpostenlisten aufrufen und zusätzliche Felder in die Einzelposten aufnehmen können.

A   Übersicht der Erweiterungen in der SAP-Finanzbuchhaltung

Sie haben in diesem Buch viele Beispiele für Erweiterungen von Sachkonten- (Kapitel 2), Debitoren- (Kapitel 3) und Kreditorenstammdaten (Kapitel 4) sowie von Buchhaltungsbelegen (Kapitel 5), dem elektronischen Kontoauszug (Kapitel 6), dem Mahnlauf (Kapitel 7), dem Zahllauf (Kapitel 8) und der Einzelpostenliste (Kapitel 9) kennengelernt. Über diese ausgewählten Beispiele hinaus gibt es in der SAP-Finanzbuchhaltung aber noch mehr Erweiterungsmöglichkeiten, die nicht ausführlich beschrieben werden konnten.

Dieser Anhang bietet Ihnen sowohl einen Überblick über die Erweiterungsmöglichkeiten zu den im Buch behandelten Stammdaten und Geschäftsvorfällen (siehe Abschnitt A.1 bis Abschnitt A.8) als auch zu Erweiterungsmöglichkeiten aus anderen Bereichen der SAP-Finanzbuchhaltung: In Abschnitt A.9 finden Sie Erweiterungen zu periodischen Arbeiten und in Abschnitt A.10 zum Meldewesen. Abschnitt A.11 führt Erweiterungen in der Archivierung auf und Abschnitt A.12 Erweiterungen bei der IDoc-Verarbeitung.

Länderspezifische Erweiterungen und Erweiterungen von klassischen Zahlungsträgerprogrammen liegen außerhalb des Fokus dieses Buches und werden daher in den Abschnitten A.13, »Länderspezifische Erweiterungen«, und A.14, »Klassische Zahlungsträgerprogramme«, nur mit Typ und Name in tabellarischer Form dargestellt.

Zu allen anderen Erweiterungen finden Sie jeweils die folgenden Informationen:

▸ **Typ und Name**
Zu jeder Erweiterung finden Sie neben dem Namen auch den Typ der Erweiterung, das heißt, ob es sich um eine SAP-Erweiterung, ein Business Transaction Event (BTE, das heißt P&S- oder Prozessschnittstellen), ein klassisches BAdI oder ein neues BAdI handelt. Bei BTEs finden Sie in Klammern hinter dem technischen Namen auch jeweils die Funktionsbezeichnung, unter der sie im Infosystem zu finden sind. Bei neuen BAdIs ist zusätzlich zum technischen Namen der entsprechende Erweiterungsspot angegeben.

Wenn es zu einer Erweiterung sowohl ein klassisches als auch ein migriertes, neues BAdI gibt, ist der Eintrag in der Übersicht unter dem Namen des neuen BAdIs zu finden und dort auch der Name des entsprechenden klassischen BAdIs vermerkt.

▶ **Beschreibung**
In der Beschreibung wird in einer kurzen Zusammenfassung auf die Funktion der Erweiterung eingegangen.

▶ **Aufrufstellen**
Für Stammdaten und Geschäftsvorfälle, die im Buch ausführlich behandelt wurden, ist die genaue Aufrufstelle der Erweiterung im Pflegedialog bzw. im Verarbeitungsprozess angegeben. Für alle anderen Erweiterungspunkte ist lediglich die Transaktion, das Programm bzw. der Funktionsbaustein angegeben, aus dem die Erweiterung aufgerufen wird.

▶ **Komponenten/Methoden/Funktionscodes**
Besteht die Erweiterung aus mehreren Komponenten, wie z. B. SAP-Erweiterungen aus mehreren Funktions-Exits oder Business Add-Ins, die Methoden und Funktionscodes beinhalten, werden diese unter »Komponenten«, »Methoden« oder »Funktionscodes« aufgelistet.

A.1 Sachkontenstammdaten

Im Folgenden finden Sie die Erweiterungsmöglichkeiten in den Sachkontenstammdaten.

P&S-Schnittstelle 00002310 (Stammsatz Sachkonto: Sichern)

Die Schnittstelle dient zur Implementierung kundenspezifischer Prüfungen beim Anlegen oder Ändern von Sachkontenstammdaten im Standardpflegedialog (siehe auch SAP-Erweiterung SAPMF02H).

Aufrufstelle

▷ Speichern von Sachkontenstammdaten

SAP-Erweiterung SAPMF02H

Auch diese SAP-Erweiterung kann zur Implementierung kundenspezifischer Prüfungen beim Anlegen oder Ändern von Sachkontenstammdaten im Standardpflegedialog (siehe auch P&S-Schnittstelle 00002310) verwendet werden.

Aufrufstelle

▷ Speichern von Sachkontenstammdaten

Komponente

▸ Funktions-Exit `EXIT_SAPMF02H_001`

A.2 Stammdaten Debitoren-/Kreditorenbuchhaltung

Lesen Sie hier, welche Erweiterungen es für die Stammdaten in der Debitoren- und Kreditorenbuchhaltung gibt.

P&S-Schnittstelle 00001310 (Stammdaten Debitor: CUA-Aufruf)

Diese P&S-Schnittstelle reagiert auf den dynamischen Funktionscode, der in der P&S-Schnittstelle `00001330` aktiviert wurde. Sie kann verwendet werden, um in die Pflege kundeneigener Debitorenstammdaten abzuspringen.

Aufrufstelle

▸ dynamischer Funktionscode im Menü Umfeld des Standardpflegedialogs

P&S-Schnittstelle 00001320 (Stammdaten Debitor: Sichern)

Die P&S-Schnittstelle ermöglicht das Speichern von kundeneigenen Debitorenstammdaten, die in P&S-Schnittstelle `00001310` angelegt bzw. geändert wurden. Die Speicherung muss wie im Standard asynchron (`IN UPDATE TASK`) erfolgen.

Aufrufstelle

▸ nach dem Speichern von Debitorenstammdaten, aber vor dem Speichern von kundeneigenen Daten im BAdI `CUSTOMER_ADD_DATA` und der Erzeugung von Änderungsbelegen

P&S-Schnittstelle 00001321 (Stammdaten Debitor: Sichern)

Diese Schnittstelle dient der Weiterverarbeitung von geänderten Debitorenstammdaten nach dem Speichern im Standardpflegedialog.

Aufrufstelle

▸ nach dem Speichern von Debitorenstammdaten und kundeneigenen Daten in P&S-Schnittstelle `00001320` im BAdI `CUSTOMER_ADD_DATA` bei der Erzeugung von Änderungsbelegen

P&S-Schnittstelle 00001330 (Stammdaten Debitor: Tastentexte)

Mit dieser Schnittstelle kann ein dynamischer Funktionscode im Menü Umfeld des Standardpflegedialogs für Debitorenstammdaten aktiviert, ein Funktionstext zum dynamischen Funktionscode zurückgegeben und gleichzeitig die P&S-Schnittstelle `00001310` aktiviert werden.

Aufrufstelle

▶ dynamischer Funktionscode im Menü UMFELD des Standardpflegedialogs

---

P&S-Schnittstelle 00001340 (Stammdaten Debitor: Schlussprüfungen)

Diese P&S-Schnittstelle dient zur Implementierung kundenspezifischer Prüfungen beim Anlegen oder Ändern von Debitorenstammdaten im Standardpflegedialog (siehe auch SAP-Erweiterung SAPMF02D).

Aufrufstelle

▶ Speichern von Debitorenstammdaten

P&S-Schnittstelle 00001350 (Stammdaten Debitor: Individuelle Duplikatsprüfung)

Diese P&S-Schnittstelle dient zur Implementierung kundenspezifischer Prüfungen für mehrfach angelegte Debitorenstammdaten auf Ebene der buchungskreisübergreifenden Daten im Standardpflegedialog.

Aufrufstelle

▶ Anlage/Änderung von Debitorenstammdaten nach dem letzten Dynpro der buchungskreisübergreifenden Angaben

---

P&S-Schnittstelle 00001360 (Stammdaten Debitor: Berechtigungsprüfung Kontengruppe)

Diese P&S-Schnittstelle dient zur Implementierung kundenspezifischer Prüfungen der Kontengruppe.

Aufrufstellen

▶ nach Eingabe der Kontengruppe im Einstiegsbildschirm

▶ beim Wechsel vom Anzeige- in den Änderungsmodus

Neues BAdI CUSTOMER_ADD_DATA
Erweiterungsspot CUSTOMER_ADD_DATA
migriert aus klassischem BAdI CUSTOMER_ADD_DATA

Dieses BAdI wird bei der Verarbeitung kundeneigener Daten im Standardpflegedialog für Debitorenstammdaten sowie bei der Implementierung zusätzlicher Prüfungen beim Anlegen und Ändern von Debitorenstammdaten eingesetzt.

Aufrufstellen

▶ PBO- und PAI-Module des Standardpflegedialogs

▶ Speichern von Debitorenstammdaten

Methoden

- SET_USER_INPUTS
- BUILD_TEXT_FOR_CHANGE_DETAIL
- CHECK_ALL_DATA
- SAVE_DATA
- CHECK_DATA_CHANGED
- INITIALIZE_ADD_ON_DATA
- READ_ADD_ON_DATA
- CHECK_ACCOUNT_NUMBER
- MODIFY_ACCOUNT_NUMBER
- PRESET_VALUES_CCODE
- PRESET_VALUES_SAREA
- GET_CHANGEDOCS_FOR_OWN_TABLES
- CHECK_ADD_ON_ACTIVE

Neues BAdI CUSTOMER_ADD_DATA_BI
Erweiterungsspot CUSTOMER_ADD_DATA_BI
migriert aus klassischem BAdI CUSTOMER_ADD_DATA_BI

Mithilfe des BAdIs kann eine Erweiterung von Debitorenstammdaten bei der Batch-Input-Verarbeitung und ALE-Verteilung umgesetzt werden. Im ALE-Ausgang können eigene Segmente gefüllt und eigene Änderungszeiger ausgewertet werden. In der Batch-Input-Verarbeitung und dem ALE-Eingang können die Stammdaten um kundeneigene Daten ergänzt werden.

Aufrufstellen

- Batch-Input-Programm für Debitorenstammdaten
- ALE-Eingang
- ALE-Ausgang

Methoden

- FILL_ALE_SEGMENTS_OWN_DATA
- FILL_BI_TABLE_WITH_OWN_SEGMENT
- PROCESS_ALE_OWN_CHANGE_POINTER
- PASS_NON_STANDARD_SEGMENT
- MODIFY_BI_STRUCT_FROM_STD_SEG
- CHECK_DATA_ROW
- FILL_FT_TABLE_USING_DATA_ROWS

Neues BAdI CUSTOMER_ADD_DATA_CS

Erweiterungsspot CUSTOMER_ADD_DATA_CS

migriert aus klassischem BAdI CUSTOMER_ADD_DATA_CS

Dieses BAdI kann für die Einbindung kundeneigener Subscreens in den Standardpflegedialog für Debitorenstammdaten sowie für den Datenaustausch zwischen Standarddialog und kundeneigenen Subscreens verwendet werden.

Aufrufstelle

► PBO- und PAI-Module des Standardpflegedialogs

Methoden

► SET_DATA
► GET_DATA
► GET_FIELDNAME_FOR_CHANGEDOC
► SUPPRESS_TAXI_TABSTRIPS
► GET_TAXI_SCREEN
► SET_FCODE

SAP-Erweiterung SAPMF02D

Diese Erweiterung dient zur Implementierung kundenspezifischer Prüfungen beim Anlegen oder Ändern von Debitorenstammdaten im Standardpflegedialog (siehe auch P&S-Schnittstelle 00001340).

Aufrufstelle

► Speichern von Debitorenstammdaten

Komponente

► Funktions-Exit EXIT_SAPMF02D_001

P&S-Schnittstelle 00001410 (Stammdaten Debitor: CUA-Aufruf)

Diese Schnittstelle reagiert auf den dynamischen Funktionscode, der in P&S-Schnittstelle 00001430 aktiviert wurde. Sie kann verwendet werden, um in die Pflege kundeneigener Kreditorenstammdaten abzuspringen.

Aufrufstelle

► dynamischer Funktionscode im Menü UMFELD des Standardpflegedialogs

P&S-Schnittstelle 00001420 (Strammdaten Kreditor: Sichern)

Diese Schnittstelle ermöglicht das Speichern von kundeneigenen Kreditorenstammdaten, die in P&S-Schnittstelle 00001410 angelegt bzw. geändert wurden. Die Speicherung muss wie im Standard asynchron (IN UPDATE TASK) erfolgen.

Aufrufstelle

▶ nach dem Speichern von Kreditorenstammdaten, aber vor dem Speichern von kundeneigenen Daten im BAdI VENDOR_ADD_DATA und der Erzeugung von Änderungsbelegen

P&S-Schnittstelle 00001421 (Stammdaten Kreditor: Sichern mit Datenübergabe)

In der P&S-Schnittstelle können geänderte Kreditorenstammdaten nach dem Speichern im Standardpflegedialog weiterverarbeitet werden.

Aufrufstelle

▶ nach dem Speichern von Kreditorenstammdaten und kundeneigenen Daten in P&S-Schnittstelle 00001420 und im BAdI VENDOR_ADD_DATA sowie nach der Erzeugung von Änderungsbelegen

P&S-Schnittstelle 00001430 (Stammdaten Kreditor: Tastentexte)

Mit dieser P&S-Schnittstelle wird ein dynamischer Funktionscode im Menü UMFELD des Standardpflegedialogs für Kreditorenstammdaten aktiviert und ein Funktionstext zum dynamischen Funktionscode zurückgegeben, bei gleichzeitiger Aktivierung der P&S-Schnittstelle 00001410.

Aufrufstelle

▶ dynamischer Funktionscode im Menü UMFELD des Standardpflegedialogs für Kreditorenstammdaten

P&S-Schnittstelle 00001440 (Stammdaten Kreditor: Schlussprüfungen)

Diese Schnittstelle dient zur Implementierung kundenspezifischer Prüfungen beim Anlegen oder Ändern von Kreditorenstammdaten im Standardpflegedialog (siehe auch SAP-Erweiterung SAPMF02K).

Aufrufstelle

▶ Speichern von Kreditorenstammdaten

P&S-Schnittstelle 00001450 (Stammdaten Kreditor: Individuelle Duplikatsprüfung)

Mit dieser Schnittstelle können kundenspezifische Prüfungen für mehrfach angelegte Kreditorenstammdaten auf Ebene der buchungskreisübergreifenden Daten im Standardpflegedialog implementiert werden.

Aufrufstelle

▶ Anlage/Änderung von Kreditorenstammdaten nach dem letzten Dynpro der buchungskreisübergreifenden Angaben

P&S-Schnittstelle 00001460 (Stammdaten Kreditor: Berechtigungsprüfung Kontengruppe)

Mit dieser Schnittstelle können kundenspezifische Prüfungen der Kontengruppe werden.

Aufrufstellen

▷ nach Eingabe der Kontengruppe im Einstiegsbildschirm für Kreditorenstammdaten

▷ beim Wechsel vom Anzeige- in den Änderungsmodus

SAP-Erweiterung SAPMF02K

Mithilfe dieser Erweiterung ist die Implementierung kundenspezifischer Prüfungen beim Anlegen oder Ändern von Kreditorenstammdaten im Standardpflegedialog möglich (siehe auch P&S-Schnittstelle 00001440).

Aufrufstelle

▷ Speichern von Kreditorenstammdaten

Komponente

▷ Funktions-Exit EXIT_SAPMF02K_001

Neues BAdI VENDOR_ADD_DATA
Erweiterungsspot VENDOR_ADD_DATA
migriert aus klassischem BAdI VENDOR_ADD_DATA

Dieses BAdI wird bei der Verarbeitung kundeneigener Daten im Standardpflegedialog für Kreditorenstammdaten sowie bei der Implementierung zusätzlicher Prüfungen beim Anlegen und Ändern von Kreditorenstammdaten eingesetzt.

Aufrufstellen

▷ PBO- und PAI-Module des Standardpflegedialogs

▷ Speichern von Kreditorenstammdaten

Methoden

▷ CHECK_ALL_DATA
▷ SAVE_DATA
▷ CHECK_DATA_CHANGED
▷ INITIALIZE_ADD_ON_DATA
▷ READ_ADD_ON_DATA
▷ CHECK_ACCOUNT_NUMBER
▷ MODIFY_ACCOUNT_NUMBER
▷ PRESET_VALUES_CCODE
▷ PRESET_VALUES_PORG
▷ PRESET_VALUES_PORG_ALTERNATIVE

▶ GET_CHANGEDOCS_FOR_OWN_TABLES

▶ CHECK_ADD_ON_ACTIVE

▶ BUILD_TEXT_FOR_CHANGE_DETAIL

▶ SET_USER_INPUTS

Neues BAdI VENDOR_ADD_DATA_BI
Erweiterungsspot VENDOR_ADD_DATA_BI
migriert aus klassischem BAdI VENDOR_ADD_DATA_BI

Mithilfe dieses BAdIs kann eine Erweiterung von Kreditorenstammdaten bei der Batch-Input-Verarbeitung und ALE-Verteilung umgesetzt werden. Im ALE-Ausgang können eigene Segmente gefüllt und eigene Änderungszeiger ausgewertet werden. In der Batch-Input-Verarbeitung und dem ALE-Eingang können die Stammdaten um kundeneigene Daten ergänzt werden.

Aufrufstellen

▶ Batch-Input-Programm für Kreditorenstammdaten

▶ ALE-Eingang

▶ ALE-Ausgang

Methoden

▶ FILL_ALE_SEGMENTS_OWN_DATA

▶ PROCESS_ALE_OWN_CHANGE_POINTER

▶ FILL_BI_TABLE_WITH_OWN_SEGMENT

▶ PASS_NON_STANDARD_SEGMENT

▶ MODIFY_BI_STRUCT_FROM_STD_SEG

▶ CHECK_DATA_ROW

▶ FILL_FT_TABLE_USING_DATA_ROWS

Neues BAdI VENDOR_ADD_DATA_CS
Erweiterungsspot VENDOR_ADD_DATA_CS
migriert aus klassischem BAdI VENDOR_ADD_DATA_CS

Dieses BAdI kann für die Einbindung kundeneigener Subscreens in den Standardpflegedialog für Kreditorenstammdaten sowie für den Datenaustausch zwischen Standarddialog und kundeneigenen Subscreens verwendet werden.

Aufrufstelle

▶ PBO- und PAI-Module des Standardpflegedialogs

Methoden

▶ SET_DATA

▶ GET_DATA

▶ GET_FIELDNAME_FOR_CHANGEDOC

▶ SUPPRESS_TAXI_TABSTRIPS

- `GET_TAXI_SCREEN`
- `SET_FCODE`

P&S-Schnittstelle 00003000 (Bankverbindung Prüfroutinen: Alternativprüfung)

Mit dieser P&S-Schnittstelle können zusätzliche Prüfungen einer Bankverbindung implementiert werden. Hierfür muss das Kennzeichen XPRBK (Prüfmodul für Bankfelder verwenden) in Tabelle T005 für das Bankland gesetzt sein.

Aufrufstelle

- Funktionsbaustein `BANK_ACCOUNT_CHECK`

P&S-Schnittstelle 00003010 (Bankleitzahl oder Bankschlüssel prüfen)

Mit dieser P&S-Schnittstelle können zusätzliche Prüfungen der Bankleitzahl bzw. des Bankschlüssels implementiert werden. Hierfür muss das Kennzeichen XPRBK (Prüfmodul für Bankfelder verwenden) in Tabelle T005 für das Bankland gesetzt sein.

Aufrufstelle

- Funktionsbaustein `BANK_NUMBER_CHECK`

P&S-Schnittstelle 00003020 (Postalgirokontonummer prüfen: alternativer Check)

Mit dieser P&S-Schnittstelle können zusätzliche Prüfungen der Postgirokontonummer implementiert werden. Hierfür muss das Kennzeichen XPRBK (Prüfmodul für Bankfelder verwenden) in Tabelle T005 für das Bankland gesetzt sein.

Aufrufstelle

- Funktionsbaustein `POSTAL_GIRO_ACCOUNT_CHECK`

P&S-Schnittstelle 00003030 (Generierung einer IBAN-Nummer)

Diese P&S-Schnittstelle kann zur Generierung einer IBAN aus Bankleitzahl, Kontonummer und Bankenkontrollschlüssel eingesetzt werden.

Aufrufstelle

- Funktionsbaustein `CONVERT_BANK_ACCOUNT_2_IBAN`

P&S-Schnittstelle 00003040 (Generierung einer Kontonummer aus IBAN)

Mithilfe dieser Schnittstelle können Bankleitzahl, Kontonummer und Bankenkontrollschlüssel aus einer IBAN generiert werden.

Aufrufstelle

- Funktionsbaustein `CONVERT_IBAN_2_BANK_ACCOUNT`

SAP-Erweiterung SAPLSSRV

Diese Erweiterung dient der Implementierung zusätzlicher Prüfungen einer Bankverbindung vor und nach der Standardprüfung bzw. zusätzlicher Prüfungen des SWIFT-Codes. Für die Prüfung der Bankverbindung nach der Standardprüfung muss das Kennzeichen XPRBK (Prüfmodul für Bankfelder verwenden) in Tabelle T005 für das Bankland gesetzt sein (siehe P&S-Schnittstelle 00003000).

Aufrufstellen

▶ Funktionsbaustein BANK_ACCOUNT_CHECK

▶ Funktionsbaustein SWIFT_CODE_CHECK

Komponenten

▶ Funktions-Exits EXIT_SAPLSSRV_001 bis EXIT_SAPLSSRV_003

Klassisches BAdI BADI_BANK_ALE_FILTER

Mit diesem BAdI kann eine Prüfung implementiert werden, ob Bankenstammdaten nach der Anlage bzw. Änderung per ALE verteilt werden.

Aufrufstellen

▶ Funktionsbaustein BAPI_BANK_CREATE

▶ Funktionsbaustein BAPI_BANK_CHANGE

Methode

▶ BANK_FILTER

SAP-Erweiterung SAPLBANK

Mit dieser Erweiterung können Sie eine kundeneigene Prüfung von Bankenstammdaten implementieren.

Aufrufstelle

▶ PAI-Modul Dynpro 0100 in Funktionsgruppe BANK

Komponente

▶ Funktions-Exit EXIT_SAPLBANK_001

P&S-Schnittstelle 00003050 (Steuernummer prüfen)

Mit dieser Schnittstelle können kundeneigene Prüfungen für Steuernummern implementiert werden.

Aufrufstelle

▶ Funktionsbaustein TAX_NUMBER_CHECK

A.3 Geschäftsvorfälle Debitoren-/ Kreditorenbuchhaltung

Im Folgenden werden die Erweiterungsmöglichkeiten für Geschäftsvorfälle in der Debitoren- und Kreditorenbuchhaltung aufgeführt.

P&S-Schnittstelle 00002010 (Menü Debitoren)

Diese P&S-Schnittstelle reagiert auf Auswahl des Punktes UMFELD • ZUSATZKOMPONENTEN im Bereichsmenü DEBITOREN (FDMN).

Aufrufstelle

▷ Bereichsmenü FDMN

P&S-Schnittstelle 00002020 (Einführungsleitfaden)

Diese P&S-Schnittstelle wird bei Auswahl der Aktivität ZUSATZKOMPONENTEN • EINSTELLUNGEN FÜR INSTALLIERTE ZUSATZKOMPONENTEN VORNEHMEN im Einführungsleitfaden unter DEBITOREN- UND KREDITORENBUCHHALTUNG ausgeführt.

Aufrufstelle

▷ Einführungsleitfaden der Debitoren- und Kreditorenbuchhaltung

SAP-Erweiterung RFAVIS01

Mit dieser SAP-Erweiterung können Sie den Positionstext beim Speichern eines Avis ändern.

Aufrufstelle

▷ Funktionsbaustein `REMADV_SAVE_DB`

Komponente

▷ Funktions-Exit `EXIT_SAPLFRAD_001`

P&S-Schnittstelle 00000900 (OP-Bearbeitung: Anreicherung vor OP-Anzeige)

Diese P&S-Schnittstelle kann verwendet werden, um vor der Anzeige der offenen Posten beim OP-Ausgleich zusätzliche Felder des Customizing-Includes `CI_RFOPS` in der Struktur `RFOPS` zu füllen.

Aufrufstellen

▷ Transaktion F-03

▷ Transaktion F-32

▷ Transaktion F-44

P&S-Schnittstelle 00001040 (Rücknahme Ausgleich: Nach Standardverbuchung)

In dieser Schnittstelle können Folgeaktivitäten nach der Rücknahme eines Ausgleichs ohne Storno des Ausgleichsbelegs implementiert werden.

Aufrufstelle

▷ Transaktion FBRA

P&S-Schnittstelle 00001041 (Rücknahme Ausgleich: Mit Storno Ausgleichsbeleg)

In dieser Schnittstelle können kundeneigene Prüfungen vor der Rücknahme eines Ausgleichs mit Storno des Ausgleichsbelegs implementiert werden.

Aufrufstelle

▷ Transaktion FBRA

Prozessschnittstelle 00001160 (Buchen Restposten: Felder von Rechnung übernehmen)

Diese Prozessschnittstelle kann verwendet werden, um bei der OP-Bearbeitung Informationen aus der Rechnung in einen gebildeten Restposten zu übernehmen.

Aufrufstelle

▷ Restpostenbildung

Klassisches BAdI BADI_DMEECONVERT

Dieses BAdI kann zur Änderung von Daten nach dem Einlesen und vor der Ausgabe bei der Formatkonvertierung eingehender DTA-Dateien in der DME-Engine sowie zum Aufruf eines Folgeprogramms nach der Konvertierung eingesetzt werden. Im Gegensatz zum klassischen BAdI `BADI_DMEECONVERT_ABA` wird dieses BAdI für MultiCash-Dateien (Baumtyp `MCSH`) verwendet.

Aufrufstelle

▷ Programm `DMEECONVERT1`

Methoden

▷ `PROCESS_INPUT_DME`
▷ `PROCESS_OUTPUT_DME`
▷ `CALL_REPORT`

Klassisches BAdI BADI_DMEECONVERT_ABA

Dieses BAdI kann zur Änderung von Daten nach dem Einlesen und vor der Ausgabe bei der Formatkonvertierung eingehender DTA-Dateien in der DME-Engine sowie zum Aufruf eines Folgeprogramms nach der Konvertierung verwendet werden. Dieses BAdI wird für alle Dateiformate außer MultiCash (Baumtyp MCSH) verwendet (siehe klassisches BAdI BADI_DMEECONVERT).

Aufrufstelle

▶ Programm DMEECONVERT1

Methoden

▶ PROCESS_INPUT_DME

▶ PROCESS_OUTPUT_DME

▶ CALL_REPORT

Klassisches BAdI DMEE_BADI_01

Mit diesem BAdI kann eine Datei, die von der DME-Engine erzeugt wurde, geändert werden. Das BAdI wird für bestimmte Baumtypen verwendet, die aus der Dokumentation des BAdIs ersichtlich sind. Für alle anderen Baumtypen wird das klassische BAdI DMEE_BADI_01_ABA verwendet.

Aufrufstelle

▶ DME-Engine, Dateierzeugung

Methode

▶ MODIFY_OUTPUT_FILE

Klassisches BAdI DMEE_BADI_01_ABA

Dieses BAdI dient zur Änderung einer Datei, die von der DME-Engine erzeugt wurde. Es wird für alle Baumtypen verwendet, für die nicht das klassische BAdI DMEE_BADI_01 durchlaufen wird.

Aufrufstelle

▶ DME-Engine, Dateierzeugung

Methode

▶ MODIFY_OUTPUT_FILE

Klassisches BAdI DMEE_BADI_INCOM_ABA

Mit diesem BAdI können Ein- und Ausgabedaten bei der Verarbeitung eingehender Dateien in der DME-Engine geändert und das relevante Segment (Kopf oder Position) bestimmt werden. Das BAdI wird für alle Dateiformate außer MultiCash (Baumtyp MCSH) verwendet (siehe klassisches BAdI DMEE_BADI_INCOMING).

Aufrufstelle

▶ Funktionsbaustein DMEE_PROCESS_INCOMING_FILE_ABA

Methoden

▶ MODIFY_FILE_INPUT

▶ MODIFY_FILE_OUTPUT

▶ SPECIAL_RULE

Klassisches BAdI DMEE_BADI_INCOMING

Mit diesem BAdI können Ein- und Ausgabedaten bei der Verarbeitung eingehender Dateien in der DME-Engine geändert und das relevante Segment (Kopf oder Position) bestimmt werden. Im Gegensatz zum klassischen BAdI DMEE_BADI_INCOM_ABA wird dieses BAdI für MultiCash-Dateien (Baumtyp MCSH) verwendet.

Aufrufstelle

▶ Funktionsbaustein DMEE_PROCESS_INCOMING_FILE

Methoden

▶ MODIFY_FILE_INPUT
▶ MODIFY_FILE_OUTPUT
▶ SPECIAL_RULE

Prozessschnittstelle 00001510 (Anhängende Zahlungsträger: Modifikation Ausgabe)

Diese Schnittstelle kann für die Modifikation der Daten für anhängende Zahlungsträger nach der Beschaffung und Aufbereitung im FI-Standard verwendet werden.

Aufrufstellen

▶ Funktionsbaustein PAYMENT_MEDIUM_DE_BANKTRANSFER

▶ Funktionsbaustein PAYMENT_MEDIUM_CH_PORPROCEDURE

▶ Funktionsbaustein PAYMENT_MEDIUM_NL_BANKTRANSFER

Prozessschnittstelle 00001520 (Anhängende Zahlungsträger: Ändern Ausgabeparameter)

In dieser Prozessschnittstelle können die Druck- und Archivierungsparameter für anhängende Zahlungsträger geändert werden.

Aufrufstelle

▶ Funktionsbaustein PAYMENT_MEDIUM_PRINT

A.4 Buchhaltungsbelege

Die folgenden Erweiterungen stehen Ihnen im Bereich der Buchhaltungsbelege zur Verfügung.

P&S-Schnittstelle 00001005 (Buchen Beleg: Eingabe der Fußzeile)

Diese Schnittstelle kann verwendet werden, um kundeneigene Prüfungen der eingegebenen Fußzeile zu implementieren.

Aufrufstelle

▶ nach der Eingabe der Fußzeile bei der Erfassung eines Buchhaltungsbelegs

---

P&S-Schnittstelle 00001010 (Buchen Beleg: Prüfen Debitorenzeile)

In dieser Schnittstelle können kundeneigene Prüfungen nach der Eingabe einer Debitorenzeile implementiert werden. Diese P&S-Schnittstelle ist obsolet, stattdessen sollte die P&S-Schnittstelle `00001011` verwendet werden, die für alle Kontoarten aufgerufen wird.

Aufrufstelle

▶ PAI-Module der Buchungstransaktionen

P&S-Schnittstelle 00001011 (Buchen Beleg: Prüfungen auf Zeilenebene)

Diese Schnittstelle kann verwendet werden, um kundeneigene Prüfungen nach der Eingabe einer Belegzeile zu implementieren.

Aufrufstelle

▶ PAI-Module der Buchungstransaktionen

P&S-Schnittstelle 00001012 (Buchen Beleg: Prüfungen Referenz 3)

Die Schnittstelle ermöglicht kundeneigene Prüfungen nach der Eingabe des Referenzschlüssels 3.

Aufrufstelle

▶ PAI-Module der Buchungstransaktionen

P&S-Schnittstelle 00001013 (Buchen Beleg: Anzeige Drucktaste für Referenzen)

Mithilfe dieser Schnittstelle kann eine zusätzliche Drucktaste in der Erfassung weiterer Daten zu Debitoren- und Kreditorenpositionen aktiviert werden, um in die Pflege zusätzlicher, kundeneigener Referenzdaten abzuspringen. Die Drucktaste ist nur dann aktiv, wenn ein »*« im REFERENZFELD 3 eingetragen wird. Der Absprung in die Pflege der zusätzlichen Daten kann in P&S-Schnittstelle `00001012` realisiert werden.

Aufrufstelle

▶ PBO-Module der Dynpros für Zusatzdaten zu Debitoren- und Kreditorenpositionen

---

P&S-Schnittstelle 00001070 (Buchen Beleg: CUA-Aufruf Ebene Belegzeile)

Diese P&S-Schnittstelle reagiert auf den dynamischen Funktionscode, der in P&S-Schnittstelle `00001080` aktiviert werden kann. Es werden die Daten der aktuell bearbeiteten Belegzeile und des Belegkopfes übergeben.

Aufrufstellen

▸ dynamischer Funktionscode in der Positionserfassung in klassischen Buchungstransaktionen

▸ Übersichtsbild in Enjoy-Transaktionen

P&S-Schnittstelle 00001080 (Buchen Beleg: Tastentexte)

Diese Schnittstelle aktiviert einen dynamischen Funktionscode in der Positions-erfassung in klassischen Buchungstransaktionen und im Übersichtsbild der Enjoy-Transaktionen. Außerdem erfolgen die Rückgabe eines Funktionstextes zum dyna-mischen Funktionscode und die gleichzeitige Aktivierung der P&S-Schnittstelle 00001070 über die P&S-Schnittstelle 00001080.

Aufrufstellen

▸ dynamischer Funktionscode in der Positionserfassung in klassischen Buchungstransaktionen

▸ Übersichtsbild in Enjoy-Transaktionen

P&S-Schnittstelle 00001085 (Buchen Beleg: Funktionen für Belegzeile)

Mithilfe dieser P&S-Schnittstelle wird eine positionsabhängige Änderung oder Deaktivierung des Funktionstextes ermöglicht, der in P&S-Schnittstelle 00001080 gesetzt wurde.

Aufrufstellen

▸ dynamischer Funktionscode in der Positionserfassung in klassischen Buchungstransaktionen

▸ Übersichtsbild in Enjoy-Transaktionen

P&S-Schnittstelle 00001140 (Buchen Beleg: OK-Codes ausschließen (Enjoy))

Diese P&S-Schnittstelle kann verwendet werden, um einzelne Funktionscodes in der Belegerfassung auszuschließen.

Aufrufstelle

▸ PBO- und PAI-Module der Buchungstransaktionen

SAP-Erweiterung ACCOBL01

Mithilfe dieser Erweiterung können Sie kundeneigene Felder des Kontierungsblocks vorbelegen und validieren.

Aufrufstelle

▸ PAI- und PBO-Modul des Subscreens für kundeneigene Kontierungen

Komponenten

▸ Funktions-Exit `EXIT_SAPLKACB_001`

▸ Funktions-Exit `EXIT_SAPLKACB_002`

Neues BAdI BADI_ENJ_ALT_ADR
Erweiterungsspot BADI_ENJ_ALT_ADR
migriert aus klassischem BAdI BADI_ENJ_ALT_ADR

Dieses BAdI kann zur Implementierung eines alternativen Absprungs in Kreditorenstammdaten aus Enjoy-Transaktionen verwendet werden.

Aufrufstelle

▸ PAI-Modul Dynpro `0070` in Funktionsgruppe FDCB

Methode

▸ `BADI_ENJ_ALT_ADR`

Klassische BAdIs BADI_FDCB_SUBBAS01 bis BADI_FDCB_SUBBAS06

Diese BAdIs dienen zur Erweiterung des Reiters GRUNDDATEN um einen kundeneigenen Subscreen zur Anzeige und Pflege von Belegkopfdaten und Daten der Debitoren- bzw. Kreditorenposition.

Aufrufstelle

▸ Reiter GRUNDDATEN der Enjoy-Transaktionen zur Erfassung von Debitoren- und Kreditorenbelegen

Methoden

▸ `PUT_DATA_TO_SCREEN_OBJECT`

▸ `GET_DATA_FROM_SCREEN_OBJECT`

Subscreens

▸ Erweiterung 1 bis 6 GRUNDDATEN Debitor

▸ Erweiterung 1 bis 6 GRUNDDATEN Kreditor

Klassisches BAdI FAGL_PERIOD_CHECK

Mit dem BAdI können Sie eine kundeneigene Prüfung implementieren, ob in der gewählten Buchungsperiode gebucht werden darf.

Aufrufstelle

▸ nach der Eingabe aller Mussfelder des Belegkopfes inklusive des Buchungsdatums

Methode

▸ `PERIOD_CHECK`

Klassisches BAdI FI_HEADER_SUB_1300

Dieses BAdI dient zur Erweiterung des Reiters GRUNDDATEN um einen kundeneigenen Subscreen zur Anzeige und Pflege von Belegkopfdaten.

Aufrufstelle

▷ Reiter GRUNDDATEN der Enjoy-Transaktionen zur
   Erfassung von Sachkontenbelegen

Methoden

▷ PUT_DATA_TO_SCREEN_PBO
▷ PUT_DATA_TO_SCREEN_PAI
▷ GET_DATA_FROM_SCREEN_PBO
▷ GET_DATA_FROM_SCREEN_PAI

Subscreen

▷ Erweiterung Belegkopf

Klassisches BAdI FI_TRANS_DATE_DERIVE

Mit diesem BAdI kann eine kundenspezifische Ableitung des Wertstellungsdatums aus Belegkopffeldern implementiert werden.

Aufrufstelle

▷ nach der Eingabe aller Mussfelder des Belegkopfes

Methode

▷ DERIVE_WWERT

SAP-Erweiterung SAPLFCPD

Diese Erweiterung dient zur Implementierung einer kundeneigenen Prüfung von CPD-Daten bzw. abweichenden Zahlungsempfängern bei der Belegerfassung oder -änderung.

Aufrufstelle

▷ PAI-Modul Dynpro 0100 in Funktionsgruppe FCPD

Komponente

▷ Funktions-Exit EXIT_SAPLFCPD_001

P&S-Schnittstelle 00001020 (Buchen Beleg: vor Schlussprüfungen)

Mit dieser Schnittstelle können Sie kundenspezifische Prüfungen des Belegkopfes und der Belegzeilen implementieren.

Aufrufstellen

▷ nach der Erzeugung von zusätzlichen Belegzeilen, vor Schlussprüfungen wie der Prüfung auf Saldo Null hin

P&S-Schnittstelle 00001025 (Buchen Beleg: Schlussprüfungen abgeschlossen)

Auch mit dieser Schnittstelle können Sie kundenspezifische Prüfungen des Belegkopfes und der Belegzeilen implementieren.

Aufrufstelle

▷ nach der Durchführung aller Prüfungen und vor der Vergabe der Belegnummer

P&S-Schnittstelle 00001030 (Buchen Beleg: Verbuchen der Standard-Daten)

Diese Schnittstelle dient zur Implementierung von Folgeaktivitäten der Standardbuchung. Die vergebene Belegnummer ist zu diesem Zeitpunkt verfügbar (siehe auch P&S-Schnittstelle 00001050).

Aufrufstelle

▷ nach dem Aufruf des VERBUCHERS, d. h. nach dem Start der asynchronen Verbuchung des Belegs (in Dialogtransaktionen)

Prozessschnittstelle 00001110 (Buchen Beleg: Doppelte Rechnungsprüfung)

Diese Schnittstelle ermöglicht eine kundeneigene Prüfung auf doppelte Rechnungserfassung hin.

Aufrufstelle

▷ Standardprüfung auf doppelte Rechnungserfassung hin

Prozessschnittstelle 00001120 (Buchen Beleg: Feldsubstitution Kopf/Zeilen)

Diese Schnittstelle dient zur Implementierung von Validierungen und Substitutionen, wobei nur Felder der Strukturen BKDF_SUBSTS, BKPF_SUBST und BSEG_SUBST verändert werden dürfen.

Aufrufstelle

▷ nach der Durchführung aller Prüfungen und vor den Standardvalidierungen und -substitutionen

Prozessschnittstelle 00001150 (OPEN FI EXIT 00001150: Gegenkonto Ermittlung)

Mit dieser Schnittstelle können Gegenkontoart und Gegenkontos aus den Belegdaten abgeleitet werden.

Aufrufstelle

▷ nach der Durchführung der Standard-Validierungen und -Substitutionen

Prozessschnittstelle 00001170 (Buchen Beleg: Nummernkreispufferung deaktivieren)

Mit dieser Schnittstelle kann die Nummernkreispufferung zur Vergabe fortlaufender Belegnummern deaktiviert bzw. das Nummernkreisintervall geändert werden.

Aufrufstelle

▶ vor der Vergabe der Belegnummer

P&S-Schnittstelle 00001050 (Buchen Beleg: RW-Schnittstelle)

Diese Schnittstelle ermöglicht die Implementierung von Folgeaktivitäten der Standardbuchung. Die vergebene Belegnummer ist zu diesem Zeitpunkt verfügbar (siehe auch P&S-Schnittstelle 00001030).

Aufrufstelle

▶ nach dem Aufruf des VERBUCHERS d. h. nach dem Start der asynchronen Verbuchung des Belegs (in Buchungsschnittstellen)

Klassisches BAdI AC_DOCUMENT

Dieses BAdI dient zur Änderung des Belegs vor und nach der Prüfung des Belegs durch die verschiedenen RW-Komponenten des RWIN-Interface.

Aufrufstelle

▶ vor und nach dem Aufruf der RW-Komponenten (in der Buchungsschnittstelle)

Methoden

▶ CHANGE_INITIAL
▶ CHANGE_AFTER_CHECK

SAP-Erweiterung ACBAPI01

Mithilfe dieser Erweiterung können Sie Buchhaltungsbelege bei der Buchung per BAPI ändern und ergänzen.

Aufrufstellen

▶ BAPIs der Funktionsgruppe ACC4

Komponente

▶ Funktions-Exit EXIT_SAPLACC4_001

Neues BAdI BADI_ACC_DOCUMENT
Erweiterungsspot BADI_ACC_DOCUMENT

Dieses BAdI kann zur Anreicherung und Änderung des Rechnungswesensbelegs vor dem Aufruf des RW-Interface verwendet werden.

Aufrufstellen
- Funktionsbaustein BAPI_ACC_DOCUMENT_CHECK
- Funktionsbaustein BAPI_ACC_DOCUMENT_POST

Methoden
- CHANGE
- FILL_ACCIT

Neues BAdI FI_INVOICE_RECEIPT_SPLIT
Erweiterungsspot FI_INVOICE_RECEIPT_SPLIT

Dieses BAdI ermöglicht die Erzeugung mehrerer Buchhaltungsbelege bei der Buchung von Eingangsrechnungen mit mehr als 999 Belegzeilen per BAPI oder aus MM.

Aufrufstelle
- Funktionsbaustein FI_DOCUMENT_PROJECT

Methoden
- SET_NUMBER_OF_INVOICE_ITEMS
- SET_DOCUMENT_TYPE_SUBSEQ

Neues BAdI BADI_FAREA_DRV_ALWYS
Erweiterungsspot FAGL_FKBER_DERIVE

Mithilfe dieses BAdIs wird die erneute Ableitung des Funktionsbereichs in Abhängigkeit vom betriebswirtschaftlichen Vorgang (GLVOR) des Buchhaltungsbelegs aktiviert.

Aufrufstelle
- Funktionsbaustein FAGL_FUNC_AREA_FRM_COBL_DERIVE

Methode
- SET_FAREA_DRV_ALWAYS

Klassisches BAdI FAGL_SEGMENT_BS_ACC

Mit diesem BAdI können Sie die Ableitung des Segments auch für Bilanzkonten aktivieren.

Aufrufstelle
- Funktionsbaustein FAGL_SEGMENT_BELEGPOS_CHECK

Methode
- GET_SUBST

Klassisches BAdI FAGL_SET_SEGMENT

Dieses BAdI dient zur Änderung bzw. Anreicherung des Segments und Partnersegments für den gesamten Beleg nach der Ableitung im Standard.

Aufrufstelle

▸ Funktionsbaustein `FAGL_SEGMENT_CHANGE_ACCIT`

Methode

▸ `CHANGE_SEGMENT_PSEGMENT`

P&S-Schnittstelle 00002050 (Steuer: Toleranzüberprüfung)

Dieses BTE dient zur Implementierung eines kundeneigenen Vergleichs eines manuell eingegebenen Steuerbetrags mit dem berechneten Steuerbetrag.

Aufrufstelle

▸ nach der manuellen Eingabe eines Steuerbetrags

Neues BAdI BADI_TAX_EXCHANGE_RATE
Erweiterungsspot ESPOT_TAX_EXCHANGE_RATE

Mithilfe dieses BAdIs können Sie den Steuerkurs vor oder nach der Prüfung des Belegs durch die verschiedenen RW-Komponenten des RWIN-Interface setzen.

Aufrufstelle

▸ Funktionsbaustein `AC_DOCUMENT_CREATE`

Methode

▸ `TXKRS_SET`

Neues BAdI BADI_TAX1_XTXIT_SET
Erweiterungsspot BADI_TAX1_XTXIT_SET

Dieses BAdI dient zur Aktivierung der zeilenweisen Steuerberechnung statt der Steuerberechnung für den gesamten Beleg. Damit werden Buchungszeilen mit dem gleichen Steuerkennzeichen vor der Steuerberechnung nicht mehr aufaddiert.

Aufrufstellen

▸ Funktionsbaustein `CREATE_BSET_ITEM`

▸ Funktionsbaustein `CALCULATE_TAX_DOCUMENT`

Methode

▸ `XTXIT_SET`

Neues BAdI FWTC_EXEMPTION
Erweiterungsspot FWTC_EXEMPTION

Dieses BAdI kann zur Bestimmung des Debitoren-/Kreditorenfreibetrags bei der Quellensteuerberechnung eingesetzt werden.

Aufrufstelle

▸ Quellensteuerberechnung in Funktionsgruppe `FWTC`

Methode

▸ `GET_EXEMPTION`

Neues BAdI VATDATE_VALUES
Erweiterungsspot VATDATE_RULES

Mit diesem BAdI kann das Steuermeldedatum bestimmt und geprüft werden.

Aufrufstelle
- PAI-Module der Buchungstransaktionen

Methoden
- `VATDATE_DETERMINE`
- `VATDATE_CHECK`

Klassisches BAdI FAGL_DERIVE_PSEGMENT

Dieses BAdI dient zur kundenspezifischen Ableitung eines Partnersegments aus dem Kontierungsblock.

Aufrufstelle
- Funktionsbaustein `FAGL_SEGMENT_BELEGPOS_CHECK`

Methode
- `GET_PSEGMENT`

Klassisches BAdI FAGL_DERIVE_SEGMENT

Dieses BAdI ermöglicht eine kundenspezifische Ableitung eines Segments aus dem Kontierungsblock.

Aufrufstelle
- Funktionsbaustein `FAGL_SEGMENT_BELEGPOS_CHECK`

Methode
- `GET_SEGMENT`

Neues BAdI FI_GL_POSTING_SPLIT
Erweiterungsspot FI_GL_POSTING_SPLIT

Dieses BAdI können Sie für die Aktivierung der Belegaufteilung für reine Sachkontenbuchungen verwenden, d. h. für Buchhaltungsbelege ohne Debitoren-/Kreditorenpositionen, ohne Steuer und ohne Buchungen auf OP-geführte Sachkonten.

Aufrufstelle
- Funktionsbaustein `FI_GL_POSTING_SPLIT_CHECK`

Methode
- `ACTIVATE_DOCUMENT_SPLIT`

Klassisches BAdI GLT0_AFTERSPLIT_VAL

Dieses BAdI können Sie zur Implementierung von ledgerabhängigen Validierungen nach der Belegaufteilung verwenden.

Aufrufstelle

▶ Funktionsbaustein G_BEB_SPLIT_DOCUMENT_CALC

Methode

▶ VAL_EXECUTE

Neues BAdI GLT0_BALANCE_METHOD
Erweiterungsspot GLT0_BALANCE_METHOD

Mit diesem BAdI können Sie die Verrechnungsmethode (Paarbildung oder Saldo-Null-Bildung) für die Belegaufteilung bestimmen.

Aufrufstellen

▶ Funktionsbaustein G_BEB_SPLIT_DOCUMENT_CALC

▶ Funktionsbaustein G_BEB_BALANCE_DOC

Methode

▶ GET_BALANCE_METHOD

Klassisches BAdI GLT0_COMPRESS_ITEM

Dieses BAdI kann zur Verdichtung eines Buchhaltungsbelegs vor der Belegauftei-lung verwendet werden, indem unnötige Informationen aus den Belegzeilen ent-fernt werden.

Aufrufstellen

▶ Funktionsbaustein G_BEB_SPLIT_DOCUMENT

▶ Funktionsbaustein G_BEB_COMPRESS_DOCUMENT

Methode

▶ COMPRESS_ITEM

Klassisches BAdI GLT0_SET_INV_REF

Für die Deaktivierung der Ableitung von Kontierungen bei Belegzeilen mit Rech-nungsbezug kann dieses BAdI verwendet werden, um eine Belegaufteilung nach den definierten Regeln zu erzwingen.

Aufrufstelle

▶ Funktionsbaustein G_BEB_SPLIT_DOCUMENT

Methode

▶ SET_INV_REF_FLAG

P&S-Schnittstelle 00001120 (Ändern Beleg: CUA-Aufruf Ebene Belegzeile)

Diese Schnittstelle reagiert auf den dynamischen Funktionscode, der in P&S-Schnittstelle 00001130 aktiviert wurde. Es wird der Schlüssel der angezeigten bzw. geänderten Belegzeile aktiviert.

Aufrufstelle

▶ dynamischer Funktionscode in der Positionsanzeige/-änderung

P&S-Schnittstelle 00001130 (Ändern Beleg: Tastentexte)

Diese P&S-Schnittstelle dient zur Aktivierung eines dynamischen Funktionscodes in der Positionsanzeige/-änderung sowie zur Rückgabe eines Funktionstextes zum dynamischen Funktionscode und zur gleichzeitigen Aktivierung der P&S-Schnittstelle `00001120`.

Aufrufstelle

▶ dynamischer Funktionscode in der Positionsanzeige/-änderung

P&S-Schnittstelle 00001135 (Ändern Beleg: Funktionen für Belegzeile)

Mit dieser Schnittstelle wird eine positionsabhängige Änderung oder Deaktivierung des Funktionstextes ermöglicht, der in P&S-Schnittstelle `00001130` gesetzt wurde, durchgeführt.

Aufrufstelle

▶ dynamischer Funktionscode in der Positionsanzeige/-änderung

P&S-Schnittstelle 00001136 (Ändern Beleg: Feldänderungen ausschließen)

Mithilfe dieses BTEs können Sie bestimmte Feldänderungen in der Belegposition ausschließen.

Aufrufstelle

▶ nach der Änderung einer Belegposition

Prozessschnittstelle 00001410 (Ändern Beleg: Feldmodifikation Belegkopf)

Diese Schnittstelle kann zur Steuerung der Anzeige und Eingabebereitschaft der Belegkopffelder in der Beleganzeige/-änderung eingesetzt werden.

Aufrufstelle

▶ PBO-Modul des Dynpros zur Anzeige/Änderung der Belegkopfdaten

Prozessschnittstelle 00001420 (Ändern Beleg: Feldmodifikation Belegzeile)

Mit dieser Schnittstelle können Sie die Anzeige und Eingabebereitschaft der Belegpositionsfelder in der Beleganzeige/-änderung steuern.

Aufrufstelle

▶ PBO-Modul des Dynpros zur Anzeige/Änderung der Belegpositionsdaten

Klassisches BAdI FI_AUTHORITY_ITEM

Dieses BAdI können Sie zur Implementierung kundeneigener Berechtigungsprüfungen in der Beleganzeige und -änderung verwenden.

Aufrufstelle

▶ Transaktion FB02

▶ Transaktion FB03

Methode

▶ FI_AUTHORITY_ITEM

P&S-Schnittstelle 00001110 (Ändern Beleg: Sichern der Standarddaten)

Diese Schnittstelle dient der Implementierung zusätzlicher Aktivitäten bei der Änderung von Belegen. Die Fortschreibung kundeneigener Daten darf nur asynchron (IN UPDATE TASK) erfolgen.

Aufrufstelle

▶ bei der Änderung eines Belegs nach der Erzeugung der Änderungsbelege vor der Durchführung der Änderungen

Prozessschnittstelle 00001430 (Ändern Beleg: Feldsubstitution Kopf/Zeile)

Diese Schnittstelle dient zur Substitution von Belegkopf- bzw. Belegpositionsdaten nach den Schlussprüfungen bei Änderung eines Belegs.

Aufrufstelle

▶ bei der Änderung eines Belegs nach den Schlussprüfungen

Prozessschnittstelle 00001440 (Ändern Beleg: Feldsubstitution Kopf/Zeile)

Diese Schnittstelle können Sie für die Substitution von Belegkopf- bzw. Belegpositionsdaten verwenden. Im Gegensatz zur Prozessschnittstelle 00001430 wird diese Schnittstelle bei Belegänderungen aus anderen Modulen heraus aufgerufen.

Aufrufstelle

▶ bei der Änderung eines Belegs nach den Schlussprüfungen

P&S-Schnittstelle 00002221 (Buchen Beleg: Zahlungsfreigabe (Belegposition))

Diese Schnittstelle ermöglicht die Implementierung einer Prüfung, ob die erfasste Belegposition relevant für die Zahlungsfreigabe ist.

Aufrufstelle

▸ nach dem Setzen bzw. Ändern der Zahlsperre im Beleg und nach der Rücknahme einer Zahlungsfreigabe (im Funktionsbaustein `PR_WF_CHECK_RELEVANT`)

Prozessschnittstelle 00002210 (Belegvorerfassung: Betragsfreigabe)

Zur Ermittlung von Freigabeberechtigten für die Zahlungsfreigabe des vorerfassten Belegs anstelle der Ermittlung im Standard kann dieses BTE verwendet werden.

Aufrufstelle

▸ bei der Belegvorerfassung im Funktionsbaustein
`PRELIMINARY_POSTING_ACTOR1_DET`

Prozessschnittstelle 00002211 (Belegvorerfassung: Kontierungsfreigabe)

Diese Schnittstelle dient zur Ermittlung von Freigabeberechtigten für die Kontierungsfreigabe des vorerfassten Beleges anstelle der Ermittlung im Standardprogramm.

Aufrufstelle

▸ bei der Belegvorerfassung im Funktionsbaustein
`PRELIMINARY_POSTING_SUBWF2_DET`

Prozessschnittstelle 00002212 (Belegvorerfassung: Bearbeiter ermitteln)

Für die Ermittlung des Bearbeiters nach einer Ablehnung des vorerfassten Belegs kann statt der Ermittlung im Standard dieses BTE verwendet werden.

Aufrufstelle

▸ bei der Belegvorerfassung im Funktionsbaustein
`PRELIMINARY_POSTING_ACTOR2_DET`

Prozessschnittstelle 00002213 (Belegvorerfassung: Prüfen, ob Buchen erlaubt)

Mit dieser Schnittstelle können Sie eine kundeneigene Prüfung implementieren, ob ein vorerfasster Beleg gebucht werden darf.

Aufrufstellen

▸ bei der Belegvorerfassung im Funktionsbaustein
`PRELIMINARY_POSTING_POST_CHECK`

▸ bei der Belegvorerfassung im Funktionsbaustein `PP_WF_CHECK_RELEVANT`

P&S-Schnittstelle 00002213 (Belegvorerfassung: Prüfung für die Freigabe)

Diese Schnittstelle ermöglicht die Implementierung einer Prüfung, ob der vorerfasste Beleg relevant für die Betrags- oder Kontierungsfreigabe ist.

Aufrufstelle

▸ bei der Belegvorerfassung im Funktionsbaustein `PP_WF_CREATED`

P&S-Schnittstelle 00002214 (Belegvorerfassung: Auslösen des Ereignisses CHANGED)

Diese Schnittstelle dient zur Implementierung einer Prüfung, ob bei der Änderung eines vorerfassten Belegs das Ereignis `CHANGED` des Objekttyps `FIPP` (»Freigaberelevante Änderung erfolgt«) für den Freigabe-Workflow ausgelöst werden soll.

Aufrufstelle

▸ bei der Belegvorerfassung im Funktionsbaustein `PP_WF_CHANGED`

Prozessschnittstelle 00002214 (Belegvorerfassung: Freigabeweg bestimmen)

Mithilfe dieser Schnittstelle kann ein Freigabeweg für die Zahlungsfreigabe beim Speichern eines vorerfassten Belegs ermittelt werden.

Aufrufstelle

▸ bei der Belegvorerfassung im Funktionsbaustein `PRELIMINARY_POSTING_DOC_WRITE`

P&S-Schnittstelle 00002215 (Belegvorerfassung: Vorerfassung beim Buchen bestimmen)

Diese Schnittstelle dient zur Bestimmung des Benutzers, der im Buchhaltungsbeleg als Vorerfasser vermerkt werden soll.

Aufrufstelle

▸ Belegvorerfassung

P&S-Schnittstelle 00002216 (Belegvorerfassung: bei Beleg löschen)

Diese Schnittstelle ermöglicht eine Prüfung, ob beim Löschen eines vorerfassten Belegs das Ereignis `DELETED` des Objekttyps `FIPP` (»Beleg gelöscht«) für den Freigabe-Workflow ausgelöst werden soll.

Aufrufstelle

▸ Belegvorerfassung

P&S-Schnittstelle 00002217 (Belegvorerfassung: bei Beleg ändern)

Für die Implementierung einer Prüfung, ob bei der Änderung eines vorerfassten Beleges das Ereignis `CHANGED` des Objekttyps `FIPP` (»Freigaberelevante Änderung erfolgt«) für den Freigabe-Workflow ausgelöst werden soll, kann diese Schnittstelle verwendet werden.

Aufrufstelle

▸ in der Belegvorerfassung vor Aufruf des Funktionsbausteins PP_WF_CHANGED

P&S-Schnittstelle 00002218 (Belegvorerfassung: bei Beleg sichern)

Dieses BTE ermöglicht die Implementierung von Folgeaktivitäten nach der Vorerfassung eines Buchhaltungsbelegs.

Aufrufstelle

▸ Belegvorerfassung

Prozessschnittstelle 00002220 (Buchen Beleg: Ermittlung Freigabeberechtigte)

Diese Prozessschnittstelle kann zur Ermittlung von Freigabeberechtigten für die Zahlungsfreigabe der Belegposition anstelle der Ermittlung im Standardprogramm verwendet werden.

Aufrufstellen

▸ Buchung eines vorerfassten Belegs

▸ Funktionsbaustein PR_WF_ACTOR1_DET

SAP-Erweiterung SAPLF040

Diese SAP-Erweiterung ermöglicht die Bestimmung von Freigabeberechtigten während der Belegvorerfassung und Buchung, analog zu den Prozessschnittstellen 000002210 bis 00002212 und 00002220.

Aufrufstellen

▸ siehe entsprechende Prozessschnittstellen

Komponenten

▸ Funktions-Exits EXIT_SAPLF040_001 bis EXIT_SAPLF040_004

SAP-Erweiterung SAPLF051

Mit dieser Erweiterung können Sie Relevanzprüfungen für die Zahlungsfreigabe implementieren, analog zu den P&S-Schnittstellen 00002221, 00002213 und 00002214.

Aufrufstellen

▸ siehe entsprechende P&S-Schnittstellen

Komponenten

▸ Funktions-Exits EXIT_SAPLF051_001 bis EXIT_SAPLF051_003

Klassisches BAdI BADI_F040_SCREEN_600

Dieses BAdI kann zur Erweiterung der Kopfdaten in der Belegvorerfassung um einen kundeneigenen Subscreen verwendet werden.

Aufrufstellen

▷ Transaktionen FBV*

Methoden

▷ `PUT_DATA_TO_SCREEN`
▷ `GET_DATA_FROM_SCREEN`

Subscreen

▷ Erweiterung Belegkopf

Klassisches BAdI BADI_PRKNG_NO_UPDATE

Dieses BAdI ermöglicht die Deaktivierung der Fortschreibung von vorerfassten Belegen, z. B. in CO.

Aufrufstelle

▷ Funktionsbaustein `AC_DOCUMENT_PARKING_NO_UPDATE`

Methode

▷ `PARKING_NO_UPDATE`

Neues BAdI FAGL_VAL_CUST_EXIT_BADI
Erweiterungsspot ES_FAGL_VAL_CUST

Mit diesem BAdI können Prüfungen für die Validierung von Kontierungskombinationen implementiert werden.

Aufrufstelle

▷ Validierung von Kontierungskombinationen, Schrittart Erweiterung

Methode

▷ `CUSTOMER_EXIT`

Neues BAdI FAGL_VAL_MAPPING_BADI
Erweiterungsspot ES_FAGL_VAL_CUST

Mit Einsatz dieses BAdIs können kundeneigene Felder bei der Validierung von Kontierungskombinationen berücksichtigt werden.

Aufrufstelle

▷ Validierung von Kontierungskombinationen, vor den Prüfungen

Methode

▷ `MAPPING_FIELDS`

Klassisches BAdI FAGLSKF_AUTH_EXIT

Dieses BAdI dient zur Implementierung eigener Berechtigungsprüfungen bei der Erfassung statistischer Kennzahlen im Hauptbuch.

Aufrufstelle

▸ Funktionsbaustein `FAGL_AUTHORITY_CHECK_KEYFIG`

Methode

▸ `CHECK_AUTH`

Klassisches BAdI FAGLSKF_BAPI_EXIT

Mit diesem BAdI können Sie kundeneigene Felder bei der Buchung statistischer Kennzahlen im Hauptbuch per BAPI anreichern.

Aufrufstelle

▸ Funktionsbaustein `BAPI_ACC_POST_STAT_KEYFIGURE`

Methode

▸ `GET_VALUES`

Klassisches BAdI FAGLSKF_GET_SEGMENT

Mithilfe dieses BAdIs kann das Segment für statistische Kennzahlen abgeleitet werden, alternativ zur Ableitung über ein Profit-Center.

Aufrufstelle

▸ Funktionsbaustein `FAGL_STATKEYFIG_CALC_FI`

Methode

▸ `GET_SEGMENT`

Prozessschnittstelle 00003140 (Belege Löschen: Löschen von Referenzbelegen)

Dieses BTE kann für die Implementierung kundeneigener Prüfungen und beim Ausschluss von Belegen vor dem Löschen von Referenzbelegen eingesetzt werden.

Aufrufstellen

▸ Transaktion F.56

▸ Transaktion F.57

Klassisches BAdI FAGL_COFI_ACCIT_MOD

Dieses BAdI kann verwendet werden, um zusätzliche Felder in der CO-FI-Echtzeit-integration zu füllen, sodass diese nicht verdichtet werden.

Aufrufstelle

▸ CO-FI-Echtzeitintegration, vor der Verdichtung

Methode

▷ MODIFY_ACC_LINE_ITEM

Neues BAdI FAGL_COFI_ACDOC_MOD
Erweiterungsspot FAGL_COFI_ACDOC_MOD

Mit diesem BAdI können Buchhaltungsbelegen in der CO-FI-Echtzeitintegration geändert werden.

Aufrufstelle

▷ CO-FI-Echtzeitintegration, nach der Verdichtung und vor der Buchung

Methode

▷ MODIFY_ACC_DOCUMENT

Klassisches BAdI FAGL_COFI_LNITEM_SEL

Mit diesem BAdI können Sie kundeneigene Prüfungen implementieren, die festlegen, welche CO-Belegzeilen in der CO-FI-Echtzeitintegration berücksichtigt werden sollen.

Aufrufstellen

▷ CO-FI-Echtzeitintegration, nach der Selektion der CO-Belege

Methoden

▷ LINE_ITEM_SELECT

Klassisches BAdI FI_RCL_CLEARING_ACC

Mit diesem BAdI können die Geschäftsbereichsverrechnungskonten bei der Ausführung der Abstimmbuchungen zwischen CO und FI geändert werden.

Aufrufstelle

▷ Transaktion KALC

Methode

▷ EXCHANGE_CLEARING_ACC

A.5 Elektronischer Kontoauszug

Für die Erweiterung des elektronischen Kontoauszugs können Sie die folgenden BTEs, BAdIs und SAP-Erweiterungen verwenden.

P&S-Schnittstelle 00002810 (Kontoauszug: Analyse eines Umsatzes)

Dieses BTE registriert eine Kontoauszugsposition pro Buchungsbereich für die Verarbeitung durch die Prozessschnittstellen 00002810 und 00002820 und deaktiviert gegebenenfalls die Standardbuchung.

Aufrufstelle

▷ in der Interpretationsphase vor der Ausführung der Suchmuster und der Interpretation des Verwendungszwecks

---

Prozessschnittstelle 00002810 (Kontoauszug: Verbuchung eines Umsatzes)

Diese Schnittstelle ermöglicht die kundeneigene Buchung eines Umsatzes des Kontoauszugs pro Buchungsbereich. Die Schnittstelle wird nur durchlaufen, wenn der
Buchungsbereich der Position in der P&S-Schnittstelle 00002810 zur Verarbeitung
registriert wurde. Die kundeneigene Buchung wird vor der Standardbuchung
durchgeführt. Die Schnittstelle kann eine Belegnummer zurückgeben, die in der
Nachbearbeitung des Kontoauszugs mithilfe der P&S-Schnittstelle 00002820 angezeigt werden kann.

Aufrufstelle

▷ in der Buchungsphase vor oder anstelle der Standardbuchung

P&S-Schnittstelle 00002820 (Kontoauszug: Belegzeige der Anwendung)

Diese Schnittstelle dient zur Anzeige eines Belegs, der in Prozessschnittstelle
00002810 gebucht wurde.

Aufrufstellen

▷ Nachbearbeitung einer Kontoauszugsposition

Prozessschnittstelle 00002820 (Kontoauszug: Daten zum Kontoauszug ändern)

Diese Prozessschnittstelle kann zur Änderung des Bankdatenspeichers vor der Interpretation des Verwendungszwecks verwendet werden (siehe auch klassisches BAdI
FIEB_CHANGE_BS_DATA). Die Schnittstelle wird nur durchlaufen, wenn der
Buchungsbereich der Position in der P&S-Schnittstelle 00002810 zur Verarbeitung
registriert wurde.

Aufrufstelle

▷ in der Interpretationsphase vor der Ausführung der Suchmuster und Interpretation des Verwendungszwecks

---

Prozessschnittstelle 00002830 (Anwendungsspezifische Darstellung im Subscreen)

Dieses BTE dient zur Anzeige eines kundeneigenen Subscreens anstelle des Standard-Dynpros für den Buchungsbereich 2.

Aufrufstelle

▷ Nachbearbeitung einer Kontoauszugsposition

P&S-Schnittstelle 00002830 (Übergabe des OK-Codes)

Diese P&S-Schnittstelle übergibt den OK-Code an einen kundeneigenen Subscreen, der in Prozessschnittstelle `00002830` oder P&S-Schnittstelle `00002840` aktiviert wurde.

Aufrufstelle

▸ Nachbearbeitung einer Kontoauszugsposition

P&S-Schnittstelle 00002840 (Anwendungsspezifische Darstellung im Subscreen)

Diese Schnittstelle ermöglicht die Anzeige von bis zu fünf zusätzlichen kundeneigenen Subscreens unterhalb der Standard-Dynpros für die Buchungsbereiche.

Aufrufstelle

▸ Nachbearbeitung einer Kontoauszugsposition

Prozessschnittstelle 00002850 (Nachbearbeitung Kontoauszug: Ändern des Bankdatenspeichers)

Für die Durchführung automatischer, zusätzlicher Änderungen des Bankdatenspeichers nach einer Änderung einer Kontoauszugsposition kann diese Schnittstelle verwendet werden. Sie wird nur durchlaufen, wenn der Buchungsbereich der Position in der P&S-Schnittstelle `00002850` zur Verarbeitung registriert wurde.

Aufrufstelle

▸ nach der Änderung einer Kontoauszugsposition in der Nachbearbeitung

P&S-Schnittstelle 00002850 (Nachbearbeitung Kontoauszug: Registrierung zum Ändern des Bankdatenspeichers)

Diese Schnittstelle dient zur Registrierung einer Kontoauszugsposition pro Buchungsbereich für die Verarbeitung durch die Prozessschnittstelle `00002850` und gegebenenfalls zur Deaktivierung der Standardbuchung. Dies ist nur möglich, wenn die Position nicht schon in P&S-Schnittstelle `00002810` zur Verarbeitung registriert wurde.

Aufrufstelle

▸ nach der Änderung einer Kontoauszugsposition in der Nachbearbeitung

Prozessschnittstelle 00002860 (Nachbearbeitung Kontoauszug: Dritter Buchungsbereich)

Diese Prozessschnittstelle ermöglicht die Erzeugung einer dritten Buchung zu einer Kontoauszugsposition aus der Nachbearbeitung des Kontoauszugs. Die Schnittstelle wird nur durchlaufen, wenn der Buchungsbereich der Position in der P&S-

Schnittstelle `00002810` zur Verarbeitung registriert wurde. Für die Anzeige des gebuchten Belegs kann die Prozessschnittstelle `00002830` verwendet werden.

Aufrufstelle

▷ Buchung einer Kontoauszugsposition aus der Nachbearbeitung

Prozessschnittstelle 00002870 (Nachbearbeitung Kontoauszug: Baum- und Listendarstellung)

Diese Schnittstelle kann verwendet werden, um die Baum- oder Listendarstellung in der Kontoauszugsnachbearbeitung zu ersetzen.

Aufrufstelle

▷ vor der Anzeige der Kontoauszüge und -positionen in der Nachbearbeitung

Prozessschnittstelle 00002880 (Nachbearbeitung Kontoauszug: Eigener Selektionsbildschirm)

Diese Schnittstelle dient zur Implementierung eines eigenen Selektionsbildschirms und einer eigenen Selektion von Kontoauszugspositionen für die Nachbearbeitung.

Aufrufstelle

▷ vor der Selektion von Kontoauszugspositionen in der Nachbearbeitung

P&S-Schnittstelle 00002880 (Nachbearbeitung Kontoauszug: Registrierung eines eigenen Selektionsbildschirms)

Diese Schnittstelle können Sie zur Registrierung eines eigenen Selektionsbildschirms für die Selektion von Kontoauszugspositionen in der Nachbearbeitung verwenden.

Aufrufstelle

▷ vor der Selektion von Kontoauszugspositionen in der Nachbearbeitung

Klassisches BAdI FEB_BADI

Sie können dieses BAdI verwenden, wenn Sie die Standardbuchung einer Kontoauszugsposition ändern oder ergänzen möchten.

Aufrufstelle

▷ in der Buchungsphase vor der Standardbuchung

Methode

▷ `CHANGE_POSTING_DATA`

SAP-Erweiterung FEB00001

Diese Erweiterung dient zur Analyse jeder einzelnen Kontoauszugsposition und Anreicherung zusätzlicher Daten.

Aufrufstelle

▷ in der Interpretationsphase nach der Interpretation des Verwendungszwecks

Komponente

▷ Funktions-Exit `EXIT_RFEBBU10_001`

SAP-Erweiterung FEB00004

Mit dieser Erweiterung können die Rohdaten des Kontoauszugs im MT940-Format nachbearbeitet werden.

Aufrufstelle

▷ beim Einlesen des Kontoauszugs im MT940-Format

Komponente

▷ Funktions-Exit `EXIT_RFEKA400_001`

Klassisches BAdI FIEB_CHANGE_BS_DATA

Zur Änderung des Bankdatenspeichers vor der Interpretation des Verwendungszwecks können Sie dieses BAdI verwenden (siehe auch Prozessschnittstelle 00002820).

Aufrufstelle

▷ in der Interpretationsphase vor der Ausführung der Suchmuster und Interpretation des Verwendungszwecks

Methode

▷ `CHANGE_DATA`

Klassisches BAdI FIEB_CHANGE_STATEMNT

Für die Änderung des Bankdatenspeichers nach der Interpretation aller Positionen eines Kontoauszugs können Sie dieses BAdI verwenden. Der Aufruf erfolgt einmal für alle Positionen gleichzeitig.

Aufrufstelle

▷ in der Interpretationsphase nach der Interpretation aller Kontoauszugspositionen

Methode

▷ `CHANGE_DATA`

Klassisches BAdI FIEB_RET_CHANGE_DOC

Dieses BAdI kann für zusätzliche Belegänderungen nach der Rücknahme des Ausgleichs in der Rücklastschriftenverarbeitung verwendet werden.

Aufrufstelle

▷ vor der Durchführung der Belegänderung

Methode

▶ CHANGE_BDCDATA

Klassisches BAdI FIEB_RETURNS_ADDIN

Dieses BAdI ermöglicht das Auslesen von Bankgebühren aus dem Verwendungszweck bei der Rücklastschriftenverarbeitung.

Aufrufstelle

▶ nach dem Einlesen der Kontoauszugspositionen

Methode

▶ CHANGE_RETURN_CHARGES

SAP-Erweiterung F40K0001

Mit dieser Erweiterung können Sie während der manuellen Kontoauszugserfassung eigene Prüfungen implementieren, eingegebene Werten ersetzen und Daten anreichern.

Aufrufstelle

▶ Transaktion FF67

Komponente

▶ Funktions-Exit EXIT_SAPMF40K_001

SAP-Erweiterung F40S0001

Mit dieser Erweiterung können Sie während der manuellen Scheckeinreichung eigene Prüfungen implementieren, eingegebene Werte ersetzen und Daten anreichern.

Aufrufstelle

▶ Transaktion FF68

Komponente

▶ Funktions-Exit EXIT_SAPMF40S_001

A.6   Mahnlauf

Der folgenden Auflistung können Sie entnehmen, welche Erweiterungsmöglichkeiten Ihnen im Mahnlauf zur Verfügung stehen.

P&S-Schnittstelle 00001750 (Mahnen: Parameterpflege (Tastentexte))

Diese Schnittstelle dient zur Aktivierung eines dynamischen Funktionscodes im Menü Umfeld der Parameterpflege in der Transaktion F150 sowie zur Rückgabe eines Funktionstextes zum dynamischen Funktionscode und zur gleichzeitigen Aktivierung der P&S-Schnittstelle 00001751.

Aufrufstelle

▶ dynamischer Funktionscode in Transaktion F150

P&S-Schnittstelle 00001751 (Mahnen: Parameterpflege)

Dieses BTE reagiert auf den dynamischen Funktionscode, der in P&S-Schnittstelle 00001750 aktiviert wurde. Es kann verwendet werden, um in die Pflege zusätzlicher Parameter abzuspringen.

Aufrufstelle

▶ dynamischer Funktionscode in Transaktion F150

Prozessschnittstelle 00001050 (Mahnen: Zusatzfelder zu MHNK lesen)

Diese Schnittstelle kann zur Bearbeitung und Ergänzung der Kontoeinträge des Mahnbestandes (MHNK) verwendet werden.

Aufrufstelle

▶ in der Mahnselektion bei den finalen Prüfungen

Prozessschnittstelle 00001051 (Mahnen: Zusatzfelder zu MHND lesen (BSID))

Zum Füllen zusätzlicher Felder in den Positionen des Mahnbestandes (MHND) aus den selektierten offenen Debitorenposten (BSID) können Sie diese Schnittstelle verwenden.

Aufrufstelle

▶ in der Mahnselektion nach der Selektion von offenen Debitorenposten

Prozessschnittstelle 00001052 (Mahnen: Zusatzfelder zu MHND lesen (BSIK))

Diese Schnittstelle kann verwendet werden, um zusätzliche Felder in den Positionen des Mahnbestandes (MHND) aus den selektierten offenen Kreditorenposten (BSIK) zu füllen.

Aufrufstelle

▶ in der Mahnselektion nach der Selektion von offenen Kreditorenposten

Prozessschnittstelle 00001053 (Mahnen: CPDKY setzen)

Diese Schnittstelle ermöglicht die Erzeugung einer benutzerdefinierten Mahngruppierung. Diese Gruppierung wirkt sich nicht nur auf CPD-Konten aus.

Aufrufstelle

▸ in der Mahnselektion: Gruppierung von Positionen des Mahnbestandes

---

Prozessschnittstelle 00001060 (Mahnen: Mahnbarkeitsprüfung MHND)

Diese Schnittstelle kann verwendet werden, um das Mahnbarkeitskennzeichen einer Position des Mahnbestandes zu überschreiben. Die Position bleibt im Mahnvorschlag enthalten.

Aufrufstelle

▸ in der Mahnselektion nach der Bestimmung des Fälligkeitsdatums

---

Prozessschnittstelle 00001061 (Mahnen: Löschkennzeichen MHND)

Das BTE ermöglicht die Löschung einer Position aus dem Mahnvorschlag.

Aufrufstelle

▸ in der Mahnselektion vor der Aufnahme einer Position in den Mahnbestand

---

Prozessschnittstelle 00001068 (Mahnen: Zinsberechnung pro Konto aktivieren)

Diese Schnittstelle dient zur Aktivierung der Zinsberechnung auf Ebene der Kontoeinträge des Mahnbestandes in Prozessschnittstelle 00001074.

Aufrufstelle

▸ in der Mahnselektion vor der Berechnung von Zinsen

Prozessschnittstelle 00001070 (Mahnen: Zinsermittlung MHND)

Diese Schnittstelle kann zur Implementierung einer kundeneigenen Zinsberechnung pro Position verwendet werden.

Aufrufstelle

▸ in der Mahnselektion nach der Zinsberechnung pro Position

Prozessschnittstelle 00001071 (Mahnen: Gebührenermittlung (MHNK))

Die Schnittstelle ermöglicht die Implementierung einer kundeneigenen Berechnung der Mahngebühren.

Aufrufstelle

▸ in der Mahnselektion nach der Berechnung der Mahngebühren

Prozessschnittstelle 00001074 (Mahnen: Zinsberechnung pro Konto)

Diese Schnittstelle kann zur Durchführung der Zinsberechnung auf Ebene der Kontoeinträge des Mahnbestandes eingesetzt werden. Dadurch wird die Zinsberechnung nicht pro Position durchgeführt, sondern kann für alle Positionen erfolgen, die zu diesem Kontoeintrag gehören.

Aufrufstelle

▶ in der Mahnselektion anstelle der Zinsberechnung pro Position

P&S-Schnittstelle 00001703 (Mahnen: Parameter vor Selektion ändern)

Diese P&S-Schnittstelle dient zur Anpassung der Selektionsparameter (Buchungskreise, Debitoren, Kreditoren, freie Abgrenzungen, Konten für Zusatzprotokoll) für die Mahnselektion.

Aufrufstelle

▶ in der Mahnselektion vor der Selektion der Posten

P&S-Schnittstelle 00001760 (Mahnen: Applikationskennzeichen MHNK)

Die Schnittstelle setzt Applikationskennzeichen auf Ebene der Kontoeinträge des Mahnbestandes (MHNK).

Aufrufstellen

▶ in der Mahnselektion vor allen Prozessschnittstellen

P&S-Schnittstelle 00001761 (Mahnen: Applikationskennzeichen MHND)

Diese Schnittstelle setzt Applikationskennzeichen auf Ebene der Positionen des Mahnbestandes (MHND).

Aufrufstellen

▶ in der Mahnselektion vor allen Prozessschnittstellen

P&S-Schnittstelle 00001762 (Mahnen)

Diese Schnittstelle können Sie zur Bearbeitung und Ergänzung einzelner Positionen des Mahnvorschlags verwenden.

Aufrufstelle

▶ in der Mahnselektion vor der Bestimmung der Mahnstufe

P&S-Schnittstelle 00001763 (Mahnen)

Diese Schnittstelle dient zur Änderung der Mahnstufe im selektierten Mahnbestand sowie zur Bearbeitung und Ergänzung einzelner Positionen des Mahnvorschlags.

Aufrufstelle

▶ in der Mahnselektion vor der Bestimmung der Mahnbeträge und Berechnung der Zinsen

P&S-Schnittstelle 00001764 (Mahnen: alternative Prüfung auf Kontensaldo)

Mit dieser Schnittstelle können Sie eine kundeneigene Prüfung implementieren, ob das Konto gemahnt werden soll.

Aufrufstelle

▸ in der Mahnselektion vor der Standardprüfung des Kontensaldos

Prozessschnittstelle 00001020 (Mahnen: nach dem Lesen, vor dem Druck)

Diese Schnittstelle dient zur Bearbeitung und Ergänzung des Mahnbestandes vor dem Druck.

Aufrufstelle

▸ im Mahndruck nach dem Einlesen des Mahnbestandes

Prozessschnittstelle 00001030 (Mahnen: Formular ermitteln)

Mit dieser Schnittstelle kann das Formular überschrieben werden, das aus dem Customizing des Mahnlaufs ermittelt wurde.

Aufrufstelle

▸ im Mahndruck nach der Bestimmung des Mahnformulars

Prozessschnittstelle 00001040 (Mahnen: Ausgabegerät ermitteln)

Diese Schnittstelle dient zur Implementierung einer kundeneigenen Ermittlung des Ausgabegeräts für den Mahndruck in den Funktionsbausteinen FI_PRINT_DUNNUNG_NOTICE, FI_PRINT_DUNNING_NOTICE_SF und FI_PRINT_DUNNING_NOTICE_PDF.

Aufrufstelle

▸ im Mahndruck vor der Ermittlung des Ausgabegerätes

P&S-Schnittstelle 00001705 (Mahnen: Beginn des Mahndrucks)

Mithilfe dieser Schnittstelle können die Selektionsparameter (Debitoren und Kreditoren) für den Mahndruck angepasst sowie Druckparameter und die Sortierrichtung festgelegt werden.

Aufrufstelle

▸ im Mahndruck vor dem Einlesen des Mahnbestandes

P&S-Schnittstelle 00001710 (Mahnen: Ende des Mahndrucks)

Diese Schnittstelle ermöglicht die Implementierung von Folgeverarbeitungen nach dem Mahndruck.

Aufrufstelle

▶ im Mahndruck nach dem Druck

P&S-Schnittstelle 00001719 (Mahnen: Zusätzliche Aktivitäten vor dem Druck)

Diese Schnittstelle ermöglicht die Implementierung zusätzlicher Aktivitäten direkt vor der Erstellung der Mahnschreiben.

Aufrufstelle

▶ im Mahndruck vor der Erstellung der Mahnschreiben

P&S-Schnittstelle 00001720 (Mahnen: Mahndruck)

Diese Schnittstelle kann für den Aufruf eines kundeneigenen Funktionsbausteins für die Erstellung der Mahnschreiben verwendet werden. Existiert kein kundeneigener Baustein, wird der Standardbaustein FI_PRINT_DUNNING_NOTICE aufgerufen.

Aufrufstelle

▶ im Mahndruck bei Erstellung der Mahnschreiben

P&S-Schnittstelle 00001769 (Mahnen)

Diese Schnittstelle wird beim Start des Programms RFMAHN21 im Modus MAHNUNG ÄNDERN zusammen mit dem Ausführungsdatum und der Laufidentifikation aufgerufen (siehe auch P&S-Schnittstelle 00001769).

Aufrufstelle

▶ Nachbearbeitung des Mahnbestandes

P&S-Schnittstelle 00001770 (Mahnen)

Diese Schnittstelle dient zur Bearbeitung und Ergänzung des Mahnbestandes bei Änderung einer einzelnen Mahnung im Programm RFMAHN21. Die Schnittstelle wird nur durchlaufen, wenn vorher der Funktionsbaustein SET_EXIT_ACTIVE im Programm RFMAHN21 aufgerufen wurde. Hierfür eignet sich die P&S-Schnittstelle 00001769.

Aufrufstelle

▶ Nachbearbeitung des Mahnbestandes

P&S-Schnittstelle 00001730 (Mahnen Customizing: Customizing (Tastentexte))

Mit dieser Schnittstelle wird ein dynamischer Funktionscode im Menü UMFELD im Übersichtsbild des Customizings von Mahnverfahren aktiviert, ein Funktionstext zum dynamischen Funktionscode zurückgegeben und gleichzeitig die P&S-Schnittstelle 00001740 aktiviert.

Aufrufstelle

▷ dynamischer Funktionscode in Übersichtsbild des
   Customizings von Mahnverfahren

P&S-Schnittstelle 00001740 (Mahnen Customizing: Zusatzcustomizing)

Diese Schnittstelle reagiert auf den dynamischen Funktionscode, der in P&S-Schnittstelle 00001730 aktiviert wurde. Die Schnittstelle kann verwendet werden, um in die Pflege vom Zusatz-Customizing des Mahnlaufs abzuspringen.

Aufrufstelle

▷ dynamischer Funktionscode im Übersichtsbild des
   Customizings von Mahnverfahren

A.7   Zahllauf

In diesem Abschnitt werden die Erweiterungsmöglichkeiten aufgeführt, die Ihnen im Zahllauf zur Verfügung stehen.

Klassisches BAdI FI_F110_SCHEDULE_JOB

Mit dieser Schnittstelle implementieren Sie kundeneigene Prüfungen bei der Einplanung eines Vorschlags- oder Zahllaufs.

Aufrufstelle

▷ Transaktion F110

Methode

▷ CHECK_PARAMETER

Prozessschnittstelle 00001810 (Zahlprogramm: individuelle Bankenfindung)

Nach der Bankenfindung werden die zulässigen Bankverbindungen übergeben und können in dieser Schnittstelle als unerwünscht gekennzeichnet werden.

Aufrufstelle

▷ im Zahlprogramm nach der Bankenfindung

Prozessschnittstelle 00001820 (Zahlprogramm: Postenselektion)

Diese Schnittstelle kann verwendet werden, um den Zahlweg und die Zahlsperre von selektierten Debitoren- und Kreditorenposten zu ändern.

Aufrufstelle

▷ im Zahlprogramm nach der Selektion von offenen
   Debitoren-/Kreditorenposten

Prozessschnittstelle 00001830 (Zahlprogramm: Gruppe bearbeiten)

Diese Schnittstelle können Sie verwenden, um eine Gruppe von Zahlungen oder einzelne Zahlungen einer Gruppe nach der Gruppierung der Posten auszuschließen.

Aufrufstelle

▷ im Zahlprogramm nach der Zahlungsgruppierung

Prozessschnittstelle 00001840 (Zahlprogramm: Saldoprüfung)

Diese Prozessschnittstelle dient zur Implementierung einer kundeneigenen Soll-Saldoprüfung.

Aufrufstelle

▷ im Zahlprogramm nach der Soll-Saldoprüfung

Prozessschnittstelle 00002070 (Automatischer Zahlungsverkehr: PMW-Begleitzettel)

Mithilfe dieser Schnittstelle können Sie Änderungen der Druckparameter und die Ermittlung der Archivparameter für DTA-Begleitzettel durchführen, die in der Payment Medium Workbench (PMW) erstellt werden.

Aufrufstelle

▷ Erstellung von Begleitzetteln in der PMW

Prozessschnittstelle 00001860 (F110: Vorschlagsbearbeitung Berechtigungsprüfung)

Mit dieser Schnittstelle können Sie eine zusätzliche Berechtigungsprüfung für die Änderung eines Postens in der Vorschlagsbearbeitung implementieren.

Aufrufstelle

▷ Vorschlagsbearbeitung bei Änderung eines Postens

P&S-Schnittstelle 00002110 (Zahlprogramm: Bearbeiten Vorschlagsliste)

Diese P&S-Schnittstelle kann verwendet werden, um Zusatzfelder in der Regulierungsliste zu füllen, z. B. Felder in den Customizing-Includes `CI_REGUH_LST` und `CI_REGUP_LST`.

Aufrufstelle

▷ vor der Anzeige der Regulierungsliste

SAP-Erweiterung FDTAX001

Mithilfe dieser SAP-Erweiterung können Sie Folgeaktivitäten nach dem Download einer Datenträgeraustauschdatei in der Datenträgerverwaltung implementieren.

Aufrufstelle

▶ Transaktion FDTA

Komponente

▶ Funktions-Exit `EXIT_SAPMFDTA_001`

Prozessschnittstelle 00001610 (FI-BA-Zahlprogramm: Berechnung Valutadatum)

Diese Schnittstelle ermöglicht die Berechnung des Valutadatums für die absendende Bank im Zahlprogramm für Zahlungsanordnungen.

Aufrufstelle

▶ Transaktion F111 in der Selektionsphase

Prozessschnittstelle 00001620 (FI-BA-Zahlprogramm: Ersetzung von Zahlwegen (1))

Mit dieser Schnittstelle können Sie einzelne Debitoren-/Kreditorenposten im Zahlprogramm für Zahlungsanordnungen ausschließen bzw. die möglichen Zahlwege beschränken.

Aufrufstelle

▶ Transaktion F111 in der Selektionsphase

Prozessschnittstelle 00001630 (FI-BA-Zahlprogramm: Ersetzung von Zahlwegen (2))

Mit dieser Schnittstelle können Sie einzelne Posten im Zahlprogramm für Zahlungsanordnungen ausschließen und die möglichen Zahlwege und die Berechnung des Valutadatums beschränken.

Aufrufstelle

▶ Transaktion F111 in der Selektionsphase

P&S-Schnittstelle 00002510 (FI-Bankbuchhaltung: Zahlprogramm)

Diese Schnittstelle ermöglicht die Implementierung zusätzlicher Initialisierungen im Zahlprogramm für Zahlungsanordnungen.

Aufrufstelle

▶ Transaktion F111 in der Initialisierungsphase

Prozessschnittstelle 00001640 (FI-BA-Zahlprogramm: Belegdaten Zahlungsbeleg)

Sie können diese Schnittstelle verwenden, um im Zahlprogramm für Zahlungsanordnungen vor der Buchung Belegdaten zu ergänzen.

Aufrufstellen

▷ Transaktion F111 in der Buchungsphase

▷ Funktionsbaustein `FI_PAYMENT_RUN_POST`

P&S-Schnittstelle 00002520 (FI-Bankbuchhaltung: Zahlprogramm, Sichern)

Diese Schnittstelle dient zur Implementierung von Folgeaktivitäten nach der Buchung von Zahlungsbelegen im Zahlprogramm für Zahlungsanordnungen. Die Fortschreibung kundeneigener Daten darf nur asynchron (`IN UPDATE TASK`) erfolgen.

Aufrufstelle

▷ Transaktion F111 in der Buchungsphase

Klassisches BAdI FIBL_OPAY_POST

Mit diesem BAdI können Sie die Online-Erfassung von Zahlungsanordnungen mit zusätzlichen Informationen anreichern.

Aufrufstellen

▷ Transaktion FIBLFFP

▷ Transaktion FIBLAPOP

▷ Transaktion FIBLAROP

▷ Transaktion FRFT

Methode

▷ `GET_ADDITIONAL_DOCUMENT_DATA`

Klassisches BAdI PAYMENTREQUEST

Mit diesem BAdI können Sie zusätzliche Programme bei der Online-Zahlung von Zahlungsanordnungen einplanen.

Aufrufstelle

▷ Transaktion F8BX

Methode

▷ `PRQ_PAY_REPORTS`

SAP-Erweiterung PRQ_BAPI

Hier handelt es sich um Erweiterungen während der Erzeugung, Abfrage, Stornierung, Freigabe und Buchung von Zahlungsanordnungen per BAPI.

Aufrufstellen

▷ Funktionsbaustein `FI_BL_PRQ_POST`

▷ Funktionsbaustein `BAPI_PAYMENTREQUEST_GETLIST`

- ▸ Funktionsbaustein `BAPI_PAYMENTREQUEST_CANCEL`
- ▸ Funktionsbaustein `BAPI_PAYMENTREQUEST_POST`
- ▸ Funktionsbaustein `BAPI_PAYMENTREQUEST_RELEASE`

Komponenten

- ▸ Funktions-Exits `EXIT_SAPL2021_001` bis `EXIT_SAPL2021_010`

A.8   Reporting

Die folgenden Erweiterungen finden im FI-Reporting Verwendung.

P&S-Schnittstelle 00001610 (Einzelpostenanzeige: CUA-Aufruf)

Diese Schnittstelle wird in Reaktion auf den dynamischen Funktionscode durchlaufen, der in P&S-Schnittstelle `00001620` aktiviert wurde. Übergeben werden die Debitorennummer sowie der Schlüssel des Belegs der selektierten Zeile.

Aufrufstelle

- ▸ Transaktion FBL5N

P&S-Schnittstelle 00001620 (Einzelpostenanzeige: Tastentexte)

Diese Schnittstelle aktiviert einen dynamischen Funktionscode im Menü Umfeld in der Debitoren-Einzelpostenliste und gibt einen Funktionstext zum dynamischen Funktionscode zurück. Gleichzeitig wird die P&S-Schnittstelle `00001610` aktiviert.

Aufrufstelle

- ▸ Transaktion FBL5N

P&S-Schnittstelle 00001630 (Einzelpostenanzeige: vor der ersten Liste)

Mit dieser Schnittstelle können Sie eine zusätzliche Berechtigungsprüfung oder die Vorselektion von Daten für die P&S-Schnittstelle `00001650`, basierend auf den selektierten Konten und Buchungskreisen implementieren.

Aufrufstellen

- ▸ Transaktion FBL1N
- ▸ Transaktion FBL3N
- ▸ Transaktion FBL5N

P&S-Schnittstelle 00001640 (Einzelpostenanzeige: zusätzliche Kopfzeilen)

Diese Schnittstelle kann verwendet werden, um zusätzliche Kopfzeilen anstelle oder vor den Standardkopfzeilen der Einzelpostenliste auszugeben.

Aufrufstellen

▶ Transaktion FBL1N

▶ Transaktion FBL3N

▶ Transaktion FBL5N

▶ Transaktion FAGLL03

P&S-Schnittstelle 00001650 (Einzelpostenanzeige: Daten pro Zeile ergänzen)

Mit dieser Schnittstelle können Sie die selektierten Einzelposten vor der Anzeige ändern und ergänzen.

Aufrufstellen

▶ Transaktion FBL1N

▶ Transaktion FBL3N

▶ Transaktion FBL5N

Klassisches BAdI FAGL_AUTH_ADD_DATA_C

Dieses BAdI ermöglicht die Implementierung zusätzlicher Berechtigungsprüfungen für Kundenfelder.

Aufrufstelle

▶ Transaktion FAGLL03

Methoden

▶ CHECK_AUTH_ITEM

▶ CHECK_AUTH_GLU1

Neues BAdI FAGL_AUTHORITY_CHECK
Erweiterungsspot FAGL_AUTHORITY_CHECK
migriert aus klassischem BAdI FAGL_AUTHORITY_CHECK

Dieses BAdI kann zur Implementierung einer kundeneigenen Berechtigungsprüfung für die Anzeige von Einzelposten in einem Ledger anstatt in der Standardberechtigungsprüfung verwendet werden.

Aufrufstelle

▶ Transaktion FAGLL03

Methode

▶ CHECK_LEDGER_AUTHORITY

Klassisches BAdI FAGL_ITEMS_CH_DATA

Mit diesem BAdI können Sie die selektierten Einzelposten vor der Anzeige ändern und ergänzen.

Aufrufstelle

▶ Transaktion FAGLLO3

Methode

▶ CHANGE_ITEMS

Klassisches BAdI FI_ITEMS_MENUE01

Mithilfe dieses BAdIs können Sie bis zu vier Menüerweiterungen im Menü ZUSÄTZE aktivieren und verarbeiten. Die erste Menüerweiterung wird auch in der Drucktastenleiste angezeigt.

Aufrufstellen

▶ Transaktion FBL1N

▶ Transaktion FBL3N

▶ Transaktion FBL5N

Methoden

▶ LIST_ITEMS01

▶ LIST_ITEMS02

▶ LIST_ITEMS03

▶ LIST_ITEMS04

▶ SHOW_BUTTONS

Funktionscodes

▶ +CUS1 Einzelpostenliste (mit Drucktaste)

▶ +CUS2 Einzelpostenliste

▶ +CUS3 Einzelpostenliste

▶ +CUS4 Einzelpostenliste

Klassisches BAdI FAGL_ITEMS_MENUE01

siehe klassisches BAdI FI_ITEMS_MENUE01

Aufrufstelle

▶ Transaktion FAGLLO3

Methoden

▶ LIST_ITEMS01

▶ LIST_ITEMS02

▶ LIST_ITEMS03

▶ LIST_ITEMS04

▶ SHOW_BUTTONS

Funktionscodes

▶ +CUS1 Einzelpostenliste (mit Drucktaste)

▶ +CUS2 Einzelpostenliste

▸ +CUS3 Einzelpostenliste

▸ +CUS4 Einzelpostenliste

Klassisches BAdI FAGL_ITEMS_MENUE02

siehe klassisches BAdI FI_ITEMS_MENUE01

Aufrufstelle

▸ Transaktion FAGLL03

Methoden

▸ LIST_ITEMS05

▸ LIST_ITEMS06

▸ LIST_ITEMS07

▸ LIST_ITEMS08

▸ SHOW_BUTTONS

Funktionscodes

▸ +CUS5 Einzelpostenliste (mit Drucktaste)

▸ +CUS6 Einzelpostenliste

▸ +CUS7 Einzelpostenliste

▸ +CUS8 Einzelpostenliste

Klassisches BAdI FI_ITEMS_MENUE02

siehe klassisches BAdI FI_ITEMS_MENUE01

Aufrufstellen

▸ Transaktion FBL1N

▸ Transaktion FBL3N

▸ Transaktion FBL5N

Methoden

▸ LIST_ITEMS05

▸ LIST_ITEMS06

▸ LIST_ITEMS07

▸ LIST_ITEMS08

▸ SHOW_BUTTONS

Funktionscodes

▸ +CUS5 Einzelpostenliste (mit Drucktaste)

▸ +CUS6 Einzelpostenliste

▸ +CUS7 Einzelpostenliste

▸ +CUS8 Einzelpostenliste

Klassisches BAdI FAGL_ITEMS_MENUE03

siehe klassisches BAdI FI_ITEMS_MENUE01

Aufrufstelle

▶ Transaktion FAGLL03

Methoden

▶ LIST_ITEMS09
▶ LIST_ITEMS10
▶ LIST_ITEMS11
▶ LIST_ITEMS12
▶ SHOW_BUTTONS

Funktionscodes

▶ +CUS9 Einzelpostenliste

▶ +CUS10 Einzelpostenliste

▶ +CUS11 Einzelpostenliste

▶ +CUS12 Einzelpostenliste

P&S-Schnittstelle 00001210 (Debitorensalden: Aufruf über CUA-Menü)

Diese Schnittstelle wird in Reaktion auf den dynamischen Funktionscode durchlaufen, der in P&S-Schnittstelle 00001220 aktiviert wurde. Übergeben werden die Schlüsseldaten der Tabelle KNC1 (Verkehrszahlen im Kundenstamm).

Aufrufstelle

▶ Transaktion FD10N

P&S-Schnittstelle 00001220 (Debitorensalden: Tastentexte)

Diese Schnittstelle dient zur Aktivierung eines dynamischen Funktionscodes im Menü UMFELD in der Debitorensaldenanzeige sowie zur Rückgabe eines Funktionstextes zum dynamischen Funktionscode und zur gleichzeitigen Aktivierung der P&S-Schnittstelle 00001210.

Aufrufstelle

▶ Transaktion FD10N

P&S-Schnittstelle 00001230 (Debitorensalden: vor der ersten Ausgabe)

Diese Schnittstelle kann zur Implementierung kundeneigener Prüfungen der selektierten Konten und Buchungskreise in der Debitorensaldenanzeige verwendet werden.

Aufrufstelle

▶ Transaktion FD10N

SAP-Erweiterung RFKRRANZ

Mit dieser Erweiterung können Sie die Texte zu kundeneigenen Gruppierungsmerkmalen im Kreditoren-Informationssystem anreichern.

Aufrufstelle

▸ Transaktion F.46

Komponente

▸ Funktions-Exit `EXIT_RFKRRANZ_001`

SAP-Erweiterung RFDRRANZ

Mit dieser Erweiterung können Sie die Texte zu kundeneigenen Gruppierungsmerkmalen im Debitoren-Informationssystem anreichern.

Aufrufstelle

▸ Transaktion F.30

Komponente

▸ Funktions-Exit `EXIT_RFDRRANZ_001`

Prozessschnittstelle 00003220 (Reporting: alternative Währungskonvertierung)

In dieser Schnittstelle wird die Implementierung einer alternativen Währungskonvertierung bei der Bilanz-/GuV-Erstellung bei gewählter Anzeigewährung ermöglicht.

Aufrufstelle

▸ Transaktion F.01

Klassisches BAdI FI_BILA_OUTPUT

Dieses BAdI dient zur Implementierung von Folgeaktivitäten nach der Ausgabe der Bilanz und GuV im ALV-Grid.

Aufrufstellen

▸ Transaktion F.01

▸ Funktionsbaustein `BSPL_GRID_CREATE`

Methode

▸ `ADDITIONAL_ACTIONS`

Prozessschnittstelle 00003310 (Reporting: alternative Belegnummer fortschreiben)

Diese Schnittstelle kann verwendet werden, um eine alternative Belegnummer im Belegjournal fortzuschreiben.

Aufrufstellen

▸ Belegjournal im Programm RFBELJ10

Prozessschnittstelle 00003320 (Reporting: alternative Belegnummer lesen)

In dieser Schnittstelle können Sie zusätzliche Daten zum Belegkopf bei der Darstellung der Sachkontenbuchungen in Form eines Hauptbuches nachlesen.

Aufrufstellen

▸ Transaktion F.11

A.9   Periodische Arbeiten

Mit den folgenden Erweiterungen können Sie die periodischen Arbeiten, die jeweils zum Monats-, Quartals- oder Jahreswechsel im Rechnungswesen anfallen, individuell anpassen.

Klassisches BAdI ACE_UI_NAVIGATION

Dieses BAdI kann zur Implementierung einer kundeneigenen Navigation eingesetzt werden, ausgehend vom Abgrenzungs- bzw. Abgrenzungsunterobjekt der Accruel Engine.

Aufrufstelle

▸ Accruel Engine, Anzeige von Abgrenzungsobjekten

Methode

▸ NAVIGATE

Klassisches BAdI ACEPS_ACCDET_STRUC

Dieses BAdI kann verwendet werden, um kundeneigene Felder für die Kontenfindung der Accruel Engine zu füllen.

Aufrufstellen

▸ Accruel Engine

▸ Funktionsbaustein ACEPS2_ACCOUNT_DETERMINE

▸ Funktionsbaustein ACEPS_ACCOUNTING_DOCS_POST

Methode

▸ ACCDET_STRUCT_FILL

Klassisches BAdI ACEPS_BAPIDOC_MODIFY

Dieses BAdI können Sie zur Änderung und Ergänzung eines Accruel-Engine-Belegs nach der Verdichtung und vor der Buchung verwenden.

Aufrufstelle

▸ Accruel Engine, Funktionsbaustein `ACEPS2_RWIN_DOCUMENT_POST`

Methode

▸ `BAPIDOC_MODIFY`

Klassisches BAdI ACEPS_BAPIPREDOC_MOD

Dieses BAdI ermöglicht die Änderung und Ergänzung eines Accruel-Engine-Belegs vor der Verdichtung.

Aufrufstelle

▸ Accruel Engine, Funktionsbaustein `ACEPS_ACCOUNTING_DOCS_POST`

Methode

▸ `BAPIPREDOC_MODIFY`

P&S-Schnittstelle 00004110 (Postenverzinsung: Fälligkeitsermittlung)

Mithilfe dieser Schnittstelle können Sie die Nettofälligkeit bestimmen und Belege bei der Überfälligkeitsverzinsung ausschließen.

Aufrufstellen

▸ Überfälligkeitsverzinsung

▸ Programm `RFDUZI00` (Debitoren)

▸ `RFKUZI00` (Kreditoren)

Prozessschnittstelle 00004152 (Posten- und Saldenverzinsung: Formel)

Mit dieser Schnittstelle kann eine kundeneigene Zinsberechnung in der Überfälligkeitsverzinsung und Zinsstaffel implementiert werden.

Aufrufstellen

▸ Überfälligkeitsverzinsung und Zinsstaffel

▸ Programm `RFDUZI00` (Debitoren)

▸ Programm `RFKUZI00` (Kreditoren)

▸ Programm `RFDZIS00` (Debitoren)

▸ Programm `RFKZIS00` (Kreditoren)

▸ Programm `RFSZIS00` (Sachkonten)

P&S-Schnittstelle 00004190 (Posten- und Saldenverzinsung: Buchung)

Diese P&S-Schnittstelle dient zur Änderung und Ergänzung der Batch-Input-Daten vor der Buchung der Überfälligkeitsverzinsung und Zinsstaffel.

Aufrufstellen

▸ Überfälligkeitsverzinsung und Zinsstaffel

▸ Programm `RFDUZI00` (Debitoren)

▸ Programm RFKUZI00 (Kreditoren)

▸ Programm RFDZIS00 (Debitoren)

▸ Programm RFKZIS00 (Kreditoren)

▸ Programm RFSZIS00 (Sachkonten)

Klassische BAdIs FI_INT_SAP01 und FI_INT_CUS01

Diese klassischen BAdIs bieten umfangreiche Erweiterungsmöglichkeiten für die Oberfläche, Selektion, Zinsberechnung, Buchung und den Druck der FI-Postenverzinsung.

Aufrufstelle

▸ Transaktion FINT

Methoden

▸ INT_SEL_MOD

▸ INT_ADD_ITEMS

▸ INT_SHOW_BUTTONS

▸ INT_LIST_01

▸ INT_LIST_02

▸ INT_LIST_03

▸ INT_GROUP

▸ INT_POST

▸ INT_PRINT_OPTIONS

▸ INT_PRINT_RESULTS

▸ INT_FORMULA

▸ GET_INT_SIGN

▸ INT_CHANGE_ITEMS

▸ INT_MODIFY_ITEMS

▸ INT_WRITE_ITEMS

▸ INT_REVERSE

Funktionscodes

▸ +SA1 SAP-Erweiterung 1

▸ +SA2 SAP-Erweiterung 2

▸ +CU1 Kundenerweiterung 1

▸ +CU2 Kundenerweiterung 2

▸ +CU3 Kundenerweiterung 3

Neues BAdI RFDZIS_PRINT_PARAMETERS
Erweiterungsspot RFDZIS_PRINT_PARAMETERS

Mit diesem BAdI können Sie die Druckparameter für die Zinsstaffeln für Debitoren und Kreditoren ändern.

Aufrufstellen

▶ Programm `RFDZIS00_PDF` (Debitoren)

▶ Programm `RFKZIS00_PDF` (Kreditoren)

Methode

▶ `PRINT_PARAMETERS`

P&S-Schnittstelle 00002710 (SAPF107: Aufhebung der Auswahl offener Posten)

Diese Schnittstelle kann verwendet werden, um selektierte, offene Debitorenposten im FI-Bewertungslauf auszuschließen.

Aufrufstelle

▶ Transaktion F107

Prozessschnittstelle 00002720 (SAPF107: Valuation Group Determination)

Diese Schnittstelle ermöglicht eine kundeneigene Gruppierung von selektierten Debitorenposten im FI–Bewertungslauf.

Aufrufstelle

▶ Transaktion F107

Prozessschnittstelle 00002730 (SAPF107: Valuation Select Open Items)

Diese Schnittstelle dient zur Implementierung einer eigenen Selektion für offene Debitorenposten im FI-Bewertungslauf.

Aufrufstelle

▶ Transaktion F107

P&S-Schnittstelle 00002740 (SAPF107: Einzelwertberichtigung 3)

Mit dieser Schnittstelle können Sie kundeneigene Bewertungen nach der Standardbewertung im FI-Bewertungslauf implementieren.

Aufrufstelle

▶ Transaktion F107

P&S-Schnittstelle 00002750 (SAPF107: Bewertungsfortschreibung und Buchungen)

Diese Schnittstelle ermöglicht Folgeaktivitäten nach den Buchungen des FI-Bewertungslaufs.

Aufrufstelle

▶ Transaktion F107

Klassisches BAdI F107_RUN

Dieses BAdI bietet umfangreiche Erweiterungsmöglichkeiten des FI-Bewertungslaufs zur Änderung der erzeugten Buchungen und Weiterverarbeitung der Bewer-
tungsergebnisse.

Aufrufstelle

▸ Transaktion F107

Methoden

▸ SUMMARIZE_POSTING
▸ SAVE_RESULT
▸ GET_OBJECT_KEY
▸ CHANGE_BWPOS
▸ CHANGE_RESULT
▸ CHANGE_POSTING
▸ CHANGE_ITEM

Neues BAdI FAGL_VALUATION
Erweiterungsspot FAGL_VALUATION

Dieses BAdI dient zur Anreicherung zusätzlicher Informationen zu simulierten
Buchhaltungsbelegen im Protokoll des FI–Bewertungslaufs.

Aufrufstelle

▸ Transaktion F107

Methode

▸ MODIFY_LIST_TABLE

Klassisches BAdI FB_ICRC_001

Mit diesem BAdI können Sie die Selektion erweitern und nach der Selektion in der
Intercompany-Abstimmung für offene Posten der Hauptbuchhaltung mit zusätzlichen Informationen anreichern.

Aufrufstelle

▸ Intercompany-Abstimmung, Prozess 001 (Abstimmung Hauptbuch-OPs)

Methoden

▸ ADD_FIELDS_TO_BE_SELECTED
▸ ADD_INFORMATION_TO_DATA_RECORD
▸ CHANGE_DATA_TABLE
▸ CHANGE_DATA_TABLE_SENDER_SYS
▸ CONVERT_DATA_FROM_003
▸ MAP_COMPANY_IDS
▸ RESTRICT_SELECTION
▸ SUPPLY_OTHER_DATA

Klassisches BAdI FB_ICRC_002

Mit diesem BAdI können Sie die Selektion erweitern und nach der Selektion in der Intercompany-Abstimmung für Hauptbuch-Einzelposten mit zusätzlichen Informationen anreichern.

Aufrufstelle

▷ Intercompany-Abstimmung, Prozess 002
  (Abstimmung Hauptbuch-Einzelposten)

Methoden

▷ ADD_INFORMATION_TO_DATA_RECORD
▷ CHANGE_DATA_TABLE
▷ CHANGE_DATA_TABLE_SENDER_SYS
▷ MAP_COMPANY_IDS
▷ RESTRICT_SELECTION
▷ SUPPLY_OTHER_DATA

Klassisches BAdI FB_ICRC_003

Mit diesem BAdI können Sie die Selektion erweitern und nach der Selektion in der Intercompany-Abstimmung für offene Posten der Debitoren- und Kreditorenbuchhaltung mit zusätzlichen Informationen anreichern.

Aufrufstelle

▷ Intercompany-Abstimmung, Prozess 003
  (Abstimmung Debitoren-/Kreditoren-OPs)

Methoden

▷ ADD_FIELDS_TO_BE_SELECTED
▷ ADD_INFORMATION_TO_DATA_RECORD
▷ CHANGE_DATA_TABLE
▷ CHANGE_DATA_TABLE_SENDER_SYS
▷ CONVERT_DATA_FROM_001
▷ MAP_COMPANY_IDS
▷ RESTRICT_SELECTION
▷ SUPPLY_OTHER_DATA
▷ SAVE_ASSIGN_CHANGE_IN_ORIG_DOC

Klassisches BAdI FB_RC_ASSIGNMENT

Dieses BAdI ermöglicht die Erweiterung der automatischen Belegzuordnung in der Intercompany-Abstimmung.

Aufrufstelle

▷ Intercompany-Abstimmung, automatische Belegzuordnung

Methoden

▸ PROCESS_AFTER_ASSIGN_ALL

▸ PROCESS_AFTER_ASSIGN_SINGLE

Klassisches BAdI FB_RC_PRESENTATION

Dieses BAdI können Sie für Erweiterungen der Benutzeroberfläche für die manuelle Belegabstimmung in der Intercompany-Abstimmung einsetzen.

Aufrufstelle

▸ Intercompany-Abstimmung, manuelle Belegabstimmung

Methoden

▸ ADD_CUSTOMER_UI_FUNCTIONS

▸ CHANGE_DISPLAY_GRID

▸ CHANGE_MESSAGE

▸ CHANGE_NAVIGATION_TREE

▸ CHECK_ASSIGN_OK

▸ CHECK_UNASSIGN_OK

▸ CONTACT_PERSON_CHANGE_AUTH

▸ DISABLE_STANDARD_UI_FUNCTIONS

▸ HANDLE_DDOWN_MENU

▸ HANDLE_DDOWN_MENU_ALV

▸ MANAGE_UI_FUNCTIONS

▸ MAP_COMPANY_IDS

▸ PROCESS_CUSTOMER_UI_FUNCTIONS

▸ NAVIGATION_TREE_ADD_ITEMS

Neues BAdI TFC_FACTORYCAL_DIRECTION
Erweiterungsspot TFC_FACTORY_CALENDAR

Mit diesem BAdI können Sie die Berechnung des Bezugsdatums für Aufgaben im SAP Closing Cockpit beeinflussen.

Aufrufstelle

▸ SAP Closing Cockpit

Methode

▸ SET_NEW_ZERODATE

Klassisches BAdI TFC_IS_VISIBLE

Mit diesem BAdI können Sie eine Prüfung implementieren, ob eine Aufgabe mit Abschlussart »Benutzerdefinierte Verwendung« im SAP Closing Cockpit sichtbar ist.

Aufrufstelle

▸ SAP Closing Cockpit

Methode

▸ IS_VISIBLE

Prozessschnittstelle 00002310 (Korrespondenz: Ausgabegerät ermitteln)

In dieser Schnittstelle können Sie die Druck- und Archivierungsparameter im Korrespondenzdruck (siehe SAP-Erweiterung RFKORIEX) ändern.

Aufrufstellen

▸ Korrespondenz-Druckprogramme RFKORD*

Prozessschnittstelle 00002410 (Saldenbestätigung: Ausgabegerät ermitteln)

Diese Schnittstelle kann verwendet werden, um die Druck- und Archivierungsparameter für Saldenbestätigungen zu ändern.

Aufrufstellen

▸ Saldenbestätigung

▸ Programm SAPF130D (Debitoren)

▸ Programm SAPF130K (Kreditoren)

SAP-Erweiterung RFKORIEX

Diese Erweiterung kann zur Bestimmung des Ausgabemediums pro Schreiben im Korrespondenzdruck verwendet werden, z. B. für die Versendung per Fax oder E-Mail (siehe auch Prozessschnittstelle 00002310).

Aufrufstellen

▸ Korrespondenz-Druckprogramme RFKORD*

Komponente

▸ Funktions-Exit EXIT_RFKORIEX_001

Klassisches BAdI F181_DET_DEFAULT

Dieses BAdI dient zur Anreicherung zusätzlicher Felder in den Belegen der Nachbelastung GuV.

Aufrufstelle

▸ Transaktion F.50

Methode

▸ MOVE_ASSIGNMENT

SAP-Erweiterung F180A001

Mit dieser Erweiterung können Sie einem Beleg in der Nachbelastung Bilanz eine andere Standardaufteilungsregel zuweisen oder eine kundeneigene Aufteilungsregel implementieren.

Aufrufstelle

▶ Transaktion F.5D

Komponenten

▶ Funktions-Exit `EXIT_SAPLF048_001`

▶ Funktions-Exit `EXIT_SAPLF048_002`

Neues BAdI BADI_GL_PLANNING
Erweiterungsspot BADI_GL_PLANNING

Dieses BAdI dient zur Implementierung kundeneigener Prüfungen von Plandaten und zum Füllen kundeneigener Felder bei der Übernahme von Plandaten in die Hauptbuchhaltung.

Aufrufstelle

▶ Funktionsbaustein `BAPI_FAGL_PLANNING_POST`

Methoden

▶ `VALIDATION`

▶ `FILL_CUST_DATA`

Neues BAdI FAGL_PLAN_DATA_COPY
Erweiterungsspot FAGL_PLAN_DATA_COPY

Dieses BAdI kann zur Substitution von Feldinhalten beim Kopieren von Plandaten in der Hauptbuchhaltung verwendet werden.

Aufrufstelle

▶ Programm `FAGL_PLAN_COPY`

Methode

▶ `SUBSTITUTE_FIELDS`

Neues BAdI BADI_ALLO_LDGRP_OFF
Erweiterungsspot FAGL_ALLO_LEDGERGROUP

Mit diesem BAdI können Sie ledgergruppenspezifische Buchungen für die Allokation im Hauptbuch deaktivieren, um Buchungen auf OP-geführte Konten zu ermöglichen.

Aufrufstelle

▶ Funktionsbaustein `FAGL_ALLOCATION_POST`

Methode

▷ SWITCH_OFF_LDGRP

Klassisches BAdI FAGL_ALLO_CANCELTYPE

Dieses BAdI kann verwendet werden, um das alte Stornoverfahren für die Allokation im Hauptbuch zu aktivieren.

Aufrufstelle

▷ Funktionsbaustein FAGL_ALLOCATION_POST

Methode

▷ CANCEL_METHOD

Klassisches BAdI FAGL_ALLO_SUBSTITUTE

Dieses BAdI kann verwendet werden, um zusätzliche Felder in den Buchungssätzen der Allokation im Hauptbuch zu füllen.

Aufrufstelle

▷ Allokation im Hauptbuch, Füllen der Sender- und Empfängerfelder

Methode

▷ SUBSTITUTE_GLU1

SAP-Erweiterung F1040001

Mit dieser Erweiterung können Prozentwerte für Rückstellungen für zweifelhafte Forderungen berechnet werden.

Aufrufstelle

▷ Transaktion F104 (nicht für New GL)

Komponente

▷ Funktions-Exit EXIT_SAPF104_001

A.10   Meldewesen

In diesem Abschnitt finden Sie die Erweiterungen, die im Meldewesen zum Einsatz kommen können.

P&S-Schnittstelle 00001910 (Umsatzsteuervoranmeldung: Vorbereitung)

Mithilfe dieser Schnittstelle können zusätzliche Belege bei der Vorbereitung der Umsatzsteuervoranmeldung für vorerfasste Belege berücksichtigt werden.

Aufrufstelle

▷ Programm RFPUMS00

Klassisches BAdI FI_TAX_BADI_010

Dieses BAdI ermöglicht zusätzliche Textausgaben auf dem Bildschirm und beim Druck der Umsatzsteuervoranmeldung.

Aufrufstelle

▸ Programm RFUMSV00

Methoden

▸ TOP_OF_PAGE

▸ END_OF_LIST

▸ END_OF_PAGE

Klassisches BAdI FI_TAX_BADI_011

Dieses BAdI dient zur Änderung und Ergänzung der selektierten Ausgangs- und Vorsteuer-Einzelposten pro Steuerzeile in der Umsatzsteuervoranmeldung.

Aufrufstelle

▸ Programm RFUMSV00

Methoden

▸ APPEND_TAX_ITEM

▸ SET_FLAGS

Klassisches BAdI FI_TAX_BADI_012

Dieses BAdI dient zur Änderung und Ergänzung der selektierten Steuerzeilen pro Beleg in der Umsatzsteuervoranmeldung.

Aufrufstelle

▸ Programm RFUMSV00

Methoden

▸ SET_FLAG_USE_BADI_12

▸ GET_BKPF_LATE

Klassisches BAdI FI_TAX_BADI_013

Dieses BAdI dient zur Änderung und Ergänzung der Parameter für die DME-Engine in der Umsatzsteuervoranmeldung (Baumtyp UMS1).

Aufrufstelle

▸ Programm RFUMSV00

Methode

▸ SET_DMEE_PARAMETER

Klassisches BAdI FI_TAX_BADI_014

Dieses BAdI kann zur Änderung und Ergänzung des Feldkatalogs für die ALV-Ausgabe in der Umsatzsteuervoranmeldung verwendet werden.

Aufrufstelle

▸ Programm RFUMSV00

Methode

▸ MODIFY_FIELDCAT

Klassisches BAdI FI_TAX_BADI_015

Dieses BAdI ermöglicht Änderungen und Ergänzungen der Ausgangs- und Vorsteuer-Einzelposten vor der Ausgabe in der Umsatzsteuervoranmeldung.

Aufrufstelle

▸ Programm RFUMSV00

Methoden

▸ SET_FLAG_USE_BADI_15

▸ END_OF_SELECTION

Klassisches BAdI FI_TAX_BADI_016

Dieses BAdI dient zur Änderung und Ergänzung der gesamten Steuerdaten vor der Ausgabe in der Umsatzsteuervoranmeldung.

Aufrufstelle

▸ Programm RFUMSV00

Methoden

▸ SET_FLAG_USE_BADI_16

▸ END_OF_SELECTION

Klassisches BAdI FOT_VAT_BC

Mit diesem BAdI können Sie die Versendung der elektronischen Umsatzsteuervoranmeldung über den Business Connector (siehe Implementierung FOT_VAT_DECL_BC_DE) einrichten.

Aufrufstelle

▸ Funktionsbaustein FOT_B2A_SEND

Methode

▸ SEND_DECLARATION_BC

Klassisches BAdI FOT_VAT_DECL

Mit diesem BAdI kann die Datei für die elektronische Umsatzsteuervoranmeldung (siehe Implementierung FOT_VAT_DECL_DE) erzeugt werden.

Aufrufstellen

▸ Funktionsbaustein FOT_B2A_SEND_PREPARE

▸ Funktionsbaustein FOT_B2A_XML

Methoden

▸ COMBINE_DECLARATIONS

▸ CREATE_XML

▸ EDIT_AMOUNTS

▸ CREATE_PROXY_DATA

Klassisches BAdI FOT_VAT_XI

Mit diesem BAdI können Sie die Versendung der elektronischen Umsatzsteuervor-anmeldung über XI/PI (siehe Implementierung FOT_VAT_DECL_XI_DE) einrichten.

Aufrufstelle

▸ Funktionsbaustein FOT_B2A_SEND

Methode

▸ SEND_DECLARATION_XI

Prozessschnittstelle 00003410 (Externes Meldewesen: alternativen Ländercode ermitteln)

Diese Schnittstelle dient zur Ermittlung des Länderschlüssels, mit dem eine Position in der AWV-Meldung auszuweisen ist.

Aufrufstellen

▸ Meldungen Außenwirtschaftsverordnung Z4 im Programm RFAWVZ40N

Neues BAdI FBMW_FOREIGN_TRADE
Erweiterungsspot FBMW_FOREIGN_TRADE

Mit diesem BAdI lässt sich eine Referenz zum ursprünglichen Rechnungsposten (z. B. wenn der betreffende Beleg per ALE gebucht wurde) ableiten.

Aufrufstellen

▸ Meldungen Außenwirtschaftsverordnung Z4

▸ Programm RFAWVZ40N

Methode

▸ ADJUSTMENT_DETERMINE_REFERENCE

Klassisches BAdI RFID_PTVPR_BADI_001

Dieses BAdI dient zur Änderung und Ergänzung von Korrekturbelegen bei der Mehrwertsteuer-Pro-rata-Korrektur (MWSt-Pro-rata-Korrektur).

Aufrufstellen

▸ Transaktion S_RFID_PTVPRADPRC00

▷ Transaktion S_RFID_PTVPRADPRV00

Methoden

▷ PST_COST_LINE

▷ PST_VAT_LINE

Klassisches BAdI RFID_PTVPR_BADI_002

Mit diesem BAdI kann die Selektion von Rechnungen für die MWSt-Pro-rata-Korrektur eingeschränkt werden.

Aufrufstellen

▷ Transaktion S_RFID_PTVPRADPRC00

▷ Transaktion S_RFID_PTVPRADPRV00

Methode

▷ SEL_EXC_DOC_TX

Neues BAdI RFID_PTVPR_BADI_003
Erweiterungsspot RFID_PTVPR_BADI_003

Mit diesem BadI kann die Auswahl von vorherigen Korrekturbelegen bei der MWSt-Pro-rata-Korrektur beschränkt werden.

Aufrufstellen

▷ Transaktion S_RFID_PTVPRADPRC00

▷ Transaktion S_RFID_PTVPRADPRV00

Methode

▷ SEL_EXC_DOC_ITEM

Klassisches BAdI RFID_PTVPR_BADI_010

Mithilfe dieses BAdIs können die Parameter des Reiters CUSTOMIZING-OPTIONEN bei Pro-rata-Korrekturen wegen PR-Abweichungen geändert werden.

Aufrufstelle

▷ Transaktion S_RFID_PTVPRADPRV00

Methoden

▷ V_PROG_CUSTOP_ASSET

▷ V_PROG_CUSTOP_ASSET_INVOICE

Klassisches BAdI RFID_PTVPR_BADI_020

Mit diesem BAdI können die Pro-rata-Korrekturkoeffizienten und -Korrekturbeträge bei Pro-rata-Korrekturen wegen PR-Berechnungen geändert werden.

Aufrufstelle

▷ Transaktion S_RFID_PTVPRADPRC00

Methoden

▸ CALC_CHANGE_COEF_A

▸ CALC_CHANGE_COEF_S

▸ CALC_CHANGE_ADJUST_A

▸ CALC_CHANGE_ADJUST_S

Klassisches BAdI FOT_RFD

Dieses BAdI beinhaltet Erweiterungsmöglichkeiten für die Übersicht über umsatzsteuervergütungsrelevante Buchhaltungsbelege.

Aufrufstelle

▸ Transaktion FBTR

Methoden

▸ DETERMINE_ORIG_DOC_FOR_DISP

▸ CONVERT_TO_REP_CURR

▸ ADAPT_FI_RFDITM

▸ ADAPT_TV_RFDITM

Klassisches BAdI FOT_RFD_CTRY

Mit diesem BAdI können Sie kundeneigene Prüfungen für umsatzsteuervergütungsrelevante Belegpositionen implementieren bzw. einen Umsatzsteuervergütungsantrag versenden.

Aufrufstelle

▸ Transaktion FBTR

Methoden

▸ SEND_REQ

▸ CHECK_REQIRED_DATA

A.11 Archivierung

Im Folgenden finden Sie die BTEs, BAdIs und SAP-Erweiterungen, die Sie in der Archivierung einsetzen können.

P&S-Schnittstelle 00003010, 00003020, 00003030 (Archivierung Stammdaten: Originalsystem bestimmen)

Diese Schnittstelle kann zur Bestimmung des Originalsystems für allgemeine und buchungskreisabhängige Daten sowie für Vertriebsdaten vor der Archivierung von Debitorenstammdaten verwendet werden, die per ALE verteilt werden. Archivierbare Stammdaten werden anschließend nur im Originalsystem archiviert, verteilte Stammdaten werden ohne Archivierung gelöscht. Beachten Sie, dass aus der Transaktion SARA für das Archivierungsobjekt `FI_ACCRECV` andere Programme (`FI_ACCRECV*`) verwendet werden.

Aufrufstellen

▶ Programm `SAPF056*`

▶ Programm `SAPF057`

Neue BAdIs FI_ACCRECV_CHECK, FI_ACCRECV_CHECK_FI, FI_ACCRECV_CHECK_SD
Erweiterungsspot ARC_FI_ACCRECV

Diese BAdIs dienen zur Implementierung einer kundeneigenen Archivierbarkeitsprüfung für allgemeine und buchungskreisabhängige Daten sowie für Vertriebsdaten im Debitorenstamm (Archivierungsobjekt `FI_ACCRECV`).

Aufrufstelle

▶ Programm `FI_ACCRECV_WRI`

Methoden

▶ `ARCHIVING_CHECK`

▶ `FI_ARCHIVING_CHECK`

▶ `SD_ARCHIVING_CHECK`

Neue BAdIs FI_ACCRECV_WRITE, FI_ACCRECV_WRITE_FI, FI_ACCRECV_WRITE_SD
Erweiterungsspot ARC_FI_ACCRECV

Mit diesen BAdIs können zusätzliche Tabellen bei der Archivierung von allgemeinen und buchungskreisabhängigen Daten sowie bei der Archivierung von Vertriebsdaten im Debitorenstamm (Archivierungsobjekt `FI_ACCRECV`) berücksichtigt werden.

Aufrufstellen

▶ Programm `FI_ACCRECV_WRI`

▶ Programm `FI_ACCRECV_DEL`

Methoden

▶ `WRITE`

▶ `DELETE`

▶ `RELOAD`

P&S-Schnittstellen 00003110, 00003120, 00003130 (Archivierung Stammdaten: Originalsystem bestimmen)

Diese Schnittstellen können zur Bestimmung des Originalsystems für allgemeine und buchungskreisabhängige Daten sowie für Einkaufsdaten vor der Archivierung von Kreditorenstammdaten verwendet werden, die per ALE verteilt werden. Archivierbare Stammdaten werden anschließend nur im Originalsystem archiviert, verteilte Stammdaten werden ohne Archivierung gelöscht. Beachten Sie, dass aus der Transaktion SARA für das Archivierungsobjekt FI_ACCPAYB andere Programme (FI_ACCPAYB*) verwendet werden.

Aufrufstellen

▶ Programm SAPF058*

▶ Programm SAPF059

Neue BAdIs FI_ACCPAYB_CHECK, FI_ACCPAYB_CHECK_FI, FI_ACCPAYB_CHECK_MM
Erweiterungsspot ARC_FI_ACCPAYB

Diese BAdIs dienen zur Implementierung einer kundeneigenen Archivierbarkeitsprüfung für allgemeine und buchungskreisabhängige Daten sowie für Einkaufsdaten im Kreditorenstamm (Archivierungsobjekt FI_ACCPAYB).

Aufrufstelle

▶ Programm FI_ACCPAYB_WRI

Methoden

▶ ARCHIVING_CHECK

▶ FI_ARCHIVING_CHECK

▶ MM_ARCHIVING_CHECK

Neue BAdIs FI_ACCPAYB_WRITE, FI_ACCPAYB_WRITE_FI, FI_ACCPAYB_WRITE_MM
Erweiterungsspot ARC_FI_ACCPAYB

Mit diesen BAdIs können zusätzliche Tabellen bei der Archivierung von allgemeinen und buchungskreisabhängigen Daten sowie bei der Archivierung von Einkaufsdaten im Kreditorenstamm (Archivierungsobjekt FI_ACCPAYB) berücksichtigt werden.

Aufrufstellen

▶ Programm FI_ACCPAYB_WRI

▶ Programm FI_ACCPAYB_DEL

Methoden

▶ WRITE

▶ DELETE

▶ RELOAD

P&S-Schnittstellen 00002910 bis 00002960 (Archivierung FI-Belege)

Die Verwendung von BTEs für die Erweiterung der Archivierung von Buchhaltungsbelegen ist obsolet. Stattdessen müssen BAdIs (Erweiterungsspot ARC_FI_DOCUMNT) verwendet werden.

Aufrufstelle

▷ Programm FI_DOCUMNT_WRI

Neues BAdI FI_DOCUMNT_CHECK
Erweiterungsspot ARC_FI_DOCUMNT

Dieses BAdI ermöglicht die Implementierung kundeneigener Archivierbarkeitsprüfungen für Buchhaltungsbelege (Archivierungsobjekt FI_DOCUMNT).

Aufrufstelle

▷ Programm FI_DOCUMNT_WRI

Methode

▷ CHECK_FOR_ARCHIVING

Neues BAdI FI_DOCUMNT_IDX_DEL
Erweiterungsspot ARC_FI_DOCUMNT

Dieses BAdI kann zur Aktivierung der Löschung von Sekundärindextabellen bei der Archivierung von Buchhaltungsbelegen (Archivierungsobjekt FI_DOCUMNT) verwendet werden.

Aufrufstelle

▷ Programm FI_DOCUMNT_DEL

Methode

▷ DELETE_FLAG_SET

Neues BAdI FI_DOCUMNT_WRITE
Erweiterungsspot ARC_FI_DOCUMNT

Mit Verwendung dieses BAdIs können zusätzliche Tabellen bei der Archivierung von Buchhaltungsbelegen (Archivierungsobjekt FI_DOCUMNT) berücksichtigt werden.

Aufrufstellen

▷ Programm FI_DOCUMNT_WRI

▷ Programm FI_DOCUMNT_DEL

Methoden

▷ WRITE

▷ PREPARE_DELETE

▷ RELOAD

Klassisches BAdI ACE_ARCHIVING_PREP

Dieses BAdI dient zur Implementierung einer kundeneigenen Archivierbarkeitsprüfung für Abgrenzungsobjekte der Accruel Engine (Archivierungsobjekt FI_ACE_OBJ).

Aufrufstelle

▷ Programm ACE_ARCHIVING_PREPARE

Methode

▶ CHECK_OBJECT_TO_BE_ARCHIVED

Klassisches BAdI ARC_FI_ACE_OBJ_WRITE

Mit Einsatz dieses BAdIs können zusätzliche Tabellen bei der Archivierung von Abgrenzungsobjekten der Accruel Engine (Archivierungsobjekt FI_ACE_OBJ) berücksichtigt werden.

Aufrufstellen

▶ Programm FIACEOBJWRI

▶ Programm FIACEOBJDEL

Methoden

▶ WRITE

▶ DELETE

Klassisches BAdI BANKS_USAGE_LIST

Mit diesem BAdI können Sie kundeneigene Archivierbarkeitsprüfungen für Bankenstammdaten (Archivierungsobjekt FI_BANKS) implementieren.

Aufrufstelle

▶ Programm FI_BANKS_WRI

Methode

▶ CHECK_BANKS

A.12   IDoc-Verarbeitung

Um die IDoc-Verarbeitung an Ihre Anforderungen anzupassen, können Sie folgende Erweiterungsmöglichkeiten nutzen.

SAP-Erweiterung GLMAST01

Diese SAP-Erweiterung dient zur Änderung und Anreicherung von allgemeinen und buchungskreisabhängigen Daten bei der ALE-Verteilung von Sachkontenstammdaten im IDoc-Eingang (Nachrichtentyp GLMAST).

Aufrufstelle

▶ Funktionsbaustein ERP_IDOC_INPUT_GLMAST

Komponenten

▶ Funktions-Exit EXIT_SAPLKS04_001

▶ Funktions-Exit EXIT_SAPLKS04_002

SAP-Erweiterung F050S001

Mit dieser SAP-Erweiterung können zusätzliche IDoc-Segmente bei der ALE-Verteilung von FI-Einzelposten und Buchhaltungsbelegen im IDoc-Ein- und -Ausgang (Nachrichtentypen FIDCMT, FIROLL, FIDCC1, FIDCC2) verarbeitet werden.

Aufrufstellen

▸ Funktionsbaustein `FI_IDOC_CREATE`

▸ Funktionsbaustein `FI_IDOC_CREATE_FIDCC1`

▸ Funktionsbaustein `FI_IDOC_CREATE_FIDCC2`

▸ Funktionsbaustein `FI_IDOC_CREATE_FROM_ROLLUP`

▸ Funktionsbaustein `IDOC_INPUT_FIDCMT`

▸ Funktionsbaustein `IDOC_INPUT_FIDCC1`

▸ Funktionsbaustein `IDOC_INPUT_FIDCC2`

Komponenten

▸ Funktions-Exit `EXIT_SAPLF050_001`

▸ Funktions-Exit `EXIT_SAPLF050_002`

SAP-Erweiterung F050S004

Diese Erweiterung dient zur Änderung und Anreicherung des aufgebauten IDocs bei der ALE-Verteilung von FI-Einzelposten und Buchhaltungsbelegen im IDoc-Ausgang und zur Implementierung einer kundeneigenen Prüfung, ob das entsprechende IDoc im Quellsystem versendet werden soll (Nachrichtentypen FIDCMT, FIDCC1, FIDCC2).

Aufrufstellen

▸ Funktionsbaustein `FI_IDOC_CREATE`

▸ Funktionsbaustein `FI_IDOC_CREATE_FIDCC1`

▸ Funktionsbaustein `FI_IDOC_CREATE_FIDCC2`

Komponente

▸ Funktions-Exit `EXIT_SAPLF050_007`

SAP-Erweiterung F050S007

Diese Erweiterung dient zur Implementierung einer kundeneigenen Prüfung, ob eine Belegänderung per ALE verteilt werden soll (Nachrichtentyp FIDCCH).

Aufrufstelle

▸ Funktionsbaustein `FI_IDOC_CHANGE_UPDATE`

Komponente

▸ Funktions-Exit `EXIT_SAPLF050_011`

SAP-Erweiterung F050S003

Diese Erweiterung kann zur Änderung und Anreicherung von Belegdaten bei der ALE-Verteilung von FI-Einzelposten im IDoc-Ein- und -Ausgang und zur Implementierung kundeneigener Prüfungen verwendet werden, ob ein entsprechendes IDoc im Quellsystem versendet bzw. im Zielsystem verarbeitet werden soll (Nachrichtentyp FIDCC2).

Aufrufstellen

▷ Funktionsbaustein `FI_IDOC_PREPARE`

▷ Funktionsbaustein `FI_IDOC_CREATE_FIDCC2`

▷ Funktionsbaustein `IDOC_INPUT_FIDCC2`

Komponenten

▷ Funktions-Exit `EXIT_SAPLF050_005`

▷ Funktions-Exit `EXIT_SAPLF050_006`

Prozessschnittstelle 00001310 (FI ALE: Anlagen ersetzen)

Diese Prozessschnittstelle können Sie für die Änderung und Anreicherung von Buchhaltungsbelegen verwenden, die per ALE gebucht werden (Nachrichtentypen FIDCC1 und FIDCC2). Die Schnittstelle wird im Standard dazu genutzt, Anlagenbuchungen in Sachkontenbuchungen umzuwandeln (siehe Funktionsbaustein `FI_ALE_CHANGE_ASSET_00001310`).

Aufrufstellen

▷ Funktionsbaustein `IDOC_INPUT_FIDCC1`

▷ Funktionsbaustein `IDOC_INPUT_FIDCC2`

SAP-Erweiterung F050S005

Diese Erweiterung kann zur Änderung und Anreicherung eines Buchhaltungsbelegs vor der Buchung bzw. Vorerfassung per ALE im IDoc-Eingang des Zielsystems (Nachrichtentypen FIDCC1, FIDCC2) verwendet werden.

Aufrufstellen

▷ Funktionsbaustein `IDOC_INPUT_FIDCC1`

▷ Funktionsbaustein `IDOC_INPUT_FIDCC2`

Komponenten

▷ Funktions-Exits `EXIT_SAPLF050_008`

▷ Funktions-Exit `EXIT_SAPLF050_009`

SAP-Erweiterung F050S006

Mithilfe dieser Erweiterung kann der automatische Ausgleich von Debitoren- und Kreditorenposten bei der ALE-Verteilung von Buchhaltungsbelegen (Nachrichtentypen FIDCC1, FIDCC2) verhindert werden.

Aufrufstelle

▸ Funktionsbaustein `FI_IDOC_PREPARE`

Komponente

▸ Funktions-Exit `EXIT_SAPLF050_010`

Klassisches BAdI F050S008

Mit diesem BAdI können Sie die Fortschreibung eines (alternativen) Vergleichs-Ledgers für die systemübergreifende Abstimmung von Hauptbuchdaten bei Verwendung der ALE-Verteilung von Buchhaltungsbelegen (Nachrichtentypen FIDCC1 und FIDCC2) aktivieren.

Aufrufstellen

▸ Funktionsbaustein `IDOC_INPUT_FIDCC1`

▸ Funktionsbaustein `IDOC_INPUT_FIDCC2`

Methode

▸ `ALE_COMPARE_LEDGER_UPDATE`

SAP-Erweiterung F050S002

Diese Erweiterung dient zur Änderung und Anreicherung von Belegdaten bei der ALE-Verteilung von FI-Einzelposten im IDoc-Ein- und -Ausgang und zur Implementierung kundeneigener Prüfungen, ob ein entsprechendes IDoc im Quellsystem versendet bzw. im Zielsystem verarbeitet werden soll (Nachrichtentyp FIDCC1).

Aufrufstellen

▸ Funktionsbaustein `FI_IDOC_PREPARE`

▸ Funktionsbaustein `FI_IDOC_UPDATE`

▸ Funktionsbaustein `IDOC_INPUT_FIDCC1`

Komponenten

▸ Funktions-Exit `EXIT_SAPLF050_003`

▸ Funktions-Exit `EXIT_SAPLF050_004`

Klassisches BAdI INVOIC_FI_INBOUND

Dieses BAdI ermöglicht die Implementierung einer kundeneigenen Steuerkennzeichenfindung statt der Ableitung über Tabelle T076M bei der Buchung von Eingangsrechnungen per ALE (Nachrichtentyp INVOIC).

Aufrufstellen

▶ Funktionsbaustein `PROCESS_IDOC_INVOIC_FI`

▶ Funktionsbaustein `IDOC_INPUT_INVOIC_MM`

Methode

▶ `DETERMINE_TAX_CODE`

SAP-Erweiterung FIPAYM01

Mit dieser Erweiterung können Sie Kopf-, Referenz-, Bank-, Hauptbuch- und Partnerdaten bei der ALE-Verteilung von Zahlungsdaten (Nachrichtentyp FIPAYM) ändern und anreichern.

Aufrufstelle

▶ Funktionsbaustein `FI_PAYMENT_DATA_IDOC_CREATE`

Komponenten

▶ Funktions-Exit `EXIT_SAPLF11A_001`

▶ Funktions-Exit `EXIT_SAPLF11A_002`

▶ Funktions-Exit `EXIT_SAPLF11A_003`

▶ Funktions-Exit `EXIT_SAPLF11A_004`

▶ Funktions-Exit `EXIT_SAPLF11A_005`

SAP-Erweiterung ACCID002

Diese Erweiterung dient zur Änderung und Anreicherung von Debitoren-, Kreditoren-, Sachkonten- bzw. Steuerzeilen bei der Erzeugung von IDocs für Eingangsrechnungen und Materialbelegen sowie zur Bestätigung der Daten bei der IDoc-Verarbeitung der Rückmeldung (Nachrichtentypen ACLPAY, ACPJMM, ACCONF).

Aufrufstellen

▶ Funktionsbaustein `IDOC_OUTPUT_ACLPAY_POST`

▶ Funktionsbaustein `IDOC_OUTPUT_ACPJMM_POST`

▶ Funktionsbaustein `IDOC_INPUT_ACCONF`

Komponenten

▶ Funktions-Exit `EXIT_SAPLACC2_020`

▶ Funktions-Exit `EXIT_SAPLACC2_021`

▶ Funktions-Exit `EXIT_SAPLACC2_030`

▶ Funktions-Exit `EXIT_SAPLACC2_031`

▶ Funktions-Exit `EXIT_SAPLACC2_032`

▶ Funktions-Exit `EXIT_SAPLACC2_033`

▶ Funktions-Exit `EXIT_SAPLACC2_040`

SAP-Erweiterung ACCID001

Mit dieser Erweiterung können Debitoren-, Kreditoren-, Sachkonten- bzw. Steuerzeilen bei der Buchung von Eingangsrechnungen, Faktura und Materialbelegen per ALE (Nachrichtentypen ACLPAY, ACLREC, ACPJMM) geändert und angereichert werden.

Aufrufstellen

▷ Funktionsbaustein IDOC_INPUT_ACLREC

▷ Funktionsbaustein IDOC_INPUT_ACPJMM

▷ Funktionsbaustein IDOC_INPUT_ACLPAY

Komponenten

▷ Funktions-Exit EXIT_SAPLACC1_011

▷ Funktions-Exit EXIT_SAPLACC1_012

▷ Funktions-Exit EXIT_SAPLACC1_013

▷ Funktions-Exit EXIT_SAPLACC1_021

▷ Funktions-Exit EXIT_SAPLACC1_031

▷ Funktions-Exit EXIT_SAPLACC1_032

▷ Funktions-Exit EXIT_SAPLACC1_033

SAP-Erweiterung FEDI0001

Diese SAP-Erweiterung kann zur Änderung und Anreicherung von Buchhaltungsbelegen bei der Verarbeitung von EDI-Eingangsrechnungen verwendet werden.

Aufrufstellen

▷ Funktionsbaustein FI_EDI_INVOIC_INV_ID01

▷ Funktionsbaustein MM_EDI_INVOIC_INV_ID01

▷ Funktionsbaustein IDOC_INPUT_INVOIC_MM

▷ Funktionsbaustein PROCESS_IDOC_INVOIC_FI

Komponenten

▷ Funktions-Exit EXIT_SAPLIEDI_001

▷ Funktions-Exit EXIT_SAPLIEDI_002

▷ Funktions-Exit EXIT_SAPLIEDI_003

▷ Funktions-Exit EXIT_SAPLIEDI_004

▷ Funktions-Exit EXIT_SAPLIEDI_005

▷ Funktions-Exit EXIT_SAPLIEDI_011

▷ Funktions-Exit EXIT_SAPLIEDI_101

▷ Funktions-Exit EXIT_SAPLIEDI_102

- Funktions-Exit EXIT_SAPLIEDI_111
- Funktions-Exit EXIT_SAPLIEDI_112

SAP-Erweiterung FEDI0004

Mit dieser Erweiterung können IDoc-Segmente bei der Verarbeitung ausgehender EDI-Zahlungen geändert und angereichert werden.

Aufrufstellen

- Funktionsbaustein FI_EDI_PAYEXT_PEXR2001_NEW
- Funktionsbaustein FI_EDI_PAYEXT_PEXR2001_END
- Funktionsbaustein FI_EDI_PAYEXT_PEXR2001_OUT

Komponenten

- Funktions-Exit EXIT_SAPLIEDP_901
- Funktions-Exit EXIT_SAPLIEDP_902
- Funktions-Exit EXIT_SAPLIEDP_903

SAP-Erweiterung FEDI0003

Diese Erweiterung dient zur Änderung und Anreicherung von IDoc-Segmenten bei der Verarbeitung ausgehender EDI-Avise und -Zahlungen (siehe auch SAP-Erweiterung FEDI0004) sowie zur Deaktivierung der Sonderzeichenersetzung.

Aufrufstellen

- Funktionsbaustein FI_EDI_PAYEXT_PEXR2001_OUT
- Funktionsbaustein FI_EDI_REMADV_PEXR2001_OUT

Komponenten

- Funktions-Exit EXIT_SAPLIEDP_001
- Funktions-Exit EXIT_SAPLIEDP_002
- Funktions-Exit EXIT_SAPLIEDP_003
- Funktions-Exit EXIT_SAPLIEDP_401

SAP-Erweiterung FEDI0002

Diese Erweiterung wird zur Änderung und Anreicherung von IDoc-Segmenten bei der Verarbeitung eingehender EDI-Avise verwendet.

Aufrufstellen

- Funktionsbaustein IDOC_INPUT_REMADV
- Funktionsbaustein IDOC_INPUT_REMADV_CTR

Komponenten

- Funktions-Exit EXIT_SAPLIEDP_101
- Funktions-Exit EXIT_SAPLIEDP_102

SAP-Erweiterung FEDI0005

Diese Erweiterung dient zur Änderung und Anreicherung von IDoc-Segmenten bei der Verarbeitung eingehender EDI-Kontoauszüge.

Aufrufstelle

▶ Funktionsbaustein `IDOC_INPUT_FINSTA`

Komponenten

▶ Funktions-Exit `EXIT_SAPLIEDP_201`

▶ Funktions-Exit `EXIT_SAPLIEDP_202`

▶ Funktions-Exit `EXIT_SAPLIEDP_203`

SAP-Erweiterung FEDI0007

Mit dieser Erweiterung können IDoc-Segmente bei der Verarbeitung ausgehender EDI-Kontoauszüge geändert und angereichert werden.

Aufrufstelle

▶ Funktionsbaustein `BKK_IDOC_FINSTA01_OUT_EXT`

Komponente

▶ Funktions-Exit `EXIT_SAPLFBQ2_001`

SAP-Erweiterung FEDI0006

Diese Erweiterung kann zur Änderung und Anreicherung von IDoc-Segmenten bei der Verarbeitung ausgehender EDI-Referenz-IDocs für die Gruppierung von Zahlungsanweisungen verwendet werden.

Aufrufstelle

▶ Funktionsbaustein `FI_EDI_EUPEXR_IDCREF01_OUT`

Komponente

▶ Funktions-Exit `EXIT_SAPLIEDP_301`

A.13   Länderspezifische Erweiterungen

In den Tabellen A.1 bis A.4 finden Sie eine Kurzübersicht über SAP-Erweiterungen, P&S-Schnittstellen und Business Add-Ins, die Sie für länderspezifische Erweiterungen verwenden können, falls Ihr Unternehmen über Auslandsgesellschaften verfügt.

SAP-Erweiterung	Verwendung	Land
FEB00002	Konvertierung des CODA-Formats in das Multicash-Format	Belgien
FEB00003	Einlesen des Kontoauszugs im TITO-Format	Finnland
FEBLB001	Erweiterungen der Lockbox-Verarbeitung	USA
RFBVX001	Erweiterung für Übernahme des Bankverzeichnisses	Österreich
J_1AF007	Belegdruck (keine Zahlungen)	Argentinien
J_1AF011	Zahlungsmitteilung (Debitorenbuchhaltung)	Argentinien
J_1AF012	Zahlungsmitteilung (VZ)	Argentinien
J_1AF105	Mehrwertsteuer-Tagesreport	Argentinien

Tabelle A.1 Länderspezifische SAP-Erweiterungen

P&S-Schnittstelle	Verwendung	Land
00002051	Steuer: Steuerbasis mit Steuerkurs umrechnen	Ungarn

Tabelle A.2 Länderspezifisch einsetzbare P&S-Schnittstellen

Klassisches BAdI	Verwendung	Land
BOLETO_BARCODE	Barcode von brasilianischen Boletos umsetzen und validieren	Brasilien
CL_NFE_PRINT	Allgemeine Erweiterungen für NF-e (Nota fiscal Electrônica)	Brasilien
FBAS_CIN_LTAX1F02	Steuerschnittstelle	Indien
FBAS_CIN_MF05AFA0	AWL (Anzahlungsverrechnung), Steuerübertragung für CIN	Indien
FI_BSTM_MC_EXIT	FI-Kontoauszug: Exit von MultiCash Konvertierung	Spanien
FQST_CIN_WITHITEM	Quellensteuerberechnung	Indien
IDUS99C_01	Tax Form 1099-C For Reporting Cancelled Debt	USA
J_1BWHT_BR_EXT	Kundenerweiterungen für Quellensteuer	Brasilien
J_1B_EXBASE_GET	Ermittlung der Preisquelle	Brasilien

Tabelle A.3 Klassische BAdIs für länderspezifische Erweiterungen

Klassisches BAdI	Verwendung	Land
J_1B_RANGE_NUMBER	Nummerierung und Druckparameter für Nota fiscal	Brasilien
BADI_J_1BEFD	Vervollständigung ausgewählter Felder in elektronischer Steuerdatei	Brasilien
RFEBNORDIC_SECURITY	EDIFACT-Dateiauthentifizierung	Norwegen
RFESR000_BADI_001	Kundeneigene Verarbeitung einer ESR-Zeile	Schweiz
RFIDATEB00_BADI_001	Verwendungszweck	Österreich
RFIDTRBOE1_BADI_001	freie Abgrenzungen in Wechseltransaktionen	Griechenland, Thailand, Türkei
RFIDTRBOE2_BADI_001	freie Abgrenzungen in Wechselrücknahmen	Griechenland, Thailand, Türkei
RFIDTRWEKO_BADI_001	freie Abgrenzungen in Wechselkopierbuch	Griechenland, Thailand, Türkei
WTAXREPORT_MODIFY	Länderspezifische Anpassungen im generischen Quellensteuerreporting	alle
FI_INPUT_VAT_BADI	Erweiterung der Vorsteuerliste	Türkei
J_3RFBS_ALL_BADI	Output Change for Financial Statements	Russland

Tabelle A.3 Klassische BAdIs für länderspezifische Erweiterungen (Forts.)

Neues BAdI	Verwendung	Land
CL_BR_XML_FILL Erweiterungsspot CL_BR_XML_FILL	XML-Strukturen für die NF-e füllen	Brasilien
BADI_J_3R_AO1 Erweiterungsspot J_3R_AO1_ENHANCEMENT_SPOT	Advance Report	Russland
BADI_J_3R_NPOSTR Erweiterungsspot J_3R_NPOSTR_ENHANCEMENT_SPOT	Notification of Postal Money Transfer	Russland

Tabelle A.4 Neue BAdIs für länderspezifische Erweiterungen

Neues BAdl	Verwendung	Land
FQST_CIN_SURCHARGE Erweiterungsspot FQST_CIN_SURCHARGE	Zuschlag (Quellensteuer)	Indien
ISJP_HEAD Erweiterungsspot ISJP	Invoice Summary Payer and Monthly Invoices	Japan
ISJP_ITEM Erweiterungsspot ISJP	Invoice Summary Items	Japan
ISJP_POST Erweiterungsspot ISJP	Invoice Summary-Relevant Postings	Japan
J_3RF_CH_ADDR Erweiterungsspot J_3RF_CH_ADDR	Change of Address	Russland
J_3RF_T53A_BADI Erweiterungsspot J_3RF_T53A	Form T-53A	Russland
MX_VAT_REPORTS Erweiterungsspot IDMXVAT_EXT	VAT reports A1 and B1	Mexiko
BADI_IDCN_AR_AGING Erweiterungsspot IDCN_AR_AGING	Account Receivable Aging Report	China
BADI_IDCN_GRIR_BNG Erweiterungsspot IDCN_GRIR_BNG	GR/IR Clearing for Invoiced But Not Delivered Transactions	China
BADI_IDCN_GRIR_GNB Erweiterungsspot IDCN_GRIR_GNB	GR/IR Clearing for Delivered But Not Invoiced Transactions	China
BADI_J_1BECD Erweiterungsspot ES_J_1BECD	Routinen für elektronische Buchhaltungsdatei	Brasilien
BADI_J_1BLFC Erweiterungsspot ES_BADI_J_1BLFC	Erweiterungen Instruçao Normativa 86 (IN86)	Brasilien
BADI_J_1BPIS Erweiterungsspot ES_J_1BPIS	Ausfüllen von Registern für elektronische Steuerdatei PIS/COFINS	Brasilien

Tabelle A.4 Neue BAdls für länderspezifische Erweiterungen (Forts.)

Neues BAdI	Verwendung	Land
EPIC_APPROVAL_ CONTROL Erweiterungsspot EPIC_APPROVAL_ CONTROL	Genehmigungsprozess für Zahlungs- vorschlagspositionen konfigurieren	China
ES_WT_ACC_UNIT_ PRICE Erweiterungsspot ES_WT_ACC_UNIT_ PRICE	Quellensteuer: Einheitspreisermittlung	Argentinien
FAGL_COND_ACC_ ASSIGNMENT Erweiterungsspot FAGL_COND_ACC_ ASSIGNMENT	Salden nach Kontierungsmerkmalen verdichten	verschiedene Länder
IDCN_ACC_BAL_CS Erweiterungsspot IDCN_ACC_BAL	Erweiterungen Account Balance Output	China
IDCN_ACC_DOC_CS Erweiterungsspot IDCN_ACC_DOC	Erweiterungen Account Document Output	China
IDCN_CASHFLOW Erweiterungsspot IDCN_CASHFLOW_ES	Erweiterungen Cash Flow Statement	China
IDMX_DI_DATA_DET Erweiterungsspot IDMX_DI_DATA_ DETERMINATION	Digital Invoice Mexico: Component- Independent Data Determination	Mexiko
IDMX_DI_FIDATA_DET Erweiterungsspot IDMX_DI_DATA_ DETERMINATION	Digital Invoice Mexico: FI Data Determination	Mexiko
ISJP_CUST Erweiterungsspot ISJP	Invoice Summary Customer Master Data	Japan
ISJP_INVOICE_ CREATION Erweiterungsspot ISJP	Invoice Summary Invoice Processing	Japan

Tabelle A.4 Neue BAdIs für länderspezifische Erweiterungen (Forts.)

Neues BAdI	Verwendung	Land
J_1BNF_CHECK_PERIOD Erweiterungsspot ES_J_1BNF_CHECK_PERIOD	Periodenprüfung von Notas Fiscals	Brasilien
J_3RF_RECONS_BADI Erweiterungsspot J_3RF_RECONS	Adjustment for Balance Notification print form	Russland
J_3R_INV_BADI Erweiterungsspot J_3R_INV_PRN	Print Data Update for Tax Invoice	Russland
KR_ELEC_TAX_INV Erweiterungsspot KR_ELEC_TAX_INV	Electronic Tax Invoice	Korea
WT_ACC_AMOUNTS Erweiterungsspot ES_WT_ACC_AMOUNTS	Quellensteuer: Akkumulation von Beträgen	Argentinien
WT_ACC_CHECK_THRESHOLD Erweiterungsspot ES_WT_ACC_CHECK_THRESHOLD	Quellensteuer: Schwellenwertprüfung	Argentinien
WT_ROUND_BASE Erweiterungsspot ES_WT_ROUND_BASE	Quellensteuer: Rundung von Basisbeträgen	Australien

Tabelle A.4 Neue BAdIs für länderspezifische Erweiterungen (Forts.)

A.14 Klassische Zahlungsträgerprogramme

In Tabelle A.5 bis A.6 finden Sie eine Kurzübersicht der SAP-Erweiterungen und Prozessschnittstellen, die Sie für Erweiterungen von klassischen Zahlungsträgerprogrammen verwenden können. Sie werden heute in der Regel nicht mehr verwendet, da die klassischen Zahlungsträgerprogramme in den meisten Unternehmen durch die Payment Medium Workbench abgelöst wurden.

SAP-Erweiterung	Verwendung	Programm
RFFOX001	DTA Ausland Deutschland Datensatz T	RFFOD__L
RFFOX002	DTA Inland Deutschland Datensatz C	RFFOD__U
RFFOX003	DTA Inland Deutschland Datensatz A	RFFOD__U
RFFOX021	DTA Inland Niederlande Format BGC	RFFONL_I
RFFOX022	DTA Inland Niederlande Format ClieOp02	RFFONL_I
RFFOX041	DTA Inland Belgien	RFFOBE_I
RFFOX042	DTA Ausland Belgien	RFFOBE_E
RFFOX043	DTA Belgien DOM80	RFFOBE_D
RFFOX061	SAD / BAD Schweiz Transaktionsart 05	RFFOCH_P
RFFOX062	SAD / BAD Schweiz Transaktionsart 11	RFFOCH_P
RFFOX063	SAD / BAD Schweiz Transaktionsart 48	RFFOCH_P
RFFOX064	SAD / BAD Schweiz Transaktionsart 12	RFFOCH_P
RFFOX065	SAD / BAD Schweiz Transaktionsart 14	RFFOCH_P
RFFOX066	SAD / BAD Schweiz Transaktionsart 25	RFFOCH_P
RFFOX071	DTA Schweiz Transaktionsart 826	RFFOCH_U
RFFOX072	DTA Schweiz Transaktionsart 827	RFFOCH_U
RFFOX073	DTA Schweiz Transaktionsart 830	RFFOCH_U
RFFOX074	DTA Schweiz Transaktionsart 832	RFFOCH_U
RFFOX075	DTA Schweiz Transaktionsart 870	RFFOCH_U
RFFOX081	DTA Ausland Frankreich Datensatz A	RFFOF__T
RFFOX082	DTA Ausland Frankreich Datensätze B – E	RFFOF__T
RFFOX100	ACH USA File Header Record	RFFOUS_T
RFFOX101	ACH USA Batch Header Record	RFFOUS_T
RFFOX102	ACH USA CCD Record	RFFOUS_T
RFFOX103	ACH USA CTX Record	RFFOUS_T
RFFOX104	ACH USA Addenda Record	RFFOUS_T
RFFOX105	ACH USA Batch Control Record	RFFOUS_T
RFFOX200	MTS Neuseeland Transaction Record	RFFONZ_T
RFFOX210	BECS Australien Header Record	RFFOAU_T
RFFOX211	BECS Australien Transaction Record	RFFONZ_T
RFFOX230	DTA-Ausland Japan Datensätze 2 und 6	RFFOJP_L
RFFOX240	V3 Österreich	RFFOAT_P
RFFOX250	PAYMUL Dänemark	RFFODK_E

Tabelle A.5 SAP-Erweiterungen in klassischen Zahlungsträgerprogrammen

SAP-Erweiterung	Verwendung	Programm
RFFOX900	SWIFT MT100 International Felder	RFFOM100
RFFOX901	SWIFT MT100 International Header	RFFOM100
RFFOX902	SWIFT MT100 International Trailer	RFFOM100
RFFOX910	SWIFT MT200 International Felder	RFFOM200
RFFOX911	SWIFT MT200 International Header	RFFOM200
RFFOX912	SWIFT MT200 International Trailer	RFFOM200
RFFOX913	SWIFT MT210 International Felder	RFFOM210
RFFOX914	SWIFT MT210 International Header	RFFOM210
RFFOX915	SWIFT MT210 International Trailer	RFFOM210
RFFOX916	SWIFT MT202 International Felder	RFFOM202
RFFOX917	SWIFT MT202 International Header	RFFOM202
RFFOX918	SWIFT MT202 International Trailer	RFFOM202

Tabelle A.5 SAP-Erweiterungen in klassischen Zahlungsträgerprogrammen (Forts.)

Prozessschnittstelle	Verwendung	Programm
00002010	Erzeugung von Datenträgern für den Zahlungsausgang 1	RFFOM100
00002020	Erzeugung von Datenträgern für den Zahlungsausgang 2	RFFOM100
00002030	Erzeugung von Datenträgern für den Zahlungsausgang 3	RFFOM100
00002040	Automatischer Zahlungsverkehr: Ausgabe von Avisen	RFFO*
00002050	Automatischer Zahlungsverkehr: Ausgabe von Avisen	RFFO*
00002060	Automatischer Zahlungsverkehr: Zahlungsträgerdruck	RFFO*

Tabelle A.6 Prozessschnittstellen in klassischen Zahlungsträgerprogrammen

B   Der Autor

 Michael Rohrbach ist SAP-Berater bei der ConVista Consulting AG in Köln. Nach seinem Studium der Informatik arbeitete er zunächst als Software-Entwickler im Bereich der SAP-Integration, bevor er 2008 in die SAP-Beratung wechselte.

Durch die Mitarbeit in mehreren SAP-FI-Einführungsprojekten bei Großkonzernen und die Unterstützung verschiedener Kunden bei der Wartung und Pflege im Modul FI hat Michael Rohrbach mittlerweile in allen wichtigen Bereichen der Finanzbuchhaltung Kundenerweiterungen konzipiert und implementiert, kundenspezifische Programme entwickelt und Modifikationen des SAP-Standards durchgeführt.

Michael Rohrbach lebt mit seiner Frau in Leichlingen, einer kleinen Stadt zwischen Köln und Düsseldorf.

ConVista Consulting AG

Die ConVista Consulting AG ist eines der führenden unabhängigen Beratungshäuser im Bereich IT-gestützter Geschäftsprozesse. Als langjähriger Partner der SAP AG (SAP Service Partner, Special Expertise Partner for ERP Financials, Special Expertise Partner for Insurance und SAP Software Solutions Partner) berät die ConVista Consulting AG weltweit und branchenübergreifend mit Schwerpunkten in der Versicherungs-, Finanz- und Energiewirtschaft sowie in Telekommunikation, Automobil- und Einzelhandel.

Unter anderem im Bereich SAP ERP Financials zeigt ConVista im Rahmen eines umfangreichen Qualifizierungsprozesses der SAP AG eine besondere Expertise und hält die begehrte Auszeichnung als SAP Special Expertise Partner. Dieser Titel bestätigt die herausragende Stellung der ConVista als zuverlässiger Implementierungspartner.

Der Kern des Erfolgs von ConVista ist die Verbindung von Prozesswissen, Technologieverständnis und Methoden-Know-how. Langjährige Erfahrung in der fachlichen Abbildung von Geschäftsprozessen und in der Durchführung komplexer Projekte tragen dazu bei. Darüber hinaus bietet ConVista ein umfangreiches Know-how für die optimale Ausgestaltung der Architektur einer SAP-Installation und für die technische Integration in die historisch gewachsene, heterogene Systemlandschaft ihrer Kunden.

1999 gegründet, ist ConVista heute mit über 400 Mitarbeitern in 14 Ländern auf drei Kontinenten vertreten.

Index

■ Workshops zur individuellen Anpassung des SAP-Standards

■ Konkrete Muster und Beispiele zur Systemoptimierung

■ User-Exits, BAdIs und Erweiterungen in SAP NetWeaver BW im Überblick

Dirk Herzog

ABAP-Programmierung für SAP NetWeaver BW – Kundeneigene Erweiterungen

Der Standard reicht Ihnen nicht? Sie wollen SAP NetWeaver BW mit eigenen ABAP-Programmierungen anpassen und ergänzen? Diese 3. Auflage unseres Bestsellers zeigt Ihnen, wie Sie Anpassungen für SAP NetWeaver BW 7.3 in ABAP umsetzen. Ob bei Datenladevorgängen, im Reporting oder in der Planung – Dirk Herzog zeigt Ihnen, welche User Exits und BAdIs es für BW gibt und wie Sie sinnvolle Erweiterungen programmieren können. Anhand zahlreicher ABAP-Coding-Beispiele können Sie die vorgestellten Erweiterungsmöglichkeiten direkt nachvollziehen und für Ihre eigenen Projekte nutzen.

276 S., 3. Auflage 2012, 49,90 Euro
ISBN 978-3-8362-1878-8

www.sap-press.de/3050

■ Workshops zur individuellen
Erweiterung des SAP-Standards

■ Beispiele zu Auftrag, Versand,
Lieferung, Rechnung u.v.m.

■ Details zu allen relevanten User-
Exits und BAdIs

Petra Hunger, Thomas Klein

ABAP-Programmierung für den Vertrieb mit SAP – Kundeneigene Erweiterungen

User-Exits, Business Add-Ins (BAdIs) und Erweiterungsspots bieten ideale
Möglichkeiten, den SAP-Standard durch Eigenentwicklungen zu erweitern und
zu optimieren. Dieses Buch zeigt Ihnen, wie Sie solche Anpassungen für die
SAP-Vertriebskomponente (SD) umsetzen können und sie mit eigenen ABAP-
Programmen beeinflussen. Kleine Tutorials zu verschiedenen Vertriebsthemen
(Auftrag, Auslieferung, Rechnung, Transportbeleg, Frachtkostenbeleg) spielen
dann die konkrete Programmierung für häufig benötigte Anforderungen in SD
durch. Sie lernen dabei auch, welche Fehler es zu vermeiden gilt und mit
welchen Tricks Sie die Problemlösung möglichst geschickt erreichen.

276 S., 2. Auflage 2012, 49,90 Euro
ISBN 978-3-8362-1934-1

www.sap-press.de/3140

Der Name Galileo Press geht auf den italienischen Mathematiker und Philosophen Galileo Galilei (1564–1642) zurück. Er gilt als Gründungsfigur der neuzeitlichen Wissenschaft und wurde berühmt als Verfechter des modernen, heliozentrischen Weltbilds. Legendär ist sein Ausspruch *Eppur si muove* (Und sie bewegt sich doch). Das Emblem von Galileo Press ist der Jupiter, umkreist von den vier Galileischen Monden. Galilei entdeckte die nach ihm benannten Monde 1610.

Gerne stehen wir Ihnen mit Rat und Tat zur Seite:
janina.schweitzer@galileo-press.de bei Fragen und Anmerkungen zum Inhalt des Buches
service@galileo-press.de für versandkostenfreie Bestellungen und Reklamationen
thomas.losch@galileo-press.de für Rezensionsexemplare

Lektorat Janina Schweitzer, Stefan Proksch
Korrektorat Osseline Fenner, Troisdorf
Einbandgestaltung Nadine Kohl
Coverbild iStock, 16961285, Trout55
Typografie und Layout Vera Brauner
Herstellung Norbert Englert
Satz SatzPro, Krefeld
Druck und Bindung Beltz Druckpartner, Hemsbach

Bibliografische Information der Deutschen Nationalbibliothek
Die Deutsche Nationalbibliothek verzeichnet diese Publikation in der Deutschen National-bibliografie; detaillierte bibliografische Daten sind im Internet über *http://dnb.d-nb.de* abrufbar.

ISBN   978-3-8362-1863-4

© Galileo Press, Bonn 2012
1. Auflage 2012